西北民族大学体育学院学科建设资助

体育考古学导论

陈　康　段小强◎编著

The Introduction ■

of ■

Sport ■

Archaeology ■

中国社会科学出版社

图书在版编目(CIP)数据

体育考古学导论/陈康,段小强编著. —北京：中国社会科学出版社,
2016.5
ISBN 978 - 7 - 5161 - 8298 - 7

Ⅰ.①体… Ⅱ.①陈…②段… Ⅲ.①古代体育—研究—中国
Ⅳ.①G812.92

中国版本图书馆 CIP 数据核字(2016)第 124051 号

出 版 人　赵剑英
责任编辑　门小薇　陈肖静
责任校对　刘　娟
责任印制　戴　宽

出　　版　中国社会科学出版社
社　　址　北京鼓楼西大街甲 158 号
邮　　编　100720
网　　址　http://www.csspw.cn
发 行 部　010 - 84083685
门 市 部　010 - 84029450
经　　销　新华书店及其他书店

印刷装订　三河市君旺印务有限公司
版　　次　2016 年 5 月第 1 版
印　　次　2016 年 5 月第 1 次印刷

开　　本　710×1000　1/16
印　　张　23.75
插　　页　2
字　　数　336 千字
定　　价　86.00 元

序

　　从事体育教学二十余年，深感责之艰、任之重。我国的体育教育自新中国成立以来，无论是在学科体系，还是在教育教学实践等诸方面都取得了长足的发展，理论研究也日渐深入。同时，我们也注意到，中国的体育科学有着源远流长的历史积淀，丰富的体育科学材料多蕴藏于浩如烟海的历史文献中，更有埋藏于地下，藏身于山野，栖身于民间的大量考古学、文物学材料等待着我们去发掘、整理，从而进一步发展、完善我所热爱的体育科学的理论体系。

　　在长期的教学与研究过程中，我深切地感受到现有体育教学材料和学科理念的不足。我和我的同事和学生们研究和探讨了大量与体育考古相关的问题，追溯体育项目的源头，争执运动内容的细节，论证文献资料的内涵，我们激情亢奋，甚或不眠不休，疯狂地投身于《体育考古学》的材料积累中。十年修行，终成正果，通过大量实地调查、材料搜集、科学论证，我们整理了大量与课题相关的信息资料，最终完成了此稿。

　　体育考古学的内容可谓广泛，非吾辈可轻易驾驭之。本着科学、严谨的治学态度，我们充分考虑了体育考古学作为考古学分支学科的多学科交叉特点，汲取和借鉴了大量考古学、历史学、物理学、美术学、民俗学、体质人类学等多方面的材料和研究成果，并按照体育考古学的学科特点总为一书。全书分为两大部分，一为体育考古理论与方法，二为体育项目分类与研究。第一部分对体育考古学的研究历史与现状，体育考古学的本质、目标、概念和研究对象，体育遗存的调查与发掘、年代测定与研究方法，以及体质考古等内容进行总括。第二部分对包括田径类、球类、射箭类、博弈类、武术类、摔跤类、民俗类等不同体育运动项目进行了文献汇总、历史观察和考古分析，并提供了一些我们的调查所得、分析结果和研究结论。

本书所述体育考古学的相关表述与探讨，内容或有粗鄙不堪之处，或有大不韪之言，全作一家之述，不敢具开山之功，但望有抛砖之意。错讹与粗疏之处，敬请不吝斧正。

2015 年 12 月 17 日晚于榆中公寓

前　言

近代以来以专门的体育作为研究方向的田野考古发掘很少，多数是间接进行的。在世界范围内，体育考古的研究在欧洲、北非等地区开展得较为广泛。在中国，体育考古的研究都是间接进行的。到了现代，考古学的研究水平发展很快，当前考古学研究已经细化到人类社会发展的各个领域，一些专题考古，诸如民族考古、音乐考古、美术考古、矿业考古、艺术考古、农业考古等都取得了显著成果。作为其专题考古之一的体育考古研究，随着对相关体育的遗物、遗迹、遗址的不断发现，我们相信也会很快发展起来。

体育学术界对"体育考古"的研究和探讨已经有很长时间了，有的学者对"体育考古"的理论问题进行了探讨，有的学者对古代人类的体育活动所遗留下来的"遗物、遗迹"进行了研究，但是，把"体育考古"作为一门边缘分支学科——体育考古学，并且用体育考古学的方法对古代人类的体育活动所遗留下来的遗物、遗迹进行系统深入的研究的却不多。

体育考古学作为一种方法论体系，是把古代人类社会遗留下来的与体育活动有关的遗物和遗迹，作为实物资料进行考古学研究的一门学问。从本质上讲，就是利用考古学的方法，研究古代体育发生、发展的历史过程。体育考古学不研究活着的人群，它的主要资料和直接研究对象是古代人类的体育活动所遗留下来的遗物和遗迹。体育考古学的研究是通过野外调查和发掘，获得古代人类体育活动所遗留下来的物质遗存，然后通过对这些物质遗存进行分类、比较、分析与综合，获得关于古代人类的体育行为、体育文化等方面的知识以及体育发生、发展的规律。体育考古学不仅是为体育史学提供证据或以增补的方式来充实体育史，它有自己的理论和方法，也是一门以了解人类自身的学科而被视为体育人文学科的一部分。体育考古的研究对象在年代上上起无文字记录的史前时代，下迄有文字记录的各历史时期。体育考古发现的材料并不直接告诉我们体育历史的真相，其就像自然科学家一样，收集材料和证据，进行实验，提出解释现象因果关系的假设，然后从材料和证据的基础上加以检验，最后得出科学的结论。用体育考古发现的材料来考察体育历史是体育考古的根本任务。

在中国，有关古代人类体育活动的遗物、遗迹都是其他考古学挖掘的附带品，当然，对这些"附带品"的专门研究属于体育考古学的范畴。一般来说，体育史研究过程中的实证材料主要是出土的体育文物，出土文物的科学性强，说服力大。但是目前来看，对传世文物的研究重视不够。通过对丝绸之路体育文物的调查研究发现，学界对考古挖掘的文物研究很重视，并取得了很多重要的成果。但是对于中华民族几千年来沉积于民间的大量的传世文物的研究重视不够，这些文物所承载的历史文化的信息得不到挖掘和研究，也就丧失了科学价值。所以，对传世文物的研究应该重视起来，还有很多空白等待我们去发现。如果把这些传世的体育文物的真伪鉴定、年代序列的判断、分类分型等的研究搞清楚了，它们都可以作为重要的实证材料。

体育考古学方法和理论的特殊性表现在其在交叉学科的综合研究上，它涉及考古学、历史学、体育学等领域，在将考古学的一般方法和理论应用于它的同时，还要考虑体育科学的特殊性。体育的核心是促进人的全面发展，所以对人本身的研究也是体育科学的重点。体育考古学不仅要对古代人类的体育文化现象进行研究，还要对古代人类体质进行研究。这就涉及对古代人类形态测量等的问题。其他与之相关的自然科学的方法也将被广泛地应用到体育考古学的研究方法中。

在研究过程中，试图解决两个方面的问题：一是体育考古学的理论构建问题，尤其是在方法论中的考古学的体育学方法思考与体育学的考古学方法的切入点问题；二是对中国古代人类的体育活动进行分类研究，探究这些古代体育项目发生、发展及其演变的原因。

在体育史研究领域，已有学者提出了"体育考古"的概念，并做了大量的工作，其中的很多研究成果非常重要。还有一些学者的成果虽然没有提"体育考古"的概念，但是他们的研究方法却是体育考古的方法。这些研究成果是本书的基础。在第一部分的第四章、第五章、第六章中我们选用了英国著名的考古学家科林·伦福儒教授和保罗·巴恩教授的研究成果；第二部分的第七章是我与西北民族大学体育学院研究生马元艺璐同学合作完成；第十章的一部分选用的是象棋史专家李松福先生的研究成果；第十一章选用的是武术家于志钧先生的研究成果。我是站在他们的肩膀上往前走的，在这里向他们表示敬意和感谢！

这本书主要目的是起到抛砖引玉的作用，还有好多方面的工作期待方家共同努力！

目　录

第一部分　体育考古理论与方法

第二部分　体育项目分类与研究

第一部分

体育考古理论与方法

第一章
体育考古研究的历史与现状

　　体育作为一种社会文化现象，在人类众多社会文化中，它的出现相对比较晚，一开始的人类社会是没有体育的，作为体育的身体活动都被包含在其他社会文化活动中，比如劳动、军事斗争、宗教祭祀等。随着社会的进步，社会分工的细化，繁重的体力劳动被较为先进的生产工具所替代，以健身、娱乐为目的的身体活动才从其他社会文化活动中分离出来。我们研究体育科学，不能从体育到体育，当我们深入进行体育文化的研究时，就会发现我们已进入了产生体育文化的其他社会文化的领域。所以对体育科学来说，基础理论的研究很重要。体育考古作为体育人文社会科学的新领域，其实好多学者在没有提出"体育考古"这个概念之前，已用这种方法进行了体育历史的研究，并取得了很有说服力的成果。这一章主要对体育考古研究的历史，及其在研究方法中存在的问题进行讨论。

第一节　体育考古的历史

　　我国早期文献《尚书》中的"尧典"、"舜典"、"大禹谟"、"皋陶谟"等篇章皆以"曰若稽古"开篇。稽古的"稽"字，传、疏，是

"考"的意思，"稽古"即考古。但与今天讲的考古意义不同。《后汉书》中说马融"传古学"，贾逵"为古学"。桓谭"好古学"等，这里的"古学"都专指古文经学，实际上也指古文字学。至北宋中叶，出现了以古代的"吉金"（青铜器）和石刻为主要研究对象的金石学，产生了一批金石学家。其中现存年代最早的古器物图录——《考古图》（1092 年），为北宋后期的金石学家吕大临所撰，这里所说的考古，实际上是古器物研究，尽管它并不等于考古，但在意义上已有接近，所以不少人认为北宋以来发展起来的金石学是近代考古学的前身①。到清代中叶，金石学的研究对象从铜器、石刻扩大到封泥、瓦当、钱币等其他各种古物，成为真正意义上的古器物学，已接近近代的考古学。"但是我国的这种'古器物学'经过系统化后虽然可以成为考古学的一部分，而本身并不就是考古学。"② 考古学是由西方传入中国的。中文"考古学"一词，是从西文翻译过来的，最初来源于希腊文。它在各个时代的概念不完全相同，17 世纪，是指对古物和古迹的研究。18 世纪，一般是指对含有美术价值的古物和古迹的研究。到了 19 世纪，才指对一切古物和古迹的研究。

最初的体育考古研究始于 18 世纪初，德国考古学家约·温克曼对古代奥林匹亚遗址进行了初步的发掘和整理。之后，英国学者查理·钱德勒发现了宙斯神庙的遗址③。1875 年至 1881 年，德国的考古调查队在奥林匹亚遗址进行了几年的勘探、发掘工作，取得了大量有关古代奥林匹克运动会的珍贵文物和史料。19 世纪中后期为适应体育国际化的发展趋势，一些体育组织纷纷建立起来。1863 年，瑞士高山滑雪俱乐部建立；1872 年，第一个法国足球俱乐部勒阿弗尔运动俱乐部建立；1883 年，布加勒斯特成立了奥林匹克协会；1869 年，比利时体操协会成立；1875 年，意大利国际体操协会成立。这些早期建立起来的体育

---

① 王世民：《金石学》，中国大百科全书出版社 1986 年版。
② 夏鼐：《什么是考古学》，《考古》1984 年第 10 期。
③ 崔乐泉：《创建体育考古学学科体系的理论思考》，《体育科学》1988 年第 4 期。

组织，其重要的贡献是开始有意识地收藏和保存体育运动中创造和沉积下来的大量的物品、资料和文献，使体育收藏成为可能。对这些相关体育的考古调查、挖掘的实物资料和体育文物的收藏品进行专门的研究，从而产生了新的专题考古方法——体育考古。

近代以来以专门的体育作为研究方向的田野考古发掘很少，多数是间接进行的。在世界范围内，体育考古的研究在欧洲、北非等地区开展得较为广泛。在中国，体育考古的研究都是间接进行的。到了现代，考古学的研究水平发展很快，当前考古学研究已经细化到人类社会发展的各个领域，一些专题考古，诸如民族考古、音乐考古、美术考古、矿业考古、艺术考古、农业考古等都取得了较多成果。作为其专题考古之一的体育考古研究，随着对相关体育的遗存的不断发现，我们相信也会很快发展起来。

中国体育考古研究最系统、取得最多成果的是关于敦煌体育的研究。最早研究敦煌体育的学者是向达先生，他是我国 20 世纪四五十年代著名的敦煌学方面的专家。他在 1957 年出版的《唐代长安与西域文明》论文集中，就考证了有关唐代长安马球运动的历史。阴法鲁先生在《唐代西藏马球戏传入长安》一文中，比较详细地考证了唐代马球的渊源。

到了 20 世纪 80 年代，研究敦煌体育史料的学者们长期深入敦煌莫高窟，仔细地研究敦煌石窟壁画，发现了大量的有关中古时代人类体育活动的图像，为后来敦煌体育研究的全面展开打下了良好的基础。易绍武先生在 1982 年第 7 期《新体育》上发表了《敦煌壁画中的古代武术》。刘念兹在 1982 年第 3 期《四川体育科学》上发表了《敦煌发现唐朝的赛毬辞》。马德先生在 1983 年第 5 期《阳关》上发表了《敦煌壁画中的作战图》一文，这篇论文对于研究中国武术与古代作战的关系有重要的启示。梁春光先生在 1984 年第 7 期《体育博览》上发表了《敦煌壁画中的古代体育》一文，介绍了敦煌壁画中的古代体育形象资料。易绍武先生在 1985 年第 1 期《敦煌学辑刊》上发表了《敦煌壁画中所见的古代体育》的文章，这是一篇非常重要的论文，全面系统地展示了敦煌壁画中的古代体育项目，为后续研究作出了贡献。郝春文、许福谦在 1987 年第 2 期《敦煌学辑刊》上发表了《敦煌写本围棋经校释》。梁全录在 1987 年第 5 期《阳关》上发表了《唐代丝绸之路上的围棋》。

20 世纪 80 年代敦煌体育研究成果的主要特点，是研究者们在敦煌史料中发现了大量有关古代体育的资料，并对此做了初步的探索研究。

进入 20 世纪 90 年代，敦煌体育的研究逐步深入，其中的佼佼者就是兰州理工大学的李重申教授，他发表了很多重要的论文，其研究成果在敦煌学界和体育史学界都产生很大影响。他的主要论文有：在 1992 年第 2 期《敦煌研究》上发表的《敦煌佛教文化与体育》；在 1992 年第 1 期《体育文化导刊》上发表的《敦煌体育文物概述》；在 1995 年 7 月在《1990 敦煌学国际研讨会文集》中发表的《敦煌体育史料考析》；在 1996 年 6 月书目文献出版社出版的《敦煌吐鲁番学研究论集》中发表了《敦煌魏晋画像砖中的体育形态》；在 1999 年第 1 期《敦煌研究》上发表了《呼吸静功妙诀》一文；在 1994 年第 4 期《敦煌研究》上发表了《敦煌马球史料探析》；在 1994 年第 5 期《社科纵横》上发表了《〈棋经〉考析》；1996 年 1 月在社科纵横编辑部出版的《敦煌佛教文化研究》中发表了《敦煌古代的博弈文化》；1996 年 1 月在社科纵横编辑部出版的《敦煌佛教文化研究》中发表了《敦煌壁画"倒立"图像的考析》。李重申教授对敦煌体育的研究比较广泛和深入。这一时期，很多的学者也开始关注和研究敦煌体育，并且取得了很多的重要成果。倪怡中先生在 1999 年第 1 期《图书馆理论与实践》中发表了《敦煌壁画中文献中所见的古代百戏》；民祥先生在 1991 年第 4 期《体育与科学》上发表了《敦煌写本中的古代体育运动》；崔乐泉博士在 1992 年第 2 期《浙江体育科学》上发表了《敦煌民俗与古代民族体育活动兼论民俗文化对民族体育的影响》；梁全录先生在 1992 年第 4 期《体育文化导刊》中发表了《对〈敦煌体育文物概述〉一文中几个问题的商榷》；梁蔚英先生在 1993 年第 1 期《体育文化导刊》中发表了《敦煌壁画中的药叉》；梁全录、梁娟在 1994 年第 2 期《体育文史》中发表了《敦煌古代体育史画录》；丁玲辉、纪小红在 1998 年第 1 期《西藏体育》上发表了《敦煌壁画中的藏族体育与唐蕃体育交往初探》；徐时仪在 1999 年第 1 期《喀什师范学院学报》上发表了《敦煌民间体育文化考略》；谷世权先生在 1999 年第 2 期《西安体育学院学报》上发表了《略论 21 世纪的丝绸之路体育文化》；潘孝伟在 1999 年第 2 期《许昌师专学报》上发表了《论东晋南朝体育文化的高雅趋向及其成因》；庞锦荣、刘志刚在 1999 年第 4 期《北京体育大学学报》上发表了《对丝绸之路体育文化三个问题的再认识》；李成银在 1994 年第 6 期《人体艺术》上发表了《敦煌壁画中的古代武术》；陈青先生在 1994 年第 1 期《中华武术》中发表了《异葩奇放——谈敦煌武术的历史文化背景》；黄雪松先生、陈青先生在 1994 年第 2 期《丝绸之路》上发表了《莫高窟壁画中的敦煌武术》；李金梅、刘传绪、李重申在 1995 年《敦煌研究》上发表了《敦煌传统文化与武术》；麦绿蔓在 1995 年第 3 期《山东体育科技》上发表了《从文物史籍资料看我国唐代的体操》；谢生保先生在 1999 年第 3 期《敦煌研究》上发表了《莫高窟中的古代"健美运动员"——浅谈健美运动的起源和发展》；梁全录、张伯昌在 1993 年第 2 期《体育文化导刊》上发表了《唐代敦煌马球——和亚森哈斯木商榷》；罗普云、罗普磷在 1999 年第 2 期《西安体育学院学报》上发表了《浅析丝绸之路体育对唐代马球运动的影响》；雪凌在 1993 年第 8 期《文史知识》上发表了《现存最古老的棋经——敦煌〈棋经〉》；李金梅在 1999 年第 5 期《体育科学》上发表了《敦煌古代博弈文化考析》；谢生保先生在 1998 年 10 月《丝绸之路·学术专辑》第 1 辑上发表了《敦煌壁画中射箭运动发展的四种形态》；倪怡中在 1990 年第 1 期《体育文化导刊》上发表了《敦煌壁画中的古代摔跤》；张伯昌、梁全录在 1995 年 9 月政协甘肃省敦煌市委员会编印的《敦煌文史资料选辑·3》中发表了《唐代敦煌围棋》；梁全录在 1995 年 9 月政协甘肃省敦煌市委员会编印的《敦煌文史资料选辑·3》中发表了《唐代的戴竿绝技》；徐志斌在 1997 年第 1 期《敦煌学辑刊》中发表了《土河与游弈》。

20 世纪 90 年代敦煌体育研究成果的特点，不仅从敦煌壁画中发现体育新材料，而且开始把注意力转到了敦煌遗书中，并且在敦煌遗书中发现了体育资料。研究成果出现了争鸣的现象，这是研究深入的表现。

到了 21 世纪，更多的学者开始关注敦煌体育，研究敦煌体育的热情更加高涨，同时也取得了很多不菲的研究成果。2000 年，甘肃人民出版社出版了李重申教授的《敦煌古代体育文化》一书，这本书主要阐释了作者对中国古代体育文化的理解，同时从古代人类的竞技运动、养身、游戏等方面对敦煌体育史料进行了深入研究。这本书可以说是对前一个阶段敦煌体育研究的总结。吕利平先生、郭成杰先生在 2000 年第 4 期《成都体育学院学报》上发表了《从体育考古看我国古代民俗体育文化特征》，这是一篇重要的文章，说明学者们已经开始关注敦煌体育的研究方法，或者说开始构建敦煌体育研究方法的理论体系。李金梅、李重申、路志峻在 2001 年第 1 期《敦煌研究》上发表了《敦煌古代百戏考述》；李建军、司璞在 2001 年第 3 期《体育文史》上发表了《出土文献与体育史学研究》；谢生保在 2001 年第 4 期《敦煌研究》上发表了《敦煌飞天形体姿态的来源》；陈列 、张纯、郭宪章在 2001 年第 5 期《中国骨伤》中发表了《对敦煌石窟导引技术的研究初探》，这是一篇从运动医学角度研究敦煌体育史料的文章。李金梅、李重申在 2002 年第 2 期《敦煌研究》上发表了《敦煌文献与体育史研究之关系》；石江年、魏争光在 2003 年第 4 期《安徽体育科技》上发表了《敦煌壁画和文书中的马文化》一文，这是一篇从古代体育器械角度研究敦煌体育史料的文章。路志峻 、李重申在 2003 年第 1 期《敦煌学辑刊》上发表了《麦积山石窟体育文化考析》，学者们开始对敦煌周边石窟体育史料进行研究，这也是一篇重要的文章。石江年在 2004 年《西北师范大学学报》上发表《敦煌壁画和文书中古代体育文化的源流及其发展形态研究》；李重申、李金梅在 2004 年第 1 期《敦煌研究》上发表了《丝绸之路原始体育考析》；2004 年 6 月，李金梅、路志俊、苏瑄在兰州大学出版社出版的《麦积山石窟艺术文化论文集·下》中发表了《论丝绸之路古代妇女体育》；马兴胜在 2005 年第 4 期《成都体育学院学报》上发表了《敦煌体育文化的历史成因和社会文化背景分析》；路志峻、李金梅在 2005 年第 3 期《敦煌研究》上发表了《敦煌魏晋古墓体育画像砖研究》；李重申、李小惠在 2005 年第 3 期《敦煌研究》上发表了《丝绸之路汉代体育简牍研究》；石江年在 2005 年第 1 期《南京体育学院学报（社会科学版）》上发表了《敦煌古代体育文化植根的地域性因素考释》；路志峻教授在 2006 年第 4 期《敦煌学辑刊》上发表了《论敦煌文献和壁画中的儿童游戏与体育》；李金梅、路志峻在 2001 年第 3 期《体育文史》上发表《敦煌莫高窟 303 窟和 61 窟壁画的武术考论》；李重申、李金梅、李小惠、李小唐在 2002 年第 1 期《体育文化导刊》上发表《敦煌莫高石窟与角抵》；李重申、李金梅、李小唐在 2001 年第 2 期《敦煌学辑刊》上发表了《敦煌石窟气功钩沉》；侯全福在 2002 年第 2 期《养生月刊》上发表《敦煌〈养生诀〉导论》；崔吉洋、张波在 2007 年第 3 期《河北理工大学学报（社会科学版）》上发表了"敦煌古代传统气功的养生之道"。林琳在 2000 年第 6 期《贵州文史丛刊》上发表了《马球的起源和唐代的马球运动》；罗香林在《暨南学报》第 1 卷第 1 期上发表了《唐代波罗球戏考》；郝招教授在 2003 年第 11 期《体育文化导刊》上发表《敦煌新本〈杂集时要用字〉中"相扑"一词述略》一文。这是一篇对敦煌"相扑"新材料的研究，很有意义。郝招在 2004 年第 1 期《敦煌研究》上发表《敦煌"相扑"之管见》；李建军、张军在 2001 年第 4 期《体育文化导刊》上发表了《从敦煌壁画看"倒立"运动》；路志峻教授在 2007 年第 3 期《成都体育学院学报》上发表了《敦煌壁画中的古代举重活动》。田桂菊在 2008 年《体育文化导刊》上发表了《敦煌壁画"倒立"图像考析》。

21 世纪，敦煌体育的研究成果深入和广泛，对于敦煌体育的独特的研究方法逐渐形成。这一时期，兰州理工大学丝绸之路文史研究所的

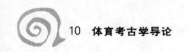

研究成果显得非常突出。

第二节　中国体育考古研究的现状

　　当前从中国体育考古研究的内容上看，主要由五个方面构成：一是体育考古理论与方法的研究；二是敦煌体育研究；三是出土的相关古代人类身体活动的文物研究；四是传世体育文物的研究；五是体育文物调查研究。

　　对体育考古理论与方法的研究现在已有了初步的成果，初步解决了什么是体育考古学、体育考古学的研究对象、体育考古学的研究方法等问题，但缺少理论的争鸣，这是由于研究的学者相对较少，还有待进一步深入研究。

　　对敦煌体育进行专门的研究工作是近 30 年的事，在敦煌学研究的整体水平中属于较薄弱的一部分。为什么这样说呢？因为研究敦煌体育的学者可以分为两部分：一部分是非体育学专家，他们主要研究宗教、民族、文化、政治、艺术、历史、地理、语言文字、文学、哲学、科技、经济、建筑、民族关系、中西交通等方面，而对体育学的基本理论不是非常了解；另一部分是体育学专家，他们主要进行有关体育的教学、训练、科研工作，对敦煌学的基本理论、方法不是非常了解。所以，研究成果总是有薄弱的环节，没有形成研究敦煌体育独特的、系统的方法体系，在内容上大多都是从"面"上的介绍，缺乏从"点"上的深入研究。具体地说，综观目前敦煌体育研究的成果，大多数的文章都是综述性的，对敦煌史料中的体育项目进行单项深入研究的很少。深入研究敦煌史料单项体育项目，并且取得较好研究成果的，主要是关于"马球运动"，基本上搞清楚唐代马球运动的全貌了。关于敦煌史料中的"武术"项目，研究的文章较多，取得了较好的成果。其次关于"养身"的文章较多，使我们对古代人类的养身方法有了深入的了解。

关于"围棋"的研究也较深入。关于敦煌史料中的"相扑"、"摔跤"、"举重"、"游泳"、"百戏"、"体操"、"武舞"、"田径"等项目，虽有人进行了初步的研究，但研究的文章较少，其成果没有足够的说服力，没有恢复古代人类进行这些体育运动的历史原貌。关于敦煌"瑜伽"，干脆是空白，没有人写过文章。敦煌体育的研究，是有一套独有的方法的。为什么这样说呢？因为敦煌体育的研究是一个跨学科的研究方向。我们要从已有的研究成果中总结出敦煌体育的研究方法，同时，我们还要根据敦煌体育研究的特点，创新敦煌体育的研究方法。笔者深切地体会到，敦煌体育的研究需要一套方法体系的支撑，那就是"体育考古学"。

虽然考古出土的体育文物科学性强，说服力大，都能作为实证材料，学界对这一部分文物的研究很重视，并取得了很多重要的成果。但是对于中华民族几千年来沉积于民间的大量的传世体育文物的研究重视不够，这些文物所承载的历史文化的信息得不到挖掘和研究，也就丧失了科学价值。所以，对传世文物的研究应该重视起来，还有很多空白等待我们去发现。

关于体育文物调查研究还属于中国体育考古研究的薄弱环节，一是资金缺乏；二是体育学术界重视不够。

第二章
什么是体育考古学

在中国，体育考古的研究都是间接进行的。到了现代，考古学的研究水平发展很快，当前考古学研究已经细化到人类社会发展的各个领域，一些专题考古，诸如民族考古、音乐考古、美术考古、矿业考古、艺术考古、农业考古等都取得了显著成果。体育考古学作为一种方法论体系，是把古代人类社会遗留下来的与体育活动有关的遗物和遗迹，作为实物资料进行考古学研究的一门学问。从本质上讲，就是利用考古学的方法，研究古代体育发生、发展的历史过程。体育考古学不研究活着的人群，它的主要资料和直接研究对象是古代人类的体育活动所遗留下来的遗物和遗迹。

第一节　考古学的本质和目标

在探讨什么是体育考古学这个问题之前，我们有必要对考古学的本质和目标有一个深入的了解。考古学既是对古代遗产的发现，又是细致的科学分析，同时还是富有创造性构想的工作。如中国陕西临潼发现了规模宏大的秦俑，每一尊都神采各异，犹如真人，出土的兵器箭镞，像镀了金属薄膜，寒光闪闪；在烈日下发掘新疆罗布泊西岸的一座被风沙掩埋的古城，出土了楼兰美女干尸；在甘肃礼县大堡子山遗址发现大型建筑基址、乐器坑、人祭坑等，其中大型乐器坑的发现为研究早期秦人的祭祀制度、青铜器的制造工艺等提供了极为珍贵的材料。这些都是考古的内容。考古学不只是发现，而更重要的是研究和解释这些遗物和遗迹，这样我们才能理解这些东西对人类历史的意义。此外，考古学还包括对世界文化遗产的保护，使之免受盗掘和粗心的破坏。

因此，考古学既是野外的体力劳动，也是书斋和实验室的智力锻炼。这正是它的魅力所在。危险和侦探般的奇妙组合，使考古学成为小说家和制片商的宠儿，如 Harrison Ford 主演的夺宝奇兵系列、Angelina Jolie 主演的古墓丽影系列、Rachel Weisz 和 Brendan Fraser 主演的木乃伊系列、成龙主演的飞鹰计划、国产片东陵大盗等，皆可证明。尽管这些艺术再现远离考古实际，但抓住了最基本的真实，即考古学是一种令人激动的探求，是对我们自己和已逝去的古代知识的求索。

一　作为人类学的考古学

广义的人类学是指对人的研究——研究作为动物的人的体质特征以及被称为"文化"的人的独一无二的非生物特征。从这个意义上讲，文化包括人类学家 Edward Tylor 在 1871 年总结出的如下方面，即"知识、信仰、艺术、道德、法律、风俗以及作为社会成员的人所获得或培养的其他任何能力和习惯"。再提及某一特定社会的文化时，人类学家也使用狭义的文化概念，意指该社会区别于其他社会的独一无二的非生物特征（考古学文化则有其特定的不同含义）。因此，人类学是一门领域宽泛的学科，一般分成三个小的学科：生物人类学、文化人类学和考古学。

生物人类学，即以前所称的体质人类学，研究人类的生物或体质特征以及人是如何进化的。

文化人类学，或社会人类学，分析人类的文化及社会。它的两个分支分别是民族志（以第一手材料研究现存的具体文化）和民族学（以民族志的材料进行文化比较，进而分析出社会的一般规律）。

考古学是"文化人类学的过去时态"。文化人类学家的结论往往建立在当代人群真实的生活经验上，而考古学家主要通过物质遗存来研究过去的人类社会，建筑、工具以及其他人工制品等构成了古代社会存留的所为物质文化。

考古学的主要任务之一就是要搞清如何从人的角度去解释物质文化，那些远古时代的罐子是怎么使用的？为何那些古代民居遗址有圆形也有方形？在这一点上，考古学和民族学在方法上是一致的。近十几年来，考古学家发展了民族考古学，像民族学家一样，考古学家生活在当今人群中，但他们怀有特定的目标，即考证该社会从古至今使用物质文化的全过程、如何制造工具和武器、建造居址的地点及缘由等。

考古学在文化遗产的保护方面还起着重要的作用。对古代的文化遗产的研究正在不断进展，人们已认识到世界文化遗产正在不断地遗失、消亡，而文化遗产对不同的民族有不同的意义。将考古发现展示给公众不可避免地会遇到政治难题。

二　作为历史学的考古学

如果说考古学的对象是过去，那么，它和历史学有哪些方面的区别呢？广义上说，正像考古学是人类学的一部分那样，考古学也是历史学的一部分。这里的历史是指肇端于 300 万年前的人类的整个历史。实际上，就这一长时段的 99% 以上的时期而言，如果不考虑着重于生物而非文化发展的体质人类学，那么考古学是唯一有意义的信息来源。距今 8000 年左右时在美索不达米亚的苏美尔人创造了最早的文字，据 1987 年考古新发现，出土于我国河南省舞阳贾湖村的远在前仰韶文化时期的舞阳龟甲刻画符号，亦当被视为世界上出现最早的文字，因为它距今已有 8000 年的历史，其后是公元前 3000 年左右在西亚出现的巴布伦楔形文字。随着文字的出现，这才有了传统的历史记录。史前史和狭义的历史之间的区别是经常被指出的，前者是指文字出现之前，后者意味着用文献资料研究过去。然而，对于研究所有时期的所有文化，不论其有无文字记载，都可以用考古学及其方法进行研究，历史和史前还是有一个方便的分界限，它只表明文字在现代社会的重要性，并不否定口述历史也包含有价值的信息。对于那些古代遗留的文献、铭刻及其他文字材料的时期和地区，都可以用考古学的方法解决问题，而且往往都是考古学家首先发现这些材料的。

三　作为科学的考古学

既然考古学的目标是理解人类，那么它就是一门人文科学，是研究人的。考古学研究的是古代人类社会的精神和物质文化的总和，它还是历史科学。但它在根本上有别于文献历史的研究，尽管它还利用后者。考古学家发现的材料并不直接告诉我们去思考什么问题。历史记载作出陈述，提出见解，加以判断（即使这些陈述和判断本身需要再解释）。但另一方面，考古学家发现的遗物本身并不直接发言，是现实中的我们赋予其意义。在这一点上，考古学的实践更像科学。科学家收集材料（证据）、做实验、构架假设（用以解释材料的推论），用更多的材料验证假设，进而提出一个模式（对从材料中所得模式之总结的最佳描述）。正像科学家要给出有关自然界的一个一致的见解那样，考古学家也得提出有关古代的一幅图景，这个图景并不是现成的。

简而言之，考古学既是自然科学，也是人文科学。这就是考古学的魅力之一：它反映着现代科学家和现代历史学家的独创性。考古科学中技术手段是最明显的，从放射性碳素断代到容器中残留食物的研究都属此类；此外，科学的分析方法以及推论也同样重要。一些学者已指出，有必要界定一个独立的"中程理论"，这个"中程理论"以明确的思想体系在原始考古资料与从这些资料得出的一般观察和结论之间起着桥梁作用。这是看待问题的一种方式。但我们认为，没有必要割裂理论与方法。我们的目标是要清楚地介绍考古学家在研究过去时所采用的方法和技术。考古学家的分析概念正像实验室的仪器一样，只是一组方法中的一部分罢了。

四 考古学的多样性及其范畴

当今的考古学可谓庞杂，包含了林林总总的"考古"。我们已特别指出史前时期的考古与历史时期的考古之间的区别。考古学家又因各自的专攻使这个年代划分更为细化，比如，旧石器时代考古、新石器时代考古等。还有专门服务于各个领域的各时段的考古。比如，环境考古就是这样一个领域，在这个领域中，考古学家和其他学科的专家一起研究人类对动植物的利用，研究古代人类如何适应环境的变化。水下考古也是这样一个领域，它对勇气和技术的要求更高。在过去 30 年间，水下考古的实践已高度科学化了，它所揭露的沉船就像历史的时间舱一样为理解古代陆上与水上的生活提供了新的视角。还有民族考古学、农业考古学、美术考古学、体育考古学等。详细了解所发现的考古材料发生和形成的过程，才能理解它们。形成过程现在成了深入研究的重点。

当代的物质文化本身现在也已成为研究的焦点，在美国，从可口可乐及啤酒罐的设计到亚利桑那州 Tucson 的垃圾（William L. Rathje 设计的垃圾课题研究了该城不同地区的垃圾，从而为理解当代都市人群的消费模式提供了新的视角）都属于 20 世纪考古学的范畴。诸如此类的"现实研究"越来越时髦。二战时期（1939—1945 年）的机场、炮台等遗址作为过去的纪念建筑被保护下来。英国 Hull 的国立图片馆毁于 1941 年闪电战的炮火，现在计划保护这一建筑的外壳，作为一处展示破坏的"轰炸遗址"。在中国，1960 年建立的中国第一个核试验场，青海海北藏族自治州西海镇核试验基地，现在已成为考古学研究和保护的对象。

五　目标和问题

如果说了解过去是我们的目的，那么还有一个主要问题是我们希望了解什么。传统上倾向认为考古学的目标主要是重建，即拼合、复原。但时至今日，仅去重建远古时期的物质文化或复原近世的历史图景是不够的。

进一步的目标被定义为"以考古遗存重建相关人群的生活方式"。我们当然对一幅展示人类生活方式以及开发环境的图景感兴趣，但我们也试图去理解他们为什么以那种方式生活，为什么具有那样的行为方式，其生活方式与物质文化是如何形成的。总而言之，我们感兴趣的是解释变化。这种对文化变化过程的兴趣被定义为众所周知的过程考古学。正像任何科学研究通过确定研究目标不断取得进展那样，过程考古学通过设计若干问题、系统表述问题和解释问题来向前发展。近来，在方法上又强调社会的象征与认知等重要方面，这种做法尽管各有其宗旨，但往往被概称为后过程考古或解释考古学。必须承认，在"后现代"世界，不同的人群和社会群体有着各自的利益和要务，有各自的声音，有各自明确的历史构建。从这个意义上说，存在着林林总总的考古。

当今有许多重大问题使我们不能释怀。我们想了解人类出现之初的情况。人类是在非洲，而且仅是在非洲最早出现的吗？现在看来，事实可能如此。早期人类是出色的猎手还是以腐肉为食？人类的亚种——智人进化的详情如何？如何解释旧石器艺术的出现？西亚、中美洲以及世界其他地区从狩猎采集到农业的转变是如何形成的？这个转变为什么只发生在那几千年间？如何解释世界不同地区的城市各自独立的兴起？问题层出不穷，在以上那些普遍性的问题之后，还有更具体的问题。我们希望了解某一特定文化形成的原因，了解它的特点是如何出现以及这些特点是如何影响其发展的。对于这些问题，寻找答案，并不是我们要关注的重点，我们最需要解决的问题是探讨回答这些问题的方法。

第二节　体育考古学的概念

在中国，体育考古学的概念虽然被许多学者提出来了，但对其理论构建进行研究的学者还是很少。美国哲学家胡佛就指出："对于我们的目的来说，理论是一组相关的前提，以设定何种事件会以何种方式产生。任何一门学科的关键是要发展一套理论来解释所观察到的事件。理论是一种尝试性的系统陈述。"①　一门学科的研究对象不同，研究方法也就不同。体育考古学的研究对象一部分属于地上遗址、遗迹，如敦煌石窟及周边石窟壁画、遗书中的有关我国中古时代千余年间的体育史料，新疆岩画中的有关史前人类萌芽状态的体育活动的形象资料。对这些地上遗址、遗迹中的体育资料，主要通过综合性、理论性的分析研究，如用物理、化学试验的方法进行文物断代、文物修复等研究；逻辑推理的分析研究；实物与文献相互对比、印证研究。而大部分深埋地下的体育文物，就必须经过科学的田野考古调查和挖掘，才能被系统、完整地揭示和收集。体育考古学作为考古学的一个分支，其研究过程虽然体现体育科学的特点，但其研究方法的基础却是考古学的一般理论和方法。

体育考古学的研究方法从宏观上讲可分为三个层次：第一个层次是判断、处理古代人类体育活动所遗留的遗物和遗迹的初级部分；第二个层次是从体育资料推测古代人类的体育活动和恢复古代体育历史的原貌的中级部分；第三个层次是推导体育历史文化发展规律，得出抽象的规律性认识的高级部分。

所有的体育考古学工作都涉及以下层次的工作目标：

---

① Hoover KR. *The Elements of Social Scientific Thinking.* New York；St. Martin' o Press，1976.

（1）探索、发现古代人类体育活动的遗存，揭示它们在时间和空间上的定位和相互关系，包括它们存在的物质性背景。

（2）重建特定时间、特定地点、特定的古代人类体育活动的遗存，确定所代表的人类的体育行为和运动方式。

（3）建立古代人类体育活动遗存的编年序列，进而建立一个特定地区的体育史。

（4）解释由古代人类体育活动遗存所体现的体育行为和运动方式过程中所具有的规律性。

体育考古学理论和方法的特殊性表现在其在交叉学科的综合研究上，研究过程中，在将考古学的一般理论和方法应用于它的同时，还要考虑体育科学的特殊性。体育的核心是促进人的全面发展，所以对人本身的研究也是体育科学的重点。体育考古学不仅要对古代人类的体育文化现象进行研究，还要对古代人类体质进行研究。这就涉及对古代人类形态测量等的问题。其他与之相关的自然科学的方法也将被广泛地应用到体育考古学的研究方法中。

到目前为止，学术界对考古学的定义没有形成一个共识。但如果仔细考察，就会发现它们实际上大同小异。例如：

英国学者 D. G. 赫果斯认为考古学是"研究人类过去物质的科学"。

法国的 S. 列纳克认为考古学是"研究过去人类物质遗物的科学"。

苏联的 A. B. 阿尔茨霍夫斯基认为考古学是"根据地下的实物史料来研究人类历史上过去的科学"[1]。

曹兵武认为考古学的定义是："通过调查、发掘、分析和研究与过去人类行为和生活有关的物质遗存，来达到认识人类早期历史和文化发展过程与规律的目的。为了实现这个目的，考古学有属于自己的一整套方法论体系。"[2]

张光直认为："考古学是一门通过古代遗存来研究古代文化及文化

---

① 蔡风书、宋百川：《考古学通论》，山东大学出版社1988年版。

② 曹兵武：《考古学追寻人类遗失》，学苑出版社2004年版，第28页。

史的学科。它既包括考古学家对考古遗存的揭示也包括对认识结果的交流。"①

夏鼐在《中国大百科全书·考古学》的综论中是这样表述考古学定义的："考古学是根据古代人类通过各种活动遗留下来的实物以研究人类古代社会历史的一门科学。"②

这些考古学定义反映了这样一些认识：一是考古学是人文科学的一部分；二是考古学是通过实物资料的调查、发掘和研究来探讨人类社会历史发展规律的科学；它们基本上都强调了所面对的实物资料和研究目标。

体育考古学既是考古学的一个分支，又属于体育人文科学。它专门对古代人类体育活动遗留下来的物质遗存进行研究，在研究方法和技术方面有自己的特点。

体育考古学作为一种方法论体系，是把古代人类社会遗留下来的与体育活动有关的遗物和遗迹，作为实物资料进行考古学研究的一门学问。从本质上讲，就是利用考古学的方法，研究古代体育发生、发展的历史过程。体育考古学不研究活着的人群，它的主要资料和直接研究对象是古代人类的体育活动所遗留下来的遗物和遗迹。体育考古学研究过去的体育遗存，因此，体育考古学与体育史具有密切的关系，但是它们之间的不同之处在于，体育史的研究主要依据体育历史文献和资料，而体育考古学必须经过野外调查和发掘，获得古代人类体育活动所遗留下来的物质遗存，然后通过对这些物质遗存进行分类、比较、分析与综合，获得关于古代人类的体育行为、体育文化等方面的知识以及体育发生、发展的规律。体育考古学不仅是为体育史学提供证据或以增补的方式来充实体育史，它有自己的理论和方法，它也是一门以了解人类自身的学科而被视为体育人文学科的一部分。体育考古的研究对象在年代上上迄无文字记录的史前时代，下迄有文字记录的各历史时期。体育考古

---

① 张光直：《考古学：关于其若干基本概念和理论的再思考》，辽宁教育出版社2000年版。
② 夏鼐、王仲殊：《考古学》，中国大百科全书出版社1986年版，第1—2页。

发现的材料并不直接告诉我们体育历史的真相，其就像自然科学家一样，收集材料和证据，进行实验，提出解释现象因果关系的假设，然后从材料和证据的基础上加以检验，最后得出科学的结论。用体育考古发现的材料来考察体育历史是体育考古的根本任务。

总之，体育考古学是通过对古代人类体育活动所遗留下来的物质遗存进行调查、发掘和研究，来探讨人类早期体育历史和体育文化发展规律的科学，它有自己的方法论体系。

第三章
体育考古学的研究对象

体育考古学不研究活着的人群，它的主要资料和直接研究对象是古代人类的体育活动所遗留下来的遗物和遗迹。体育考古学的研究是通过野外调查和发掘，获得古代人类体育活动所遗留下来的物质遗存，然后通过对这些物质遗存进行分类、比较、分析与综合，获得关于古代人类的体育行为、体育文化等方面的知识以及体育发生、发展的规律。

第一节　考古材料的种类及形成过程

过去人类活动留下的遗存在我们身边随处可见。其中有一些是精心设计的不朽建筑物，如长城、北京故宫、敦煌莫高窟、埃及的金字塔以及印度的神庙等。然而，大多数考古遗存要不起眼得多。它们是人们日常生活的废弃物，如食物的残渣、破碎的陶片、残断的石器等。考古学研究的对象就是这些古人遗留下来的遗物和遗迹，这些考古学材料根据形成特点和社会学功能可分为不同的种类。考古遗存的形成受人类活动和自然环境变化的影响。比如，在俄罗斯大草原地带的冻土中，发现了令人震惊的 Pazyryk 遗址。在那些酋长的大墓中，木器、织物乃至于人的皮肤都保存得相当完好。在中国湖南长沙马王堆遗址发现的西汉时期的女尸，五官清晰，皮肤都有弹性，没有一点腐烂的迹象。这些有机遗物，它们之所以能被保存下来，或是因为冰冻的原因，或是因为水分太多隔绝了空气的原因。极端条件下的温度和湿度使许多遗物得以保存，自然界的灾难也是如此。

我们关于早期人类历史的知识依赖形成考古材料的人类活动及自然过程，依赖在漫长的岁月中那些进一步的过程。考古材料是存留下来，还是永远消失，都取决于这些过程。我们的工作就是通过合适的方式提出恰当的问题，希望能复原大部分遗存并从这些遗存中获取信息。

一　考古材料的基本种类

古代人类遗留的人工制品是考古学的研究对象。人工制品是由人制造或改造的可移动的物品，我们在考古学研究中称之为遗物，如石器、陶器和金属器等。人工制品可为考古学涉及的所有核心问题的讨论提供材料，而不局限于技术方面。单件陶器可以从好几个角度进行讨论。检测陶土可以确定陶器或发现地的年代，可以找到陶土的原产地，从而为研究陶器制造者的分布与交往提供证据。陶器表面的图案装饰可以用作类型学的排序，可以使我们从中了解古代信仰的若干方面，尤其是在装饰中表现出神祇或其他形象的情况下。分析陶器的形状及陶器里的食物或其他遗留物可以了解它的用途以及古代的食谱。

一些学者扩大了"人工制品"这一术语的含义，使其包括一个遗址或景观中所有的人工成分，比如灶、柱洞、窖穴等。恰当地说，这些人工成分可称为遗迹，即本质上不可移动的人工制品，这是考古学的研究对象。单纯的遗迹本身，比如多个柱洞，或其与灶、居住面、壕沟等的联合体，可构成复杂的遗迹或结构，这被称为建筑。建筑包括所有类型，如房子、谷仓、宫殿、庙宇等。

非人工的有机与环境遗存或称生境遗存包括动物骨骼及植物遗存，也包括土壤和沉积物，这些遗存也是考古学的研究对象。这些对了解过去的人类活动都有帮助。之所以重要，是因为人们的食物结构和生活环境等情况要通过他们才能表明。

考古遗址可以被认为是人工制品、遗迹、建筑、有机及环境遗物共存的场所，这也是考古学研究的对象。为了工作方便，这个定义可以进一步简化，将遗址定义为可识别出人类活动重要迹象的地方。这样的话，村落和城镇是遗址，孤立的纪念建筑，如北京十三陵及英国的巨石阵，也是遗址。同样，散布石器或陶片的某一地表也可代表一个遗址，它上面的人类活动可能只有几小时，或者已历时数千年。作为聚落形态研究的一部分。

二 共存单位的重要性

对于重建遗址中古代人类的活动而言，理解发现物的单位至为重要，无论这一发现物是人工制品、遗迹、建筑还是有机遗存。发现物的单位包括其近旁填质（即围绕它的物质，通常为某种沉积物，如砾石、沙子或黏土）、坐标（即在填质中的纵横位置）及其与其他发现物的关系（通常为在相同的填质中与其他考古遗存的共存关系）。19 世纪的发现表明石制工具与已灭绝的动物共存于原生的沉积物或脉石中，由此确立了人类具有悠久的历史的观念。从那时起，考古学家越来越认识到辨识并精确记录遗址中遗存间关系的重要性。之所以称盗掘为灾难，是因为盗掘者滥挖遗址寻找宝物，而不记录填质、坐标及共存关系。所有共存单位的信息因此丢失。盗掘者挖出的瓶子可能引起收藏家的关注，但如果考古学家能够记录其出土地点（是墓葬、壕沟还是房子？）及其与其他人工制品或有机遗存的共存关系（武器、工具还是动物骨骼？）的话，我们就能对制造该瓶子的社会多一些了解。盗墓者对中国甘肃大堡子山秦墓群遗址的破坏，疯狂盗掘珍贵文物，使考古学家们丧失了大量研究秦人及其社会的信息。

现代（或古代）盗墓者在盗掘遗址时，或许会扰动他们不感兴趣的遗物，由此破坏了遗物的原生单位。考古学家如果接着发掘这些已经扰动的遗存，就要清楚这是一个此生单位。对于一个近期被盗的遗址来说，这或许不成问题；但对于早期被盗的遗址，则非易事。并不只有人类的活动才造成扰动，海侵、冰川运动、风蚀与水流作用等也在不断地破坏原生单位，研究上万年前的旧石器时代的考古学家都非常清楚这种情况。在甘肃洮河附近的鹅卵石堆里发现的齐家文化的玉石工具就出于此生的单位，它们是由河流的运动从其原生背景中搬运过来的。

三 形成过程

近年来，考古学家越来越认识到整个"形成过程"可能既影响到发现物的埋藏方式，又影响到发现物埋藏后的情况。美国考古学家 Michael Schiffer 曾将形成过程分为文化形成过程（文化改变）和非文化的或自然形成过程。文化改变涉及人类在制造或使用工具、兴建或废弃建筑、耕地时的有意识或偶然行为。非文化改变是指制约考古材料埋藏及其存留的自然事件。新疆罗布泊沙漠腹地发现的女干尸，这是由于沙石掩埋了这些遗物和遗迹以及在干热的环境下形成的；还有前面讲过的河流对齐家文化石器的搬运；遗址中动物的活动，如挖洞、噬咬骨骼及木块。这些都属于非文化改变。这种对形成过程的区分，对于准确重建过去人类的活动具有决定意义。比如，弄清某些考古材料是人类活动的产物还是相反，即其是文化改变还是非文化改变的结果，都至为重要。如果试图通过研究木头上的砍痕来复原人类的木工活动，就应该学会识别河狸留下的一些噬咬痕迹，将其与人类使用石器或金属工具留下的砍痕区分开来。

1. 文化形成过程：人类活动如何影响考古材料

文化形成过程可分为两类：一类反映遗物和遗址形成之前的人类行为和活动；另一类发生在埋藏之后（如耕地或盗掘）。现在大多数遗址的形成都经过使用、埋藏、重新使用等多次反复的一系列过程，因此，把文化形成过程简单地分为两类的做法在实践中并不容易操作。但是，既然我们的目标之一是去重建原初的人类行为和活动，就必须做这方面的努力。

原初的人类行为在考古学中往往表现为四种主要活动。以工具为例，可能分别是：

A. 获得原材料；

B. 制造；

C. 使用；

D. 工具毁坏后被废弃（当然，工具也可能被重新加工，进行废物利用，也即重复 B 和 C 阶段）。这个过程如图 1 所示。

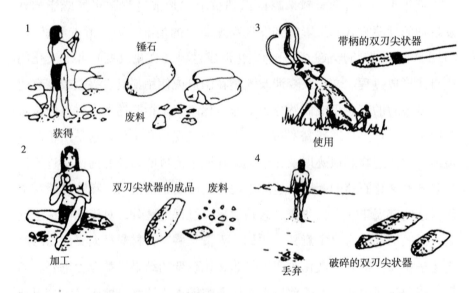

　　图1　人工遗物可以在其存在周期四阶段的任一环节变成考古材料。考古学家的任务就是搞清遗物所代表的是哪一个阶段 。

与此相类似，粮食（如麦子）可被获得（收获）、加工（磨碎）、使用（被吃掉）和废弃（被消化和排泄），在使用阶段之前或者还有一个储藏阶段。就考古学的角度而言，关键的问题是这些东西可以在任何一个阶段成为考古材料，如工具在制造过程中可能因为质量低劣被丢弃，谷物可能因为偶然着火而在加工过程中保存下来。因此，为了精确地复原原初的活动，必须把握考察所针对的是哪一个阶段。比如，石制工具的第一个阶段可能容易被辨识出来，因为采石场通常可以通过地表留下的深洞以及伴出的保存完好的成堆废弃石片、石坯等辨认出来。但是，要搞清炭化的植物遗存样本的来源则有相当的难度，它是来自打谷场的地面还是来自居住的面，可能只能进行合理的推测。这种情况使重建确切的植物食谱变得困难。

原初人类行为的另外一种主要考古学表现是对贵重物品或死者的有意识埋藏。战乱时期人们往往将值钱的东西埋在地下，希望将来平静、安全的时候重新取回，但有时因为各种原因未能如愿。对某些历史时期而言，这些窖藏是相当重要的考古材料。如西安何家村窖藏出土的唐代精美的玉器、金银器等。但是哪些是埋藏于地下以待取回的窖藏文物，哪些可能是为歆享超自然的力量而瘗埋的宝物（如埋于沼泽地交叉路口的特别危险的地方），考古学家似乎不太容易区分开来。

墓葬是窖藏以外的主要考古材料的来源，不论是简陋的坟冢，还是精心设计的陵墓，都经常出土陶瓷和武器等随葬品，在甘肃省的酒泉、嘉峪关等地的魏晋墓葬中，还在椁室墙壁砖上装饰壁画。1997 年，在河南鹿邑县长子口发现了西周大墓，出土了大量的陶瓷器、青铜器、玉器、骨、牙器等随葬品。这些都是人类文化影响下的考古材料。

这些墓葬也可能因为人为因素出现了打破早期堆积而对考古材料造成破坏的现象。古人以诸多方式蓄意或不经意地扰乱其先人的遗存。对于中国汉代时期的墓葬就有"十墓九空"的说法，因为汉代流行的是厚葬之风，墓葬里埋葬的是死人生前使用的所有宝物和生活用品等东西。当时代就有大量的盗墓贼对这些墓葬进行了扰动，再加上后时代各个时期的盗墓者对汉代墓葬的扰动和破坏，才出现了"十墓九空"的说法。

一些意在扰乱的人为破坏会无意识地保存考古遗存。比如纵火往往并不只有破坏作用。它可以增加诸如植物等一些物品保存下来的几率：

炭化大大提高了抵御时光流逝所造成的破坏。抹泥或土坯的建筑时间长了容易倒塌，但是一旦建筑过火，经烧烤过的土将像砖一样耐久。但总的来说，当前，灌溉、耕地、基建、盗掘等对考古材料的破坏正以可怕的速度进行。

2. 自然形成过程：自然如何影响考古材料

像水流作用扰乱或破坏了考古材料的原生单位，考古材料在自然环境的变化下受到影响，就属于自然形成过程。下面主要讨论对考古材料本身以及那些导致腐烂或促进保存的自然过程。考古材料在特殊的情况下都能保存。一般情况是无机物质比有机物质易于保存。

（1）无机物质

考古材料中最常见的无机物质是石头、黏土和金属。

石器可以保存得相当完好，有的年代在 200 万年以上。在旧石器时代，尽管木器和骨器（往往不好保存下来）与石器同等重要，但石器一直是我们研究当时人类活动的主要材料。有时我们发现的石器与原始状态相比，基本没有什么破坏或改变，这使考古学家可以研究石器刃部的微痕，从而搞清这些石器是用来砍木头的还是用来切割兽皮的。不过酸性土壤对石器还是有腐蚀作用的。

烧过的黏土，比如陶器和经火的泥砖或坯，如果火候很好，实质上是不易被破坏的。因此，自陶器产生以来，陶器就始终是传统的主要考古材料。陶器所包含的文化信息很多，比如陶器的形状、表面纹饰、矿物组成，甚至是其中的食物或其他的残存，这些都是重要的研究内容。酸性土壤能对烧过的陶土表面造成破坏，多孔或火候不足的陶器或泥砖会在潮湿的环境下变得脆弱。

金属如金、银、铅等较好保存。铜及含有劣质合金的青铜易受酸性土壤的侵蚀而被氧化，以至只留下一些绿锈。氧化作用也迅速而强烈地导致铁被锈蚀，铁锈等物质仅在土壤中留下朽痕。

（2）有机物质

有机物质的保存在很大程度上取决于填质（即其周围的物质）与

气候（当地以及地区的），偶尔也受诸如火山爆发之类的自然灾害的影响，这些自然灾害对考古学家而言并不是什么灾难。

填质通常是指某一类沉积物或土壤。不同的填质对有机物质的影响是各异的。比如石灰岩可以很好地保存人类及动物骨骼（无机的金属例外）。酸性土壤在几年内可将骨骼和木头腐蚀殆尽，但会留下柱洞或房基所在位置的朽痕，黑色的轮廓往往代表骨骼。但是，近旁的填质在偶然的情况下可能会包含其他内容，如金属矿石、盐或石油。铜可能是通过阻止微生物的活动而有利于微生物的保存。在一些史前铜矿中就发现了许多木头、皮革和织物。盐矿也有助于有机物质的保存，因为在盐类物质的环境下细菌无法存活，有机物质难以腐烂。

气候在保存有机物质方面也起着重要作用。洞穴内的环境实际上就是一种"局部气候"。洞穴是天然的保护区，因为洞穴内部不受外部气候的影响，其碱性环境（指石灰岩洞穴）对保存更为有利。热带气候对有机物质有很大的破坏性。热带雨林可以迅速地埋没一个遗址，树根拱起石块，使建筑解体；水流渐渐冲毁壁画和墙上的抹泥；木制品则完全烂掉。温带气候也不利于有机物质的保存，相对温暖但变化多端的气候及波动的降水结合起来，加速了腐烂的进程。

有机物质在极端的气候环境下反而有利于保存，这主要取决于极端条件下的湿度——即干燥、冰冻或饱水等状态。在极度干燥的条件下，由于缺乏水分，微生物无法全面活动，使遗物得以保存。埃及的干燥气候使3000年以前的尸体完好地保存下来，皮肤、毛发、指甲一应俱全。天然的冷库可以数千年抑制腐烂进程。最早发现的冰冻遗物或许要数西伯利亚永久冻土地带的众多猛犸象，有些象的肌肉、毛发及胃里的食物保存得完好如初。饱水的环境主要指的是湿地遗址，湿地遗址发现于湖泊、沼泽泥炭泽中。在这些条件下，只要饱水的状态或多或少地持续到发掘之前，有机物都会被密封在潮湿而不透气、有利于保存的环境中。有机物质都会得到很好的保存。对于饱水遗物，一旦它们面世，就会发生迅速变质、缩水等的变化。因此，必须保持其湿度直到它们在实验室

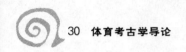

里接受处理或被冰干脱水。

第二节 体育考古的研究范围和对象

体育考古学是体育科学、历史科学及考古学交叉综合的学科，它是一门边缘学科。鉴于这一特点，它的研究范围主要涉及以下几个方面：第一，体育编年史的研究领域。就古代体育文化的发生、发展的过程而言，体育考古学在这一领域的研究内容，主要包括史前时代的体育文化和各个历史时代的体育文化两大部分。第二，古代体育科学、文化形态的研究领域。主要包括有体育运动形式的考古研究、体育运动技术的考古研究、体育运动设施用具的考古研究、古代体育思想的考古学研究、古代人类体质的考古学研究等。第三，古代民族体育文化的研究领域。由于地理环境和民族习俗的不同，古代体育文化的发展也会表现出不同的形式、规律和特点。

我们根据夏鼐的考古学定义，考古学研究的对象是人类"各种活动遗留下来的实物"，这里的"各种活动"很显然就包括了古代人类所从事的各项体育活动，也就是说，既然考古学研究的对象是实物资料，那么古代人类从事体育活动所遗留下来的各种实物资料应是体育考古学所研究的对象，换言之，凡是反映古代人类社会从事体育活动所遗留下来的遗物、遗迹，都应该看作体育考古学研究的对象。

首先，这里就有一个体育考古学研究对象的时间界定问题。根据考古学研究的年代范围，我们把体育考古学的研究对象的年代范围界定为古代，这和考古学研究的年代范围是一致的。其次，既然考古学研究的对象是物质的遗存，即古代的遗物和遗迹，这就说明体育考古学研究的对象也是以反映古代人类社会体育活动信息的遗迹和遗物为主，在人类进入文明时期以后，历代留存下来的反映体育事项的各种文献资料也可对体育遗物和遗迹起到相互印证的作用。因此，对体育考古学研究对象的探讨，我们不仅要重视通过考古调查、发掘所取得的实物资料，在进入历史时期以后，历代留存下来的各种文献史料也是我们要考察的对象。我们对中国考古学所取得的各种反映古代人类体育活动的遗迹和遗物略作以下分类，以探讨体育考古学的研究对象。

（1）与古代体育萌芽时期有关的遗存。古代生活在原始社会阶段的人，为了生存和繁衍后代，当他们把生产和生活中的知识和经验，用练习和教育的方式传授给儿童时，投掷和射箭等技能技巧，就具有了萌芽状态的体育教育的性质。

有关狩猎活动的遗物，考古发现的如山西省阳高县许家窑出土的旧石器时代的石球1079个。[①] 山西省朔县峙峪村出土的新石器时代的石镞，修整规整，表明当时人们已经掌握射箭技术。[②] 在云南省沧源岩画、内蒙古自治区阴山岩画以及甘肃省黑山岩画上，都有射箭狩猎图像。[③] 可见，最古老的箭术，在史前时代就已经在我国出现了。

有关渔猎活动的文物，如河南黄河小浪底妯娌遗址出土的石制渔网坠，江苏新沂县花厅村出土的上有倒刺的骨制渔镖。在西安半坡出土的文物中，亦可看到使用过的骨制渔钩、渔叉，说明在新石器时代早、中期，人们能更多地使用骨器。[④] 浙江河姆渡遗址出土的柄页连体木桨说明当时已有独木舟，也在渔猎活动中乘用。[⑤]

有关原始舞蹈活动的遗物，如在青海省大通县上孙家寨，发掘出了一个新石器时代的舞蹈纹陶盆，在陶盆的内壁，画有三组舞人的形象，他们手牵着手，整齐协调地翩翩起舞。[⑥] 云南省沧源的古代岩画，也画有各种各样的舞蹈形象。有的手舞足蹈地模仿着狩猎的动作，抒发着获

---

① 贾兰坡、卫奇：《阳高许家窑旧石器时代文化遗址》，载《考古学报》1976年第2期。

② 贾兰坡、盖培、龙玉柱：《山西峙峪旧石器时代遗址发掘报告》，载《考古学报》1972年第1期。

③ 陈兆复：《古代岩画》，文物出版社2002年版。

④ 巩启明：《试论仰韶文化》，载《史前研究》1983年第1期。

⑤ 浙江省文管会、浙江省博物馆：《河姆渡遗址第一期遗址发掘报告》，载《考古学报》1978年第1期。

⑥ 严文明：《甘肃彩陶的源流》，载《文物》1978年第10期。

得猎物后的欢快心情；有的描绘军事活动的场面，模仿着争斗中的攻防动作。[③]

可见，在原始社会后期，一些生产较为发达的部落，相对地有了一些休闲的活动。后世的武术，多半是由原始的带有军事活动的舞蹈演变而来的。文物为可信的实物，显示了古代早期出现的投掷、射箭、跑步、跳跃、游泳、操舟（划船）、舞蹈等活动，是应当时的社会生产和生活的需要而萌生的。只是随着社会的发展，当人们逐渐意识到这类活动对于促进人的身心全面发展十分有益时，才逐渐形成了人们所喜爱的体育运动项目。对于萌芽状态的体育活动，我们只能从以上文物中作出一些推测性分析，很难再现其具体的形象。

（2）与古代教育有关的体育遗存。古代教育活动中的身体教育，在原始社会后期就出现了。身体教育的内容，更多的是由成年人，用言传身教的方式，锻炼和发展儿童的身体。学校产生以后，其教育内容取决于当时社会的需要。六艺是周代官学中的六门必修课程，即礼、乐、射、御、书、数。其中，射、御在于武备，培养和训练学生的作战能力；乐在于习礼，也适用于武备，既陶冶学生性情，也训练学生的舞蹈动作，要求他们在集体动作中能做到协调一致。春秋时期，孔子办起私学，也教这六门课程。今天，我们从体育活动的角度去审视，说明古人还是重视身体教育的。

周代学校中教授射的技能，有专门的教师，一般都是武职人员。西周时期开始的射礼活动，其主要目的在于利用射箭这种形式，进行道德教育。射礼程序的安排，显示出它是一种有着周密计划的、粗具规模的射箭比赛。其中不仅严格地排列顺序、核实和记录成绩，而且以颁发奖旗作为比赛活动的结束。1952 年在河南郑州二里岗商代遗址内，出土了大量的青铜镞，这就是射礼活动的例证。[①]

御即培养驾车技能，是古代学校中的重要课程。古代的战车，在商

---

① 河南省文化局文物工作队：《郑州二里冈》，科学出版社 1959 年版。

代、周代和春秋战国时期的城址或墓葬中，都有出土。如河南安阳殷墟①、三门峡虢国墓地所出土的战车形制基本相近，说明自商代到春秋战国，战场上还是以车战决定胜负。

乐（舞）也是西周时期学校中的一门课。这种乐并非单纯的音乐，而是配合舞蹈的乐舞。西周时期的乐舞，用于不同场合的祭祀和典礼，对学生身心的健康发展，能起到良好的作用。在乐舞的教学中，教师根据学生身心的承受能力，对不同年龄的学生，教授不同的舞蹈。乐（舞）应该看作体育舞蹈的渊源。

古代社会学校中的六艺教育，就是对学生进行文武合一的教育，包括文艺和武艺，在教育与教学的过程中，文与武也是相结合的。所以，古代社会的六艺教育，属于对学生较为全面的教育。在身体练习中，射、御、乐等练习，在锻炼学生的意志、能力，陶冶学生的性情，养成良好的道德品质，都体现出了体育的教育意义。

（3）与古代军事演练有关的体育遗存。中国古代的武艺，最初只是服务于军事演练，但随着武艺的发展，人们从实践中认识到，有些运动项目，也适合人们日常的身体锻炼。于是，有些武艺从军事操练中逐渐地分化出来，演变成了人们喜爱的体育活动，如足球、马球、骑射、游泳、滑冰、疾走、跳高、跳远、武举和武学等，我们在这里主要介绍以下几项。

足球：古代的足球，最初是以游戏形式出现的。足球的发展，却是开始于军队的练兵。从文物和文献记载证实，古代足球上迄战国时期，下迄清代中叶，相沿两千余年。宋代的陶枕、明代的五彩和青花瓷，以及清代康熙年间的瓷坛，皆画有女子和儿童踢球的各种姿势。② 明代印刷的有关足球书籍，有汪云程写的《蹴鞠图谱》，1 卷计 21 篇，主要内容是介绍当时的蹴鞠技术、竞赛规则。另外，还有一部未署名作者的《戏球场科范》，计 12 篇，介绍了足球游戏的方法和规则。

---

① 中国社会科学院考古研究所：《殷墟发掘报告》，文物出版社 1987 年版。
② 李秉果：《中国古代体育史插图本》，上海古籍出版社 2003 年版。

马毬：中国古代马毬，自汉末到明代，相沿一千余年，经历了中国封建社会最繁荣的时期。马毬作为古代的体育项目，堪称优秀代表。西安唐朝大明宫遗址 1956 年冬曾出土一块毬场奠基石，上刻"含光殿及毬场等大唐大和辛亥岁乙未月建"等字，说明宫内建有马毬场。① 在唐代章怀太子墓内有《马毬图》壁画②，韩幹绘的《宁王调马打毬图》、宋代著名画家李公麟的《明皇打毬图》等，再现了古人打马毬的形象。③

马术：古代马术也称马技，通常是在马匹的奔驰中，做出各种难度很大的表演。如山东沂南出土的东汉画像石《马技图》即为例证。④ 马术一般在宫廷和军队中举行表演，规模较大。民间表演马术的，多是一些善于骑术的艺人。《东京梦华录》和《杭州府志》中，所记载的马术表演，属于宋代和明、清时期，表演的技术动作，名目繁多。见于《东京梦华录》的，有立马、翩马、跳马、献马、倒立、拖马、飞仙、镫里藏身、赶马、绰尘、豹子马、横身持刃等。见于图画的，有清郎世宁的《马术》和《马术图》，规模非常宏大。⑤

（4）与古代节日风俗有关的体育遗存。我国各个地区之间，由于生活习俗等的不同，对于源于生活需要的体育活动，有着直接的影响。如游泳表演、赛龙船等多在南方，滑雪和滑冰等则是北方的运动。加之我国又是个多民族的国家，不同的民族有不同的习俗。北方的胡人、匈奴、契丹、女真、蒙古族，除了善于骑射外，古代的摔跤高手，也大都出自这些民族。古代社会普通人家只有在各种节日来临时，才有可能参与或观赏各种文娱和体育项目的表演。随着历史的发展，节日民俗中的

① 徐松：《唐两京城坊考》，中华书局 1985 年版。

② 陕西省博物馆、乾县文教局唐墓发掘组：《唐章怀太子墓发掘简报》，载《文物》1972 年第 1 期。

③ 李秉果：《中国古代体育史插图本》，上海古籍出版社 2003 年版。

④ 南京博物院、山东省文物管理处：《沂南古画像石墓发掘报告》，文化部文物管理局，1956 年。

⑤ 徐永昌：《文物与体育》，东方出版社 2000 年版。

体育活动，逐渐形成了传统，并且成了民俗习惯的一个组成部分。

龙舟竞渡：古代的龙舟竞渡就是赛龙船。云南省晋宁石寨山出土的西汉时期的铜鼓，上面铸有龙舟竞渡的纹饰。① 宋朝画家张择端绘制的《金明池夺标图》，就是取材于北宋所建的金明池。金明池原为水师的训练基地，像龙舟竞渡等水上表演，说明当时也在金明池中进行。元朝王振鹏曾画过《龙舟夺标图》，规模非常宏大。

冰戏：这是古代北方地区的冰上游戏，记载中也称"冰嬉"。从乾隆年间《冰嬉图》的画面上看，冰上表演大致可分为四类：第一类，表演者在规定的路线上，做环形的滑行；第二类，以单脚支撑做滑行动作，其中有"金鸡独立"、"燕子戏水"、"凤凰展翅"以及用退滑表演"果老骑驴"等各种花样；第三类，在滑行中射准，名为"射天球"。第四类，舞幡。表演者以动作的转换振动幡上的响器，使远近的观众不仅能看到幡飞上下，而且能听到有节奏的铃声。

角抵：这就是古代的摔跤运动。角力就是角抵，其后又称相扑、争交、掼跤、校力之戏，不过内容不尽相同。陕西省长安县客省庄的一座古墓葬中，出土了一对青铜镂雕带（古代作为带纽之物），镂雕相扑场面十分生动。② 在湖北省江陵凤凰山的西汉墓中，出土了一件木篦。篦背的一面绘的是摔跤的图像。③ 南北朝时期，摔跤比赛成了社会文化活动中的一项重要内容，如敦煌莫高窟北周第 290 窟人字披顶窟东西两面，有 6 条连续长达 20 多米的长卷佛传连环画，其中就有十分珍贵的"摔跤图"④。

角牴戏（乐舞杂技或百戏）：汉代，摔跤已成为一种经常性的竞赛

---

① 林声：《晋宁石寨山出土铜器图像所反映的西汉滇池地区的奴隶社会》，载《文物》1975 年第 2 期。

② 中国社会科学院考古研究所：《沣西发掘报告》，文物出版社 1962 年版。

③ 长江流域第二期文物考古工作人员训练班：《湖北江陵凤凰山西汉墓发掘简报》，载《文物》1974 年第 6 期。

④ 易绍武：《敦煌壁画中所见的古代体育》，见《敦煌民俗研究》，甘肃人民出版社 1995 年版。

活动和技术表演活动，而且，将乐舞杂技表演相继并入，总称为"角抵戏"。从东汉张衡的《西京赋》、李尤的《平乐观赋》中，可以看到东汉时期的角抵戏，已经有了寻橦、走索、弄丸、燕濯、冲狭、叠案、车戏等项目。内蒙古自治区和林格尔汉墓壁画，有一幅《角抵戏》图，图中画有寻橦表演的形象。① 山东沂南汉墓画像石《索技图》中，有三人在索上表演，一人在索上用手倒立而行，另外两人一左一右，在索端作单腿支撑的舞蹈，索下倒竖四把刀剑，刀剑锋芒朝上，以示场面之惊险。② 山东沂南出土的东汉画像石墓中表演弄丸的人能把七把短剑，抛在空中更迭往复，而且剑常在空中。

角抵戏（百戏）的发展，正是古代节日风俗中的需要，所表演的内容，多数具有体育的性质，其中有的项目发展成了传统的体育。元代以后，百戏的内容更加丰富，但习惯用各种乐舞杂技的专称，百戏作为统称逐渐废用。

（5）与古代休闲娱乐游戏有关的体育遗存。把古代社会的各种游戏，列入古代社会的体育活动，是因为其性质对于恢复人的体力、调节精神、消除疲劳等，都能起到一定的积极作用，使人们在一张一弛、一劳一逸的转换中，增进身心的健康，并使人们在游戏中体会探索和竞争精神，提高心理方面的承受能力。古代社会具有娱乐性质的游戏，在已发现的文物和文献记载中，主要有捶丸、棋类、秋千、风筝、投壶、木射等。

捶丸：这是一种徒步打球运动，唐代称捶丸为"步打球"，北宋称为"步击"，是马球运动的补充与发展。文物中的捶丸图，是元代人在山西省洪洞县水神庙中留下的一幅明代画家杜堇所作的《仕女图》壁画。③

---

① 内蒙古文物工作队、内蒙古博物馆：《和林格尔汉墓壁画》，文物出版社 1978 年版。
② 南京博物院、山东省文物管理处：《沂南古画像石墓发掘报告》，文化部文物管理局，1956 年。
③ 徐永昌：《文物与体育》，东方出版社 2000 年版。

围棋：唐代的《仕女围棋》绢画，都是描绘宫中的仕女在下围棋。[1] 唐宋时期出现的职业棋手，不论棋待诏还是棋工，对宫廷贵族阶层、文人学士乃至普通市民的围棋活动都起到了推动作用。

象棋：文物中有河南省开封发掘出的北宋时期的铜棋子[2]，还有清代用象牙磨制的象牙棋子。这些棋子的出土，应该视为中国象棋定型的标志性的阶段。象棋发展到北宋后期，已是棋子 32 个，盘中以河为界，棋盘纵十路，横九路，各方将、帅在本方宫墙之中。

投壶：这种带有娱乐性质的游戏，在中国古代长期存在，从春秋时期到清代，相沿两千六百余年。如河南省南阳出土的汉代画像石就有投壶的图像。[3]

（6）与古代宫廷贵族田猎活动有关的体育遗存。古代文物和文献记载中，有许多是塑造和描绘历代宫廷和贵族生活的。在他们举办的礼仪和庆典活动中，不仅有歌舞演唱，还有武艺方面的校阅和表演。这些校阅和表演的内容，一部分属于古代体育活动项目。换言之，古代的体育活动，有些项目是借助宫廷贵族特有的生活条件发展起来的。

以田猎为例，从公元前 11 世纪的西周，直到 19 世纪的晚清，相沿三千余年，始终是古代传统的体育活动。元、明、清三个朝代，京都的郊区，除东面是贯通南北的大运河外，南有南苑，西有西苑，北有北苑，都辟有广阔的皇家围场。古代的田猎活动，起初总是和军事训练结合在一起的。在田猎中不仅能显示人的勇敢精神，而且也能验证将士的实战能力，以及在打猎中如何体现相互间的配合。古代的田猎，既是军事大典，也是将士的综合演习。只是到了秦汉时期，才变成了帝王和贵族们的娱乐活动。春秋镶嵌狩猎纹画像豆、内蒙古自治区和林格尔东汉

---

① 新疆维吾尔自治区博物馆、出土文物展览工作组编辑：《丝绸之路——汉唐织物》，文物出版社 1972 年版。

② 李秉果：《中国古代体育史插图本》，上海古籍出版社 2003 年版。

③ 河南省文化局文物工作队：《河南南阳杨官寺汉画像石墓发掘报告》，载《考古学报》1963 年第 1 期。

壁画墓《狩猎图》①、嘉峪关魏晋壁画墓狩猎画像砖②、唐李寿壁画墓《狩猎图》、明《宣宗狩猎图》，画面上均为皇家猎场。

（7）与古代各种保健防病有关的体育遗存。古代保健防病中的体育活动，是人们在长期与疾病做斗争中所积累的宝贵经验。这些经验，体现着中国传统体育活动有它自身的特点和长处，反映了古代保健防病的体育活动。

湖南省长沙马王堆三号汉墓出土的帛画《导引图》，形象地画出了两千多年前，人们是怎样练习导引的情形。③ 与此同时，有关保健防病的意识，在古书中特别是在医书中，也有大量的记载，人们把书中所记载的真知灼见，称为养生之道。古代大量的医学书籍，很多都与体育健身有关，是有助于人们强身健体的。

在中国中医研究院，藏有明代刻印的古籍《黄帝内经》。这部古代的医学著作，反映的是公元前 3 世纪之前，先秦时期的医学思想。其中，从医学的角度论述了如何通过身体运动，做到保健防病。古代导引之所以能够经久不衰，除了它具有保健防病的明确目的，使练习者能从中受益之外，还由于它能在不同的历史时期，从医学中汲取营养而不断发展。只有医学知识能帮助人对疾病有较为科学的认识。

帛画《导引图》在图侧注有病名，这是导引与医学最明显的结合。帛画《导引图》所绘的是古代的保健医疗体操图式。图像中既体现了保健防病的目的，又结合了传统的医学思想，并且在运动形式上，采用了多种徒手和持械的体操的练习方式，便于推广。

天津历史博物馆藏有一件战国时期的玉佩。这块玉佩呈 12 面体柱状。玉佩上篆刻有"行气"铭文 45 个字。"行气"作为一种运动方式，所包括的内容，归纳起来是两个方面、三个部分。两个方面是指，练习

①　内蒙古文物工作队、内蒙古博物馆：《和林格尔发现一座重要的东汉壁画墓》，文物出版社 1978 年版。

②　甘肃省文物队、甘肃省博物馆、嘉峪关市文物管理所：《嘉峪关壁画墓发掘报告》，文物出版社 1985 年版。

③　何介钧、张维民：《马王堆汉墓》，文物出版社 1982 年版。

"行气"，它能使人从形体和精神两个方面得到锻炼；三个部分是指"行气"的练习方式，由调息、调身、调心所组成。①

（8）与中华武术有关的体育遗存。武术就是人们在不同的历史时期，徒手格斗和运用武器攻防格斗的技术。随着社会的发展，人们除把武术用于军事外，还在教育、健身以及表演方面发挥它的作用，使得中华武术在古代体育中，成为最有生命力的传统项目，逐渐形成了南拳、形意拳、华拳、通臂拳、查拳、少林拳、炮拳、太极拳、红拳、六合拳等拳种。到了明代，明将戚继光对拳术做了详尽的分析，他在《纪效新书》中，就曾经记载了宋太祖的"三十二式长拳"。明代，拳术已经出现了内外家，内家是以少林武术为代表，外家是以张三丰创立的武当武术为代表。到了清代，几大拳系已经逐渐形成，当时文献记载的拳系有几十个，拳套路有几百种。少林寺有一幅《拳术演练纹》的壁画，就很形象地显示出清代拳术已经非常普及了。②

器械演练是随着武术器械的丰富和拳术的发展而出现的。汉画像石就有许多表现器械演练的画面，如在河南省出土的汉画像砖，上有两个人在击剑。除了击剑，当时还有其他器械的技法，剑对钩镶、剑对戟等多种，有单人训练，也有双人训练。所以，器械演练除了实战外，在民间互相之间的演习也非常普及。三国吴朱然墓里边曾经出土了一个漆盘，上面有两个小童进行对棍表演的画面，这叫棍术，可见在三国时期民间都已存在。从宋、元一直到明、清，出现了一个关于 18 种器械演练的统称，叫"十八般武艺"。在明清绘画当中，我们可以看到有关器械演练的场景。

综上所述，体育考古学的研究对象既有带有体育性质的遗物，如石器、骨器、青铜器、铁器等，也有遗迹，如岩画、画像石、壁画和有关的遗址等，还有历代留存下来的相关文献史料和图像资料。体育考古学是考古学的又一个研究专题，其研究的对象——实物资料是通过考古学

---

① 徐永昌：《文物与体育》，东方出版社 2000 年版。
② 李秉果：《中国古代体育史插图本》，上海古籍出版社 2003 年版。

的方法论，即调查、发掘和研究所取得的。关于体育考古学研究对象的探讨，首先要明确哪些古代的遗物和遗迹以及文献资料带有体育文化的信息和内涵，这对于进一步探讨何谓"体育考古学"至关重要。

第四章
体育遗存的调查与发掘

体育考古工作者在研究之初首先要搞清楚研究的目标是什么，然后就是制订详细的行动计划。通常设计一个研究计划的程序，主要包括如下四个阶段：一是提出问题；二是开展田野工作，搜集、记录可以证明理论的实物资料；三是从检验原始想法的角度去分析资料，探究对材料的解释；四是以书刊等的形式发表结果。这四个阶段在实际工作中可根据所搜集、分析的材料作出修正。以下主要讨论其调查与发掘的方法。

第一节　调查

考古调查是考古发掘的基础。我们只有通过细致、深入的调查，才能确定发掘的地点和对象，并决定采用什么方法进行发掘。考古调查工作本身就是一个科学研究的过程。有些考古学中的问题，不一定非要进行考古发掘，通过考古调查就能解决某一文化在地域上的分布范围、文化与地理环境的关系等的问题。考古调查一般主要通过以下四个方面的工作实施。

A. 准备工作

在调查前，一定要做好必要的准备工作。查阅有关古代人类体育活动的文献和考古书刊，并摘录有关资料。同时，充分利用地图和地名学的研究成果，以便得到古代体育活动的遗迹和遗物的线索，并在地图上标出记号，便于重点调查。准备必要的用具，如照相机、望远镜、罗盘、皮尺、绘图用具、手铲、地质锤、探铲、地图、日记本等。

B. 确定对象

体育考古调查的对象主要有平地上古人体育活动的场地遗址、古代石窟壁画、古代文献、都邑和城寨址、古代坟墓、古代岩画、箭镞、兵器、有关古人体育活动的器具等各种器物和它们的碎片等。

C. 具体的调查内容

调查人员到达调查地点后，首先要向当地居民了解附近有什么古迹和出土过什么古物，查看当地文化馆、博物馆和私人收藏的文物，并与出土地点相印证，然后再根据实际情况确定调查路线和每天的调查范围。实地勘察时要特别注意地形，仔细观察地面上的现象。要充分利用沟沿、路边、山崖等各种断面，寻找遗迹和遗物，并了解文化层的情况。有些地点，如泉水附近、河流的交汇处及黄土地带的台地往往有居住遗址，石灰岩山坡往往有洞穴遗址，湖滨、海边往往有贝丘遗迹，都应十分注意。在调查过程中，要做好文字、绘图、照相和测量等各种记录，并采集标本，以供室内作进一步的分析研究。

D. 采集标本的标准

一般来说，小件的如石器、骨器、铜器、铁器、陶器等，都要收集。大件的器物和石刻，不便运走的要做好记录，交给当地政府妥善保护和保管，至于陶片、瓷片，如果数量多，则应选择一部分有代表性的作为标本收集。

古代人类体育活动的遗迹和遗址的发现可以通过两种方式：一是从地面进行调查。上面所说的四个步骤就是地面调查的常用方法；二是从空中进行的勘查。过去的田野考古调查主要是从地面进行的，随着科学技术的突飞猛进，现在的田野考古调查，如果是技术需要的话，是地面与空中同时进行，提高了调查的准确性，也节省了时间。地面调查方法包括查阅文献记载和地名材料，但主要是通过田野工作。甘肃金塔地区新石器时代的射猎石器具的调查工作①，就是采用了地面调查的方法。空中勘察实际就是航空摄影，然后对拍摄的胶片进行分析，这是一种新的考古调查方法，它最大的特点是可以记录、解释和考察遗址的历史变化。

航空照片以及探地遥感已经发现而且每年仍在不断发现大量的遗址。新技术正以各种方式影响航空摄影。计算机图形处理能提高图片的清晰度和对比度。图形的数字化处理也已发展起来，无论是倾斜的还是垂直的航片都可以进行转换而与该区域的地图相匹配。使用计算机程序可以将数幅照片进行转换后相结合。对处于两块现代田地之间、作物标志因年而异的遗址来说，这种技术尤其有用。

一　地面调查

确定相关古代人类身体活动的遗址的方法包括查阅文献记载和地方志的材料，但主要还是通过实际的田野工作，不论是抢救性考古中对建筑开发商的工程的监管，还是主动性的考古调查都是如此。

1. 文献资料

1997 年，对河南省鹿邑县太清宫镇的太清宫遗址上的长子口墓的发掘，就是基于"探寻太清宫悠久的历史、寻找历代帝王和民间祭祀老子的有关遗迹"等两个主题进行，挖掘的成功，归功于前期的调查，尤其是文献资料中的记载，因为在《史记·老子韩非列传》、《左传》、《后汉书·郡国志》、《大康地记》、杨守敬《水经注疏》、《新唐书·地理志》等文献中，都有太清宫的地理位置以及和老子的关系等的记载。Schliemann 对荷马作品历史真实性的坚定信仰直接促使他找到了古特洛伊城。当代圣经考古本身大都要在近东寻找有关《旧约》及《新约》中所描述过的地点、人物和事件的材料。

---

① 陈康、段小强：《金塔县所见新石器时代的射猎石器具》，《敦煌研究》2003 年 1 月，第 8 页。

早期的地图和老街的名字在帮助考古学家复原历史时期城镇的本来布局方面尤为重要。中国近 30 年的大规模建设，已使城市面貌发生了翻天覆地的变化，像山西平遥古城那样的明清古建筑已很难见到。我们要考察一个城市在不同历史时期的面貌，就需要古代的不同时期的地图来指导我们，因为在地图上，它记录了街道、房屋、城墙等的信息，它为我们决定在何处最为有利于开展调查发掘工作奠定了坚实的基础。

2. 抢救性考古

在这项工作中，考古学的任务是要在修建新的道路、房屋、堤坝或采掘湿地泥炭造成的破坏之前尽可能多地找到并记录遗址。与开发商的恰当沟通可以使考古调查在设计道路沿线或开发过程中提前得以展开。在此过程中发现的重要遗址可能需要发掘，甚至改变建设方案。

3. 调查

除了通过文献资料和基建考古之外，传统但仍然有效的方法是在一个地区中寻找最为引人注目的遗存，尤其是现存的断壁残垣以及像秦始皇陵那样的坟丘。但是许多遗址在地表仅能见到零散的人工制品。因此，这就需要进行更加全面的勘察，即考古调查。这些年来，随着考古学家对重建人类对于周围环境的整体利用越来越感兴趣，已经逐渐认识到，若干零星分布的人工制品的地点，虽然尚难称之为遗址，但代表着有意义的人类活动，应该得到确认和记录，而只有通过包含细致的采样程序系统的调查工作才能做到这一点。在调查过程中，还要注意区域研究，也就是对聚落形态的研究，即研究某一特定区域遗址的空间分布。如果仅仅孤立地发现某一具体遗址而进行调查或发掘是远远不够的，需要对整个区域进行探究。如此则涉及一个整体的调查方案。

在过去的几十年中，调查已经从单纯的田野考古之初的一个工作阶段（亦即选择合适的遗址进行发掘）发展成为一项多少具有独立性的研究。该研究领域本身就可以提供大量的能解决我们的研究问题的信息。主动发掘，在中国并不是主流的研究方式。在大多数情况下，发掘可能因为尚未获得许可，或是因为缺少时间和资金而无法展开；另一方面调查则既省钱又快捷，破坏程度也相对较小，仅需要地图、罗盘和卷尺。为了探究我们感兴趣而发掘又无法解决的问题，有意识地选择地面调查的方法是最明智的选择。

调查包含一系列广泛的方法，不仅有识别遗址及记录或采集地表发现的人工制品，有时还要对诸如石头、黏土之类的自然矿物资源进行采样。体育考古调查的目的在于研究古代人类进行身体活动的空间分布、区域差异、运动项目形态的历时变化以及古代人类体育活动的产生与地域环境间的关系。

4. 调查实践

就区域性问题的研究而言，首先，需要界定调查的区域，其边界可以是自然的（如河谷或岛屿等）或文化的（如某一风格的人工制品的分布范围），或是纯粹人为限定的，但最容易确定的是自然的边界。对调查地区的开发史有必要进行研究，不仅要熟悉已有的考古工作和当地的材料，就地貌形成过程中对地表遗物的覆盖和搬运也要有所考虑。比如，在仅是由最近的河流运动才形成的堆积中去寻找史前遗物是没有意义的。其他因素也可能影响地表材料。如大型动物群和挖洞的动物往往会对地表材料造成扰动，因此，只能对广泛的分布形态进行研究。地质学家和环境学家往往能提出有用的建议。这些背景材料有助于确定地表调查的范围。其他需要考虑的因素还有时间、财力及如何便捷地到达并记录要调查的区域。植物稀疏的干燥和半干燥的环境最适合开展此类调查；而在热带雨林地区，除非时间和人力允许能在雨林中开辟小径形成调查的网络，否则只能沿着河岸的开阔地进行调查。许多地区地形复杂，单一的调查方案不能全部适用，根据实际情况，因地制宜地设计不同的方法。

另外一点需要考虑的是，对遗物是进行采集还是仅对其共存关系和单位进行探讨，因为受到自然环境变化或人为因素的影响，单位已被扰动，对遗物进行采集往往是明智的选择。还有，采集是全部采集还是部分采集？这就需要使用取样的方法。

地面调查有两种基本的类型，即非系统的和系统的。前者较为简单，包括踏查要调查区域的每一部分，沿途仔细查看地表情况，采集或观察地表人工制品，记录其位置及其他相关遗迹。然而，一般认为这种调查可能存在偏向性和误导。调查者内心都想找到遗物，因此，倾向于集中在那些遗物看似丰富的地点，而不是获取具有代表整个地区的、能使考古学家对不同时期及类型的遗物的差异分布作出评估的那些标本。

大多数调查现在多以系统方法展开，或使用网格系统，或使用一系列间距相等的区块。拟调查的区域被划分小块，再对它们进行踏查。这种方式的调查对区域中的每一小部分都一视同仁。又因为每一个调查者的确切位置都是已知的，因此发现物位置的标绘也就容易得多。

由于植被和土地利用的变化，遗址和人工制品的可见程度随年份甚至季节的不同而有很大的差异，因此，对某一地区长期反复地进行调查，其结果才能愈加可靠。此外，调查人员在观察的细致程度上、在识别及描述遗址的能力上都不可避免地存在差异，因为观察越细、越有经验，发现的遗址也就越多。只有通过反复的调查有助于弥补这一缺陷。调查时要使用标准的记录表格，这样方便将数据输入计算机。

最后，为了补充或检验地面调查所获得的关于编年、共时性或遗址的功能等问题的材料，或是要验证调查中所产生的假说，进行小规模的发掘可能是必要的或是必需的。这两种类型的研究是彼此互补的，而非互相排斥。它们之间的差别主要如下：发掘为我们提供了一个遗址的一小部分的大量信息，且发掘只能进行一次；而调查所提供的是大量遗址的少量信息，且可以反复开展。

二　空中勘察

必须强调，空中勘察，尤其是航空摄影，并非单纯或主要用来发现遗址，关键是运用它们来记录、解释和考察遗址的历史变化。航空照片以及探地遥感已经发现，而且每年仍在不断发现大量遗址。

1. 航空摄影

20 世纪初，航空摄影开始应用于考古学，当时从热气球上拍摄了罗马城镇 Ostia。1913 年，Henry Wellcome 爵士使用盒状风筝对其在苏丹的发掘进行了垂直拍摄。第一次世界大战大大推进了航空摄影技术的发展，英国考古学家 O. G. S. Crawford 等人发现，从飞机和气球上拍摄的照片其清晰程度足可表现史前建筑的平面景观。通过空中勘察，可以发现中国长城的全貌，甚至可以从空中探知水下的遗迹。2002 年中国郑州市文物考古研究所对郑州西北郊的大师姑遗址就进行了垂直航拍（如图 2 所示）。航空摄影虽然是考古学家进行考古发现的最得力的工具之一，但是飞机随便地在空中飞行还是受到限制的，所以利用飞机进行空中考古勘察在我国还有待进一步的发展。

图 2　中国郑州大师姑遗址航拍

2. 如何使用航空照片

航空照片只是工具，是达到目的的一种手段。航片本身并不能揭示遗址。摄影者和读片人通过观察地形及图片才能完成这项工作。这需要专门的技术。将考古遗迹从其他迹象，如机动车道路、旧河床、运河等区分出来需要长期的经验和一双明锐的眼睛。

航空照片有两种类型：倾斜的和垂直的。每一类型各有其利弊。考古学家从空中观察到的遗址往往要拍摄倾斜照片，它们被认为具有考古意义。垂直照片可以在进行叠加立体照片时应用，这样可以从三维角度观察地区景观，进而可以提高航片释读者的信心。叠加的航片也可以用来观察大面积的区域，然后将它们处理成非常精确的、记录所有从空中勘察到的考古现象的底图。这样，分析性的地面调查就有了一个非常可靠的基础。倾斜的照片从整体上清晰地表现了考古遗迹，而垂直照片可能需要释读来寻找此类信息。垂直照片表现的是接近平面的景象，这使测量或绘图工作变得容易些，尽管信息量可能极大，但以计算机进行校正，其效率还是很高的。最初设计这些程序是用来转换倾斜照片的比例和纠正透视误差的，但也可以方便地用于垂直照片的比例释读。在航片和地图上配上已知点，可以将考古信息校正为平面景观。如图 3 所示。

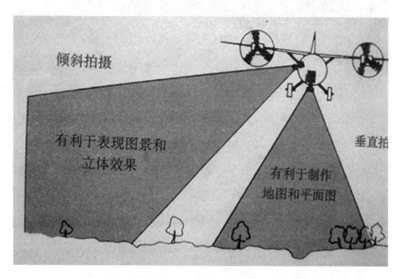

图 3　航空拍摄有两种类型：倾斜的和垂直的。倾斜照片比垂直照片更易于观察和看懂，但对于必须将信息转换为平面景观的释读者来说，工作难度则比较大

三　遗址调查中的记录和绘图

在区域地图上对遗址遗迹做精确定位是空中调查不可或缺的一步。发现遗址是一个方面，但只有对其进行充分记录，它才能成为有关该地区考古的总体知识的一部分。

绘图是精确记录大多数调查数据的关键。对于像房址、道路这样的地表遗迹，既需要地形图，也需要平面图。地形图以等高线来表现高差，有助于将古代构建与周围环境联系起来。平面图不表示等高线和地形，而是集中表示遗迹的宏观轮廓，从而使理解诸如不同遗迹间关系等问题变得容易。有的遗址图综合使用这两种方法：以立体表现地形，以平面表现考古遗迹。

首先是将遗址标在地图上，主要包括其确切的经度、纬度以及地图上坐标方格参照系统；其次，记录还要求给遗址以某种形式的位置定名，将其与遗址拥有者、遗址状况等详细的情况输入遗址记录表中。

四　判断遗址和遗迹的布局

田野考古的第一步是发现并记录遗址和遗迹，接着要对遗址的范围、类型和布局作出判断。判断遗址和遗迹布局的方法首先通过遗址的地面调查，地面调查是了解一个遗址的范围和布局的最简单的方法，它通过研究现存遗迹的分布，记录并采集地表的遗物展开。对于地面调查中采集或观察到的人工制品或其他遗物，如果它们出于严重扰动的次生单位，则没有必要挨个标绘它们的位置。或是遗物太多，无从记录每一件遗物的坐标。对后一种情况，主要采取抽样程序，有选择地记录地表发现的遗物。这一工作最主要的目的是确定地表遗物的可靠性。逻辑上认为，时代单一或埋藏不深的遗址的地表遗物能最可靠地代表地下的情况。

除此之外，重要的判断遗址和遗迹的布局的方法还有地下探测的方法。探针，是最传统的方法。就是使用棍子或钻孔器进行钻探，标出哪些地方坚硬，哪些地方空洞。在中国，最常使用的工具就是"洛阳铲"，又名探铲，为一半圆柱形的铁铲，一段有柄，可以接长的白蜡杆。使用时垂直向下戳击地面，可深逾 20 米，利用半圆柱形的铲可以将地下的泥土带出，并逐渐挖出一个直径约十几厘米的深井，用来探测地下土层的土质，以了解地下有无古代墓葬。对秦始皇兵马俑进行遗址和遗迹的布局调查时，就在附近用探铲钻探了 300 个探孔。还使用 T 形把手的金属探铲和螺丝钻。在使用带小柄的螺丝锥时，它的好处是能将样土附在螺丝上带回地表，它的坏处是有破坏脆弱的遗物和遗迹的危险。内窥镜和电视摄影等现代技术使类似的探测工作得以进一步发展。这一方法需要大量资金，如果资金允许的话，可以对中国大量的未经发掘的墓葬进行探查，一定能取得极好的成果。

大地遥感技术也是一种非常好的判断遗址和遗迹的布局的方法。钻探技术固然有效，但是它也不可避免地对有些遗址造成扰动。想在发掘之前更多地了解遗址相关情况，还有多种理想的且没有破坏性的手段，即地球物理遥感技术，诸如地震和声学的方法、电磁方法、电阻率方法、磁调查方法、金属探测器方法等①。

第二节　体育遗存的发掘

虽然通过调查发现了古代人类体育活动的遗迹，并且尽可能多地将这些遗址地表及地下的遗迹测绘出来，但是，发掘仍然是检验地表材料可信程度、增强遥感调查精确性以及揭示遗址中到底存留有什么的唯一方式。体育考古发掘的目的有二：一是探寻历史上特定时期古代人类体

---

① 科林·伦福儒、保罗·巴恩：《考古学》，文物出版社 2004 年版，第 98 页。

育活动的信息；二是探寻不同时期古代体育活动变化的信息。同一时期的古代人类体育活动在空间上是横向发生的，在横向的维度上体育考古工作者通过发掘，找出令他们满意的人工遗物和遗迹，是在一个原生单位中共存来表明共时性，即古代人类体育活动确实是在同一时期展开的。但是，实际情况是有不少形成过程可能导致原生单位的破坏，对这些遗址，在发掘过程中和发掘结束后必须尝试复原扰动的情况，之后决定如何进行解释。如要进行成功的解释，必须随着发掘工作的展开做详细记录。不同时期古代体育活动的变化在时间上是纵向发生的，在纵向维度上，体育考古工作者需要通过层位学的研究来分析阶段性的变化。

一　层位学

层位学，是借用地质地层学对地层的研究原理——即地层由下向上，由早及晚，逐层叠压，以至于今。用这种方法获取和分析田野考古挖掘中的研究资料。考古地层的形成比地质层位形成的时间要晚得多，但都遵循相同的叠压规律。简言之，在递相叠压的层位中，下面的堆积形成要早。一系列层位的探方剖面图，构成了一个随着时间而形成的堆积序列。

叠压的规律仅反映堆积的次序，而不反映不同层位中遗物的年代。下层的包含物的确往往要比上层的早，但这种认识不能简单化。从上面的层位挖下的坑，或营穴的野兽（甚至蚯蚓）都有可能将晚期的遗物带入早期地层。此外，诸如地层受到长时间的侵蚀，从顶部塌向沟底等类似的错位也经常会发生。

对已破坏的散落在不同地层中的遗物进行拼合，可以检验某一堆积中的人工制品是不是属于同一时代，这种方法主要是针对史前遗物中的石器和骨器。在对史前遗址的考古发掘中，发现了很多这样的情况，在不同层位中的石器和骨器的残片能被再度拼合回原状，恢复它们所出自的原来的石块和骨头的形状。这就推翻了在不同层位中的石器和骨器是不同人群制造的结论。这些拼合恢复原形的实践一方面在澄清层位问题，另一方面也在改变对早期工艺的考古研究。

因此，层位学在横向的空间维度是对层位的研究和确证，在纵向的时间维度是对一系列地层的分析。

二　挖掘的方法

最好的发掘方法就是不要进行挖掘，用非破坏性的方法来达到我们的研究目的。所有的发掘方法都必须适应要研究的问题以及遗址的性质。人们希望在旧石器遗址上复原所有的建筑并记录所有的人工制品的精确的横向和纵向的位置——即其坐标。因时间和资金的局限，对城市遗址应该采用抽样的方法，并只记录铜钱等关乎断代的遗物的确切的三维坐标。至于其他遗物，可以简单按照层位或探方进行收集。

一般来说，发掘方法主要有两种类型：一是强调纵向关系，通过发掘深厚的堆积来揭示层位；二是强调横向关系，大面积揭露某一层位来揭示该层遗迹与遗物的平面关系。大多数发掘是综合使用这两种方法，但各自的手段并不相同。一般认为，先对遗址进行调查，并布探方以有助于精确记录。

强调纵向关系的发掘，通过设置暂不发掘的探方间的隔梁，从纵剖面上探寻并关联遗址中的不同层位。一旦搞清了遗址的整体范围和平面布局，可以打掉一些隔梁，这样，贯通的探方就能如拼花式地板一样展示人们所感兴趣的任何遗迹。

强调横向关系的发掘，主要是克服隔梁对于解释剖面关系存在不同程度的误导和妨碍对大范围平面关系的辨认。最好不留临时或永久隔梁，而是进行大面积的揭露，仅在有必要说明特定复杂层位关系的地方作纵向的剖面。除了这些"活动剖面"之外，在发掘过程中还使用精确的三维测绘手段来记录剖面情况，并于发掘结束后在纸上复原。对于资金缺乏而遗迹埋藏又很浅，则可以简单地将大面积的表土揭掉。

然而，没有哪一种单一的方法是普遍适用的。掩埋很深的遗址就很少使用探方发掘的方法，因为随着发掘向下的进展，探方里的工作很快就会既不舒服，又很危险，一般都采用一种"阶梯式探沟"的方法，即在上部进行大面积揭露，往下通过一系列大型阶梯逐渐缩小发掘的区域。不论发掘方法如何，只有复原和记录手段完善，发掘才可称为完美。发掘会对许多材料造成破坏，且不能重复进行，因此，必须精心考虑复原方法，并在发掘的每一个环节做好详细的记录。1997年上半年，河南省文物研究所和周口文化局联合对鹿邑县太清宫长子口墓进行了挖掘，就是采用"阶梯式探沟"的方法。如图4所示。

图4 长子口墓挖掘现场（由南向北）

三 考古材料的复原和记录

在野外，对于堆积较薄、时代单纯的旧石器或新石器时代遗址，需要复原并测绘所发现的每一件人工遗物的坐标，并尽可能对挖出的土进行干筛或水选。但就城市考古而言，这种要求是不现实的，为了节省时间，可以使用机械除去这两种类型遗址的表土，只能有选择地对厕所或垃圾坑等可能存留植物遗存的地方进行抽样筛选。

一旦清理出人工遗物并记录下其坐标，就必须给它一个器物号，进行登记造册，或输入工地的计算机。还要在器物袋上写上器物号。每日的发掘进程记在田野记录表上，或填入事先印好的上面列有各种具体问题的数据表上。

人工遗物可以移动以用于日后整理分析，遗迹则不同，往往要留在原地，或随着层层向下的发掘而被做掉。因此，必须对它们进行记录，不仅在田野记录上做文字描述，还要有比例精确的绘图和照相。地层剖面也是如此。对于揭露的每一个水平层面来说，从高台或气球上进行垂直拍摄也至为重要。

遗址的文字记录、比例图、照片、计算机里的数据以及人工遗物、动物骨骼、植物遗存等，构成了发掘的全部记录，这也是所有有关该遗址的解释基础。发掘之后的分析整理会耗时数月，或是数年，通常要比发掘的过程漫长。虽然如此，若干初步分析，尤其是人工遗物的类型分析，在田野过程中就能得出一些初步的结论。

四　类型学分析

对田野挖掘的实物资料进行类型学分析是一项重要的工作。考古类型学是借用生物进化论和生物分类的原理，对考古发掘出土的遗物、遗迹进行科学整理、分类、分析、比较研究的方法。发掘的遗物首先要做初步的分类，如石制工具、陶器和金属器，之后再将这些大类进一步划分，归并成更多的组以便日后分析研究。通常依如下三个特点进行类型划分：

A. 表面特征（包括装饰和颜色）；

B. 造型特征（三维构形与形制本身）；

C. 工艺特征（主要指原材料）。

有相似特征的人工遗物并为遗物类型，而所谓的"类型学"即指这些类型的构建。

人工制品构成了考古资料的大部分，类型学帮助我们理出这一堆东西的头绪，比如，人工制品可以按照三期体系，或石、铜、铁的顺序进行排队。这个方法奠定了类型学作为一种一直使用的断代方法及测定时间序列的方法的基础。类型学也被用来界定某一特定历史时期的考古遗存。特定时间和空间下的人工制品的组合即考古学文化。

类型、组合以及文化都是人为的构建，类型划分的目的是将无序的材料理出头绪，它们仅是对材料进行条理化的一种手段。重要的一点是不同的问题需要不同的分类。研究陶瓷工艺的学者会以原料的变化和工艺技术作为分类的基础，而研究陶器的贮藏、炊煮等不同功能的学者则可能根据造型和尺寸对其进行分类。而对体育考古来说，我们要了解古代人类的身体活动都有哪些内容及特点，主要根据古代人类进行不同的体育项目分类。

第五章
体育遗存的测年方法和年代

有关体育的遗物被发现以后，首先要搞清楚的就是这件器物的年代，以及这件器物上所承载着古代人类体育信息的时间。考古类型学、考古地层学可以帮助我们认识器物的相对年代。如欧洲大陆使用工具的三大体系石器、青铜器和铁器，并有考古地层学证实其年代序列为：石器的出现早于青铜器，铁器的出现晚于青铜器。用这个序列研究并讨论从这个序列的一个阶段到另一个阶段工具技术的演变，而无须知道每个阶段的具体年代。相对纪年法就是依据器物、沉积物、社会以及事件的早晚顺序，早的在前，晚的在后。

要对发现的体育遗物的具体时间做出判断，需要绝对测年方法。绝对年代帮助我们认识变化的快慢程度，比如中国古代的马球运动，它是起源于中华大地还是由域外民族传入的。

对于体育遗物的时间测量，现代天文学和核物理的方法被广泛应用，其中最重要的要算放射性时钟的应用。不管测年方法是什么，我们需要对时间统一测量来构筑年代学框架。大多数人类时间测量系统以年为基础，以年为单位必须有一个固定的时间点做参照，许多学者都用"公元前"（BC）和"公元"（AD）。用放射性方法得出的年代，需要用一个中性的国际系统——距今（BP）。这种方法也同样需要一个固定的时间点，将距今定义为"距1950年"（大约相当于 Libby 建立第一个放射性测年方法——碳 14 法的那一年）。在纪年转换的时候必然有误差，比如把 BP 纪年转换到 BC/AD 纪年，一般来说两个术语之间 50 年左右的差异可以忽略。对于远古时代，测定遗址和事件的"真实"年代最多也只能准确到几千年。

第一节　体育遗物相对年代的测定

在体育考古的研究中，重要的一件事就是给事物排序。被用来排序的事物可以是地层发掘的考古沉积物，也可以是类型学序列中的器物，还有就是地球环境变化的序列，所有这些序列都可用于相对测年。

一　用地层学原理判断相对年代

用地层学的原理进行相对测年的时候，重要的原则是下面的地层首先沉积，所以也就早于叠压在上面的地层，因而连续的地层可以提供从早（底部）到最晚（顶部）的相对年代序列。进行体育考古发掘的目的就是获得上述序列，要探测地层的有关古代人类体育活动的沉积物是否被人为或自然扰动，要根据观察到的地层信息，对不同地层的堆积构建可靠的相对年代序列。对公存于同一地层的沉积物，是指它们是同时被埋进去的。如果堆积是封闭的，地层没有被其他地层破坏，公存物可以认为不晚于堆积本身。这样，封闭堆积的地层序列给出了与这些堆积公存的埋藏物的时间序列——相对年表。

如果知道了某一件器物的绝对年代——比如一块木炭可以在实验室作碳 14 测年，也就知道了封闭堆积和其他公存物的绝对年代。来自不同堆积的一系列这样的年代将给出整个序列的绝对年表。正是将地层序列与绝对测年方法相结合为测定考古遗址和其出土材料的年代提供了最可靠的基础。我们用相对测年法或使用绝对测年法测定的堆积和共存物的年代，最终是为了重建这些遗存所代表的人类过去的身体活动和行为。并且，只是表明这些体育活动的遗物最终被埋的年代，而不是古代人类使用这些体育遗物的年代。要研究某一体育项目的起源，只凭出土体育遗物年代的确定，并不能作出判断。因为这件体育器械被丢弃之前可能已周转了几十年或者几百年，或者是先被埋在一个地层后同其他垃圾一起挖出来被扔进另一个坑里。如果要搞清楚这个体育遗物被使用的年代，或者是体育项目的起源，就必须把文化形成的全部过程都考虑进去。

研究氮、氟、铀含量的化学测年方法可以有效判断在相同的地层堆积中公存的几个骨质样品实际的相对年龄是否一致。堆积中的骨头里的蛋白质含量随化学降解的过程而逐渐减少。现存蛋白含量最有效的指标是骨头中的氮含量。现代骨头中的氮含量大约是4%。骨头中的氮含量减少的速率取决于埋藏环境的温度、水分、化学成分和细菌水平。对同一个遗址而言，化学测年方法可以识别具有明显的公存关系而年代不同的骨头样品。

二　用类型学原理判断相对年代

一件器物的形制比如陶器可以由它的材料、形状和纹饰等特征来定义，具有相同特征的几个陶器构成了一种陶器类型，类型学就以这种类型将器物分组。通过类型学进行相对年代的测定，还隐含另外两层意思。

第一，特定时间段和地点的产物具有可供鉴别的风格：通过特定的形状和纹饰在某种意义上反映了制造它们的那个社会的特征。考古学家或人类学家时常通过器物的风格来对个别器物进行识别和归类，并进而将它们放到类型学序列中的特定位置。

第二，器物风格（形状和纹饰）的变化是一个渐变的过程，或者说是进化。这个想法来自达尔文的物种进化论，于19世纪被考古学家利用，并认识到此理论用到这儿非常便利，比如"相似相近"原则，换句话说，特定器物在同时期制造的总是相似，隔了几个世纪制造出来的就会因为几个世纪的变化而显示出差异。同理，如果一个人面对一系列年代未知的短剑，首先合理的做法是按照最相似的靠在一起的方式将它们排序，这就很像一个真实的年代序列了，因为它最恰当地反映了"相似相近"的原则。考古学家也在不断完善这些理论，他们发现相对测年方法可以用于不同区域的不同器物群，主要是研究横向关系，比如生产技术、工具的传播方向等。

要确定一件器物的相对年代，最好的方法是将其与已被完善的类型学体系所识别的一件器物相比匹配，这种做法在大多数情况下都是可靠的。对于旧石器时代，一个地层的相对测年首先开始于对地层中出土石器的考察：手斧意味着旧石器早期（或接近中期），石片是旧石器晚期。后来，通常是陶器的类型学构成了年代体系的支柱。

还需注意的是不同类型器物风格（纹饰和形状）变化的速率是不同的，所以它们所表征的年代学差异也就不同。比如迈锡尼彩陶纹饰的变化时间间隔大约20年左右，而其他装饰类陶器纹饰类型的变化却要经历大约一个世纪还多。素面陶器可能会保持同样的器形达几个世纪。对于陶器来说，表面纹饰的变化要比器形的变化快，所以它是类型学序列最敏感的年代学特征。另一些器物，比如金属武器和工具，其风格变化很快，所以可作为年代学指征。相反，石制工具，比如手斧，其形制变化异常缓慢，无法灵敏地指示时间的变化。

三　气候和年表

还有一类重要的序列是建立在全球气候变化基础之上的，已经证实它是测量当地、区域甚至全球范围相对年代的一种有效方法。其中的某些环境序列还可以用各种绝对测年方法来定年。

1. 更新世年表

出现在很久以前的大冰川期（更新世）自 19 世纪以来才被我们所认知。当温度下降，冰原或说是冰川膨胀，覆盖了地面的大部分地区，全球海平面下降（失去的水分无疑被固定在冰里）。早期的地质学家和古气候学家，通过研究地质沉积中清晰的痕迹，很快发现冰期并不是寒冷气候长期的不间断持续，而是分成了已经观测到的四个冰期。这些冰期的间歇属温暖的时间段称为间冰期；在这些大的分期中间是一些更小的波动称为冰阶和间冰阶。在第二次世界大战后，绝对测年方法出现之前，考古学家在很大程度上依靠建立考古遗址与冰期序列的关联来确定漫长的旧石器阶段的年代。

近几十年来，科学家们已经逐渐认识到冰川期气候的波动比原来想象的要复杂得多。从 170 万年前更新世开始到 78 万年前（早更新世末），大约有十个冷期被暖期隔开，另外又有八九个界限分明的冷气候期成为中更新世和晚更新世从 78 万年前到 1 万年前的特征（全新世的暖气候期覆盖了最近的这 1 万年）。考古学家们不再依靠复杂的冰进和冰退作为旧石器时代测年的基础了。

2. 深海岩芯和冰芯

钻取自洋底的深海岩芯能够提供全球一致的气候变化的记录。这些岩芯里有海洋微生物，有虫孔，它们是通过缓慢不断的沉积过程而沉降在洋底的。这些有孔虫壳所含的碳酸钙中两种氧同位素比值是变化的，这种变化灵敏地反映了这些生物活着时候海水的温度。我们现在已掌握了 230 万年来精确的温度序列，可以反映全球气候变化。深海岩芯的冷期对应的是冰进时的冰期，暖期对应的便是冰退时的冰期或间冰阶。深海岩芯氧同位素的记录给出了更新世相对年代的框架。

冰芯，同深海岩芯一样，取自北极和南极的冰芯已被用来建立了引人注目的揭示气候变化的序列，这对古环境的重建最有效，而且也与测年有关。紧压的冰层形成了可被计数的近两三千年来每年的堆积，因而给出了这部分序列的绝对年代。

3. 孢粉测年

所有开花植物都会产生这种几乎不被破坏的颗粒，称为孢粉，研究孢粉的专家利用保存在沼泽和湖泊沉积中的孢粉构建古代植被和气候的详细序列。这些序列对于认识古环境有很大的帮助，并且它们已成为相对测年的手段。

通过分析特定遗址的孢粉样品，时常可以将遗址与较长的孢粉带序列相匹配，从而给该遗址一个相对年代。在存有孢粉的背景中出土的孤立的器物可以用同样的方法非常有效地测定相对年代。然而必须记住，在大的区域内孢粉带是不一致的，最好是首先和专家合作，建立该地区的孢粉带序列，邻近的遗址和发现就可以与它相联系。如果这个序列的全部或某部分能用树轮或碳 14 测年，那么就建立了该地区的绝对年表。

第二节　体育遗物绝对年代的测定

尽管相对测年方法有巨大的效用，考古学家最终还是要知道序列、遗址和器物的准确的日历年代。当前，考古学界所采用的主要是传统的历史学方法和各类现代科学技术为基础的方法。

一　历法和历史年表

直到 21 世纪初第一个科学测年技术出现以前，考古学的测年几乎完全依靠历史学方法，也就是说，依靠考古学与古人自己建立的年表和历法之间的联系，这类测年方法至今仍有巨大的价值。

古时候，文字社会靠书面文件记录他们自己的历史。罗马人靠执行官或君主执政的年份来记录事件，尽管他们有时也会参照罗马城本身建立的时间来记载事件。希腊人以第一次奥林匹克运动会的日子来计算时间，现在通常将这一年记为公元前 776 年。古代中国、埃及和近东是以连续的帝王来记录历史，帝王又被分组为"朝代"。

在利用早期历史年表测量绝对年代的时候，必须注意三点：第一，必须仔细重建纪年体系，任何统治者或帝王的列表要合理完整；第二，尽管它所记录的每个君主统治的时间可能是可靠的，但还必须将这个列表与我们自己的日历联系起来，而不是仅保留一个"浮动的年表"；第三，给一个特定遗址的器物、人物、建筑定年，必须与历史年表相连系，或许可通过共存物上的铭文查证所属的统治时期。

对考古学家来说，当出土的大量器物可以和历史年表紧密联系起来时，那么使用历史年表就相当容易了。所以，当遗址中有大量的带有历法铭文的石碑，可以用来测定与之共存的建筑的年代，这样与建筑共存的器物的年代也就确定了。比如，陶器的类型学体系建立之后，如果在这个有历史年代的背景中发现了已知类型的陶器，就可以给这个陶器的类型学体系本身定年了，而在另一个遗址中如果出土物和建筑物没有铭文可以用来定年，通过相同类型的陶器就可以给出大致的年代。

器物上带有年代，或是统治者的名字可以用来定年。在一些出土的陶器上可有文字，通过分析这些文字，可以确定器物的年代。中国古代的铜质钱币也是一样，因为它们上面一般都带有发行这些钱币的统治者的年号或者是名字，这都可以定年。给钱币或器物测年与测定它们的出土物的年代不同，钱币的年代表示它被制造的年代，而封闭的考古堆积只是简单地给出一个下限（在此之后的年代），换句话说，这个堆积的年代不会比钱币上的年代早，而会比它晚。

一个国家已经建立起来的完善的历史年表可被用来为邻国和更遥远的地方定年，这些地方没有自己的历史记录，但在有文字的其他国家的历史中被提到过，这就是交叉测年，利用货物的贸易关系来延伸年代关系。用历史学的方法定年是在有可靠历法体系的国家中所采用的一个重要的手段，而历法体系靠大量的文献支撑。如果这个历法或者是它与现代历法的联系有严重的不确定因素，就可以用其他测定绝对年代的方法进行检验，起码要做概括性检验。在没有历史和文字的地区，交叉测年或大范围的类型学比较已经被各种以科技为基础的测年方法所代替，所以现在世界上的所有文化都可以给出绝对年代。

二　年轮：纹泥和树轮

在第二次世界大战后碳14方法出现之前，纹泥和树轮的计数提供了最精确的绝对测年手段。任何绝对测年方法都要依靠一个与时间有关的有规律的过程。最显而易见的就是我们用来确定现代历法的系统：每年地球绕太阳的转动。由于每年这样的循环，导致了气候每年有规律的波动，并由此影响环境特征，这些特征在某些情况下可被测量并产生一个年表。

同样，在极地周围的陆地上，由于每年温度上升的时候冰床融化，形成了一年年的沉积地层，称作纹泥，可被计数。多种植物的生长每年不同，这是树轮测年的原理。多种动物在一年里的生长也是变化的，所以动物遗骸中的这种每年变化有时可以在骨骸中或贝壳中观测到。

同历史上的诸王列表一样，用于绝对测年的序列要很长，必须与现在的时间联系起来，并能同实际需要测年的建筑或器物相关联。比如，遗址中出土的贝壳上每年的生长轮可以很好地证明被使用的季节，但这个生长序列太短不足以形成绝对年表，而纹泥和树轮可被计数形成一个上推几千年的不间断序列。

1. 纹泥和湖相沉积

某些黏土沉积有规律的分层排列，这是由于冰床每年融化在冰川边缘的湖里沉积形成分层，自更新世或末次冰期后期冰床就开始稳定地后退。这些分层的厚度一年与一年不同，暖的一年冰河融化增加，出现后层，薄层表示冷的情况。通过连续测量整个系列每层的厚度，并将其与附近地区的纹泥作比较，连接成为一个长系列被证实是可能的。这是被开发出来的第一个地质年代学方法。大量的几千年的沉积被发现，当连接起来，可以从现在一直追溯到冰川开始冰退的时期。通过这个方法，末次冰期结束的时间有了相当可靠的推算。

2. 树轮测年

大多数树每年都长出一圈新木头，这些生长轮在伐倒的树桩的横截面上很容易看到，这些轮没有统一的厚度。对同一棵树而言，有两种原因导致这种变化，第一，随树的年龄增加树轮会变窄，第二，树每年长多少受气候变化的影响。在气候温和的地区，日照和温度比降雨更能影响树轮的生长，在这里，春季一段时间的骤然降温可能会产生一个窄轮。

树轮年代学家测量和描绘这些树轮，并制作表显示每棵树的连续树轮的厚度。在同一地区生长的同一种树会有相同的树轮模式，所以年龄连续的古老木材之间就有可以匹配的生长系列，从而建立该地区的一个年表。树轮年代学家通过不同年龄的活树之间的年龄匹配，以及老树之间的匹配，可以建立一个长期的连续的年代序列，从现在一直追溯几百年，甚至几千年。当发现与年代序列相同树种的一截古代木头，就有可能将它的树轮，比如说 100 年，和主系列或年表的相应的 100 年去匹配，这样这截木头的砍伐年代通常可以定到一年以内。

与碳 14 测年方法不同，树轮年代学方法因为两方面的局限性不能在世界范围普遍使用：第一，仅适用于热带雨林以外地区的树木，这些地区季节变化明显可以产生清晰的树木年轮；第二，对于树轮直接测年，它仅适用于这样一些树种：已经有了一条与现在相连的主系列；确实被古人使用；样品所提供的纪录要足够长，可以给出唯一的匹配。

三 放射性时钟

放射性时钟测定体育遗物的绝对年代是一种可靠的办法，它利用的是放射性衰变的原理，其中最著名的方法是 ^{14}C，它是目前测定大约 5 万年以来年代的主要测年手段。测年范围比 ^{14}C 早的主要放射性测年方法是钾氩法、铀系法和裂变径迹法。热释光方法（TL）的测年范围可与^{14}C 重叠，但也可以测定更早的时段，它与光释光和电子自旋共振都是俘获电子的测年方法，间接依靠放射性衰变。[1] 在这里我们主要了解一下^{14}C 测年。

^{14}C 测年方法是对考古学家最有用的测年方法之一。1949 年，美国化学家 Willard Libby 发表了第一组^{14}C 年代数据。在第二次世界大战期间，他是研究宇宙射线的几个科学家之一，发现亚原子粒子不断轰击地球，产生大量的高能中子。这些中子与大气中的氮原子反应产生 C - 14 原子（^{14}C），或说放射性碳，它们很不稳定，因为它们的原子核中有 8 个中子，而不像普通碳原子（^{12}C）那样通常有 6 个中子，这种不稳定性导致^{14}C 以有规律的速率进行放射性衰变。Libby 计算了任一样品中^{14}C 衰变一半所用的时间为 5568 年——^{14}C 的半衰期——尽管现代研究指出更准确的数据是 5730 年。为了保持连贯性，实验室一般仍采用 5568 作为它的半衰期，因为我们有正确校正后的^{14}C 时间表，所以这个差别现在已不再是问题。

Libby 意识到^{14}C 以一个恒定的速率衰变，就应该通过宇宙辐射有一个恒定的产额与之平衡，那么大气中的^{14}C 比例才会长期保持不变，进而大气中^{14}C 恒定的浓度就通过二氧化碳在所有生物体中传递。植物通过光合作用吸收二氧化碳，它们又被食草动物吃掉，接着，食草动物又被肉食动物吃掉，等到植物或动物死了，^{14}C 的摄取就停止了，此时恒定的^{14}C 浓度因放射性衰变而开始降低。Libby 认识到，已知^{14}C 的衰变速率或半衰期，就可以通过测量样品中剩余^{14}C 含量，计算出死的植物或动物组织的年龄。

样品中^{14}C 一开始量就很少，5730 年之后减少一半，23000 年之后原本就很微量的 14C 浓度就仅剩 1/16 能被测量了。每个^{14}C 原子衰变释放出 β 粒子。这就是常规^{14}C 方法的基础。在考古遗址中通常能发掘出含有机质的样品，如木炭、木头、种子和其他的植物残体，以及人或动

---

[1]　科林·伦福儒、保罗·巴恩：《考古学》，文物出版社 2004 年版，第 98 页。

物的骨头。一个样品中^{14}C放射性活度的准确测量，受测量误差、宇宙射线本底和其他引起测量不确定性因素的影响，这就意味着^{14}C数据不可避免地带有测量误差。

　　已经证实^{14}C方法的基本假定之一是不正确的。Libby 假定大气^{14}C浓度是经久不变的，而我们现在知道它是变化的，大多由于地球磁场的变化。树轮测年证明了^{14}C方法的不准确性，同样树轮测年也提供了改正或校正^{14}C年代数据的手段。

第六章
体质人类学

　　体育也是关于人的科学，体育活动的主体是人本身，体育活动的目的之一就是使人的身体变化，朝健康的方向发展。所以，对古代人类体质特征的研究也是体育考古学的任务之一。体育考古学对古代人类体质的研究目的，是利用人的遗存来揭示死者的年龄和性别，进行骨骼测量，分析人活着时的健康状况与身体活动的关系等。随着生物化学和遗传学的发展，对古代人类身体遗存的研究多向分子层面展开，现在主要依靠骨骼学理论进行研究。人体遗存是体育考古学的重要研究对象。

　　人体遗存存在的形式有三种情况：第一是有完整的尸体、整个骨架或头骨，根据人体的特征辨认人体骨骼和大块的骨骼碎片是不难的。在最近的一些精细发掘中，发现了一些个体的头发，在显微镜下可以确认是人的头发。第二是尸体消失了，某些证据仍能残存下来。人体遗存在一些特殊的土质中就被分解了，但是留下了一个"人形窟窿"，在窟窿里填充石膏就可恢复当时的人体形态。一些酸性沙土毁了大部分人体遗存，留下了一些人形的沙轮廓，如果用紫外线照射这些痕迹，"骨骼"会发出荧光，就可以将其照相记录。土壤中的氨基酸和其他腐烂的有机物遗存可以帮助鉴定这些"不可见"尸体的性别和血型。第三是人体遗存的骨架与骨骼的碎片。这些骨骼含有各种信息。古代的艺术也提供了关于人的体质特征的间接证据，当我们试图恢复古人相貌的时候，这

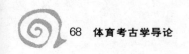

些材料是非常重要的。

第一节　辨别体质指数

在确认人体遗存的存在和数量以后，我们该如何重建性别、死亡年龄、身材、长相等体质特征以及不同人体遗存之间的关系呢？

一　性别的判断方法

通过科学的发掘，采集到古代人类的遗骸后，重建性别是重要的工作。就完整的尸骨和艺术画像而言，鉴别性别一般可以从生殖器特征一目了然。如果这些特征不存在，像乳房和胡须等第二位的特征也能提供较可靠的指标。如果这些特征也没有，那么任务就更具有挑战性了。头发的长度不说明问题，但共存的衣物或人工制品或许能帮点忙。

对于不含软组织的人骨架和骨头，可以用多种方式进行性别的判断。最好的方式是通过骨骼对性别进行判断。盆骨的形状可以作为性别判断的特征，男女的盆骨生理特征是不一样的，男性盆骨较窄、弓部较高；女性盆骨宽、空腔较大。不过这种差别在不同的族群中是不一样的，有些族群的盆骨的性别特征不明显。譬如，班图人盆骨性别特征不明显，而亚洲人和欧洲人的比较明显。

骨骼的其他部位也可以用来区分性别，男性骨骼一般较大、较粗壮、较长些，女性的胸骨较短，肌肉接节较小且较细长。男性的头颅较大，眉脊和耳盾的乳突骨较突出，前额低缓，下颌和牙齿粗壮。在有些人群中，男性的脑容量较大。譬如，在欧洲人中，脑容量大于 1450cc 一般表明是男性，低于 1300cc 是女性。

人类学家发现，胫骨在膝盖以下约 1/3 处的周长可以用来推断性别，其准确率达 80%。不过，这一方法对黑人比对白人准确得多。而骨头长度则似乎对分辨白人的性别比较有用，所以在对骨骼进行测量分析时，不能用单个的骨骼进行分析推断，因为不同地域的人类族群会有特例出现。营养水平的原因，也可造成一些地区女性的胫骨较粗、较长。我们应该将不同来源的结果综合起来分析。

还有一种重要的方式，就是用 DNA 的方法来鉴定骨骼的性别。基因是遗传特征的组织者，由携带遗传指令以建构身体并使之运作的 DNA（脱氧核糖核酸）组成。每有新的活细胞产生，基因就会被复制；核 DNA 是细胞的蓝图，每有新细胞产生就被复制。因此，当细胞在实验室中被培养时，DNA 也在生长。有时候，人类或其他动物的一部分核 DNA 可被注入细胞内，在实验室中生长。这被称为"克隆"。细胞内的线粒体所包含的相对较小的 DNA 圆环（线粒体 DNA，简称 mtD-NA），已受到广泛的研究。如果我们从墓穴中发现人类的遗骨或其他有关人类身体的有机成分，比如，人类的粪便化石，都可以从中检测到人类的 DNA，并测试出是男是女的结果。

二　身高、体重的测量方法

尸骨保存完整的话，身高容易测出，如新疆楼兰出土的干尸，只要我们将干化过程中造成的收缩度考虑在内就可以了。出土的不完整尸骨，可以从某些长骨的长度来估测人的身高，长骨一般指的是腿骨、手臂。从长骨的长度来计算大概身高的公式叫作退行等式，即骨头长度与身高的测量值关系。需要注意的是，不同的人群身体比例是不同的，澳大利亚土著人和许多非洲人的腿较长，往往是身高的 54%，而某些亚洲人的腿长只有身高的 45%。因此，相同身高的人可能会有长度很不一样的腿。在骨骼材料不明的情况下，一般可用平均的腿骨长度，允许反映的身高误差在 5 厘米或数英寸内。在罗马的 Cirencester，人的身高似乎比现代的人要矮些：女性的平均身高是 1.57 米，最高的女人只和男性的平均身高（1.69 米）相当。

如果必要的话，手臂也可以用来估计身高，比如无腿的 Lindow 人。1984 年英国西北泥炭工厂的工人发现了一截人腿。紧接着的调查在 Cheshire 这个称为 Lindow 的泥沼的地方，又发现了还埋在泥炭里的上半身躯体。整块泥炭连尸体一起被取出，由大英博物馆科学家组成跨学科小组在实验室里进行了"发掘"。相关的各项研究给这位古人的生与死提供了很多重要的信息。Lindow 人的年龄和性别，虽然缺少下半身，但从胡须与鬓角分析，死者为男性，年纪估计在 25 岁左右；Lindow 人的体型，体格可能相当健美，体重将近 60 公斤。根据上臂骨的测量，他的身高在 1.68—1.73 米。偶尔也可以利用手印。脚印也可以提供较好提示，因为一般认为成人的脚的长度是身高的 15.5%；12 岁以下的小孩则是 16% 或 17%。

保存完好的尸体的体重也是容易计算的，干化后的体重一般是活体的 25%—30%。知道身高也是一个线索，从当代的资料中我们知道，在特定的身高下，如果不是特别瘦或特别胖的话，男女的体重是有一定范围的。所以，如果掌握了人体遗存的性别、身高和死亡年龄，我们就可以较合理地推算其体重。因此，单个的腿骨不仅可以表明其主人的身高，还可以反映性别、年龄和体重。对于早期的类人猿来讲，身材只能是大概的推测。但是，被昵称为"Lucy"的南方古猿，因其 40% 的骨骼被保存下来，所以才能估计出其身高是 1.06 米，体重 27 公斤。

三　外貌的推测

同样，只有保存完好的尸体才能给我们提供最清晰的面部特征。广为人知的例子是中国湖南长沙马王堆遗址出土的汉初长沙国丞相轪侯利苍妻子的遗体。另一个面部保存较好的例子是中国荆州第 168 号墓发现的葬于公元前 2 世纪的一位 50 岁左右的男性，其尸体在一种神秘的暗红色液体中完好地保存下来。1881—1889 年，在埃及底比斯两个王室墓穴中的发现，给我们提供了真实的法老木乃伊，他们的面部仍很生动。

自旧石器以来，古代艺术家们给我们留下了大量的肖像艺术品。有些肖像，譬如在木乃伊盒子上的人像，直接与其主人的遗存相关。而有些肖像，譬如湖南长沙马王堆1号墓利苍妻子棺椁上的刺绣织品人物肖像很可能就是墓主人的形象。在中国西安发现的不同凡响的和真人大小一样的兵马俑，是由公元前3世纪时的千万士兵的形象所组成。这些兵马俑所组成的是史无前例的"人体图书馆"，并提供了发型、盔甲和武器等珍贵信息。

也可以用骨骼和肖像重合的办法来辨认历史人物。在恢复墓葬时，用这种方法可以确认骨骼的身份。譬如，一幅据说是15世纪法国的公爵夫人Marie de Bourgogne的颅骨照片，和她墓前的一个雕塑的头部重合得完美无缺。照片和头骨的重叠法也被用来帮助辨别在1918年被谋杀的沙皇尼古拉二世，他的妻子和他们孩子的头骨，这些头骨是数年前在埋葬他们的俄罗斯一处森林的坑穴中发掘出来的。

还有一种方法是颅骨复原法。这种方法首先复原颅骨，然后再建构面部的软组织。用这种方法曾对马其顿的Philip国王的遗体进行了辨别，复原的头骨与在Philip墓中发现的据说是他本人的肖像和文献中对他的伤口的描述进行了比较。面部的某些部位的复原现在是用于储存有颅骨肌肉组织厚度的电脑相连的激光扫描相机来进行的，而另一台电脑控制的机器则用硬泡沫塑料切割出三维立体模型来。

立体石印术，一种用于手术复原的技术。多重扫描可以使电脑记录颅骨的电子"板块"，而第二台电脑则用这些资料以激光在塑料上复制出颅骨。利用类似的技术，即便缺少肉体材料，现在也可以对破碎的化石颅骨进行复原、测量和复制。

四　如何确定死亡年龄

我们需要知道死亡的生理年龄是一种范围，即少年、成年和老年，

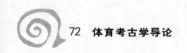

而不需要精确到年和月。

1. 牙齿和骨头是解释死亡年龄最好的材料

牙齿是鉴定年龄的最好标本。通过对牙齿微结构的研究，发现牙齿珐琅质的生长率是有规律的，其细微的生长线构成的脊线是可以测量的。如果用树脂做成牙齿模型，可以在电子扫描显微镜下数出数量来。在现代人群中，大约每一个星期就会生长一条新的脊线，一般假设我们的人类祖先的生长速率也是类似的。通过研究测量化石牙齿标本的生长脊线，可判断死亡生理年龄。

通过测量化石牙齿标本的生长脊线，有学者发现，以前的研究者对许多早期人科动物的死亡年龄估计过高。臂如，在南非 Taung 发现的著名的距今 100 万—200 万年的南方古猿，很可能是刚过 3 岁的孩子，而不是以前所认为的 5—6 岁。最近用计算机模拟的层面 X 线照相术对 Taung 头骨的牙齿生长形态的研究，也证明上述结论是正确的。这表明，我们最早的祖先的牙齿的成长速度比我们现在要快，而他们成年的时间与现代类人猿差不多。生物学上所说的小型动物成年的时间比大型动物要短，也支持上述结论，因为我们最早的祖先比我们要矮得多。

牙齿的其他方面也可以提供年龄信息。当牙冠全部长出以后，其牙根仍未成熟，并需要数月的时间才能长全，其生长阶段可以用 X 射线检测出来。所以，在人到大约 20 岁以前，通过这种方法可以较准确地估测年龄。少年长全的牙根尖较为尖利，然后会变圆钝。老的牙齿会在牙髓腔内长牙质，而牙根也会从尖端向上渐渐变得半透明。牙根上积聚的白垩质的层次也可以用来计算牙齿长出后的年龄。

骨头也可以用来估测年龄。长骨终端（骨骺）与长骨融合的程序是固定的，这是估测青年人骨骼年龄的尺度。最后融合的骨头是锁骨的内终端，一般是在 26 岁。在这个年龄以后，需要用不同的标准来估测骨头的年龄。不同骨头之间的关节也可以表明年龄，臂如，脊椎骨底部的骶骨一般在 16—23 岁融合。

颅骨顶部各骨片之间的缝隙的融合度是年龄的重要指标，但是颅骨缝的存在并不一定表明年龄小。在老年个体上也经常发现颅骨缝，或许是因为它具有某种选择优势。但另一方面，未成年人颅骨的厚度则与年龄有粗略的联系，即颅骨越厚，年龄越大。对老年人而言，所有的骨头都更薄更轻，但是有10%的老年人颅骨会变得更厚。肋骨也可以用来断定成年人的死亡年龄，随着年龄的增加，肋骨的胸端会变得日益不规则和粗糙，而肋骨本身会变薄，并会伸出软骨以外。这一方法曾被用来鉴定希腊北部的马其顿王国的亚历山大大帝的父亲Philip国王。结果显示他更接近于45岁，而不是35岁，而历史文献也记载Philip国王被谋杀时是46岁。

对于碎骨片的鉴定，主要是通过显微镜观察骨骼的显微结构。随着我们逐渐变老，我们的骨骼结构也会以一种独特的可测量的方式在变化。一个20岁左右的人的长骨，在其周边会有圆环和数量相对较少的称为骨单位（osteon）的环状结构。随着年龄的增加，圆环会消失，而更多更小的骨单位会出现。透过这种方法，即使是碎骨片也能用于辨别年龄。在对当代人的样本盲样检测中，透过将肋骨切片放在显微镜下观察生长阶段的技术，所获得的年龄可以精确到误差在五年以内。

2. 解释死亡年龄

一旦确定了标本的年龄以后，我们就可以计算这些标本的平均和最大寿命。计算这些寿命并不能表明某一人群在这些平均和最大年龄的死亡比率。譬如，如果绝大多数人死于儿童期或老年期，那么该人群的平均死亡的年龄可能就是30岁，尽管实际上很少人死于这个岁数。譬如，据计算，尼安德特人很少有活到50岁的，绝大多数在40岁之前就死了。如果把年龄信息和性别结合起来，我们还可以看出是男性或女性活得更长。譬如，在史前时代，女性似乎在40岁之前比男性死亡的几率要高，这无疑是由于生育的压力和风险所造成的。在智利的Arica地区的Chinchorro发现的距今4000—7800年前的木乃伊中，很少有几位活过50岁的，而生育过的女人一般似乎比男人早死2—3年。

必须强调的是，我们只能计算出存留下来并经发现的骨骼或尸体的平均死亡年龄。不少学者错误地认为，只要挖出一个墓地，弄明白死者的年龄和性别，就可以准确地发现某个文化的预期寿命和死亡率。这实际上包含着很多假设，即该墓地在使用期间埋葬了该社区的所有死亡成员——不论其性别、年龄和地位，没有人死在他处，而该墓地后来未再使用过。实际上，这些假设是不可能成立的。一个墓地只是一个人群的一个样品，但我们并不知道该样品到底有多大的代表性。所以，考古学家在接受和利用文献中提到的预期寿命和平均年龄时，应该慎重对待。

第二节　估测古代人类的运动能力

进行体育运动的物质载体是人体，人体就像一台超级机器，可以进行多种动作，有的需要力量，还有的需要耐力，有些则需要速度和良好的控制，那么我们怎样才能知道古代人类的运动能力呢？他们的身体活动包括哪些内容呢？

一　行走及跑

人体最独特的身体运动就是用两条腿走路——直立行走。有几种方法可以透视这一特征的进化过程。最直接的方法是研究骨骼的某些部位和身体的比例，但是我们最早期的祖先往往只有头骨遗留至今。一个例外是昵称"Lucy"的距今约 318 万年的南方古猿，其 40% 的骨骼保存下来。其化石是在埃塞俄比亚的阿尔法发现的，所以被命名为南方古猿阿尔法种。对 Lucy 骨骼的下半身已进行了很多研究。美国的古人类学家 Jack Strm 和 Randall Susman 认为她已能行走，但还需要在树上寻找食物和庇护，证据是 Lucy 的手和脚长、弯曲而且肌肉发达，这些都是抓握的特征。

另一位美国学者 Bruce Latimer 及其同事认为，Lucy 已能完全直立行走。他们怀疑弯曲的手指和脚趾是树上生活的证据，他们发现 Lucy 的下肢"已完全再组织以便直立行走"：脚踝骨的方向与现代人相似，表明脚在向两侧运动时已不像猿猴那样灵活。Lucy 的身体比例并不是不足以直立行走，但还没有达到现代人行走的姿势，因为其盆骨仍与黑猩猩的接近。

直立行走的另一类证据可以在颅骨上找到。譬如，颅骨底部与脊椎相连的大孔的位置，可以很好地说明运动时身体的姿势。即便是包在坚硬石块中的化石，现在也可以用电脑化的中轴骨 X 光断层照相技术（CAT 或 CT）来检测，X 光每 5 毫米产生一系列的切面，通过电脑的组合，可以按要求创造出垂直或倾斜的画面。这样就可以从不同角度来观察一个头骨。这一技术对于研究木乃伊也是有用的，不必打开木乃伊就可以揭示其内的哪个器官仍然存在。

最近对在南非 Sterkfontein 发现的距今 350 万年前的可能属于南方古猿非洲种的"小脚"（四个相连的趾骨）的分析，使这方面的讨论更加激烈。有的专家认为这只脚有猿猴的特征，适合树上生活。有的专家则坚持，这只是简单的滞后的解剖特征，这些南方古猿大部分时间都是用两条腿在地面上度过的。荷兰科学家 Frans Zonneveld 和 Jan Wind 利用 CAT 扫描技术，对南非 Sterkfontein 出土的一个距今 200 万—300 万年的被称为"Mrs. Ples"的相当完整的南方古猿的头骨进行了研究，发现了隐藏在坚硬的化石头骨内的内耳的半环形耳道。这个部位具有特殊的意义，因为它可以表明头颅的姿势。在直立行走的人中，水平的耳道与头的角度存在联系。"Mrs. Ples"的这一角度表明，她在行走时，头部的前倾角比现代人的要大。荷兰的解剖学家 Fred Spoor 及其同事最近对一系列人类的耳道进行了研究，发现南方古猿的特征与猿猴是绝对相似的，从而支持南方古猿是既爬树又直立行走的观点。而直立人在这方面则与现代人相似。

古代人类遗留下的足印，可以使我们了解古人怎样行走及跑。我们可以从人类行走的真正遗迹，即早期人类的足印中获得很多信息。最广为人知的标本是 Mary Leakey 在坦桑尼亚的 Laetoli 发现的惊人足迹。根据钾—氩对其上下的火山灰的测定，它们是由距今 360 万—375 万年前的矮小的人科动物留下的。他们走过一片潮湿的火山灰，雨随后将其变成了泥浆，然后变成了水泥般的东西凝固形成的。通过仔细观察脚印的形状，发现这些脚印的脚弓突起，脚跟圆环状，脚趾球突出，脚拇趾大并前伸。这些特征与承重压的形态结合起来，与直立行走的人的脚印是相似的。脚所产生的压力与步幅的长度（平均 87 厘米）表明。这些早期人类行走得很慢。

利用摄影测绘技术，可以绘制出脚印的所有曲线和等分线，使研究更加细致。研究结果表明，远古人类的脚印在很多方面和现代人的脚印相似，譬如脚跟印的深度和大拇指的深印。考古学家对上面提到的在坦桑尼亚的 Laetoli 发现的脚印进行了立体摄影，并与当代的男女在类似的土壤条件下留下的脚印进行了比较。其结果再次为直立行走提供了证据。因此，脚印给我们提供的不仅是我们远古祖先的罕见的软组织的痕迹，同时还提供了比骨骼分析更清楚的有关直立行走的证据。

时代更近的足印包括日本水稻田的脚印、全新世早期阿根廷海岸边的脚印。特别是英国的 Mersey 三角洲泥沼中的距今 3600 年前的 145 个足迹，表明当时男人的平均高度是 1.66 米，女人的平均高度是 1.45 米。很多孩子也在那里，他们和女人行动很慢，而男人们的行动较快。有些足印还显示出非正常特征如缺少拇趾或拇趾重合，从而提供了健康方面的信息。

二　他们用哪只手

我们都知道，今天用右手的人比用左手的人多。我们是否可以将这一模式追溯到史前时代呢？在中国新疆的阿尔泰地区和宁夏的贺兰山、中卫、灵武东山等地区都发现了大量的岩画，这些岩画主要是史前社会人类刻画而成，还有一些岩画是不同历史时期的人类艺术行为的结晶。

在澳大利亚也发现了很多手印的材料，以及在法国、西班牙和塔斯马尼亚冰期洞穴中的手印。凡是有左手印的地方，就暗示着艺术家是用右手，反之亦然。即使绘画常常是用嘴喷上去的，我们也可以推测帮助动作的主要的手是哪只。

第二部分

体育项目分类与研究

第七章
"田径" 类

　　田径是由人类最基本的三种身体活动方式跑、跳和投所组成的。早在原始社会时期，为了与大自然搏斗，为了生存，人们在很大程度上不得不完全依靠自己血肉之躯的敏捷与力量。无论是在与野兽的拼搏中，还是在厮杀的战争中，人往往会显示出一些奇异的才能。田径，这一现代体育词汇在我们的古籍中是见不到的，但田径运动中的"跑"、"跳"、"投"的同义词，如走、趋、奔（跑的同义词），踊、逾高、超远、超距（跳的同义词），掷（投的同义词）却早就出现在了史籍中。作为人类体育运动基础的田径运动项目，实际上从远古时代就开始在人类社会中以种种相类似的身体活动发挥着重要的作用，在人与自然界斗争中是离不开这些能力的，古代田径运动也就在社会生产、生活的过程中产生了。这一章我们主要讨论中国古代"田径"类项目产生的原因及其在不同历史时期的运动类型。

第一节　中国古代"田径"运动产生及发展的文化源流

一　劳动生产

　　在史前时期，人们在狩猎的时候，主要捕食小型动物，如各种飞禽、鹿、兔、野猪等，也有捕食大型的凶猛的动物的。在这些凶狠的野生动物面前，如果人们是赤手空拳与这些猛兽进行搏斗，不仅捉不到野兽，反而还会受到野兽的攻击。当然，就是捕食小型动物，如果没有很好的奔跑能力和力量，也是捕不到猎物的。人们为了维持生活，获取食物，不得不进行跑步、跳跃、投掷的练习。

跑、跳和投掷这三类运动均是人类生存的基本技能。在原始社会中，无论是追逐野兽，还是进行部落间的争斗，长途跋涉、跨越障碍等都是人类必不可少的身体活动，在许多原始人绘制的岩画（见图5）中，都可以找到有关奔跑、跳跃和投掷的形象。

图 5　围猎　阴山岩画

在没有任何器械的帮助下，人们对猎物以跑步的形式进行围剿（见图6），在追赶的过程中，要对遇见的障碍物进行跨越（见图7），当捕获速度很快的猎物时，就进行投掷小型武器来捕获猎物。在这种情况的逼迫下，使人们逐渐意识到光靠双手和双脚不能捕获奔跑速度很快的猎物，这时，工具就产生了，也就是所谓的武器。图8是我国侯家窑遗址出土的石球。

图6　追逐　图片出自《原始体育形态岩画》146 页

图7　跳跃滚石　图片出自《原始体育形态岩画》149 页

"我国'北京猿人'居住过的洞穴遗址中，被考古学家发掘出来的数以千计的鹿和马以及其他兽类的遗骨……追逐这些善于奔跑的兽类需要怎样的速度才能捉到它们……这种奔跑速度，也就是赛跑运动的萌芽。"①

图8　石球　许家窑遗址出土

由此可见，采集和狩猎是我国原始人类主要的生产活动，原始社会由于其生产力的低下，导致生活艰难、简陋，人类少而野兽多，人们不仅要饱受野兽的侵袭和病痛的折磨，还要长期忍饥挨饿。因此，他们必须长期依靠采集、狩猎和渔猎来维持生计，他们追逐野兽、跋山涉水、使棍投石、纵跳腾挪（见图9）。例如北方民众，他们在长期的采集和狩猎的活动中总结出有助于捕获猎物的动作，并将这些长期从事的动作，进行专门的练习。作为原始生产活动的一种形式，在后来逐渐演变成体育项目，它是生产生活的重要组成部分。这些活动不但会使人的大脑和机体日益健全，而且能使人在活动中疾走、翻、爬、投、跃的技术动作得到发展。在原始社会，人类以石块作为武器，通过投掷方式捕获猎物（见图10），这要求人们进行投远和掷准的反复练习。当他们获得的猎物逐渐丰富，有剩余猎物的时候，一些武器就成为游戏的器具。

---

①　中国体育运动委员会、运动技术委员会：《中国体育史参考资料》，人民体育出版社1957年版，第12页。

图 9　跳羊　图片出自《原始体育形态岩画》149 页

在 1976 年山西省的高阳县许家窑发现了数以千计的石球，根据考证，这些石球都是 10 万年前人类所打制的。一般来说，狩猎时人们用的石球是不会被精致打磨的，只有当人们以石块为器具进行游戏或是祭祀活动时，才会对其进行精致打磨。可以看出，原始人类玩石球的这种体育活动也就是起源于狩猎活动。我国古代人类类似狩猎的活动在早期的文字中也有所记载，如《铁云藏龟拾遗》中所说："甲凶王其兕虎。"① 在《殷虚书契》中也有所记载："今夕其雨，获象。"② 要捕获像老虎、大象之类的野兽，就今人之能耐，也可想而知其难度之大，如果没有一定的技术、勇气和力量，是根本不可能完成的。由此可见，体育正是人类在长期生产生活中，运用、体验和传授一系列采集、狩猎和渔猎的技能之后才逐渐形成的。

从以上论述可以看出，劳动生产是原始人类主要的社会活动，因此，生产工具和技能的发展，对体育由起源向萌芽的发展有着重要作用。从而得出，劳动生产是我国古代"田径"运动发生发展的根本因素。

① 刘鹗：《铁云藏龟》，抱残守缺斋石印出版，1903 年。
② 罗振玉：《殷墟书契》，中华书局出版社 1913 年版。

图10　石球围猎　图片出自《原始体育形态岩画》151 页

二　军事战争

军事战争是如何对我国古代"田径"运动的发生及发展产生影响的呢？在原始群居时期，主要是人类同野兽的斗争。到了氏族公社时期，出现了部落，部落间出现了以争夺生存空间等为目的的争执，就形成了原始的战争。随着历史的发展，各民族由于其地域环境或人文因素的不同，导致生产力发展水平不同，相差甚大。一些生产力水平较高的氏族为了其自身能够更好地生存、发展，通过战争的形式来对生产水平相对较低的氏族进行生存空间、人口以及财产的掠夺。而被侵犯的氏族也不会善罢甘休，他们会为抵御外来侵略、保护自身利益而展开自卫、反抗，于是，战争就形成了。奴隶社会的战术是车战，一辆马车上有三个甲士在前面冲锋，车的后面跟随着七十二名步卒打扫战场，这些步卒必须要跟上马车的前进速度，才能够巩固住战阵的突破口，取得战争的胜利。例如古代神话中所说的三大战役、炎帝族和蚩尤族的战争、黄帝族和炎帝族联手打败蚩尤族的"涿鹿之战"、黄帝族和炎帝族之间的"阪泉之战"，均属此类。人类从最初的无法解决生存问题开始，到后来及时总结经验，改正不足，能有足够的剩余产物。这时，人们不再为生存问题而担忧，而是将人类奋发向上，善于征服的攻击性表现得淋漓尽致，这就出现了国家与国家之间、民族与民族之间的战争，出现了强势吞并弱势、优胜劣汰的战争局势。既然要进行战争，就离不开杀戮，为了胜利，就得进行军事训练，这时，一些类似体育活动的军事训练就以它最早的形式出现了。我国各朝各代都有自己的发展史，都曾留下有关军事战争的印记。我国古代在为应付军事战争而进行的训练中，都曾创造出流传至今的训练方法。

在没有车战和骑兵的时候，人们最常用的士卒是步兵，即便在有了车战和骑兵之后，因为很多地方车子和马都过不去，因此，步兵仍然是最主要的战斗力。早在奴隶阶级时代，有一种称为"先马"的人，也叫作"马前卒"。他们被要求在奴隶主们出行或作战时，必须跑在马车或者马的前面。商代甲骨文中有不少关于"先马"的记载："翊曰辛，王其田，马其先，□不雨。"① 据《荀子·议兵》所记载，魏国在选拔武卒时要求其全副武装并负重长跑，"以度取之，衣三属之甲，换十二石之弩，负服矢五十个，置戈其上，冠胄带剑，赢三日之粮，日中而趋百里"②；楚国则做到"轻利僄速，卒如飘风"③。齐国的军队"疾如锥矢"，④ 这些都反映出了战争方式的变化促进了军事体育项目的发展。

这就说明战争推动武器的发展和战斗技能的提高，也就导致对战斗人员事先进行身体和军事技术的训练成为一项必要的工作。这就是古代体育活动发生发展的动力。在我国传统体育项目中，有相当一大部分体育项目都是从军事斗争中发展演化出来的。

因此，军事战争对我国古代"田径"运动具有催化剂性质的影响。

---

① 国家体委体育文史委员会、中国体育史学会：《中国古代史》，北京体育学院出版社1990年版，第50页。

② 同上。

③ 同上。

④ 刘向：《战国策·齐策一》，北京联合出版公司2013年版，第2页。

三　自然地域环境

正如马克思所说的："资本的祖国不是草木繁盛的热带，而是温带，不是土壤的绝对肥力，而是他的差异性和它的自然产品的多样性，形成社会分工的自然基础，并且通过人所处的自然环境的变化，促使他们自己的需要、能力、劳动资料和劳动方式趋于多样化。"①

正是由于人类对地理与自然环境的依存，从而使这一因素显得尤为重要，我国古代体育就是在这一环境下孕育并发展起来的。作为人类历史发展的根本，自然地域环境因素既是人类活动的实施与完成的依据，又是制约体育活动发展的客观因素，它对于人类体育活动具有影响因素和基本的依存关系，而这种关系一直伴随着我国古代体育的萌芽、发展与繁盛的全过程。同时，我们从一些体育活动项目的产生，也可以深深地看到地理环境所引起的直接作用，就好比滑雪需要借助雪地，游泳活动的开展就需要借助江河湖海，冰嬉只能在气温极低的寒冷地带展开。由此可知，在人类社会发展初期，地理环境严格制约着某些体育运动项目的产生和布局。

以我国北方民族的体育为例，我国北方是一块适合畜牧的土地，具有丰富的水资源，但是农田较少，因而这一地区的古代民众主要从事畜牧业生产。又因为这里是温带向寒带气候的跨越区，冬季相对较长，气候相对恶劣，在这种环境下生活，就决定了他们的生存方式，规定了他们活动的具体内容和形式，造成了人们不同的认知程度，形成不同的生活感受，从而导致不同的思维方式、认知能力。突厥、契丹、女真、党项以及后起的蒙古，在他们的生活中战争和掠夺是不可缺少的，其实质是为了生存。从文化角度来看，是为了他们在北方这个特殊的地域环境下对其民族文化的传承。而在客观上，这又促进了文化的发展。由于北

---

① ［德］马克思：《资本论》，人民出版社 1976 年版，第 561 页。

方游牧民族生活的地理生存环境的特殊性，导致了他们的民族特征和民族心理倾向，使他们不能不重视狩猎和与之相关的技能战术的训练。这些技能战术对于北方的这些民族来说都是其生存发展中不可或缺的，他们非常重视军事教育及生存技能方面的知识传承，以便使其下一代有足够的能力来适应本民族的生存环境。

由于地理环境的差异，导致人们的生活方式、战争方式都存在着差异，南方近水地区的军队必然擅长水战，士卒务必个个都会游泳，而在生活中，水嬉也是南方男女老少人人皆爱的体育活动，当然，在南方就不会出现"挥杆套马"等体育活动，同样北方军队肯定也不会比南方军队擅长水战。

因此，自然地域环境对于我国古代"田径"活动的发生发展有着决定性的作用，因为有了它的差异性，才会有体育活动的差异性。

四　中国传统文化

"中国传统文化，是指在长期的历史发展过程中形成和发展起来的，保留在中华民族中间具有稳定形态的中国文化，包括思想观念、生活方式、宗教信仰等。"[①] 它可以从多个方面来反映一个民族人民的日常生活和心理状态。而中国古代的体育文化，又是以浓厚的中国传统哲学思想作为基本的。

《周易》凝聚了伏羲氏、周文王、孔子三位圣人以及历代先贤对于宇宙、自然的认识，包含了他们对社会历史变化的理解，是集体智慧的结晶。而它的内涵具体体现在"三易"上：（1）变易，宇宙间任何事物都包含着阴阳两个既矛盾又统一的方面，阴阳二性不停地切摩，阴极则生阳，阳极则生阴，这种消长盈虚的相互转化使天地间万事万物随时随刻都处在变化之中，而且这种变化是一而二、二而四、四而八，以至

---

① 梁国楹：《大学生素质教育系列教材〈中国传统文化教程〉》，山东大学出版社2004年版，第14页。

无穷。这就是宇宙万象之本，万化之根源。（2）不易，宇宙、天地、人生、事物的真理，是永恒不变的。自然万物的变化是不以人的意志为转移的。而永远不变的是世界上的一切事物都是在变化发展的这一永恒法则。（3）简易，天地自然的法则，本来就是简朴而平易的。简的根源就是心诚。从以上这些思想中可以看出要在事物繁杂的变易过程中，找出简易可行的法则，使得万物滋生、百业兴旺，而我国古代"田径"运动的"大一统"思想，以及"包容"与"变通"的思想都是从中演变出来的，伴随着这些思想我国古代"田径"运动才能得到较大的发展，以及传承到今天。

老子是我国古代的伟大思想家，他的思想核心是以"道"为根本，认为"道"才是宇宙万物的根源。而"法自然"则主张自然无为，如"道生一，一生二，二生三，三生万物"[1]。这句话的意思是说道是万物化生的总原理，万物化生的程序，是由这个总原理的道生出一种气，这种气又划分为阴阳两气，阴阳两气交合，于是产生了和气。阴阳两气这样不断地交合，不断创生，于是便繁衍成了万物。还有"有物混成，先天地生。寂兮寥兮，独立而不改，固行而不殆，可以为天下母"[2]。这段话是说有一个浑然天成的物体，在天地还没有形成之前就已经存在了。它既没有声音，也没有形体，但是超越了万物之上而永久不变，无时无刻地不在运行而永不停止。它创造天地万物，可以作为天下一切的根源。以上这两句话都强调了"道"的重要性，它是万物产生的根源，万物创生以后，还要守住道的精神，依道而行。这个精神就是柔弱，因为刚强者不得其死，柔弱者才能得生。所以守柔才是真正的强者。而老子又有"天下有道，却马走以粪；天下无道，戎马生于郊。祸莫大于不知足，咎莫大于欲得。故知足之足，常足矣"[3]。这段话是说天下有道的时候，人人知足知业，国与国之间和平相处，战争绝迹了，战马也

---

① 余培林：《生命的大智慧——老子》，中国友谊出版社 2013 年版，第 167 页。
② 同上书，第 112 页。
③ 同上书，第 177 页。

没有用了，只好用来耕田；天下无道的时候，人人逐利争名，贪欲无厌，国与国之间战争不断，兵连祸结，所有的马都用来作战，母马得在战场上生产。由此看来，天下的祸灾，没有比不知足更大的了，天下的罪恶，没有比贪欲更大的了。所以，只有知足的满足，才是永久的满足。在老子的观念里，以"无为"胜"有为"，"柔"终究会克"刚"，从"无"到"有"再从"有"到"无"等，万物的生生不息，变化万千，都遵循着道的变化而变化，都是其天才的思维结晶。老子确立了随遇而安的平和心态，建立了一种遵从事物自身发展规律的体育思想观念，他追求的是一种自然规律至上的观念，反对那种后天的人为造作的理论主张。虽然这带有一定的模糊性，但是融入了当时人们的生活当中，与人们的直观经验不相违背。

孔子出身于没落贵族，他的父亲叔梁纥是鲁国著名的武士，据记载："在与晋国的战斗中，叔梁纥能够双手托起下落中的城门。"[1] 良好的血统继承，使得孔子本人也有良好的体育素质。而他的思想分为政治思想、教育思想和美学思想。其中，在教育思想中，孔子首次提出"有教无类"。他认为，在这个社会中任何人都有受教育的权利，教师应该做到"因材施教"、"循循善诱"，这都对古代的教育思想有着重大的影响。孔子的思想中几乎都是"礼"与"仁"，但是，他也并不完全排斥军事技能的训练，在《论语·宪问》中记载，他企图将自己的弟子培养成"臧武仲之知，公绰之不欲，卞庄子之勇，冉求之艺，文之以礼乐"的士君子，因此，他的教学内容就要既包括文献知识的传授，又包括体育方面的锻炼。不仅如此，孔子还从自身做起，例如："孔子之通，智过于苌弘，勇过于孟贲，足蹑与郊菟，力招城关，能亦多矣。"[2] 这段话是说孔子算得上是个通才，他的智慧超过苌弘，勇力压倒孟贲，腿脚灵便得能赶上野兔，力气大得能举起城门闩门的横木，他

---

① 杨峻伯：《春秋左传注·襄公十年》，中华书局 1990 年版，第 975 页。
② 孔健：《孔子全集》，东方出版社 2012 年版，第 469 页。

的才能够多的了。还有一句话是说"孔子劲构国门之关，而不肯以力闻"①。这句话是说孔子的力气大得可以拉开城门门闩，但他却不愿以力气大来夸耀于世。这些都说明了孔子是一个很注重"跑、跳以及投掷"的人，既然他这么重视，可想而知他的徒弟也会效仿师父，而且，孔子还以谦卑为前提，说过："臣闻有文事者必有武备，有武事者必有文备。"② 从而得知，在孔子的观念里，不仅仅主张"足食足兵，民信之矣"。③ 他认为文武双全者为最佳。孔子的思想不仅为我国民族体育特色发展搭建了基本平台，而且还开启了中华民族传统体育特色发展的先河。

墨子，说他特殊，是因为他是起源于布衣之家，代表了社会底层的劳动人民的利益，他认为战争造成人民生命和财产的巨大损失，导致"天下大乱"，不合"万民之利"，因此，要反对战争。但是，暴君对国家和人民的损害更大，所以，只有通过暴力革命才能推翻"暴政"，这种形式的战争显然是正义的。这样，墨家对战争的态度是有选择的，一方面，反对不义的攻伐，即"非攻"；另一方面支持正义之师讨伐暴政，墨家称之为"诛"。墨子的学派结构非常严谨，好像一个宗教团体，演变到最后，甚至好像成了军事团体。有记载："墨子服役者百八十人，皆可使赴火蹈刀，死不还踵。"④ 这句话是说墨子的门徒有 180 人，这些人都可以让他们往火坑里跳，赤着脚在刀阵上行走，面对死亡他们绝不转身。还有记载："有游于墨子之门者，身体良健，思维徇通，欲使随而学。"⑤ 这句话是说墨子在挑选学生时的重要条件是身体强壮，思维敏捷。而《墨子·公输》中也提到，墨子有一次在楚王的面前与公输较量，他要阻止楚王进攻宋国，最后一招就是告诉楚王，他有 300 名弟子在宋国的城墙上等候着楚国的军队，楚王一听便不敢出兵

---

① 孔健：《孔子全集》，东方出版社 2012 年版，第 471 页。
② （汉）司马迁：《史记·孔子世家》，中华书局 1959 年版，第 1915 页。
③ （清）刘宝楠：《论语正义·颜渊》，山海书店影印 1986 年版，第 266 页。
④ 鲍鹏山：《鲍鹏山说墨子》，浙江古籍出版社 2012 年版，第 65 页。
⑤ 墨翟：《墨子》，远方出版社 2004 年版。

了。由此可见，墨子及他的门徒，不仅是坐而论道，他们更像是"侠客"，能付诸行动，该出手时就出手。这些门徒要想具备这些技能就要多加训练，只有练习得多了才会使自己能够成为墨子的门徒。"兼爱"而"非攻"，"兼爱"而狭义，"兼爱"而有天下，墨子的思想以"兼爱"为基本核心，为中华传统体育精神的构架贡献了别具韵味的文化元素。

　　当然，在我国的传统文化当中，对我国古代"田径"运动影响较大的是孙子的思想，在他的理论里，将战争剖析得淋漓尽致，而战争就必须要有士卒，要想取得战争的胜利，就必然要对士卒进行训练。在《孙子兵法·军争篇》中有记载："故其疾如风，其徐如林，侵略如火，不动如山，难知如阴，动如雷震。"① 这句话是说所以军队在行动迅速时，应该像风雨那样急骤；行动徐缓时，应该像森林那样从容；进攻时，应该像烈火那样凶猛；不动时，应该像山岳那样稳定；隐蔽时，应该像黑夜那样难以窥测；行动时，应该像迅雷不及掩耳那样迅速。从以上可以看出，在孙子的观念里，军队的行动就要迅雷不及掩耳，那士卒行动就要疾如风，这对士卒的行军能力的要求是相当高的。在《六韬·龙韬》中也有记载："奋威四人，主择材力，论兵革，风驰电掣，不知所由。"② 这段话是说奋威四个人，主管选择有才能的勇士，配发适用的兵器装备，组织部队以风驰电掣、出其不意地攻击敌人。这些士卒都要具有哪些技能呢？《六韬·虎韬》关于军用的记载中说道："武翼大橹矛戟战车七十二具，材士强弩矛戟为翼，以五尺车轮，绞车连弩自副，陷坚陈，败强敌。"③ 这段话中就要求有技能而勇敢的武士使用强弩、矛、戟在战车的两旁进行护卫，这种战车的轮子要有五尺高，因此，在选取护卫时的要求之高可想而知。在《六韬·犬韬》中就有对武车士挑选要求的记载："太公曰：'选车士之法，取年四十已下，长

---

① 江澜注：《孙子启示录》，京华出版社 2009 年版，第 57 页。
② 同上书，第 193 页。
③ 同上书，第 223 页。

七尺五寸已上；走能逐奔马，及驰而乘之，前后、左右、上下周旋，能束缚旌旗，力能彀八石弩，射前后左右，皆便习之，名曰武车之士。'"① 这段话便是对武车士的选拔要求，要求年龄在四十岁以下，身高七尺五寸以上，跑起来能够追上奔跑的战马，能在奔驰中跳上战车，并能对前后、左右各方进行战斗，这种人才能入选武车士。不仅如此，武骑士的选拔条件也相当高，有记载："太公曰：'选骑士之法，取年四十已下，长七尺五寸已上，壮健捷疾，超绝等伦。能驰骑彀射，前后左右，周旋进退。越沟堑，登丘陵，冒险阻，绝大泽，驰强敌，乱大众者名曰武骑之士，不可不厚也。'"② 这段话是对选拔武骑士要求的描述，应该选取年龄在四十岁以下，身高在七尺五寸以上，身强力壮，敏捷快速，能在乘马疾驰中挽弓射箭，对前后、左右各方都能够自如应战或进退，能够越过沟堑，攀登高地，冲过险阻，横渡大水，追逐强敌，能够打乱众多敌人。当然，这些士卒在入选之后，也有记载："太公曰：'……有拔距伸钩、强梁多力、溃破金鼓、绝灭旌旗者，聚为一卒，名曰勇力之士；有逾高绝远，轻足善走者聚为一卒，名曰冠兵之士……此军之练士，不可不查也。'"③ 这是在说选取士卒时要将有过人臂力能伸直铁钩，强壮有力能冲入敌阵摧破敌人金鼓、撕破敌人旗帜的编为一队，叫作勇力之士；有能够越城墙、行远路，轻足善走的士卒编为一队，叫作冠兵之士。将这些士卒聚集到一起，军队的战斗力定将大大提高。从以上几段话中可以看到，那时的军队对武车士、武骑士的要求之高，要达到这些要求，就必须多加训练。孙子的观念对我国古代战争的发展影响深远，从而间接影响到我国古代"田径"运动的产生及发展。

我国古代体育文化与西方国家的体育文化不同，它是以中国封建社会的儒家思想为奠基发展起来的，因此，它将儒家思想中的长幼有序、尊卑分明、寓教于乐等观念深层次地渗透于古代体育文化之中。

---

① 江澜注：《孙子启示录》，京华出版社2009年版，第278页。
② 同上。
③ 同上书，第273页。

因此，中国传统文化对我国古代"田径"运动的发生及发展是具有熏陶作用的。

五 民俗

"民俗是指民间流传的风尚习俗，这样解释起来既简单又通俗，是人所共识的常识。"① 这是对民俗这个概念既通俗又易懂的解释，而体育民俗学是指："体育运动领域中的民间传承的风尚习俗事象。专门从事对体育民俗事象进行研究的学问。"② 究其本质来说，体育民俗是某一个社会群体在一定趋势、程度的心理环境之下，使其反复出现的一种规范性的行为，这种行为起着主导性的作用，对群体具有约束性。它的形成表面上看是经过一代代人的言传身教，而实际上更多的形成因素是人们在从小生活的环境中耳濡目染的结果。

民俗活动早在"丁村文化时期"和"许家窑文化时期"就已经出现了，在那一时期发掘出土的大量石球，以及后来在半坡遗址中发现的小女孩的墓葬里的石球，打磨得既精致又圆滑，如果用来狩猎，是不会将石球打造得如此精致，由此我们有理由相信这些随葬品是民俗生活的产物。在后来漫长的几千年里民俗活动在人们身边逐渐发展并壮大起来，使得其成为独特的风景线。

我国是一个多民族国家，每一个民族都有自己独特的文化，这也就造就了不同民族的不同习俗。例如满族，他的祖先是周时的肃慎、汉代的挹娄、明代的女真，已有两三千年的发展历史了。这个民族的跳马、跳骆驼是历史上十分盛行的体育民俗活动，是从古代延续到现代的民俗活动。跳马要求人们在马快速奔跑时，纵身跳上马背稳稳坐定，让马继续奔跑就算胜利。而跳骆驼则不像跳马那样简单，要求人们从高大的骆驼的后面纵身跃上驼峰。这两项运动在军事战争中都具有重要的意义，

---

① 盛琦：《中外体育民俗学》，北京体育大学出版社 2011 年版，第 3 页。
② 同上书，第 5 页。

使人们不仅要具有机制和冷静的意志品质，还要练就其速度、跳跃以及判断能力，但是，现在满族民间已经很少有跳骆驼了，而跳马活动仍然深受人们的喜爱。

藏族，据汉代文史籍中记载，其属于两汉时期的西羌人的一个分支。"古朵"是藏族人民非常喜爱的投掷运动。藏族的牧羊人常用毛线或牛皮条编成一条软鞭子，软鞭子的中间要能包住一块石头，因此通常会编得粗大一些。使用时，手提软鞭，并将石头装上，快速抡转几圈，将石块甩出，这样可以甩到很远的地方。这原本是牧民游牧时期控制和保护牧畜的一种工具，而在清末时期江孜人民在抗英保卫战中，曾经以古朵作为武器，打得英国侵略军狼狈不堪，当时古朵在军队中被称为"长眼睛的子弹"。打古朵也有比赛的形式，在藏文古籍文献中记载有两种比赛形式：一种是将几个牛角垒起来，上面放一个石头，投掷者击中石头，不碰牛角者为胜；另一种形式是将牛尾巴染成红色并悬挂起来，当目标来打。这两种比赛形式都是掷准的比赛。

侗族，其祖先源于古代的"百越"族系，是由秦汉时期的西瓯族的一个分支发展演变而成。这个民族有投火把的民俗活动，是用来庆祝农作物丰收的。他们大多是村寨相约，在江河的两岸派出相等的人，每个人都手持长棒，在自己这边的篝火点燃火把，在统一的号令中，将火把用力扔向对岸的篝火堆，投入火把较多者为胜。

高山族，也是秦汉时期百越族系中的一个分支。三国时期称其为"山夷"，隋代时称为"琉球土人"。这个民族流行跑步逼亲，官岛上雾台地区的鲁凯新郎携带聘礼，由自己的亲友簇拥着，从自己家门口徒步跑到女方家，先向女方父母施礼并献上礼物。然后由新郎背起新娘，在双方亲友的围护下，再跑回男方家，并且绕着贺礼的会场跑两圈，与本寨乡亲见面。整个婚礼由跑步开始，又以跑步结束，新郎背着一百斤左右的新娘，完成了几千米路程的负重越野跑，由此可以看出负重越野跑在当地是多么盛行。

我国有 56 个民族，每个民族都蕴含着丰富的思想和文化内涵。作

为社会文化的一部分，我国古代体育的内容极为丰富，多姿多彩，几乎
每个民族都有自己的传统体育项目，具有独特的民族风格和浓郁的民族
色彩。因此，从以上这些民族学的资料中不难发现，一些古代体育活动
也萌芽在丰富的民俗活动之中。

六 宗教活动

由于原始人类缺乏对自然科学的认识，从而对一些自然现象的不理
解产生恐惧，认为万物皆有灵魂（见图 11）。他们最初是崇拜图腾，然
后到氏族公社时期变成崇拜祖先，后来到奴隶制时期便发展成一种巫
教。最后，随着时间的推移、社会的发展，演变成后来的宗教。

宗教活动，在一般情况下是指举行的各种宗教仪式，而宗教仪式是
专门为宗教生活的各种活动所规定的，如祷告、礼拜等仪式。宗教活动

图 11 跳跃 图片出自《原始体育形态岩画》150 页

对人体具有强身健体、调节身心的功效。一般来说，每一个民族或部落，都会有自己的宗教信仰，在举行大规模的祭祀活动时，都会伴有具有本宗教特色的身体活动，这样一来，就形成了具有民族特色的身体活动了。比如说，人们在做礼拜时，他们的情绪会达到最高潮，此时就会慢慢将自己的消极情绪转变成积极情绪，这样一来就达到了调节身心的作用。宗教活动也为身体练习进行了某些地方的系统化、规范化，使其技术水平得以提高，比如藏族的赛马，由于宗教性质的加入，使其走入规范化、系统化。当然，不同的宗教观点，对体育的发展所起的作用是不同的，有的是积极作用，有的是消极作用，但是我国古代体育能流传至今，想必是去其糟糠，留其精华，各取所需的。如在五世达赖规定的"九术"中，就包含跳远和赛跑这两项。这就更加直接地体现了宗教活动对我国古代"田径"运动发展的影响。

当宗教团体在社会上形成气候之后，便有了自己固定的活动场所，这也为体育活动提供了固定的活动场所、活动人群以及经济基础，直接或间接地促进了有些体育项目的产生和发展。尤其是在身心相结合的锻炼领域，宗教团体在这方面进行了深入而广泛的实践，并最终发展出武术和禅坐等具有传统文化底蕴的多种类别的活动，并成为中国传统体育的优势项目。

总之，古代的宗教文化中包含体育的内容，有部分原因是为了提高吸引力，还有部分原因是表演体育为了增强信徒对本宗教的宗教节日、宗教活动的兴趣。这时宗教和体育的关系，显然不是衍生关系，而是相互利用的关系，尽管如此，宗教对我国古代"田径"运动的发展仍然具有潜移默化的作用。

第二节　跑、疾走

跑是人类天生的本能，在兵器尚不锐利时，逃避猛兽袭击，追逐小野兽来填饱肚子，都要靠跑这一本能的发挥。跑、疾走类运动是我国古代人们捕获食物和军事战争的一项基本技能，直到近代才以竞技运动的形式出现，并且在各类田径比赛中相当普及。

在敦煌史料中，与跑、疾走有关的体育活动的资料比较多，如在莫高窟第329窟的翁顶南坡的壁画上，就有一部分是奔跑的壁画（见图12）。这幅图中，跑在马旁边和前面的人们，要有跟马一样的奔跑速度才能跟上。奔跑在我国古代早期并不是以竞赛的形式出现的，而是以一种生活或战争的需要而出现。这种需求的出现，使人们从一开始的被迫练习，到后来的自主训练，这说明人们在总结经验，吸取教训，提高自身，才得以在这个环境中存活，充分体现了"适者生存"的道理。在第305窟的东坡北侧，有一幅关于飞天的壁画（见图13），这幅壁画中的两位飞天身形饱满，右侧的飞天跑在前面，他手持熏炉，左腿向前提膝甩小腿，右腿在后蹬地。从飞天身上的穿着和挂饰均向后飘起，可以看出飞天跑步时的速度之快。在第420窟的窟顶东坡也发现了一幅隋朝时的飞天壁画（见图14），我们仍可以看见中间的飞天呈快速奔跑状，左腿在前呈提膝将要甩小腿状，右脚蹬地，右腿伸直，身体重心前倾，仿佛在追赶右边的飞天，给人的感觉犹如风驰电掣般。当然，在军事战争中，也有很多类似的壁画。在第285窟的南壁上，有一幅西魏时期的

图12　夜半出城　第329窟南坡

图 13　飞天　第 305 窟东坡北侧

图 14　飞天　第 420 窟窟顶东坡　隋朝

《五百强盗成佛图》壁画（见图 15），在这幅图中五百强盗有的正在奋力抵抗官兵的追捕，有的正在发起反击。图 15 中右侧有个强盗，左手拿刀，右手拿盾，身体重心前倾，一腿屈膝在前，一腿蹬地在后，呈迈步奔跑状，仿佛是要追上旁边奔跑的快马。他的重心前倾得很厉害，可想而知这要达到多快的速度身体才会以这个角度前倾。而这幅壁画生动地将这个风驰电掣的场面定格在了一瞬间，让人们感受到了他奔跑的速度是多么快。在第 12 窟的南壁上，有晚唐时期的《法华经变作战图》壁画（见图 16），可以直观地看出，图 16 中上方有举着大旗的士卒在队伍的最前面，后面跟着两个士卒。虽然，这幅壁画上举大旗的士卒并

图15 五百强盗成佛图 第285窟南壁 西魏

图16 法华经变作战图 第12窟南壁 晚唐

没有奔跑的动作，但是从其身后的马匹呈飞奔状可以看出，这幅图很生动地描绘出了队伍刚赶来作战，举大旗的士卒在飞奔之后气也不喘地站在那里，丝毫看不出来他举着大旗究竟跑了多久，由此可见，这一时期军队对负重长跑的要求之高。

除了壁画，在汉简中也有与跑、疾走相关的记载。居延，位于我国甘肃北部额济纳河流域，在1930年后发掘出土的居延旧简和1972年至1976年发掘出土的居延新简中，都有对跑和疾走的记载。如"甲渠侯

官行者走（见图 17）；甲渠障侯以亭行"。① 也有记载
秦代时的疾走，"近县令轻足地其书，远县令邮行
之"。② 不仅如此，据《唐六典》卷 5 中记载："天下
诸君有健儿"，在敦煌遗书 P. 3018 敦煌县差科簿登记
有"豆卢军健儿"，敦煌研究院藏《敦煌郡行客王修
智卖胡奴市卷公验》有"保人健儿"，这里所提到的健
儿，是指长征健儿，而长征健儿就是指善于行军的士兵。

　　从以上这些与跑、疾走有关的敦煌史料中可以看
出，跑、疾走是随处可见的身体活动，无论是在日常
生活中，还是在军事战争中都有所体现。

一　西周到春秋战国时期

　　早在西周时期，就出现了关于跑的活动。西周的

图 17　居延汉简

《令鼎》中所记载有关"先马走"的内容（见图 18）
如下："王大耕农于諆田，饧（饬 chì）。王射，有司
众（暨）师氏小子（合）射。王归諆田，王御，溓（lián）中（仲）仆
令众奋先马走。王曰：'令众奋，乃克至，余其舍女（汝）臣世家。'
王至于溓宫，拥（yuè），令（拜）稽首曰：'小子迺（nǎi）学。'令对
扬、王休。"③ 这段铭文的大意是：周王到諆田去视察农耕，举行饬
（chì）农礼，一些侍臣和官员以及贵族子弟都参加了射礼活动。周王从
諆田回来，坐在马上说道："令，你们在我的马前尽情奔跑吧！你能先
跑到，我就奖你十家奴隶。"到了溓之后，周王并没有食言，奖令十家
奴隶。令稽首拜谢，谦虚地说道："我还需好好努力。"由这个故事可
以得知，在以马车为作战工具和贵族的交通工具时，必须培养具有超于

---

① 李重申：《敦煌古代体育文化》，甘肃人民出版社 2000 年版。
② 睡虎地秦墓竹简整理小组：《睡虎地勤墓竹简》，文物出版社 1978 年版，第 228 页。
③ 唐兰：《古文字研究》，中华书局 1981 年版，第 30 页。

图 18 令鼎 图片出自《插图本中国体育史》144 页

常人的长跑能力的士卒和仆从，能跟随马车奔跑，才能满足当时社会的需要。这一时期，还有扛着军队的大旗跑在马前面的士卒，这种行为在西周之前就已经出现了，它是队伍的象征、灵魂，大旗走到哪里，士卒们就跟到哪里，而举大旗这一活动是一种军事技能，如"百夫荷罕旗以先驱"，[①] 是指在周时，每当有将士出征时，都会有较小的官吏在队伍前面扛着旗子开路，由此可知，这一时期的军队已经相当重视负重长跑了。

与此同时，我国也已经有了较为完善的驿传制度，它将邮递分为两种形式：（1）用车传递，称为"驲（rì）"。（2）让善于奔跑的士卒来传递文件。这时还建立了专门供驿卒休息的"馆"。

在没有任何辅助工具的战争中，跑步、跳跃和投掷，成了取得胜利的关键因素。随着人类的进步，后来有了车战，但是，车子体积大，崎岖的山路也走不快，因此，到了春秋战国时期，古代的军事战争由原先

① （汉）司马迁：《史记》，陕西旅游出版社 2003 年版。

的重车战而逐步发展成重步兵与骑兵，随着战争的发展需求，从而对士卒进行各方面的体能与技能的训练，以适应当时战争方式的改变。随着战争形式的改变，步兵训练逐渐成为一个重要内容。因为在野战、包围战中，需要每一个步卒都具有跑得快、跳得高、投得准的技能。因此，跑、跳、投便成了对各种形式的军事性项目训练的主要内容。有记载："兵之情主速，乘人之不及，由不虞之道，攻其所不戒也。"① 这里强调了速度对作战的重要性。也有要求把"能踰高超远、轻足善走者，聚为一卒"。② 一卒是 100 个人，把这些有超于常人快跑能力的人编为 100人的小分队，在作战时可以特别使用，发挥这支小分队的过人之处，进行快速袭击。奔跑是古代士卒基本作战的技能之一，在这个时期，诸侯的近卫部队都以长跑作为其必修的训练项目，比如："天下有虎贲（图19、图 20），习武训也。诸侯有旅贲，御灾害也。大夫有贰车，备承事也。士有陪乘，告奔走也。"③ "虎贲"和"旅贲"均指近卫侍从，即手执戈盾在主将车前或旁边奔跑的近卫侍从。虎贲的职责是保卫诸侯王的安全，诸侯王外出乘车，虎贲要跟随王的马车奔跑以保卫王的安全，而在道路不通的时候，就要拿着王的诏书去传达四方。这些近卫侍从一定要先于自己的主人到达或是跟随在主人的车旁，由此可知，这些近卫侍从必须要具有很好的奔跑能力。在《吴子·料敌》中有记载："然则一军之中，必有虎贲之士，力轻扛鼎、足轻戎马，搴旗取将，必有能

图 19　漆奁彩绘 图片出自《图说中国古代体育》73 页

---

① 田旭东注译：《孙子》，甘肃民族出版社 1997 年版。
② 孙星衍校：《诸子集成 第 6 册 吴子》，中华书局 1954 年版，第 1 页。
③ 鲍思陶点校：《国语》，齐鲁书社 2005 年版，第 3 页。

图 20 伍伯出行图 图片出自《插图本中国体育史》152 页

者。若此之等，选而别之，爱而贵之，是谓军命。"而在当时，军队中
对于士卒的负重长跑训练的要求也是很严格的。有记载："古者吴阖闾
教七年，奉甲执兵，奔三百里而舍焉。"① 这段文献的大意是说吴王阖
闾教战七年，他要求士卒披甲带刀，全副武装地奔走三百里才能休息。
"战国时期的一百里等于现在的 35 公里"，② 而现在奥林匹克田径比赛
中的马拉松比赛的全长不过是 42.195 公里，真是小巫见大巫了。而这
种长跑训练，在吴楚之战中就充分显示了它的效果。在交战的紧要关
头，吴王阖闾选择三千名善于奔跑的士卒，再配合五百名有过人之力的
勇士，日夜兼程向楚国的首都进发。结果这支军队五战五捷，竟以楚国

① （春秋）墨翟：《墨子》，远方出版社 2004 年版，第 3 页。
② 李晶伟：《古代的中长跑运动》，《体育文化导刊》1985 年第 5 期。

料想不到的速度，长驱直入，攻克了楚国的都城郢。可想而知这项训练在这一时期的重要性了。

这个时期军队中还有一项必修项目，就是武装竞走。因为在古代远距离行军是件常事，但是交通并不像现在这样方便，士卒们只能步行。如果没有武装竞走这项训练项目，恐怕士卒们还没有走到目的地就已经累倒了，打仗就更是无稽之谈了。战国初期的军事家吴起，在训练战士武装竞走时，曾经就采用过有奖测验的方式来提高战士练习负重快速行军能力的兴趣。他规定说经过一段时间的训练后，士卒可以参加测验，测验要求他们必须全副武装，带齐弓、箭、戈、剑等各种武器。准备三天的口粮。每天疾走一百里，早晨出发，中午必须到达终点。如果经过这样连续三天的测验，都能达到标准的士卒，就能领到奖励的田宅，并且不用服兵役，可以回家种田。吴起这段训练魏卒的记载为："魏之武卒，以度取之——衣三属之甲，操十二石之弩，负矢五十个，置戈其上，冠胄带剑，赢三日之粮，日中而趋百里，中试则复其户，利其田宅。"① 因为有奖励，所以大大提高了士卒练习武装竞走的兴趣，因此，吴起的训练取得了很大的成效。他曾率领这支军队同强大的秦国交战，并且攻占了五座城池。

在大约成书于战国中、后期的军事著作《六韬》中记载着，军队在选取车兵和骑兵时，对跑、跳和力量方面的能力同样有严格的要求。因为在战争中，敌人不会等你站好或坐好之后才开始打仗，因此，入选者的年龄必须在 40 岁以下，身高不能低于七尺五寸，车兵的速度要能追得上疾驰的战车，并且能在高速奔跑中在战车上跳上跳下。骑兵也要求体格健壮，而且要有常人只能望其项背的奔跑速度，要能在战马快速奔跑中快速上马和下马。

而魏国则用免除家庭赋税的办法来鼓励士卒们从事艰苦的训练。由于这个政策的出台，使魏国出现不少善于奔跑的人。不仅魏国如此，这

① （战国）荀况著，王学典编译：《荀子》，中国纺织出版社 2007 年版，第 203 页。

一时期，各国的君主都很重视快跑，有记载："筋骨果劲，万人莫当，走追奔兽，手接飞鸟，骨腾肉飞，拊膝数百里。吾尝追之于江，驷马追不及。"① 这段记载是说吴国王子庆忌跑起来能追上猛兽，跳起来能抓住飞鸟，极善于奔跑的情景。

二　秦汉时期

到了秦汉时期，按照这一时期的礼仪规定，在官吏出行的马车前鸣声开道的步卒，被称为"伍伯（见图21）"。"伍，当也。伯，道也；使导引当道陌中以驱除也。"② 就是说伍伯的职务就是跑在高官的马车的前面或两侧为马车开道，他要将妨碍马车通行的障碍去除，有点类似于周时期的虎贲，这些被称为马前驱的"伍伯"有些手持环刀，有些手持长矛，健步飞舞。例如在成都出土的汉代画像砖（见图22），清楚地刻画出，那时官吏外出或征战时，士卒在车两旁奔跑的情景。又如成

图21　伍伯画像砖 图片出自《图说中国古代体育》73页

---

① （汉）赵晔：《吴越春秋》卷四，江苏古籍出版社1986年版。
② 国家体委体育文史工作委员会、中国体育史学会：《中国古代体育史》，北京体育学院出版社1990年版，第189页。

都羊子山东汉一号墓中"车马出行"（见图23，此图为局部图）画像，共有十二辆车，五十六匹马，八十三个人，其中奔跑在马前车旁的奔跑侍从就有十六人，这种奔跑能力，如果没有经过专门训练是不可能达到的。在古代，人们称这些"伍伯"为"疾足之士"。

图 22　伍伯画像砖　汉代

图 23　车马出行图 羊子山一号墓　东汉

　　同样，按照汉朝的规定，四百石以下县一级的官吏出行时，他的马车前有开道的伍伯，他的车后还有侍奉生活的仆人，这些人必须要在马奔车走的飞速行进中跟上主人的车，否则便是失职。例如在河南省登封县少室阙的汉石刻画《出行图》（见图24）中，前面两人乘马疾驰，在马后有一个奴仆在跟着马匹快速奔跑。

图24　出行图 河南省登封县少室阙　汉代

　　从他摆臂和迈腿的姿势可以看出，速度是相当快的。这反映了这一时期凡是官吏或富人外出，不管是乘车还是骑马，都要有较小的官吏或者奴仆跟随，"走及奔马"是当时的奴仆必须具备的能力。

　　而这一时期擅长奔跑的并非只有"伍伯"，在汉武帝时期出于对匈奴的作战需要，要使将士们成为军队中的精英，许多身体活动便成了军事训练中的重要内容，其中就包括跑、疾走。居延这个地方，为我们对于汉代这一时期跑的身体活动的研究作出了很大贡献。居延，位于我国甘肃省北部额济纳河流域，自古以来就是蒙古高原进入河西走廊的交通要道，也是兵家的激烈争夺之地，至今在居延仍保留着城障烽塞遗址。也就是在这里，出现了大量的汉代竹木简牍。这些简牍被分成两种：旧简和新简。旧简是1930年后发掘出土的，有一万余枚。新简是1972年至1976年发掘出土的有两万余枚。综览这些居延汉简，里面包括体育方面的内容，汉简上记述了汉代军队在军事要塞之间，利用士卒之间快速的奔跑行走传递军事消息的内容，它为我们深入研究汉代奔跑、疾走提供了史料。其中，汉简中描述了关于汉代戍卒快速疾走传递文书的汉简有："以亭行"和"以次行"，如"1. 广田以次传，行至望远；2. 万岁东西部吞胡东部候长以次走之"①。这些简文描述了戍卒短距离步行传递文书的情况。在居延汉简和悬泉汉简（见图25）中关于"亭行"、"次行"的记载，大概意思都是挑选善于快速行走的士卒竞相往来传递邮件文书，并且作出严格的行前要求和详细的行后记录等的规章制度。这时的驿道是 30 里为一传，10 里为一亭。驿卒们要想按时到达传递点，平时必须进行严格的训练。而在民间也流行着一种叫"唐绨追人"的游戏，实际上就是短距离的奔跑游戏。而"唐绨追人"这个游戏更是校阅"疾足之士"的延伸。

不仅如此，在北方匈奴族的战争中，虽是以骑兵突袭为主，但是驻守边塞和运输粮草仍然需要有大量的步兵支援。例如在元狩四年（119

图25　甘肃酒泉悬泉汉简 图片出自《敦煌体育研究》190 页

---

① 李重申：《敦煌古代体育文化》，甘肃人民出版社 2000 年版。

年），汉武帝刘彻派大将卫青、骠骑将军霍去病各率五万骑兵出塞征战，而跟随征战的后勤步兵的数字远远超过骑兵的好几倍，在骑兵兵力不足的情况下，步兵也是要参与出塞的征战的。

三 魏晋南北朝时期

到了魏晋南北朝时期，善于奔跑的人，更是层出不穷。其中，北魏名将杨大眼就是其中之一，他是武都（今甘肃）氏族人，是我国历史上著名的奔跑能手。记载中说道："北魏太和年间（477—499 年）时高祖自代将南伐，令尚书李冲典选征官。杨大眼往求焉，冲弗许。大眼曰：'尚书不见知，听下官一技。'便出长绳三丈许，系髻而走，绳直如矢，马驰不及。见者莫不惊叹。冲曰：'自千载以来，未有逸材著此者也。'遂用为君主。"① 这个主要是说杨大眼将三丈长的一条绳子系在脑袋后面，然后快速奔跑，跑起来就像脱了弦的箭，也许这个说法有些夸张，但是也足以见其速度之快了。这一时期不仅在军事上重视跑、疾走，在传递文书方面也同样重视奔跑的速度，文书中的记载将这一时期的邮递分为三种：步递、马递和急脚递，记载有："曰步递、马递、急脚递。急脚递最遽（jù），日行四百里。"② 其中，急脚递的速度最快，一天可以跑 400 里。

四 隋唐时期

隋唐时期（主要是唐代）是我国古代体育在春秋战国和两汉之后，又一次得到巨大发展的时期。在这一时期，正是依靠"稻米流脂粟米白，公私仓廪俱丰实"③ 这样的物质基础，以及由此带来的"外户不

---

① 龚书铎：《白话精编二十四史》，巴蜀书社 2012 年版，第 60 页。
② （宋）沈括：《梦溪笔谈》，岳麓书社 2002 年版，第 81 页。
③ 徐倬：《全唐诗·卷二二零》，宏业书局 1976 年版，第 2325 页。

闭"的社会环境，这个时期，没有战乱，没有饥饿，于是人们便大力发展形式多样的体育活动。在这一时期人们具有积极进取、勇于开拓的精神。因为隋唐两代都处于我国封建社会的上升时期，社会稳定，人民团结，具有强烈的开拓精神和"不至于为异族奴隶的自信心"。[①] 在这个时期，军事训练仍然是重中之重，如唐代李筌在《太白阴经》中说道："探报计期，使疾足之士。"[②] 这段话的意思是说：军事侦察人员应该是由擅长奔跑的人来担任。

步递在唐代时，被称为"步奏官"、"脚力"等。它对于速度的要求是一天至少行走 50 里。可见，这时对驿卒的体能要求是相当高的。而这一时期的藏族体育活动也有着悠久的历史，在建于公元 7 世纪的布达拉宫和大昭寺里，就有关于奔跑、跳跃等活动的壁画。和蒙古族习俗相近，藏族亦有长距离赛跑的活动。据记载："西藏有跑马、跑人之举，多在夏季。凌晨，御弥勒佛像以出巡，护法随之幡旗，杂办各色如其鬼者数十人，各官均在门楼府阅。"[③] 又有记载："跑人（赛跑）亦如跑马，远近大小不一，赏亦如之，捷足先登也。"

藏族的赛跑活动往往与宗教活动结合在一起，根据《西藏志》记载，有三种赛跑，一种是受蒙古族的影响，从达赖喇嘛五世开始设置的，每当藏历正月十五清晨，在宗教的祈祷仪式后，先举行无人乘骑的赛马，再就是赛跑。头一个到达布达拉宫的先向达赖行礼，然后得到绸缎作为奖品；另一种在藏历的七月举行，大概与求雨有关。还有一种是在效宴时或雨季后举行的僧侣赛跑。

五　宋金元时期

到了宋朝，据《宋史·卷一九三·兵志七》中记载，宋朝时期，

---

① 鲁迅：《鲁迅全集》，人民文学出版社 1973 年版，第 183 页。
② 冯国超：《中国传统体育》，首都师范大学出版社 2006 年版，第 5、87 页。
③ 徐珂：《清稗类钞·第十一册》，中华书局 2010 年版。

招募士卒时，要先看其身材，要能"次阅走跃"，士卒升为军官时，也要有"司马先阅走跃，上下马，再视武艺"。跑步能力一直是宋朝所重视的基本技能。"每休舍，课将士注坡跳壕，皆重销习之。"① 这段文献的大意是：岳飞为了锻炼士卒的腿部力量，平时训练增加身上重量练习跑坡和跳壕。注坡，即上下来回跑坡，跳壕就是跳远。而这一时期，大量的长跑人才不仅出现在军事训练中，在传令递信的邮递上也培养出了无数个"神行太保"。《梦溪笔谈》中也有记载，在宋神宗熙宁年间（1068—1077 年）还有一种金子牌的急脚递士卒，他们手持红底金字的木牌，闪闪发光，行人远远望见，均纷纷避让，驿卒飞身疾跑，如风驰电掣，一天可行 500 里。这种长跑形式，实为一种长跑接力传递。这种长跑虽然是为了满足军事战争的需要，但在客观上也促使长跑及长程武装竞走有了进一步的发展。

这一时期的跑跳技能不仅是士兵作战的必须技能，更是军队中通信的需要。在古代的军队通信中，依靠的是口头传达或公文传递，步兵中的善跑者便是通信工具，例如南宋名将韩世忠，他的临战指挥传令时就有一个善于奔跑的传令兵。在《三朝北盟会编》中就有记载："韩世忠欲进趋淮阳城下，独驰一骑。使一把雪执信字旗。一把雪者，其兵之绰号，盖矫捷善走之人也。令诸君兵马继进，见信旗止则止，见信旗麾则俱进。"善跑的士兵是指挥官的传令兵，这已经是古代军队的编制惯例了。

在金国时期，急脚递的邮递方式也被大肆采用，据《金史·章宗本纪》中记载，金章宗泰和六年（1206 年）设置了"急递铺"，也就是当今的快件邮递业务。这些驿卒执行任务时手持长枪，腰系银铃，路人听到铃声都立刻让路，这样驿卒便可以放开大步赶路，一天可以走300 里。

到了元时，元世祖时也设置了"急递铺站"，以便将各项文书迅速

---

① （元）脱脱著，淮沛、汤默译注：《宋史》，巴蜀书社 1988 年版，第 207 页。

传递。其铺兵甚至一昼夜行四百里。"凡铺卒皆腰系革带，悬铃，持枪，挟雨衣，赍文书以行。"① 急递站铺以十里或十五里为一站，沿途更换铺兵，"辗转递去"，实际上是一种长跑接力的体现。这种长跑虽是为了满足当时的军事需要，但在客观上却使长跑和长程武装竞走有了长足的发展。

至元二十四年，也就是公元 1287 年，军队中有一种名叫"贵由赤"（蒙古语中的快行者）的越野跑。是元世祖在他的近卫军中，挑选出善于奔跑的士卒，组织成的一支快速作战部队，负责承担大都（北京）和上都（滦京）之间的警卫任务。这支禁卫军，平时非常注重长跑训练，每年要按规定进行一次越野跑比赛。越野跑有两条路线，一条是自京东的河西务（河北省武清县）到元大都的金銮殿（北京故宫）。另一条线是自泥河儿（今河北省宣化县）开始，终点在元上都滦京（内蒙古自治区多伦县）。越野跑的全程是 180 华里，要求越三时（约 6 小时）到达，比赛中取前三名，奖励银锭和绸缎，元代越野跑的秩序井井有条，原文是这样说的："贵由赤者，快行是也。每岁一试之，名曰放走。以脚力便捷者膺上赏，故监临之官，齐其名数而约之以绳，使无先后参差之争，然后去绳放行。在大都，则自河西务起程。若上都，则自泥河儿起程。越三时，走一百八十里，直抵御前，俯伏呼万岁。先至者赐银一饼，馀者赐段匹有差。"② "贵由赤"是具有社会性质的，不仅限于宫中或军中，由于有很重的赏赐，老百姓也可以参加，因此，参加的人数很多。元人杨允孚曾经写过一首描写"贵由赤"的诗，如下："九奏钧天乐渐收，五云楼阁翠如流。宫中又放滦河走，相国家奴第一筹。"③ 其中，"又放滦河走"，是指元代的上都滦京至泥河儿的放走。至于赛跑的距离，除了杨允孚在《滦京杂咏》中记为 200 里以外，其余均为 180 里。这比现代的马拉松比赛（距离长为 42.195 公里）的距

① （明）宋濂：《元史》，中华书局 1976 年版。

② （元）陶宗仪著，文灏点校：《南村辍耕录》，文化艺术出版社 1998 年版。

③ （元）杨允孚：《滦京杂咏》，中华书局 1985 年版。

离要长一倍以上。

六　明清时期

明代时，不仅重视士卒的奔跑能力，更加强调呼吸等的配合，例如抗倭名将戚继光就明确地说道："凡平时各兵，须学趋跑，一气跑得一里，不气喘才好。"[①] 这是戚继光为提高战士的长跑能力，要求士卒在进行长跑时腿上必须绑沙包，以加强腿部力量，并且要求在跑完之后，不气喘最好。他在这段文献中也强调了在跑步的过程中，要掌握有节奏的呼吸。也有文献记载："急驰捷先之道，并气专精，心无有虑，目无有视，耳无有闻，一诸武而已矣。"[②] 这段文献的大意是：在长跑的要求和规律上是这样说的，精神要集中，呼吸要有节奏，心要静，意要专，要专心致志地跑。这样才能跑得快，才能符合作战的要求。

到了清代，清政府仍保留了"急脚递"的邮递方式。不过，值得一提的是，清政府让台湾少数民族中的擅长奔走者来担任急脚递。因为，据《清稗类钞·技勇类》中记载，居住在台湾岛上的少数民族，在经过长期与大自然的斗争，逐渐练就一副强健的体魄和彪悍的性格。由于他们的狩猎对象中有善于奔跑的鹿，要捉住鹿，就必须有很快的奔跑速度，而这又不是一两天能练出来的。因此他们很注意对年轻一代奔跑能力和意志力的训练。从小就让其练习赤足跑，长年累月，导致其脚掌上长出厚厚的茧，就算赤着脚在荆棘上奔跑，仍然像在平地上一样。他们还有一个有趣的行为，就是在长途跋涉中，在他们的手腕上始终戴着手镯，行走时另一只手上拿着铜瓦，用铜瓦碰击手腕上的手镯，声如钟。由于长时间奔走会使人视觉疲劳，大脑疲劳，这种消除疲劳的方法实在是非常高明。原文是这样说的："台湾番人自幼习走，辄以轻捷较

---

① （明）戚继光著，盛冬玲点校：《纪效新书》，中华书局 1996 年版。
② 张玉春等译注：《吕氏春秋译注 上》，黑龙江人民出版社 2003 年版，第 180 页。

胜负，练习既久，及长，一日能驰三百里，虽快马不能及。"① 善于使用这些"快马不能及"的人，也可谓人尽其才。台湾少数民族之所以这么擅长跑、疾走，是因为其特殊的地形，当地人在打猎时，为了要捉住羚羊，即使手中握有弓箭和投枪，有时也还是要追出几十里，遇到部落间的冲突或是因为被侵袭而通知大家时要发出警报都进行长距离的奔跑。因此，长距离奔跑的能力是解决生存问题的基础。

第三节　跳跃

跳跃类项目在现代奥林匹克运动会上也是必不可少的项目（见图26、图27），在敦煌壁画中，也有关于跳跃类运动的描绘，画面栩栩如生。例如，在莫高窟第五代第61窟西壁《佛传屏风画》第14扇中，绘有悉达太子头戴三叉冠，大袖裙襦，进行腾象跨车、腾跳四马的场面；第16扇绘有悉达太子手持旌旗腾跳跨越四匹骆驼，太子跳车等画面；第20扇则绘有悉达太子跳过六马（见图28）的惊险场面。这些壁画上

图26　郑幸娟　2006年全国田径锦标赛

_____

① 徐珂：《清稗类钞·第十一册》，中华书局2010年版。

图27　刘翔　2004 年雅典奥运会

图28　西达太子跳六马 第 61 窟西披　五代

面，虽然绘制的是有关佛经的故事，但是，这些艺术创作的源泉却都是
来源于当时的社会生活，画师们将自己在日常生活中看到的活动场面，
有了灵感之后赋予在佛的身上。在唐五代时期，不论是军队还是民间，
以跳跃这种方式进行锻炼或是娱乐已经成为社会生活中随处可见的场
景。因此当时绘制敦煌壁画的工匠们，才能以他们认为最健美的生活场
景作为艺术思考的素材。反过来，这些艺术图像才可以作为唐五代时期
人们在现实生活中进行跳跃运动的实证材料。又如莫高窟第 61 窟五代
的《佛传屏风画》中记载的勇士惊人的奔跑和跳跃，后来人们又给这
个项目增加了难度，从最初的跳跃一匹马，到后来的两匹马、三匹马，

甚至是六匹马。由此可见这项运动的趣味性和广泛性。

虽然敦煌壁画中大多是跟佛教有关的画面，但其都是来源于生活，画师们只有在生活中见到了这些活动，才会在壁画中描绘出来。从战国时，跳跃已经是一个必练的项目了。

从最初人们遇见较小障碍开始，下意识地进行跨、跃，为了不影响奔跑速度，最简单迅速的动作就是采用"跨"、"跃"的身体活动，来克服这些障碍，这种身体活动在伴随着追捕野兽的过程而逐渐熟练并被经常用到，于是，久而久之人们便觉得应该对其进行专门的训练，这时，较简单、容易的跳跃训练出现了。可是，遇到较大的障碍，人们还是无法越过，于是，这就为后来的"距跃三百，曲踊三百"打下基础，不论是最初的捕获猎物，还是后来的军事训练，跳跃都是人们不可或缺的身体活动。

一　春秋战国两汉时期

春秋战国时期，军队中最为流行的跳跃活动是"曲踊"与"距跃"。有记载："束胸见使者，曰：'以军之灵，不有宁也'，距跃三百，曲踊三百。"① 这段文献是说晋文公帅三军攻打曹国，魏犫和颠颉两人居然违反军令将曹国大夫羁负僖的家烧毁了。晋文公是个爱才之人，他深知魏犫是个人才，不忍杀他。晋文公左右为难，于是想了一个办法，他派使者赵衰去查看魏犫的伤势，如果魏犫伤得比较严重，就把他杀掉以正军法，如果伤势不严重，那就不再予以追究。魏犫是个很聪明的人，他知道了使者的来意，便在赵衰前来慰问时，提前将伤口包裹好，并在赵衰面前纵身向上跳高跳了300次，向前跳远跳了300次。赵衰见魏犫伤势没有大碍，于是便赦免了魏犫的死罪，魏犫就这样保全了自己的性命。由此可见，当时跳跃这项活动在君主眼里有多么受重视。文中

---

① 陈树国译注：《左传春秋校注》，岳麓出版社2006年版。

的"曲踊"，是指往前、往远跳跃，也就是现代的跳远。"距跃"是指往上、往高跳跃，即跳高。跳跃也是军队中将士必须练习的项目："私属徒七百人，三踊于幕庭，卒三百人，有若有焉。"① 这段文献的背景是吴王夫差想要一统中原，于是他在公元前 487 年率军队到北方攻打鲁国，部队就驻扎在泗水之上。鲁国的大夫微虎准备对吴国进行夜袭。他要在所有的士卒中选出那些能跳营寨的士卒。这段文献是说微虎自己在庭室帐前摆了一个跳高的架子，每个战士若能连续跳过三次就算达标，这样从 700 人中选出了 300 个，其中，孔子的弟子有若也在这 300 人之中。这说明，当时的儒士也不全是文弱书生。夫差收到这个情报，内心非常惧怕这支先遣部队，竟然命令部队一夜之间三次搬了营地。又有记载，著名军事家吴起根据士兵的不同素质组织队伍，其中，踰高超远能力出众的士卒被认为是具有特殊素质的一类士卒，是军队中的精锐之一，文中有这样的记载："民有胆力气者聚为一卒，乐以进战效力以显其忠勇者聚为一卒，能踰高超远、轻足善走者聚为一卒……此五者，军之练锐也。有此三千人，内出可以决围，外入可以屠城矣。"② 另外，在《六韬·练士》中，也有"逾高超远，轻足善走者聚为一卒，名曰寇兵之士"③ 的说法。由此可见，在这一时期的跳跃，其最主要的作用便是用于军事作战。但是，在日常生活中也有所记载：齐国农村青年男女"扶辇推舆，相睹树下，戏笑超距，终日不归"。④ 这段文献的大意是说，在农耕的休息时间，青年男女在树下进行跳远比赛，始终不愿散去。也有记载说道："今有六尺之席，卧而逾之，下材弗难；植而逾之，上材弗易。"⑤ 这都是从社会实践中总结出来的，一般人只能跳过三尺高，只有奇才才能跳过六尺，这种奇才在东汉时期就出现过。名将甘延

---

① 李索：《左传正宗》，华夏出版社 2011 年版，第 675 页。

② 阎学通、徐进编：《中国先秦国家间政治思想选读》，复旦大学出版社 2008 年版，第 231 页。

③ 《六韬三略》，陕西旅游出版社 2003 年版，第 156 页。

④ （春秋）管仲撰，吴文涛、张善良编著：《管子》，北京燕山出版社 1995 年版，第 544 页。

⑤ （汉）刘安等撰，王洁红译注：《淮南子》，广州出版社 2004 年版，第 5 页。

寿，从小善于骑射，最喜好投石超距，不仅跳得很远，而且跳得很高，他跳的高度能越过一个亭楼，即"尝超踰羽林亭楼"①。

二　魏晋南北朝唐时期

到了魏晋南北朝时期，在民间社会也出现了一些以善于跳跃著称的名人。书中有记载说："天与弟天生，少为队将十人同火。屋后有一火坑，广二丈余，十人共跳之皆渡，唯天生坠坑。天生乃取实中苦竹，剡其端使利，交横布坑内，更呼等类共跳，并畏惧不敢。天生曰：'我向已不渡，今者必坠此坑中。丈夫跳此不渡，亦何须活？'乃复跳之，往返十余，曾无留碍，众并叹服。"② 这段文献讲述一个叫卜天生的人在跳跃方面的传奇故事。卜天生，吴兴余杭人，出身将门，从小深受父兄熏陶，机智勇敢，奋发进取，尤其是在一次跳坑训练中的出众表现受到人们的高度称赞。而这个孩子通过后来的不懈努力终于成为一名大将军，他让士卒练习跳跃的方式就是模仿他小时候练习跳跃的方式，在一道宽两丈、深两丈的壕沟内，布满竹签，让士卒从上面越过。如果不慎掉进壕沟内就会丧命。受过这种训练的士卒都具有超人的跳跃能力。又据《陈书·周文育传》记载，陈武帝陈霸先手下的大将周文育也是一名运动奇才。他十一岁时就能跳高五六尺，小伙伴中无人能及。长大以后跳高才能又帮他屡建奇功。例如，在一次征战侯景的战役中，他身陷重围，坐骑倒毙，情况万分危急。周文育右手搏战左手解鞍，飞身冲出重围。正是因为他具有超人的跳跃能力，才能脱离险境，这也就是为何人们都愿意练习这项运动的原因。

当然，跳跃这项身体活动也体现在休闲、娱乐等方面。跳高在这一时期又被称为"赌跳"。有记载说："赌跳者，赌高掷，以高为胜。"这句话的意思是：赌跳的人，是以高为筹码，谁跳得高谁就胜利。当然，

① （汉）班固撰，（唐）颜师古注：《汉书》，中州古籍出版社1991年版，第12页。
② 王仲荦：《宋书校勘记长编上》，中华书局2009年版，第3页。

皇帝也不例外，有记载说道："帝乘露车与左右台冈赌跳。"① 文献中提到的帝是刘昱，他是一位怪诞的暴君。"台冈赌跳"是刘昱荒诞生活中的一个插曲，也就是当天晚上，他被萧道成所杀，终年仅15岁。"台冈赌跳"是我国体育史上第一次有明确记载的跳高比赛。也有记载说："少尽捷有胆力，日步行二百里，能距跃三丈。"② 这段文献说的是黄法氍一天可以步行200里的路程，一次可以跳7.5米的距离。又据《魏书·孝静帝传》中记载，东魏的孝静帝元善见（534—550年）能挟着石头狮子越过墙去。这些都是跳跃方面的奇才。

到了唐代，有记载说："逾城越堡，出入庐舍而无形迹者，上赏得而聚之，名曰矫捷之士。"③ 强调要把那些擅长逾高超远的人用重金吸收到军队里。这时，不仅军队重视跳跃的技能，生活中同样处处有跳跃活动。在开元某年的一个秋天，敦煌城阳光明媚，一年之中最忙的秋收结束了，人们便举行了规模盛大的赛神活动，其中，最吸引人们眼球的便是一位来自草原的勇士，他表演的是跳马和跳驼，他竟然能一次跳过六匹马。在这一时期，还出现了以跳跃等为主的喇嘛体育。可见，当时不仅军队有善于跳跃的人，平民老百姓中也人才济济。

三 宋元明清时期

在宋代的军事训练中，则尤其重视士兵的逾高超远能力的训练。我们在前面跑的分类中说过，岳飞在训练岳家军时，曾专门让士兵穿上双重铠甲做跳战壕的练习："师每修舍，课将士注坡跳壕，皆重铠习之。"④

而在宋代到元朝这一段时期，民间很流行一种叫作"跳骆驼"的跳高游戏，这种游戏在当时的北方少数民族非常受欢迎，尤其是在蒙古

---

① （宋）司马光撰，融于水、方桦改写：《资治通鉴》，浙江少年儿童出版社2007年版。

② （唐）姚思廉：《二十四史·陈书》，延边人民出版社。

③ （唐）李筌著，刘先廷译注：《太白阴经》，军事科学出版社1996年版。

④ 阎邦本、杨林由：《阆中文史资料选辑 第5辑》，《张宪资料选集》，1990年版，第3页。

族的生活中。这个游戏的规则是：游戏者站在骆驼的旁边，原地起跳，然后越过驼背，落地时要站立，倒地则算失败。据《清朝野史大观》中记载说："牵驼高八尺以上者立于庭，捷足者在驼旁，忽跃起，越驼背而过，到地仍直立不仆，亦绝技也。"这是一项很有趣味的跳跃运动。这种活动不仅在生活中可以见到，在军队中也是一项训练任务，有记载："萧忽古，字阿怜斯，性忠直，矫捷有力，甫冠，补襟军。咸雍初，从招讨史耶律赵三讨番部之违命者。及请降，来介有能跃驼峰而上者，以偊（同宣，便疾）捷相诧（差，使惊奇），赵三问左右谁能比，萧忽古披重铠而出，手不及峰，一跃而上，使者大骇，赵三以女妻之。帝闻，召为护卫。"[①] 这段话的大意是说在公元 1065 年，萧忽古是辽道宗的护卫，辽道宗之番部造反，请降后仍以奇技夸能，随从有能跃上驼峰者，故意以便捷显才惊众。这时萧忽古身披重甲，直接就跃到驼峰上，以胜其一筹而骇使者，众人服。

到了清朝时期，跳骆驼这个项目仍然很盛行，并形成了固定的比赛形式。而在一些少数民族的生活中，也有一些练习跳跃的方式。猎手们要想捉住那些善于蹿蹦跳跃的动物，就必须有很好的弹跳能力。他们练习弹跳能力的方法主要有三种：第一种，靠近横杆，一跃而过。第二种，先后退几步（类似助跑的动作），再向前跃过横杆。第三种，提前选好一根竹竿，利用双臂支撑的力量，做撑杆跳跃。

第四节　投掷

投掷类运动在现代田径运动中，同样也是一个必不可少的项目（见图 29、图 30）。

---

① 宋衍申、李治亭、王同策、李玉良主编，武玉环译：《二十六史精华·辽史》，1996 年版。

图 29 李玲蔚 2009 年世界青年田径锦标赛

图 30 李梅菊 2004 年雅典奥运会

而敦煌壁画中也有不少描绘投掷类活动的壁画，例如，在莫高窟第290 窟中，有一幅投象的画面（见图 31），这幅壁画主要是根据《修行本起经》描绘而成。是目前早期供养艺术中最为详尽的一幅故事画。这幅画的大概内容是说国王要为太子求婚，女方因为求婚的人太多，要通过技艺比试来选婿。太子等 500 人手拿礼乐射御的工具准备出城比

图31 投象 第290窟

武，但是到城门时被一头大象挡住了去路，于是调达打死了大象，太子一手将大象举起扔出城外。此画面正是描绘太子掷象的动作，只见他正面直立，两脚分开，右臂弯曲举象，左手在身体下方保持平稳。类似于投象的还有擎钟（见图32），壁画中左侧的人正在举象，右侧的人右手举钟，手臂向后弯曲，像是要把大钟扔到前方一样。另外，在西魏时期的第429窟窟顶北坡（见图33）所绘的一幅图上也生动形象地勾画了古代人民持枪进行狩猎的场面，其中，一位骑马的猎手正手持长矛（标枪），左手在前，手臂略微伸直，右手屈肘在后，向后引身，眼睛望向前方，准备将标枪投向猎物。画面中的人物手持长矛的姿势和向后

图32 擎钟投象 第61窟 五代

图 33　狩猎　第 429 窟窟顶北坡　西魏

引身以加大长矛投掷出去的距离的一系列动作，其目的就是使长矛投得更远，这与现代奥林匹克田径中投掷标枪的技术动作颇为相似。在瓜州的榆林石窟中第 25 窟中也有一幅《掷木图》（见图 34）。此人右腿向后弯曲，呈跑步姿势，身体稍略微向后展腹，仿佛是要把木头掷得更远。在莫高窟第 249 窟窟顶的北坡，有一幅西魏时期手持长矛追逐猎物的场景。

以上的敦煌史料可以让我们了解到我国古代投掷运动的一些情况。在人类进化发展的几十万年里，用投掷石块这种身体活动的方式来与野兽进行搏斗从而获取猎物，是人类生存的基本方式之一。在新石器时代，人们制作的较大的石球，是以投掷的方式使用的，而加工的较小的石球却是以弹射的方法使用的。不仅如此，在我国西南边境的纳西族的人民最早打猎用的就是"飞石索"（见图 35），即一根绳子两头拴着石头，而藏族的卡若先民也在劳动中学会了制作"飞石索"，它和纳西族的"飞石索"（见图 36）较为相似。

投掷类的身体活动起源于史前时代的人类，由于那时候的人类长期与动物打交道，他们对于动物的特点、生活习惯都了如指掌。因此，许

图 34　掷木图　榆林石窟第 25 窟

图 35　银杯　唐代　图片出自《图说中国古代体育》78 页

多投掷类的游戏或体育活动都是狩猎生产的再现。从出土的史前投掷类文物来看，人类很早就已经掌握了用投掷的方法，来对远距离的野兽以及各种猎物进行捕获。这种捕获方式既可以保护自己不受到野兽的伤害，又能有效地狩猎，获得更多的食物（见图 37）。这是人类最早掌握的劳动技能，也是现代田径运动投掷类项目发生的根源。史前人类要使用远距离投掷的技能时，最初可能是偶然发生，但在他们尝到投射能捕获猎物的甜头后，便进行了专门的练习，以提高精准度。这也就促使了早期投掷类项目的训练方法的形成。大人给小孩传授投掷石球的方法，

图 36　人与飞石索　图片出自《原始体育形态岩画》156 页

图 37　石索猎盘羊　图片出自《原始体育形态岩画》276 页

也就是原始的教育，在这个过程中，原始人类的投掷活动也就有了体育的功能和作用。

一　春秋战国时期

春秋战国时期，以步兵为主体的野战、包围战中，对于每个士卒的要求除了奔跑速度和跳跃能力，良好的臂力也是不容忽视的。在鲁成公二年的时候，齐国与晋国的战争中，齐国的大夫高固就曾经"桀石以投人"。因此，在军队中主要见到的力量训练是以扛鼎和投石训练为主的训练手段。古代的军队非常重视士卒的力量训练。他们在日常训练中都会采用一定的手段对士卒进行各方面的力量训练，在《吴子·料敌》中就有对"力轻扛鼎"的记载，意思是说力量非常大，能轻松举起很重的青铜鼎。而"民有胆力气者聚为一卒……此五者，军之练锐也。有此三千人，内出可以突围，外入可以屠城矣"①。这段文献中的"民有胆力气者聚为一卒"的意思是：将民间有胆有勇有力量的人挑选出来组成军队的精锐之师。在这个时期，扛举铜铸钟鼎作为练习力量的方法，是比较常见的一种方式，并且经常以这种方式进行比赛，在这一时期，出现了一些著名的举重人才，如孟说、乌获、任鄙等人。在传说中记载，乌获能举千钧，孟子在与人们讲"事在人为"的道理的时候就曾以乌获为例："今日举百钧，则为有力人矣。然则举乌获之任，是亦为乌获而已亦。"②"武王有力好戏。力士任鄙、乌获、孟说皆至大官、王与孟说举鼎，绝膑。"③这些文献记载都说明，举鼎较力是春秋战国时期流行的一种体能活动，著名的力士还能因此获得统治者的赏识而被授予官职。

在这一时期，也有关于王翦的记载："王翦至，坚壁而守之，不肯

---

①　《四库全书·子部·杂家论·杂学之属·习学记言》，卷四十六。

②　杨伯峻点校：《孟子译注》，中华书局 1960 年版。

③　（西汉）司马迁：《史记》，中华书局 2010 年版。

战，荆兵数出挑战，终不出。王翦曰休士洗沐，而善饮食抚循之，亲与士卒同食。久之，王翦使人问军中戏乎? 对曰：'方投石超距'。于是王翦曰：'士卒可用矣'。"① 这段文献的大意是：秦国的大将王翦在攻破楚国时，一方面他让军队坚壁不战，消除和麻痹楚君，让楚君以为他们以逸待劳；另一方面组织军事训练，让士兵锻炼身体，养精蓄锐。时间久了他害怕士卒有些松懈，便派人到各军营中调查操练的情况。当派出的人回来禀报说士卒们都在练习投石和跳远时，王翦满意地说，这样的军队是可以打仗的。

这种投掷的技能，在冷兵器时代的战场上，是一个不容忽视的军事技能。如《水浒》中的"没羽箭"张清，他便把军队中的力量性投掷和民间的技巧性投掷巧妙地结合起来，练出了一手飞石打人的过硬功夫。水泊梁山的多少英雄好汉，尽管一个个都有万夫不当之勇，却都被张清神出鬼没的石子打得鼻青脸肿，头破血流。可见，投掷并不光是力量的练习，也有技巧的成分。

二　汉唐时期

在汉代时期，投掷也被视为一项重要的技能训练，在没有发明火器之前，他都一直被军队将领所重视。汉代军队非常重视投掷训练，虽然甘延寿是因为擅长骑射而被召为羽林军的，但是，在军队的考核当中仍要考核体能，有记载："投石拔距，绝子等伦，尝超逾羽林亭楼，由是迁为郎。"② 投石就是投掷，拔距是跳远，而超逾羽林亭楼就是跳高。甘延寿这几项体能测试均超过了标准，便被提升为小军官羽林郎。又有："飞石重十二斤，为机发，行二百步。延寿有力，能以手投之。"③ 这段文献的大意是：重十二斤的石块一般都是用投石机这种古代武器抛

---

① 俞樟华、虞黎明、应朝华：《唐宋史记接受史》，吉林人民出版社 2004 年版，第 329 页。
② （汉）刘安：《淮南子》，广州出版社 2004 年版，第 5 页。
③ 房立中：《兵家智谋全书·上》，学苑出版社 1996 年版，第 241 页。

掷出去，汉代一斤相当于今天的258克，那么十二斤等于现在的六斤多重，汉代的一尺相当于今天的0.231米，一步约合1.40米，二十步就约等于28米。甘延寿的投掷能力相当出色，能用手将石块投掷到28米开外，这在当时已经很厉害了。

到了隋朝，投掷石片还曾被农民起义军王薄用来作为对付敌军的作战方式，他的部下经常练习扔石片，比远比准，为此，人们还编了一首歌谣："守住青石城，人人得太平，学会扔石片，强似射弓箭。"① 由此可见，我国古代投掷类的运动不但有丰富多样的形式，而且在当时也是非常普及和流行的。

到了唐朝时期，唐高宗曾下令征召"投石、拔距、勇冠三军……具录封进"②。这说明，投石这一身体活动是很受当时人们关注的，在军中占据重要位置，君主在选取官吏时也会考虑到其投石能力。

三 宋元明清时期

到了宋代，掷枪运动也逐渐普遍流行开来。这里说的枪，不是火枪，而是类似于标枪的一种枪。有记载说："宋代的掷枪，是一种掷远与掷准相结合的活动，将几个环立在数十步之外，连掷十余枪，令标枪穿孔而过，非常惊人。"③ 这种掷枪能力，是要花费很长时间来进行训练的。在《梦粱录》里就有关于"飞枪斫柳"的记述，而《武林旧事》中也明确提出了"标枪"一词，充分说明了当时掷枪活动的广泛与流行。

而在元代时，居住在北方大草原的蒙古族人，不但能骑射，而且有十分出众的投掷技巧，尤其擅长打"布鲁"。"布鲁"即蒙语中"投掷"的意思，也是一种投掷工具。"布鲁"分为三种：第一种叫"吉如根布鲁"（见图38），这是一种铜铁制成的心状物，系着一根长皮条，主要

---

① 艾获：《谈我国古代投掷运动》，《天津体育学院学报》1985年第2期。
② 《全唐文》第01部卷十三，据原刻本影印断句本，中华书局1985年版。
③ 邓瑞、马端临：《文献通考》，山西古籍出版社2003年版。

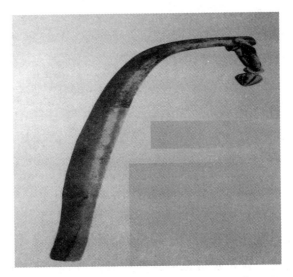

图 38　清代　图片出自《图说中国古代体育》81 页

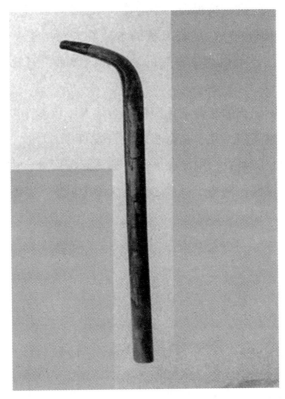

图 39　清代　图片出自《图说中国古代体育》81 页

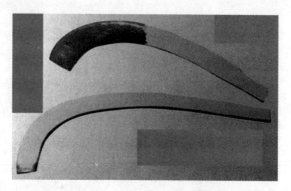

图40 清代 《图说中国古代体育》81 页

用于在近距离时猎获大型野兽，用力掷出后，可以穿透野兽坚韧的毛皮，直取其要害，就是猛兽也会立即毙命；第二种叫"图固立嘎布鲁（见图39）"，是木制的圆形物，前部灌有铅或包有铜铁，重量轻，速度快，适用于打一些机动性很强的小动物，如野鸡、野兔等；第三种叫海雅木拉布鲁（见图40），是镰刀状的木质物，只用于平时的练习。后来，打"布鲁"发展成为蒙古族的一种民间体育，有比赛掷远和掷准两种形式。

在清朝，所记载的吐蕃文化风俗，当地人不仅能跑善跳，而且投掷标枪的技能也很高超，几乎是百步之内百发百中。原文说道："出入皆乘牛车，遇山路陡峭处，则循藤而过。遇溪路深阔处，则跳石而过……所用镖枪长五尺许，取物于百步之内发无不中。"①

① 沈云龙、高拱乾纂：《台湾府志》，文海出版社。

第八章
球　类

　　作为中国民族传统体育的球类运动，它主要包括蹴鞠、马球、捶丸、木球、水球、杆球等，关于蹴鞠和马球的相关史料较为丰富，而其他球类运动只是偶尔出现在一些诗词和文献资料中，缺少考古出土的文物和详细的古代文献资料记载，但出现在中国的这些球类运动一定源于远古人类在长时间的求生存的劳动与生活的过程中。原始社会后期产生了石球游戏，石球由生产工具演化为游戏器具是传统体育萌芽的一个有力的例证。

第一节　史前时代的石球

　　"就人的生物本身的历史发展而言，有三个时间概念最重要——600万年前，人科生物开始发生；300万年前左右，工具制造和狩猎生产出现；4万年前，现代体质形态的人类形成。"[①] 人类祖先的手足分工和会使用与制造工具的时候，是脱离类人猿的标志。近年来，国外学者又提出新的补正观点，认为人类祖先脱离类人猿的"决定性的又是最

---

① 蔡俊生：《人类社会的形成和原始社会形成》，中国社会科学出版社1988年版，第74页。

重要的区别"在于"人类是不断依靠工具来维持生存的唯一哺乳动物"。[①] 人类祖先的手足分工，促使肢体各部分不同的各种各样的动作和形态的出现，不断制造和依赖工具。这些工具不仅用作狩猎、采集、挖穴等方面，必然还要随时随地用来充当对威胁自己生命安全的敌人与野兽的争斗武器，还有一个重要用途，就是用作表露心理活动的游戏玩具。在这方面石球的发现是最有力的证据。

在旧石器时代的晚期出现了石球，这些石球是当时重要的生产工具，但是闲暇之余，这些石球也是古代人类休闲娱乐的玩具。1957年，在山西省芮城县匼河文化遗址发现约50万年前的石球，直径为8.5—9.5厘米，大小不等。在距今10万年的丁村人文化遗址中，第一次发现了较为规整的石球。之后，在距今约4万年前的许家窑人文化遗址中，出土了1500多个石球，重者有2000克，轻者仅90克，共重十余吨。根据民族学家研究和推断它的使用方法是：把石球用兽皮包裹起来，再用皮条将两个或三个石球连在一起，手握一个引球在头上抡旋，对准野兽和敌人抛出去，一旦遇上野兽和敌人的腿脚就可以紧紧缠住，使其不能走动而被捕获。还有学者认为，这些石球在使用的过程中，应该是装在一个被称为"飞石索"的器械上使用的狩猎石器具。

中国美术理论博士刘骁纯先生认为"卵形是石器之母"，他还认为"圆润的卵形不仅适合手的尺度，也符合人类祖先喜欢规则、流畅形式的视觉尺度。因此，卵形是人类祖先最早在使用天然工具阶段就迎来的第一个最规则的自然形态"。所以，"在古人时期，迄今尚未发现任何琢打石器，唯石球例外。这表明制造石球所倾注的劳动心血比任何石器都大。石球，除了物质性的实用目的外，这种器物必兼有某种精神寄托的功能和精神上的需要……"[②] 这是充分肯定了石球重大的历史意义，"精神寄托"、"精神上的需要"就是使石球成为游戏器具成为可能。

---

① 蔡俊生：《人类社会的形成和原始社会形成》，中国社会科学出版社1988年版，第109页。

② 刘骁纯：《从动物快感到人的美感》，山东文艺出版社1986年版，第130、140页。

石球之所以能够最先成为游戏运动的玩具，主要原因在于以下几个方面。

其一，石球比其他物体更容易引起人们的兴趣，抛出的石球着地后可以自动继续向前滚动，犹如"活的"物体，这是圆形物体的物理特征的趣味性特点。

其二，石球的圆形，是人们生活中最熟悉的形态，比较容易产生亲切感，如人和动物的头、眼睛，天空中的太阳、月亮、星星、雨珠、冰雹、植物的果实、飞禽的卵等。

其三，圆形物体易于手握，比握其他有棱角的物体感觉舒服，也便于抛出，实用性较强。

其四，比较符合当时人们朦胧的审美心理，古希腊哲学家毕达哥拉斯就说过"圆是美的"。[①]

所以，石球作为玩具可以被人们"抛"、"投"，比准度玩耍；也可以用脚"踢"着玩耍。石球是当时重要的狩猎工具，传授或者训练使用石球的技能时，这个过程也可以称为原始的教育。石球是史前社会文化发展的重要标志之一，它的出现不但反映了原始采集者的活动由自然形态向社会形态的过渡，同时也为石球最终演化发展成为原始体育活动之一创造了条件。[②]

1953 年考古工作者在西安半坡发现了新石器时代人类的村落遗址，其使用的石器中有不少是石球。在新石器时代，原始体育活动形式逐渐丰富起来。从考古学角度看，石球的功能已日渐多样化，开始向游戏用具的方向发展。

2000 年 9 月，我们在甘肃省金塔县城东北的五星乡附近进行田野调查时，征集了当地农民采集的石球十几枚，如图 41 所示。经过初步研究，判断为新石器时代的狩猎石器具。

2004 年 10 月，我们又进行了丝绸之路体育文物调查研究，主要对

① 盛琦：《中外体育民俗文化》，北京体育大学出版社 2011 年版，第 44 页。
② 郝勤：《体育史》第 8 章，人名体育出版社 2006 年版，第 196 页。

图 41　丝绸之路体育文物调查研究所征集的"石球"

临洮、岷县、宕昌、陇南、成县、礼县、西和、天水、甘谷、陇西、定西、兰州这些地区进行实地考察，又发现了大量的石球，多数为齐家文化石球，也有各个历史时期的石球、弹丸。

从丝绸之路体育文物调查过程中发现的石球看，打磨得光滑而有规则，石球表面还饰以矿物质颜色。其中还有大量的陶球，有些陶球里还有小石子，摇晃能发出悦耳的声音。陶器的制作在距今 12000—7000 年的新石器时代，在此后一两千年，陶球由只是一般平滑的表层发展到玲珑剔透的精致程度。"薛家岗文化"遗址的百余个陶球，小的直径只有 2 厘米，大的也仅有 9 厘米。它的表面刻有各种优美的图案花纹，有的陶球有镂刻的对称洞孔，其中有的一个陶球上多达 36 个洞孔，球内是空膛的，里面装有小陶球，用手摇晃，也是发出悦耳的声音。如果说石球出现在十余万年的人类历史的长河中，有劳动工具的实用性和游戏性，那么精巧秀美的陶球，容易破损，不适合充当日常劳动工具。显而易见，只能当作观赏品、祭品、家庭里的摆饰品或游戏中玩赏的器物。

1955 年，在陕西省西安半坡的母系氏族公社时期部落遗址中，发现了一个三四岁女孩的墓葬内随葬有一个尖底陶瓶、陶钵和陶罐，在陶钵内有三个石球，并摆放在女孩的脚底附近。专家考证，这个小女孩的墓葬距今7000年左右。根据先后发现和推算，石球的制作和使用经历了数十万年的漫长历史。显然它不仅是狩猎的工具和保卫自身安全的武器，也是人们尤其孩子们游戏的玩具。根据墓穴中石球摆放的特点，有可能这些石球就是小女孩生前用脚踢的游戏器具。

史前社会的石球，主要的功能就是生产劳动的工具，这应该是无疑的，但同时也具有游戏的功能。但石球在后来的历史发展过程中并没有消失，从考古发现的遗物看，不同历史时期都有石球出现，但是功能已发生了变化，有些文献中将小石球称之为"弹丸"，顾名思义就是"弹射之丸"。关于石球在后代历史中的发展、演变及其功能有待进一步系统研究。

第二节　蹴鞠

一　蹴鞠的名称及起源

蹴鞠，在《辞海》中是这样解释的："蹴鞠，亦作'蹵鞠'、'蹋鞠'、'鞠鞠''蹴踘'。中国古代的一种足球运动，用以练武、娱乐、健身。"①

"蹴鞠"一词，最早载于《史记·扁鹊仓公列传》，并多次出现在《史记·苏秦列传》中，苏秦游说齐宣王时形容临淄："临淄甚富而实，其民无不吹竽、鼓瑟……蹋鞠者"。其后在《汉书》中也多次出现。唐人颜师古在《汉书·艺文志》中注释说："'鞠'，以皮为之，实以物，蹴蹋之以为戏也，蹴鞠陈力之事，故附于兵法焉。"到了唐代，球的制

---

① 《辞海》，上海辞书出版社1989年版。

作方法改变了，踢法也变了，又出现了许多新名称。蹴鞠也称为"蹋鞠"、"蹴球"、"筑球"、"踢圆"等。"蹴"即用脚踢的意思；"鞠"系皮革制成的球。"蹴鞠"就是用脚踢球，它是中国一项古老的球类运动。

蹴鞠的起源史学界有几种不同的说法。

第一种：西汉学者刘向在《别录》中说："蹴鞠者，传言黄帝所作，或曰：起战国之时。"1973 年长沙马王堆汉墓出土四种战国帛书，其"十六经"中有一段记载黄帝擒杀蚩尤的文字："剥其革以为干侯，使人射之，多中者赏。剪其发而建之天，名曰之尤之旌。充其胃以为鞠，使人执之，多中者赏"。黄帝以蚩尤的胃作鞠当球踢，用以激发士兵的勇气。同时也表明远古时代的军事训练中用踢球的方法来训练士兵。

第二种："源于殷代足球舞"[1]。它主要依据《殷墟文字类编·前编》的一条卜辞的新解释。卜辞："庚寅卜，贞，手 舞，从雨"。《初考》对此解释说："这条卜辞的内容：庚寅占卜，卜得吉兆，王召唤作舞，舞后天就开始降雨"。

第三种：蹴鞠起源于春秋时代军中的庆祝，战士用踢鞠比赛的方式庆祝胜利。

1953 年考古工作者在西安半坡村仰韶文化遗址中发现了一座小女孩的墓葬，她的陪葬品是陶瓶、陶钵、陶罐和石球，这三个石球就放在小女孩的脚底，这也许从一个侧面说明五千年前的黄帝时代确实已有了用石球作蹴踢的游戏。同时，在临潼、姜寨新石器居民遗址中也发现了大量的磨制得较光滑又规则的石球，这些都有可能是游戏的器具。因为嬉戏是一切动物的本能，史前人类在求生存的过程中，闲暇之余进行嬉戏玩耍也应该是无疑的本能行为，而"石球"是最适合嬉戏玩耍的涉猎石器具。在夏商西周时期的文献中没有关于蹴鞠的记载，到了战国时

---

[1]　此说最早见于《中国古代足球类运动史料初考》第二章第一节"中国古代足球的起源"。

期才见于史籍文献记载。没有文献记载的历史是人类发展至今最长久的时期，以石球器具进行游戏，并且不断地发展变化，在夏商西周时期有没有可能，答案应该是肯定的。史前人类以劳动工具"石球"做游戏，随着史前的部落向国家的形式演进，生产技术的提高，劳动工具的材料从石器向铜质工具的发展，古代人类游戏时用脚踢的"石球"演变为用皮革制成的"鞠"。

所以我们认为，蹴鞠的起源是一个漫长的过程，最早源于史前人类用脚踢的"石球"，随着社会的进步，石质材料的"石球"发展为皮质材料的"鞠"，不断完善规则和踢球的方法，蹴鞠游戏初步定型于春秋战国时期，主要用于当时的军事训练。

二 不同历史时期的蹴鞠

1. 战国时期

《史记》中记载了战国时期齐国进行蹴鞠运动的情况。这些记载表明，在当时的齐国故都临淄，蹴鞠已发展成一种成熟的游乐方式，而且在民间广为盛行。《苏秦列传》中说："临淄甚富而实，其民无不吹竽、鼓瑟、弹琴、击筑、斗鸡、走狗、六博、蹋鞠者。临淄之涂，车毂击，人肩摩，连衽成帷，举袂成幕，挥汗成雨，家殷人足，趾高气扬。"齐宣王于公元前319—前301年在位，这些文献记载说明，在距今2300多年前或更早的历史时期，在齐国故都临淄，蹴鞠游戏已发展成为一项较为成熟的游戏，它有规则，游戏器具已发展成为皮具里填充轻质材料，非常方便于在民间开展的一项体育活动。

2. 秦汉时期

秦始皇消灭了魏、韩、赵、楚、燕、齐六国后，在全国范围建立了中央集权的封建王朝。秦王朝虽然只有15年的历史，却实行了一系列具有深远历史影响的政策方针。这些政策对于包括蹴鞠在内的大部分中国古代传统体育项目都有很大的影响。对当时的体育活动影响最大的有以下几个方面：第一是迁徙贵族富豪。秦始皇把六国的贵族、领主和富豪，强制迁居到咸阳、南阳和巴蜀等地。客观上促进了各诸侯国的文化在民间的传播、交流和融合。全国空前统一的社会形势，无疑更有利于推动各种文化的交流和融合向纵深发展。第二是销毁兵器。秦始皇顾虑各诸侯国民间收藏兵器过多，难免酿成抗秦谋反的潜在危险，便下令把民间兵器一律收缴，集中运到咸阳，铸造成了 24 个大铜人，摆放到宫殿中作显赫威严的装饰品。通告全国，严禁民间讲武练武活动，这对民间原已相当普及的武术活动是一个沉重打击。蹴鞠当时作为军中训练军事能力的手段，在这一时期也遭到了禁止，民间更是无法开展蹴鞠运动。第三是焚书坑儒。秦始皇接受李斯的主张，对不满秦王朝的知识分子实行残酷的镇压政策，一次就活埋了 460 个儒生，并下令除《秦记》之外，六国史书和资料一律烧毁。有关当时体育活动的文献也遭受了厄运，因为先秦诸子百家有不少是关于中国传统体育的论述。蹴鞠的发展受阻，陷入低谷。

西汉建立后，蹴鞠运动又复兴盛。汉朝人把蹴鞠视为"治国习武"之道，不仅在军队中广泛开展，上至帝王将相，下至黎民百姓都喜好。汉武帝刘彻、元帝刘奭、成帝刘骜都酷爱蹴鞠。汉高祖刘邦的父亲就是一个地地道道的"老球迷"。古籍《西京杂记》中记载：他深居皇宫内养尊处优，却感到生活寂寞，百无聊赖，郁郁寡欢。刘邦不知何故，后来细问才得知老父亲原来是"以古好所好，皆屠贩少年，斗鸡蹴鞠，以此为乐，今皆无此，以故不乐"。刘邦当即下令仿照故乡邑的模样，在长安皇城建造"新丰"，并请来老父青少年时的故居旧友陪他踢球作乐。古籍《序棋经·序》中记述汉武帝刘彻西征匈奴途中，不仅不忘观赏伶人球技，还常常情不自禁地亲自下场踢球，"得故人善蹴鞠，尽炫其便捷跳跃，帝好而为之"。他还命令枚皋写下了《蹴鞠赋》，以志雅兴。《西京杂记》一书中说成帝刘骜"好蹴鞠，群臣以蹴鞠为劳体，非至尊所宜"，大臣劝成帝改作弹棋娱乐，以免身体过于劳累，他不听，依然酷好蹴鞠运动。载入汉史的著名将领霍去病远征边陲深入敌后被困，在粮草不足的危难时刻，仍坚持在军中开展蹴鞠活动训练士兵，是为了既不减弱体质，又能激发士气。如《汉书·霍去病传》中所述："去病在塞外，卒乏粮，或不能自振，而去病尚穿域蹴鞠也。"霍去病以身示范，以振奋将士精神。

东汉末年，曹操挟天子以令诸侯，是政治、军事和文学等多方面的雄才，却也十分喜好蹴鞠，常把蹴鞠高手孔桂带在身边，以便随时陪他活动或为他表演球技。如《魏略》中所述："孔桂字叔林，好蹴鞠，太祖爱之，每在左右。"《会稽典录》中说汉末魏蜀吴"三国鼎峙，年兴金革，上以弓马为劳，家以蹴鞠为学"，这是说国家军队以训练和提高弓箭和骑马技术为主要任务，一般百姓人家都在学习蹴鞠增强体质，以充实军事后备力量，可见当时蹴鞠运动已经十分普及。桓宽的《盐铁论·国疾》中说西汉社会承平日久，"贵人之家，蹴鞠斗鸡"为乐，一般的人们也是"康庄驰逐，穷巷蹋鞠"。汉代朝廷规定每25户是一里，500户为一党，这说明蹴鞠活动在当时非常盛行，在人口稠密的城市，也会出现"空巷蹋鞠"的空前盛况。

由于蹴鞠运动的兴盛，汉代还出现了专门研究这项运动的著述，汉代曾有人写了《蹴鞠二十五篇》，这是我国最早的一部体育专业书籍。班固在写《汉书·艺文志》时，把《蹴鞠二十五篇》列为兵书，属于军事训练的兵技巧类，可惜后来失传了。《全上古三代秦汉三国六朝文》一书中的《鞠域铭》有关于蹴鞠规则场地的描述："圆鞠方墙，仿象阴阳。法月衡对，二六相当。建长立平，其例有常。不以亲疏，不有阿私。端心古意，莫怨是非。鞠政犹然，况宁执机。"此铭文作者只用56个字，就简明扼要地表述了当时蹴鞠运动的"鞠"和场地的形状和特点，两端要有相对应的六个月形足门；比赛双方要有各自的队长和共同遵守的公平的规则；执行裁判的人不应有亲有疏，更不能有任何私情而偏袒一方；参加蹴鞠比赛的人，也要有正确的动机和态度，不应随意抱怨谁对谁错。铭文最后一句的表意，体育史专家有不同的解释，有人认为这句话是："比赛尚且有严格的规则，何况政府的事务呢？"有人认为是："蹴鞠比赛有这样的制度，也就能够顺利进行了"。这可能是世界上最早的足球规则。

3. 唐时期

随着社会生产力的发展，到了唐代，蹴鞠的制作技术也有所改进。唐代在制球工艺上有两大改进：一是把两片皮合成的球壳改为用八片尖皮缝成圆形的球壳，球的形状更圆了；二是把球壳内塞毛发改为可以充气的用动物膀胱制成的球胆，徐坚《初学记》："今蹴鞠曰戏毬。古用毛纤结之，今用皮，以胞为里嘘气闭而蹴之。"蹴鞠发展成为可以充气的球。这在当时也是一个了不起的发明，据记载，英国发明吹气的球是在11世纪，比我国唐代晚了三四百年。

蹴鞠在唐代踢法上也有改变。汉代的时候，是直接对抗，两边人数相当就可以比赛。唐代的踢法多样。例如：双球门踢法：唐人仲无颜《气球赋》中有记载，也就是和汉代踢法一样，称为直接对抗；单球门踢法：从《蹴鞠图谱》中可窥一斑，就是中间支一个高高的球门，双方各在一侧，以射门数多者为胜，这叫间接对抗；无球门踢法：一人或几个人单独踢，称为打鞠，二人对踢叫白打，三人以上共踢称为场户，如三人场户、四人场户。原来的对踢动作单一，经过变化，踢的花样繁多，内容变化无穷。

唐代蹴鞠的一个变化是球门增高了，球门增高的原因主要是球体的制作工艺改善了，汉代的球是实心的，踢不高，到唐代改用充气的球，因为轻柔，能够踢高，所以唐代蹴鞠都以踢高为能。第二个变化就是球门既高且小，在三丈二尺高的球门柱上，球门宽只有二尺八寸，一脚踢过这样既高且小的球门是需要很高技术的。

汉代已经有了自娱性的"寒食蹴鞠"，就是民间在"寒食节"时，用踢蹴鞠的方式进行消闲娱乐。到了唐代，社会安稳，人民生活安定，"寒食蹴鞠"民俗得到极大的推广，唐代诗人杜甫《清明》中说："十年蹴鞠将雏远，万里秋千风俗同。"当时杜甫周游全国万里之地都看到有"寒食蹴鞠"的风俗。唐代诗人王维在《寒食城东即事》诗中说：

"蹴鞠屡过飞鸟上，秋千竞出垂杨里。"在寒食节这天，蹴鞠踢的比飞鸟还要高。

唐史记载，蹴鞠深受皇亲贵族的喜爱，开成四年（839）戊辰，唐文宗"幸勤政楼观角抵，蹴鞠"①。唐文宗因天旱要臣下进谏，张廷珪上疏说："屏退后宫，减彻外厩，场无蹴鞠之玩，野绝从禽之赏。"② 说明当时的宫中"蹴鞠之玩"是很靡费的休闲活动，无助于国计民生。《资治通鉴·唐僖宗纪》中说蹴鞠赢得了皇帝的喜爱，皇宫中便有专业蹴鞠艺人，唐代女蹴鞠艺人属于教坊司，在朝廷的一些宴会上表演项目都是由教坊司承担，能够进入宫廷表演的"内人"为数不多。唐代宫中另有专供皇帝个人娱乐欣赏的艺人组织叫"内园"，因为多是从小就选拔到这里训练培养，所以又叫"小儿园"。

蹴鞠在民间也很流行，《酉阳杂俎》续集卷三记载："荆州之民郝惟谅，性粗率，勇于私斗。会昌二年（842 年）寒食日与其徒游于郊外，蹴鞠角力。"《博异志》载："陇西李全质，少在沂州，尝一日欲大蹴鞠。"敦煌民间也流行蹴鞠，如敦煌遗书《召蹴鞠书》："阴沉气凉，可以蹴鞠释闷，时哉！时哉！垂情幸降趾。"《答书》："雨后微凉，纤尘不起，欲为打戏，能无从乎！苑勒咨迎，枉驾为幸。"③

4. 宋时期

蹴鞠在宋代获得了极大的发展。施耐庵的《水浒全传》中写了一个由踢球发迹当了太尉的高俅。小说虽然在人物事迹和性格上作了夸张，但基本符合宋代的史实。高俅球技高超，因陪侍宋徽宗踢球被提拔当了殿前都指挥使，这要算是最早的著名球星之一了。

高俅因踢球而发迹，告诉我们这样两件事。一是宋代的皇帝和官僚贵族是喜爱踢球的，有些人本身爱踢球，有些人爱看高手踢球。宋徽宗

---

① （后晋）刘昫等撰：《旧唐书·文宗纪》卷十七下，中华书局出版社 1975 年版，第 577 页。
② （后晋）刘昫等撰：《旧唐书·张廷珪传》卷一百一，列传第五十一，中华书局出版社 1975 年版，第 3513 页。
③ 季羡林主编：《敦煌学大词典》"蹴鞠条"，上海辞书出版社 1998 年版，第 599—600 页。

赵佶是个足球迷，他看了宫女踢球后写诗道："韶光婉媚属清明，敞宴斯辰到穆清，近密被宣争蹴鞠，两朋庭际再输赢。"《文献通考》介绍："宋女弟子队一百五十三人，衣四色，绣罗宽衫，系锦带，踢绣球，球不离足，足不离球，华庭观赏，万人瞻仰。"上海博物馆藏了一幅《宋太祖蹴鞠图》，描绘的就是当时的情景。二是宋代社会上还有了专门靠踢球技艺维持生活的足球艺人。据记载，北宋汴梁城和南宋临安城，在皇宫宴会上表演踢球的名手，就有苏述、孟宣、李正等；在市井瓦子里的踢球艺人，有黄有意、范老儿、小孙、张明、蔡润等。

宋代的足球和唐代的踢法一样，有用球门的间接比赛和不用球门的"白打"，但书上说的大都是白打踢法。所谓"脚头十万踢，解数百个般"，就是指踢球花样动作和几个花样组成的成套动作，指用头、肩、背、胸、膝、腿、脚等一套完整的踢技，使"球终日不坠"。由此看来，宋代的足球，已由射门比准向灵巧和控制球技术方面发展。

宋代制球工艺比唐代又有提高，球壳由八片皮发展为"十二片香皮砌成"。原料是"熟硝黄革，实料轻裁"。工艺是"密砌缝成，不露线角"。做成的球重量要"正重十二两"。足球规格要"碎凑十分圆"。这样做成的球当然质量很高了。当时手工作坊制作的球已有 40 个不同的品种，每个品种各有优缺点。制作工艺的改进，促进了踢球技术的发展，而制球手工艺的发展又反映了社会需要量的增加。为了维护自身利益和发扬互助，至少在南宋时期，宋代的踢球艺人还组织了自己的团队，叫作"齐云社"，又称"圆社"。这是专门的蹴鞠组织，专事负责蹴鞠活动的比赛组织和宣传推广，这是我国最早的单项运动协会，类似于今天的俱乐部，也可以说，它是世界上最早的足球俱乐部。

5. 元时期

由北方蒙古族所建的元朝，虽然统治时间短暂，但是戏曲艺术发展迅速，而戏曲中的重要角色，女艺人的成就更是熠熠生辉。因此在宋朝民间蹴鞠艺人发展的基础上，元朝社会便有了女蹴鞠艺人，"蹴鞠场中，鸣珂巷里，南北驰名……绣带斜飘，舞袖低垂"①。而社会上也以观看女蹴鞠艺人表演蹴鞠为最好的消闲娱乐，"茶余饭饱邀故友，谢馆秦楼，散闷消愁，唯蹴鞠最风流"。在女蹴鞠艺人技艺提高的情况下，球场上便有了男女对踢球，"似这般女校尉从来较少……占场儿陪伴了些英豪"②。中国历史博物馆和湖南博物馆都藏有元代的"蹴鞠纹"铜镜，铜镜上面的纹饰形象地表达了当时青年男女同场踢球的情景。女蹴鞠艺人的出现拓展了蹴鞠娱乐的社会意义，一定程度上冲破了封建礼教男女授受不亲的束缚，同场踢球娱乐，冲击了封建社会对妇女歧视的观念。

任何事物的发展都具有两面性，元代女蹴鞠艺人的出现，在中国蹴鞠发展史和世界足球发展史中都具有极为重要的地位。然而在封建意识浓重的古代，具有商业性质的女蹴鞠艺人的表演，是纨绔子弟追求的娱乐，为封建士大夫阶级所不齿。因男女同场蹴鞠成为一种娱乐，于是下层社会的妓女便以蹴鞠作为娱客的手段，由此达到留客的目的。"若道是成就了洞房中情玉怜香愿……大片儿香皮做姻眷"③，它不再是节日的活动内容，也不再是宴会上的节目，而是和放荡行为相关联的娱乐。

6. 明清时期

到了明代妓女学习蹴鞠娱客之风更为盛行，与妇女同场蹴鞠成为不务正业、荒淫生活的一端。而社会上由于富家子弟喜爱蹴鞠，男女同场蹴鞠成为一种娱乐，于是下层社会的一些妓女便以蹴鞠作为娱客的一种手段，在《金瓶梅》第十五回中描写得十分具体，丽春院的妓女李桂卿、李桂姐都陪客人蹴鞠，而圆社艺人在西门庆面前奉承说："桂姐行头比旧时越发踢熟了，撇来的丢拐，教小人们凑手脚不迭。再过一二年，这边院中，似桂姐这行头，就数一数二的，强如二条巷董官女儿二

---

① （元）杨朝英辑：《朝野新声太平乐府》全两册，收录关汉卿散曲《女校尉》，文学古籍刊行社 1955 年版。

② （元）邓玉宾：《仕女圆社气球双关》。

③ （元）萨都剌：《妓女蹴鞠》。

十倍。"蹴鞠主要作为下层百姓生活娱乐的一部分，继续传承着。这说明蹴鞠的发展趋势有所变化。

朝廷宴会上的蹴鞠表演和妓院中陪客人的蹴鞠是有天壤之别的，从这一点也可看出宋代以后的蹴鞠就开始走向衰落了，明代朝廷宴会的蹴鞠表演取消，瓦子勾栏中没有蹴鞠艺人表演的位置，"寒食蹴鞠"民俗地区的缩小，都预示着蹴鞠的社会地位的下降，并开始走向衰落。《明通鉴》前编卷2记叙张士诚之弟张士信"每出师，不问军事，辄携樗蒲蹴鞠，佣妇女酣宴"。清朝建立以后，朝廷对于汉民族的传统文化采取压制政策，在体育方面如武术、相扑、击鞠、蹴鞠、捶丸、龙舟竞赛，或严令禁止，或不加提倡，或阉割其精华，而对于其本民族的体育项目如围猎、骑射、滑冰、摔跤则积极提倡发展，并曾企图把滑冰与蹴鞠相融合，创造冰上蹴鞠以代替中原传统的蹴鞠。"金海冰上作蹴鞠游戏，每队数十人，各有统领，分位而立。以革为球掷于空中，俟期将坠，群起而争之，以得者为胜，将士用以习武，昔黄帝蹴鞠文戏以练武，盖取遗意焉。"明确说冰上蹴鞠取代蹴鞠，由蹴鞠改变为冰上蹴鞠，不仅运动性质和方法改变了，其文化含义也由中原传统民俗演化为北方民族的民俗，这是清代创造冰上蹴鞠的目的。

清朝文化政策的压迫使蹴鞠几乎消亡。清朝初年社会上还有蹴鞠的开展，康熙时礼部侍郎顾研还有一首《过同年颜淡国寓观蹴鞠》诗，描写的便是蹴鞠艺人的精彩表演。但是到了清代中叶以后，各种史籍中便没有有关蹴鞠的记载了，有几千年传统的蹴鞠由此消失。

第三节　马球

在世界古代体育史上，马球运动是一项较为盛行的项目。但是经过一千余年的流行后，最终还是销声匿迹了。而这一古老运动形式产生与发展的相关问题，也就成为后来体育史研究中重要的课题之一。以往关于马球问题的研究，中国历史学界和体育界的学者做了不少工作。在中国古代文献中，常常发现有关马球的记载，但由于记载多是零零星星地散见于各书籍中，缺乏系统的阐述，因而从 21 世纪初即有部分学者陆陆续续地对这些文献资料进行整理，并作出了一些推断。如 1919 年郭希汾先生在其所著的《中国体育史》中，就曾记述了一些马球运动的史料。① 向达先生著的《唐代长安与西域文明》一书中，曾以"长安打球小考"为题，研究过马球的起源。② 罗香林先生所著《唐代菠罗球戏考》一文，专门对中国唐代盛行的马球做了较详细的阐述。③ 著名历史学家阴法鲁先生在 1959 年也曾以"唐代西藏马球传入长安"为题，对古代马球的起源和发展进行了考证。④

进入 20 世纪 80 年代以后，随着体育史研究的深入和古代马球文物的不断被发现，对古代马球相关问题的探讨有了更大的进展。成都体育学院体育史研究所、原北京体育学院体育史教研室以及中国体育科学学会体育史分会等单位编著的有关中国古代体育史、世界体育史教材和著作中，都对马球的起源和发展做了分析。⑤ 出版的有关体育文物辑录，也根据不断发现的有关马球运动的实物资料，从文物考古的角度对古代马球进行了考证。⑥ 与此同时，各院校、体育界科研单位的体育史研究者，历史学界、考古学界、文化史学界的研究者也发表了相当数量的关于马球问题的研究论文。大量研究成果的出现，特别是大量的有关考古文物资料的被发现，使我们对这一问题的研究有了更为充足的资料依

---

① 郭希汾（绍虞）：《中国体育史》，商务印书馆 1919 年版。

② 向达：《长安打球小考》，载《燕京学报》1933 年专号之二。

③ 罗香林：《唐代菠萝球戏考》，载《唐代文化史研究》，商务印书馆 1944 年版。

④ 阴法鲁：《唐代西藏马球传入长安》，载《历史研究》1959 年第 6 期。

⑤ a. 李季芳、周西宽、徐永昌：《中国体育史简编》，人民体育出版社 1984 年版；b. 林伯原编著：《中国体育史》（上册—古代部分），北京体育学院出版社 1987 年版；c. 国家体委体育文史工作委员会、中国体育史学会：《中国古代体育史》，北京体育学院出版社 1992 年版；d. 颜绍沪、周西宽：《体育运动史》，人民体育出版社 1990 年版。

⑥ a. 邵文良：《中国古代体育文物图集》，人民体育出版社 1986 年版；b. 中华全国体育总会文史审编委员会等编：《中国古代体育图说》，北京燕山出版社 1990 年版；c. 吴文忠：《中国体育史图鉴及文献》，1993 年版。

据，也同时使我们从整体上对古代马球这一运动形式有了较为明晰的认识。

一　马球的起源

关于马球运动的起源，归纳起来大致有如下诸种观点。

向达、罗香林先生等先生最早提出的波斯（今伊朗）说，认为马球起源于波斯，传至土耳其斯坦，由土耳其斯坦再传入中国，并于唐初兴起。他们提出的证据有如下三点：一是古代马球最初应叫作"菠罗毬"，根据唐人杜环所著《经行记》一书的记载，"拔汗那即 fer－gha－na，为汉代之大宛"，杜环记载拔汗那国"土有菠罗林，林下有毬场"，"其所谓毬场，必为菠罗毬场无疑"。二是"波罗毬传入中国，菠萝二字之虽不可见，而波斯此戏原名之音，则似尚有残痕。按波罗毬波斯名为 gui，唐代名波罗毬为打毬，毬字之唐音为渠幽切，疑毬字乃用以译波斯 gui 字之音。唐代之波罗毬大约直接从西域传来，是以犹存波斯旧音"。三是隋唐"以前各书，似不见毬字，凡毬类之物，皆以毬或鞠称之，无称毬者。以此益知打毬之戏为隋唐之际受西域影响而起者"。也就是说，中国古代自唐以后才开始流行打马球运动，才有了"毬"字。中国古代典籍中出现的"毬"字，是古波斯语 gui 字的音译，而古波斯语 gui 就是波罗球，也就是古代的马球。因此，中国古代流行的马球运动，是在唐代由波斯传入中国的。①

由历史学家阴法鲁先生提出的吐蕃说，认为马球起源于吐蕃地区，唐代初年时开始传入中原并兴盛起来。阴先生认为，从语音学着手，向达、罗香林二先生所考证的"波罗毬波斯名 gui"之说不确，波斯语中的 gui 只是球，而不是波罗球。因为查古波斯语中并无"波罗球"一词，就连整个古阿拉伯语中也没有这个词。gui 在波斯语中是极为稀少

---

① 向达：《长安打球小考》，载《燕京学报》1933 年专号之二，罗香林：《唐代菠萝球戏考》，载《唐代文化史研究》，商务印书馆 1944 年版。

的单音词之一，也找不到它取得球字意义的语根，可能是借用汉语的球字。所以说，波斯语 gui 字应是汉语球字的音译。同时，他进一步认为"波罗"一词是出于英语 polo，亦即马球之意，而其发音则来源于藏语的"波郎"（polo）或藏语的"毬毱"（polo），藏语的波郎就是线绳绕成的球。因此说，马球运动最初应出现于西藏。至唐代初年传入中原并兴盛起来。①

最早以唐豪先生为代表提出的中原说，认为马球出现于中国东汉时期的中原地区。其证据是：在公元 3 世纪初叶，于汉魏时期著名文学家曹植所写的诗歌《名都篇》中，曾经这样写道："名都多妖女，京洛出少年……斗鸡东郊道，走马长楸间……连骑击鞠壤，巧捷惟万端。"而其中的"击鞠壤"，即击鞠与击壤这两项中国古代体育活动，击鞠即是中国古代马球活动的专称；由此可以说明，马球运动早在公元 3 世纪的东汉时期即已在中原地区流行了。而这一观点也得到了后来大多数研究者的赞同。②

由上面对学者们关于马球起源问题的研究和对发现的马球文物资料的回顾可以看出，相当一段时期以来，已经积累了一大批古代马球运动的资料，学者们对其研究也已取得了相当大的成果。但总体来分析，还没有确立一个共同的认识，包括马球的起源、发展与演变的时代特点等问题。这里的问题是，如何在完整地占有文献资料的基础上，结合不断发现的新的考古文物资料，对包括起源在内的不同方面的问题进行全面分析，而这也是我们史学工作者在当代，甚至今后研究中所应该加以注重的一点。这里，我们结合国内外的文献记载和发现的有关文物资料，主要就古代马球运动的起源和发展的时代特点等问题作一分析。

有关马球的起源问题，一直是研究马球者所注重的主要方面之一。但是，由于资料的甄别、应用问题，或分析资料的角度不同，或与考古

---

① 阴法鲁：《唐代西藏马球传入长安》，载《历史研究》1959 年第 6 期。
② 唐豪：《中国古代的马球运动·东汉到六朝的马球》，载《中国体育史参考资料》第 7、8 辑，人民体育出版社 1959 年版。

文物资料的结合问题等，由此造成了对起源问题的不同观点、不同认识。在此，我们对前述的关于起源问题的三种观点逐一分析，并提出我们的认识。

关于马球运动起源于波斯说，自向达、罗香林二位先生提出以后，不少研究者在经过一定的分析后，曾提出过不同的看法，其中尤以唐豪先生的分析较为充分。唐先生认为：第一，"现代马球之称为 polo，语源出于我国藏族，不是取名于波罗树。可见唐代拔汗那国的球场（杜环《经行记》所载），并不与波罗林发生什么关系"。第二，在中国古代，"'打毬'这个名称，最早见于 5 世纪 60 年代左右（隋唐以前）梁朝宗懔所著的《荆梦岁时记》，根本不符合于罗香林所云'波斯原名为 gui，唐人音译为毬'的说法"。也就是说，"打毬"一词出现于中国的唐代以前，并不是唐人据波斯语中的 gui 一词译来的。[①]

与马球运动起源于波斯说相近，郝更生先生在其于 1926 年出版的英文版《中国体育概论》一书中，还提出了马球是经过波斯传到土耳其斯坦和西藏，然后在中国普遍流行起来的观点。他的主要根据是："900 年前波斯一位作家记载，约在公元 600 年左右，和波斯萨珊王朝末代皇帝 Khosrau Parwis 结婚的一个基督教女子希莱恩，联合了许多贵族妇女和她配合，同'夏'的马球队进行了一场对抗赛。"[②] 但是，在中国古籍《旧唐书》西戎传和《新唐书》西域传中有关波斯历史的记载看，能与 Khosrau Parwis 对音的是"卑路斯"。他是七八世纪之间的人物，并不是 6 世纪左右的人物。而这与中国汉魏时期出现的记载马球活动的《名都篇》已经相隔了五个世纪。因此这一结论也是说不通的。[③]

此外，据英国于 1936 年出版的有关论述记载，波斯马球竞赛被称

①　唐豪：《中国古代的马球运动·东汉到六朝的马球》，载《中国体育史参考资料》第 7、8 辑，人民体育出版社 1959 年版。

②　郝更生：《中国体育概论》，上海商务印书馆 1926 年版。

③　唐豪：《中国古代的马球运动·东汉到六朝的马球》，载《中国体育史参考资料》第 7、8 辑，人民体育出版社 1959 年版。

为"Chaugan"，而其发音近似于中国古代"鞠杆"的方言。① "鞠杆"即是球杆，这一相近的对音字，也间接证明了波斯盛行的马球是受到了中国流行的马球活动的影响。

关于马球起源于吐蕃说，虽然首倡者阴法鲁先生从语音学着手，对向达、罗香林二先生所考证的"波罗球波斯名为 gui"之说提出了异议，并进一步考证出波斯语的 gui 字应是汉语球字的音译。但他同时又根据"波罗"一词是出于英语的 polo，亦即马球之意，而其发音又来源于藏语的"波郎"（polo）或藏语的"毪毪"（polo），而由此推断出马球运动最初应出现于吐蕃，至唐代初年传入中原并兴盛起来。② 不过，有一点需要说明的是，无论是"波郎"，还是"毪毪"，在拉萨藏语中其实是对一切球和球形物体的统称。而拉萨地区的这一称呼来源于西藏牧区的"扒啰"，扒指圆形物体，而扒啰系指用皮革制成的圆形物体。因此，仅据此推断马球运动起源于吐蕃地区，似有些牵强。③

至于马球起源于中原一带的观点，最初仅仅依据的是汉魏时期曹植《名都篇》的记载。但由于证据乏力，又加之学者们对《名都篇》中"连骑击鞠壤"的"击鞠"有着不同的理解，所以虽然对此观点附和着众多，但需更确凿的资料再加佐证。

生活在公元七八世纪的唐代诗人蔡孚曾作《打毬篇》一诗，诗中写道："德阳宫北苑东头，云作高台月作楼。金锤玉莹千金地，宝仗雕文七宝球……共道用兵如断蔗，俱能走马入长楸。……奔星乱下花场里，初月飞来画仗头。自有长鸣须长胜，能驰讯足满先筹。薄暮汉宫愉乐罢，还归尧室晓垂旒。"④ 在这首诗中，所提到的"德阳宫"即是在汉末被董卓烧毁的东汉洛阳宫殿，而诗中描述的"德阳宫北苑东头"马球场及"能驰讯足满先筹"、"薄暮汉宫愉乐罢"的马球竞赛，都是

---

① Kimberley（Editor）：*polo.* p. 17. R&R. Clark，Limited，Edinburgh，1936.
② 阴法鲁：《唐代西藏马球传入长安》，载《历史研究》1959 年第 6 期。
③ 帅培业等：《中国马术运动史》，武汉出版社 1994 年版。
④ 参见《图书集成·艺术典》卷 820 "蹴鞠"部引。

参考当时尚未佚失的汉代旧迹的记载写成的。因此，由这一条资料可以看出，东汉时期已经流行马球运动，而且于宫中还修建了专用的马球场。

1979 年，在甘肃省敦煌市西北的马圈湾汉代峰燧遗址发现的西汉中期的球形实物，对这一观点可以说是起到一些旁证作用。目前，虽然对这类球形实物还有不同的看法，但根据报告的描述和笔者在长城博物馆看到的实物，把其作为一种马球活动用球，应有一定的道理。

据元人熊梦祥的《析津志》载："一马前驰，掷大皮缝软毬子于地，群马争聚，各以长藤柄毬杖争接之。"这里的大皮缝软球子，也就是牛皮马球，在牛皮里面填上一层毛发之类的物质，称为软球。也可能像古代日本那样是在木质球外包一层牛皮。这里首要的一点是，在中国古代的马球活动中，所用的马球有一种是外包皮、内置毛发等类的"软球"。此外，至迟在公元前 5 世纪出现的马球的另一称呼"打毬"的毬字，在其结构上，"左旁由'毛丸'而来，所以从毛。这个毬字的右旁根据用球'招来'击和用杖'索取'击，所以从求"。① 这也是早期马球活动曾用过"毛丸"一类球的证据。

另外，在日本古籍《倭名类聚抄》一书中，为了说明"打毬"的来源，于其"打毬"条下引"唐韵云：毛丸，打者也"。② "毛丸"就是用毛揉成的球，《太平御览》所引《风俗通》对此已有记述。③《风俗通》是东汉中平六年（189 年）泰山太守应劭所编，这印证了至迟于东汉时期，"毛丸"就已应用于马球运动之中了。

从这些文献中对早期马球用球的描述，结合马圈湾汉代烽燧遗址发现的西汉中期的球形实物，其"内填丝绵，外用细麻绳和白绢搓成的绳捆扎成球形"，两者基本上是符合的。另外，发现的这件球形实物直

---

① 唐豪：《中国古代的马球运动·东汉到六朝的马球》，载《中国体育史参考资料》第 7、8 辑，人民体育出版社 1959 年版。

② ［日］小高吉三郎：《日本的游戏》第 369 页，引 10 世纪 40 年代源顺所编的《倭名类聚抄》。

③ 参见《太平御览》卷 754 引《风俗通》："毛丸谓之鞠。郭璞《三苍解诂》曰：鞠，毛丸，可蹴戏。"

径5.5厘米，与中国古籍中所记载的马球的"毬状小如拳"也基本上相符合。结合古代西北地区的军队中始终就有进行马球活动的习俗，因此，将其推断为当时西北地区军中进行马球活动的一种简便用球，应是有一定道理的。

由这一实物资料的发现，结合上述的文献记载，可以说，马球运动至迟于汉代就已流行在包括中原地区在内的黄河流域一带。无论在文献的记述上，还是在有关实物的发现上，其反映的流行时间均比波斯、吐蕃等地早。

二　国内外发现有关马球的考古文物

随着近年来考古发掘的大规模开展，有关马球活动的文物资料已经越来越丰富，这为我们以事实为依据，在结合文献资料的基础上研究古代的马球运动，提供了更为有利的条件。关于马球运动的考古文物资料，主要见于国内，而国外发现的有关子资料，鲜见描述流行于当地马球活动的资料，绝大部分是对中国古代盛行的马球活动内容的描绘，而且多数是由中国流传至国外的。

目前为止发现的有关马球活动的考古文物资料，从时间上来说，多为汉唐至明代；从地域上来说，多集中在中原、西北地区，北方少数民族地区，也有一定程度的发现。

1. 汉代

1979年，甘肃省文物工作队的考古工作者，在位于甘肃省敦煌市的西北的马圈湾汉代烽燧遗址，发现了一件西汉中期的球形实物。根据报告的描述，这一球形实物"内填丝绵，外用细麻绳和白绢搓成的绳捆扎成球形。直径5.5厘米"。原报告称其为蹴鞠，并认为是当时军队中"随军子女之玩具"。① 在甘肃省的嘉峪关市长城博物馆，也展出有

---

① 吴祁骧、岳邦胡等：《甘肃马圈湾汉代烽燧遗址发掘报告》，载甘肃省文物考古研究所所编：《敦煌汉简释文》，甘肃人民出版社1991年版。

一件这样的球形实物，其形制、结构基本相同。① 有的学者根据其大小、结构，结合文献的记载，认为这是一件当时打马球活动中所用的马球用具。②

2. 隋代

1976 年，山东省嘉祥县杨楼村隋开皇四年（584 年）徐敏行墓的壁画中，发现了一幅《备骑图壁画》，这幅画面纵 70 厘米，横 107 厘米。图中二人一马伫立待行状。马已备鞍，马前一人执马缰在顾盼，马后一人双手鞠杖相随，再现了当时马球比赛前的生动场景。③

3. 唐代

唐代，是我国古代马球极为兴盛的时期，因此，发现的马球活动的实物资料也比较多，具有代表性的主要有：

（1）彩绘打马球泥俑。1972 年新疆维吾尔自治区吐鲁番阿斯达那 230 号唐墓出土，通高 37 厘米，泥俑黄泥成型，所着色彩和墨线都基本完好。击球者身穿紫色圆领长袍，头戴尖顶帽，足蹬黑靴，正骑在四蹄腾起的奔马上挥杖击球，成功地再现了唐代边疆地区马球活动盛况。④

（2）彩绘骑马击球陶俑群。这是 1948 年由夏蕙·姬丝汀女士赞助购藏的四件击球俑，现藏美国肯萨斯市纳尔逊·雅坚斯美术博物馆。高约 25.4 厘米，击球者的坐骑均呈四蹄跃起状，女骑手们正全神贯注地俯身击球。⑤

（3）彩绘打马球陶俑群。1959 年陕西省长安县南里王村唐伟炯墓出土，打马球俑共四件，均为陶制彩绘，通高 30—33.5 厘米，马身彩绘鲜艳夺目，呈昂首直立状，骑在马上的击球者，均头梳双髻，身穿

① 甘肃省长城博物馆所存资料。
② 李重申、韩佐生：《敦煌体育文物概述》，载《体育文史》1992 年第 1 期。
③ 山东省博物馆《山东嘉祥英山一号隋墓清理简报——隋代墓室壁画的首次发现》，载《文物》1981 年第 4 期。
④ 新疆维吾尔自治区博物馆：《新疆出土文物》，文物出版社 1975 年版。
⑤ 美国肯萨斯市纳尔逊·雅坚斯美术博物馆藏品。

红、绿色翻领外衣和骑士裤，足踏黑靴，神情专注地做各种击球的姿势。①

（4）打马球画像菱花镜。这件唐代菱花镜现藏故宫博物院，直径19.3厘米，镜背正中置圆钮，内外区以菱弧纹相隔。内区为主纹，一钮为中心有四人骑马作球状，骏马奔驰，四马之间以山、树陪衬，图案效果显得活泼生动。②

（5）长安城唐大明宫含光殿石志。1956年陕西省西安市大明宫遗址出土，长53.5厘米，宽53.5厘米。石志为方形，刻文位于石面中心："含光殿及毬场等，大唐大和辛亥岁末建。"这一记述表明了唐文宗大和五年（831年）11月，在大明宫修建了"含光殿及毬场等"。是我们研究唐代体育活动场地的珍贵资料。③

（6）马球竞技图壁画。1971年陕西省乾县唐章怀太子李贤墓出土，该图绘制于墓道西壁。全图高130厘米，宽600厘米，画面以众多的人物、宽阔的背景，完整地再现了当时马球竞技活动的盛况。整幅壁画保存有参与击球的人物20余人，皆着各色窄袖袍，足蹬黑靴，头戴幞头，手执偃月形球杖，身骑奔马，作出各种竞争击球的姿态。画面构图疏密有致，动中有静，有较强的节奏感、运动感。④

（7）彩绘打马球陶俑。这两件打马球俑是徐氏艺术馆藏品，高40—41厘米，两头发结成双髻的骑士，正骑在呈奔跑状的马上弯身击球。奔马张口，头向左倾。两俑对击球人物和健骑刻画得甚为精细，表现了勇士们策马争球的激烈场面。⑤

4. 五代

五代时的资料主要见于甘肃敦煌一带的壁画上面，据有关学者的研究主要有如下资料。

---

① 陕西省文物管理委员会：《长安县南里王村唐伟炯墓发掘记》，载《文物》1959年第8期。
② 《故宫博物院藏品资料选介》，载《文物》1966年第5期。
③ 中国科学院考古研究所：《唐长安大明宫》，科学出版社1959年版。
④ 陕西省博物馆、陕西省文物管理委员会：《唐李贤墓壁画》，文物出版社1974年版。
⑤ 徐氏艺术馆藏品。

（1）莫高窟五代第 100 窟曹议金出行图和五代第 61 窟东壁维摩诘变相各国王子听法图中，均绘制有马球活动的偃月形球杖。反映出马球运动在当时的盛行情况。①

（2）莫高窟第 156 窟绘制于公元 861 年左右的张义潮出行图中，都反映身穿马球队服的画面。说明这时的军队设有专门的马球队。②

5. 宋代

发现的宋代文物资料较少，不过，河南洛阳出土的一件宋代的打马球画像砖，却较有代表性。这件砖现藏于中国体育博物馆，纵 25 厘米，横 24 厘米，厚 4.5 厘米，画像砖近于正方形，浮雕的画面上，骑于马上的击球手右手执球杖，左手勒缰，眼睛注视着前方。所骑之马，头抵向前蹄，后蹄撩起，尾巴上扬。整个画面表现了将要进入比赛的一刹那。③

6. 辽代

辽代的资料过去发现的不多，但近年来随着各地考古工作的开展，有关的资料却频有所见，这些资料主要包括：

（1）辽代画家陈及之绘制的《便桥会盟图》卷。该图为纸本、墨笔，原画纵 36.2 厘米，横 77.9 厘米，现藏故宫博物院。画面以唐太宗李世民（627—649 年在位）和突厥可汗颉利，在武德九年（626 年）于长安城西渭水便桥会盟之事实为背景绘制而成。画面中有一段描绘唐、辽两国进行马球比赛场面。画中，数名骑士策马持杖在争击一球，场面热烈、壮观。④

（2）持马球杆备骑图壁画。1998 年河北宣化辽代 2 号壁画墓出土，壁画绘于墓室东南壁，高 40—41 厘米。图中，一马夫左手持杖，右手牵马。马后有一髡发男童，正双手执两根长柄马球杖侍立。整个画面表

---

① 李重申、田鹤鸣、马德福：《敦煌马球史料探析》，载中国体育博物馆、甘肃省体委：《'94 丝绸之路古代体育国际研讨会论文集》1994 年 8 月。
② 参见沈从文《中国古代服饰研究》图 80《唐敦煌壁画甲骑鼓吹》。
③ 中国体育博物馆藏品。
④ 徐琴久：《谈陈及之〈便桥会盟图卷〉》，载《美术》1955 年第 12 期。

现的应是一场马球比赛前的备骑待发场景。①

（3）打马球图壁画。1990 年内蒙古自治区敖汉旗宝国吐乡皮匠沟辽代 1 号壁画墓出土，画面宽 180 厘米，高 50 厘米，位于墓室西壁。整个画面自左至右有五位竞技者在骑马挥杖击球。图中人物的动作、服饰，所击之球以及奔马的形态，清晰可辨。反映出一场激烈的马球比赛正在进行。②

7. 金代

发现的金代马球资料多集中在山西一带，主要是作为墓中的装饰而雕于画像砖上面的。其中 1983 年山西省襄汾县曲里村出土的打马球画像砖雕较具代表性。画像砖皆为墓室建筑用砖，以打马球为内容的画像砖共计四块，均宽 21.5 厘米，高 25 厘米，在墓室中作为格子门的装饰并排。打马球画面皆为浮雕而成，四块画像砖中的击球者皆头扎软巾，身着长袍，作策马击球状，而马皆呈奔驰态。这里所表现的应是一系列连续打马球的动作。③

8. 元代

元代的文物资料至今没有发现，但在山东省长清县灵岩寺墓塔的上面却雕有一幅元代的骑狮击球图。画面采用浮雕的形式，刻画了一骑狮人举杖击球的情形。图中雄狮，四蹄腾空，翘首扬尾，呈飞奔之状，骑狮者手执球杖，俯身击打前面的小球。应是当时流行的马球活动的反映。④

9. 明代

明代的资料较为丰富，但多见于一些时人绘制的画卷上面，较具代表性的有：

（1）明人《宣宗行乐图》卷局部，故宫博物院藏品。此图为《宣

---

① 《宣化又发现辽契丹家族壁画墓群》，载《中国文物报》1998 年 9 月 11 日。
② 内蒙古赤峰市敖汉旗博物馆：《内蒙古敖汉旗皮匠沟 1、2 号辽墓》，载《文物》1998 年第 9 期。
③ 陶富海、解希恭：《山西襄汾县曲里村金元墓清理简报》，载《文物》1986 年第 12 期。
④ 山东省长清县灵岩寺墓塔石雕。

宗行乐图》卷之一段，描绘了明宣宗朱瞻基在大臣们的簇拥下，观看打马球活动的情景。图中，骑马击球者的神态、马球门的形式均描绘得较为清晰。[①]

（2）明人临《宋人击毬图》。现存英国维多利亚阿尔伯博物馆，绢本、设色，纵43.2厘米，横47厘米。图中四位击球者头戴折角巾，身着长袍，均为宋人装束。他们骑在马上挥舞球杖正在奋力击球。画面将四人策马击球的激烈状态刻画得细致入微，极为生动。[②]

三　唐代马球

我国古代马球活动的真正盛行时期是唐五代时期，这也是开展马球运动的黄金时代。如陕西乾县唐章怀太子李贤墓中发现的打马球壁画，就充分地表现了唐代马球活动较为完整的形态。此外，发现的这一时期的马球俑、描绘当时马球活动的铜镜等，均是当时马球活动盛况的真实反映。不过从这些文物资料来看，打马球者的装束多为官宦人员的打扮，再加上1956年于长安城唐大明宫含光殿发现的记载修建马球场的石志，说明马球运动在宫廷和贵族阶层有着广泛的拥护者和参与者。据文献记载，唐代的皇帝唐中宗、唐玄宗、唐穆宗、唐敬宗、唐宣宗、唐僖宗、唐昭宗等也都是马球运动的提倡者和积极参与者。[③] 可以说，马球运动在唐朝应该是一种贵族性的运动，而且从发现的有关文物资料的分布看，这种活动在西北地区的军中也极为流行。

作为一个政治、经济、文化的昌盛时代，其对外文化交流也达到了历史上的高潮。而马球运动的对外交流也成为这一时期马球运动的时代特点之一。在当时的文献中，相邻国家如渤海、高丽、日本等国，都有盛行马球运动和与唐王朝进行马球竞技的描述，它们所受到的唐代盛行

---

① 故宫博物院藏品。

② 英国维多利亚阿尔伯博物馆藏品。

③ 见《旧唐书》、《新唐书》等有关记载。

的马球运动的影响是显而易见的。① 说明马球运动的对外交流也是这一时期的一个重要时代特点。

本文通过出土文献、考古资料、出土文物为依据，对古代马球运动的场地、球门、球杆、球具、服饰、鞋、专用马等进行了研究，系统地分析了马球辅助设施的形制、质地和规定等，以及在马球运动中的作用和功能。

1. 马球场地

场地是马球比赛的重要组成部分，毬场的具体面积已无据可查，但从韩愈《汴泗交流赠张仆射》诗中载有："毬场千步平如削"，陆游的诗中"打毬筑场一千步"，② 陈元晋的《打毬口号戏陈统制》又述"筑场千步柳营东"等可得知，古代球场的周长约一千步。那么，这与近代英国和欧美等国的马球规则中，将球场的周长定为一千码，以及现代我国马球规则所制定的球场周长一千米的通用度量单位基本相符。③

古代马球场的建筑形状从韩愈笔下即有"短垣三面缭逶迤，击鼓腾腾树赤旗"的诗句中可以看到古代马球场除开结幄观看的主宾席一面外，一般还有楼台、亭子（看台）的建筑，其他三面均修筑矮墙。据推测，矮墙也是界墙，用于球场边线，另外，也可挡住击出界外的球，以免跑很远去捡球而影响比赛。文献记载古代的马球场矮墙有石砌、土垒和锦缎装饰等多种。如《资治通鉴》"后梁记"载："龙德元年，蜀主（王衍）常到锦步障，击球其中。"锦缎筑的矮墙可以避免人马受伤，并使球场建筑更加富丽。而现代马球场同样设矮墙，但它是由高 25 厘米、厚 3 厘米的木板围绕球场筑成，并为球场的边界线。

文献记载古代的马球场大致有四种：（1）泥土球场。一般采用经过细筛的泥土，反复地夯打、滚压而成。由于泥土球场多扬泥土，之后

---

① 苏竞存：《中国古代的马球运动·唐代马球的外来影响》，载《中国体育史参考资料》第7、8 辑，人民体育出版社 1959 年版。

② （宋）陆游：《九月一日夜读诗稿有感，走笔作歌》。

③ 庞复廷 1957 年编写中国马球规则时以美国马球总会编写的马球规则为蓝本，将欧美流行的球场周长由 1000 码改为 1000 米。

又创建了一种油浇球场，它是在精筛泥土中调和适量动物油，再经夯打滚压，反复拍磨，修成平整坚实，光洁耐磨，不扬尘土的高贵球场。[①]（2）灯光球场。为满足贵族的击球需要，唐时期出现了用蜡烛和灯油燃于四周的灯光球场。唐朝末年，淮南节度使杨渥"喜击球"，在球场"燃十围之烛而击球，一烛费钱数万"。[②]（3）草皮球场。一般是利用天然的草坪辟建为球场，也有在原球场上长的丛草。如唐代《国史补》卷中记载："人言卿在荆州，毬场草生，何也？""死罪，有之。虽然草生，不妨毬子往来。"明代王绂笔下《端午观骑射击球侍宴》载："毬场新开向东苑，一望晴烟绿莎软"。以上诗句可印证古代曾有草皮马球场。（4）沙地球场。文献《桯史》卷二载："时召诸将去鞠殿中，虽风雨亦张油帘，布沙除地。"其意是用油布遮雨，以细沙垫底的沙地球场。在此种球场击球，不受风雨影响。

2. 马球的球门

古代马球场的球门，种类较多，有的球门是两根相距数米的木桩，桩头刻有龙头或小红旗，桩根栽在莲花形石座中，桩身以彩绸环绕。有的球门则于两木桩间嵌满木板，木板下部开一圆孔，称之球室。既有单球门与双球门之分，又有设守门员和不设守门员的球门之别。文献记载："毬门，高仗余（约3米多），首刻金龙，下施石莲花座。"[③] 而现代马球规则所规定的球门高度也为3米，可见，现代马球门与古代马球门的高度相似。

古代马球门的宽度为5步，约7.5米。[④] 英国规则制定的是8码，而中国是8米。看来，古代马球的球门宽度和现代马球的球门宽度相差甚微。另外，还有无守门员和有守门员的球门之分、单球门和双球门之分。单球门一般由双方共同击球使用，球门立于球门南面；双球门由双

---

①　（唐）刘餗：《隋唐嘉话》。

②　（北宋）司马光编：《资治通鉴》卷266 "天佑四年"，中华书局1956年版。

③　（元）脱脱、阿鲁图等：《宋史·礼志》卷12，中华书局1977年版。

④　［朝鲜］景仁文化社：《大典会通·兵典》卷4，景仁文化社出版1985年版。

方分别攻击对方之球门进行击射，球门立于球场的东西两端。无守门员球门与有守门员球门相比，差异较大。从《金史》卷内可得到较清晰的见证："予毬场南立双桓（即立柱）置板，下开一空为门而加网为囊，能将鞠击之网囊者为胜。或曰：两端对立二门，互相排击，各以击门为胜。"而"孔"的大小虽无具体文献可查，但从明代王绂《端午观骑射击球侍宴》诗中有"彩色毬门不盈尺"之句，可证"孔"的直径不超过一尺。

我国古代马球场的具体地点和数量已很难考证。从部分文献中可知，南梁、泗州、徐州、东京（开封）、郓州、蔡州、潞州荆州、范阳、成都、广州、桂州、长安、敦煌、吐鲁番等地都设有马球场。

古代马球场还有森严的等级，有皇帝专用、军用、民用等之分。国家的球场是供皇帝和皇室成员以及大臣专用的，如唐代的梨园球场、含光殿球场等。1956 年在西安出土了大明宫含光殿石志，刻有"含光殿及毬场等，大唐大和辛亥岁乙未建"。军用球场一般用于练兵击球和宣示诏谕等。如古代敦煌的驻军，为提高将士的身体素质，把马球作为军事训练的手段，并修建了专门的球场。敦煌遗书 P. 3239《甲戌年（914年）邓弘嗣改补充第五将将头牒》载："领步率虽到毬场，列阵排军，更宜尽忠而孝节。"敦煌遗书 P. 3451《张淮深变文》云："上下九使，重赍国信，远赴流沙。诏赐尚书，兼加重锡，金银器皿，锦绣琼珍，罗列毬场，万人称贺"；"到日毬场宣诏谕，敕书褒奖更丁宁"，"安下既毕，日置歌筵，毬乐宴赏，无日不有"。① 敦煌遗书 P. 3773《凡节度使新受旌节仪》、S. 6171《宫词·水鼓子》描述了球场的辅助设施，如楼台、亭子等建筑。

古代民用数量众多，遍布各地城镇。古代的马球场现已无处寻觅，但是考古工作者却在新疆塔什库尔塔吉克族自治县发现了古代马球场。

---

① 王重民、启功等：《敦煌变文》上册，人民文学出版社 1984 年版，第 125 页。

3. 马球的击球杆（杖）

球杆是马球比赛用以击球的器材，分握柄、杆身、杆头三部分，用杆头击球。文献中称之"毬杆"、"鞠杖"、"月杖"、"球拐"、"画杖"等。球杆的柄和杆身为圆柱体，并绘刻有花纹，杆头是弯头，呈半弦月形，球杖一般使用藤条制成，也有木质或皮革制成的。从文献资料上可看到唐、宋、明、清各朝代所用的球杆各异。

唐代球杆从壁画中就可以看到，球杆绘有纹饰，杆端呈弯弧形，状如一钩新月，故称之"月杖"。弯弧与直杆的夹角约为90°度，长度约为直杆长度的1/7。

宋代的球杆比唐代的长，杆端的弯弧较大，与直杆的夹角约为140°，弯弧的长度约为直杆长度的1/9。

明代的球杆外观形状变化比较大，杆端形如现代的球拍，球杆的制作更为精致。

古代的球杆不仅形状各异，而且选用的材料也有差别，大致可分为：（1）彩画球杆。它由韧性较强的优质木料制成，杆上用彩色颜料画出各种图案花纹。（2）皮制球杆。它由牛皮包裹在杆面上，使其更为耐用和美观。（3）藤制球杆。它由藤条制成，韧性更强，更易挥击。现代国际上开展的马球运动，一般选用藤杆。以上所述的古代球杆不仅取料考证，而且装饰更为精细。

从文献中还可得知，古代西部边陲敦煌一带风行马球活动，并发展了球杆制作的手工业。敦煌遗书 S. 1366《归义军衙内油面破用历》记载："支孔法律纳球杖面一斗，油一升。"而且在莫高窟的壁画五代第100窟《曹议金出行图》、五代第61窟东壁《维摩诘变相》、晚唐第144窟中均可见到执球杖的供奉官。

4. 古代马球所用的球

文献《金史》载："毬状小如拳，以轻韧木枵其中以朱之。"这说明古代的马球小于拳，圆形，涂有颜色。经研究人员测算古代马球的直径约为8.5厘米。这与现代国际马球比赛规则所制定的马球直径为8.5

厘米相一致。

古代马球由木质和皮革制成。皮制球是在牛皮里面填上毛发之类缝制成圆球，① 另有一种是在木质球外缝包一层牛皮，称为皮制马球。还有在上面涂有颜色或绘有图案的马球。一般有彩画球②、红漆球、白漆球。其中白漆球和现代马球赛用球的颜色一样。

5. 古代的马球服装

服装是一定历史时期文化风俗嬗变中较为活跃的因素之一，它能直观地反映出当时社会独特的审美心态、时尚爱好，乃至思想意思潮流。

在这里，主要是通过文献和壁画来论述古代打马球时的着装等。文献《唐书·敬宗本记》载："长庆四年四月，西川节度使杜元颖进毬衣五百。"说明唐代的成都，官员用蜀锦工匠缝制的打球衣作为贡品向朝廷进礼，一次数量可达五百件之多。

古代对打马球的服装十分讲究，一般采用绣有团花的锦缎制作并配有镶珠嵌玉的腰带。③ 球衣在古代称之"镧""绣"、"锦衣"等，并分为长衫和衣衫两种，④ 衣形均是圆领、窄袖。球衫不仅颜色上富丽华贵，而且在纹样上也丰富多彩，有团花、云纹、雁纹……敦煌遗书S. 2049、P. 2544《杖前飞·马球》云："脱绯紫，著锦衣……"告知人们在打马球时必须脱掉绯紫袍服，穿上圆领、窄袖，团花锦袄子，⑤ 这锦袄子，就是马球。《东京梦华录》载有打球人穿红色或青色"锦袄子"。明代诗人王绂在《端午观骑射击球侍宴》中描述了马球服装形似"锦袍窄袖"。

马球服装出来衣衫之外，还包括帽子和鞋，即幞头和靴。《隋书·

① 北京图书馆古籍善本组：《析津志辑佚》载："一马前驰，掷大皮缝软球子于地。"北京古籍出版社 1983 年版。

② （清）彭定求等编：《全唐诗》，《幸梨园亭观打毬应制》载："飘摇拂画毬。"中华书局1960 年版。

③ 宋徽宗：《宫词》。

④ 袍是复衣，秋冬所服；衫是单衣，春夏所服。

⑤ 沈从文先生认为团花棉近似打球衣，美观而不能作战。

礼仪志》载："用全幅皂而向后幞发，俗人谓之幞头。"它的形状一般是前低后高施屋分级，两脚后垂，称之"垂脚幞头"，也称"软裹"。其他根据形状还分为"皂罗幞头"、"牛耳幞头"等。幞头一般用帛、绵、布制作，内衬桐木或纱、麻制成。

打马球时，常戴的幞头有"长脚幞头"、"卷脚幞头"、"折脚幞头"。戴上幞头，在打马球时不仅使人显得矫健敏捷，而且还具有一定的保护作用。现代马球运动规则也要求运动员必须戴软木质的帽子。

靴是北方游牧民族的着鞋，多以牛皮缝制。马缟《中华古今注》里载："至周改制长靴以杀之，加之毡及条，得著入殿省敷奏，取便于乘骑也，文武百官咸服之"。从陕西和甘肃的古窟壁画中，可看到官吏、贵族、武士等均著长靴及乌皮靴。[①]

古代马球比赛都穿齐膝长筒皮靴，称之"乌皮靴"。其由六块牛皮缝制而成，又名"六缝靴"，靴底分软底和硬底两种。着乌皮靴打球一则可以保护人的腿部避免受伤，另则也是骑马之必须。现代马球比赛也着皮靴进行。

以上我们系统地考述了马球的场地设施与器械设备，包括马上文化的发展、马球的着装等。在敦煌藏经洞出土的文献 S. 2049、P. 2544《杖前飞·马毬》中，为我们提供了形象的描述：

> 时仲春，草木新，□初雨后露无尘，
> 林间往往临花马，楼上时时见美人。
> 相唤同情共言语，闲闷结伴游毬场，
> 传中手执白玉鞭，都史乘骑紫骝马。
> 青一队，红一队，敲磕玲珑得人爱，
> 前回断当不输赢，此度若输后须赛。
> 脱绯紫，着锦衣，银镫金鞍耀日辉，

---

① 详见《宋史·礼志》。

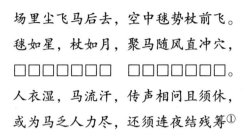

场里尘飞马后去，空中毬势杖前飞。

毬如星，杖如月，聚马随风直冲穴，

□□□□□□□　□□□□□□□。

人衣湿，马流汗，传声相问且须休，

或为马乏人力尽，还须连夜结残筹①

　　这首诗实录了古代马球比赛的时间（仲春）、地点（林下毬场）、观众（各界仕女）、马匹（金镫银鞍紫骝马）、球杖（杖如月）、服装（脱绯紫，著锦衣）、球队（青、红两个队），聚马随风直充穴，描述了赛事的激烈精彩和马球比赛必须冲穴方为胜的规则，"穴"应当指门球或网球。

　　对古代马球器械的演变等研究，是穿凿某些历史现象去寻找更深的学术支撑点，为我们提供古代马球的发展轨迹和对现代马球运动的影响，亦使人们从时代文化精神、生存环境与方式等方面去取得对马球源流更为全面的启悟，从而修正某些不确切的结论，对理论进行某些甄别与选择，亦是对马球的研究更符合历史实际。

　　以上考析无疑为"马球"的文化内涵与根由的开掘提供了许多新的学术长点，使得马球的研究由史料层面跃迁到学术史层面。

---

① 详见《宋史·礼志》。

第九章
射箭类

　　射箭，在远古时代只是人类生存的一种活动。弓箭起初只有生产工具的功能，制造这些生产工具的过程，是人类进步的过程。传承这些生产工具的实用技巧的过程，其实也是射箭作为一项体育属性的活动形成的过程。在敦煌壁画中，射箭图像资料十分丰富，它系统反映了我国自公元4世纪至14世纪千余年间的射箭内容。射箭是体育传统项目，在我国具有悠久的历史。新石器时代的石镞、骨镞的大量出土，表明弓箭是原始先民极普遍的武器。古籍记载，弓最初是用来发射弹丸的。《越绝书》："陈音曰：'臣闻弩生于弓，弓生于弹。'"古《弹歌》载："断竹，续竹，飞工，逐肉。"意思是说："砍下竹子，做成弹弓，发射弹丸，直射野兽。"敦煌壁画上大量的射箭内容，是研究我国射箭历史最好的图像资料。本章主要通过对中国境内出土的各个时期的箭镞实物和敦煌壁画中射箭图像的分析，对中国古代社会的射箭文化进行梳理。

第一节　箭镞类型

　　1963年，在山西朔县峙峪村距今两万八千年的旧石器时代发现一件燧石镞类，是用很薄的长石片刮成的，是目前发现最早的镞类之一。① 这枚石镞长约2.8厘米，用薄燧石长石片制成，加工精细，前锋锐利。② 其后在山西泌水县下川遗址又发现了数量较多的石镞，此类镞两边都经精细压制加工而成。石镞的出现，标志着人类掌握了一种新颖的工具和武器。这种射程远、准确性高的武器比前一阶段的矛和投矛器以及飞石索都前进了一步。弓箭的射程一般为80—100米，最远可达400—500米，因此，弓箭发明之后，很快就成了原始人的主要武器之一。恩格斯曾给予弓箭的发明以很高的评价，他指出："由于有了弓箭，猎物变成了日常的食物，而打猎也成了普通的劳动部门之一。"③

考古学发现箭镞在旧时代晚期以石镞和骨镞出现，石镞和骨镞易于保存，但从下川遗址和峙峪村出土的石器可以看出，石镞在当时并没有普遍使用，箭镞的大量使用最迟到新石器时代。

新石器时代箭镞的发展，主要表现在选材加工和形制变化两个方面。关于镞的选材方面和当时的工艺技术水平有着密切的联系。因为镞是消耗量很大的一类物品，所以必须选择当时的工艺条件下最易于加工的原材料，以保证可以批量生产。至于镞的形制方面，又是受原材料的质料和生产工艺的水平所制约，随着工艺技术的改进，不断改变镞的形体，以取得最大的效能。新石器时代虽然是以磨制石器工艺为特征的，但在这一时期的初期，却看不到磨制的石镞。主要因为当时的磨制工艺技术还不够成熟，对于生产需要大量的物品，人们宁愿选择那种比较容易加工磨制的兽骨等作为原料。因此，在这一时代的早期遗址如河北武安磁山遗址④和河南新郑裴李岗遗址里，⑤ 都没有发现石镞，只是发现

---

① 贾兰坡等：《山西峙峪旧石器时代遗址发掘报告》，《考古学报》1972年第1期。

② 中国科学院考古研究所实验室：《放射性碳素测定年代报告〈4〉》，《考古》1977年第3期。

③ ［德］恩格斯：《家庭私有制和国家的起源》，《马克思恩格斯选集》第4卷。

④ 河北省文物管理处等：《河北武安磁山遗址》，《考古学报》1981年第3期。

⑤ 中国社会科学院考古研究所河南一队：《1979年裴李岗遗址发掘简报》，《考古》1982年第4期。

了一些骨镞。甚至到了更晚一些的仰韶文化半坡类型和庙底沟类型的遗址发掘中，大量出土的还是骨镞，石镞也是比较稀少的，到了龙山文化时期，磨制的石镞才经常在遗址的发掘中被普遍发现。

考古工作者在大汶口文化遗址和龙山文化遗址发现大量箭镞，并且都是骨镞，这两个时期的发现都属于新石器文化时期的遗址，以在宁阳大汶口文化墓群发掘中随葬品内有镞的二十座墓葬为例，[①] 共计出土了各式箭镞六十枚，全部是骨质的。这些箭镞可以分为下列三型：

一型，镞的形状是扁平三角形的，就是把三角形的骨片磨出锋利的侧刃和前锋。

二型，族的形状是圆锥形的，前段磨出锐利的尖峰，后尾开始做出镞铤的雏形，但这时设计的镞铤和镞体并没有明显的分界。这一类骨镞出土的数量最多，约占出土总量的百分之八十四。

三型，镞的形状是圆锥形的，镞体和铤的分界已经很清楚了，显然在制作工艺上有了很大的发展。

大汶口文化时期，这三类骨镞可以代表箭镞的三个发展时期，由简单的磨制骨片的镞，发展到二型的圆锥形，镞体和铤没有明显的分界，再后来发展成圆锥形，并有明显的镞体和铤的分界。到了龙山文化时期，箭镞的制作技术有了很大的进步。从资料可以看出，除了骨制的镞外，附有少量磨制精细的石镞出现。同时在形体方面也有一些新的变化，比如说在日照两城镇遗址出土的骨镞，已经从简单的圆锥形，发展成前锋磨出三个刃棱，剖面呈三角形，在后尾磨成比镞身还细的圆铤。三刃的尖峰，比圆锥尖的镞的杀伤力还要大很多，同时，还发现了同样形态磨制的石镞。[②]

2001 年，我们进行丝绸之路体育文物调查研究期间，在民间征集到几枚骨质箭镞，初步判断为新石器时代遗物，与大汶口文化时期的三

---

① 山东省文物考古研究所：《大汶口》，文物出版社 1974 年版。

② 山东省文物管理处：《日照县两城镇等七个遗址初步勘查》，《文物参考资料》1955 年第 12 期。

类骨镞很相似，如图42所示。

图42 丝绸之路体育文物调查期间民间征集的新石器时代骨镞

从龙山文化镞的发现来看，在潍坊市姚官庄遗址的出土品中，出土了数量较多的角镞和石镞，[①] 角镞在形体上经过了几个发展时期：

一型，镞体的形状接近长三角或棱形，剖面呈菱形、弧形或扁圆形，有的铤与镞体有明显的分界。一般长 6.1—7.1 厘米。

二型，镞体圆锥形，后有铤，锋尖锐利。

三型，镞体圆锥形，前端磨出三个刃棱，前聚成锋，尾有铤，长度可达11.4 厘米。

此外，还出土了一枚扁平有脊的双翼镞，形态和其他镞不一样，也是镞的形态在改变的一个趋势，这些角镞多是用鹿角磨制的。反过来再看这些石镞，多是用千枚岩或是用石灰岩制成，多数通体磨光，工艺精

---

① 山东省文物考古研究所等：《山东姚官庄遗址发掘报告》，《文物资料丛刊》第5期，文物出版社1981年版。

细。从器形上可以分为两型。

一型，扁体有铤，镞体呈三角形或叶状，多有中脊，剖面呈菱形，少数呈椭圆形或五角形。一般体长 3.9—6.5 厘米，较长的为 7.5—10.5 厘米。

二型，镞体圆柱状，锋端磨出三菱刃棱，前聚成锐锋，圆铤。较长的 10.6 厘米，较短的仅有 3.6 厘米。

通过对山东省新石器时期较早的大汶口文化和稍晚一点的龙山文化出土箭镞的分析，可以清楚地看出较早期多用骨镞，而加工兽骨比精磨石器更容易很多，就只能大量制造和使用骨镞。随着技艺工艺的进步，到了晚期磨制精细的石镞的使用已经很普遍了，从箭镞质料的变化，到镞体形态的发展，大概可以看出那一时期的弓箭制造工艺发展的概况。

在中原地区，新石器时代文化中箭镞发展的情况，也和山东地区是近似的。在磁山—裴李岗文化中，仅发现有骨镞，它们的年代至少在公元前 5100 年以前。[①] 以后的仰韶文化的半坡类型到庙底沟类型，再到龙山文化，所使用的箭镞，同样是经历了选材从骨质到石质，形态由简单的三角形扁体到三刃前锋并有尾铤的变化。在半坡遗址的发掘中[②]，获得的 88 枚箭镞，其中只有 6 枚是石质的，其余全部是骨制品，石镞只占出土箭镞的 5‰。半坡类型的年代，距今 6800—3600 年。到了稍晚一点的龙山文化，随着石器制造工艺的进一步发展，情况逐渐有了变化。例如，河南陕县庙底沟发掘获得的遗物中，共发现 36 枚箭镞，其中石镞有 19 枚，骨镞有 17 枚，石镞的数量已经超过了骨镞的数量。经放射性碳素测定，这一时期龙山文化的年代是公元前 2780±145 年。由此可以看出，弓箭制造工艺向前跨进的这一步，不知原始社会的人们付出了多么辛勤的劳动，至少是经历了将近两千年的漫长岁月才完成的。在浙江境内的新石器文化遗址的发掘中，获得的有关箭镞的资料也提供了类似的情况。在时代较早的余姚河姆渡遗址里，发现大量的骨镞，例如，

① 安志敏：《中国的新石器时代》，《考古》1981 年第 3 期。
② 中国科学院考古研究所：《西安半坡》，文物出版社 1963 年版。

第一次发掘从第四文化层中出土了多达 330 枚箭镞，并且这些箭镞全部
是骨质的，它们是距今约 7000 年前的遗物。[①] 只有到比河姆渡文化迟得
多的良渚文化遗址里，才发现较多的石镞。

我们曾在甘肃省河西地区金塔县城东北的五星乡榆树井、砖沙窝附
近发现了大量的史前石器工具，其中就有大量的玛瑙和砾石材质的箭
镞，如图 43 所示。

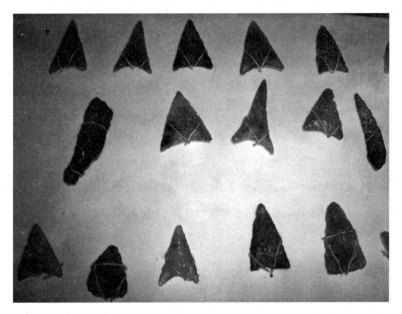

图 43　甘肃金塔发现的石镞（笔者收藏）

精良的弓箭，帮助原始部落的人们射中很多禽兽，获得了很多食
物，同时这些精良的弓箭也给人们带来了恐怖、忧伤、流血和死亡。弓
箭从狩猎的工具变成了战争的武器，人们为了掠夺食物和地盘进行各类
战争，促进了武器的更新。弓箭作为战争武器的杀人职能的应用，应与
私有制的确立、阶级社会的出现联系在一起的。人类自相残杀的战争的
魔影，正是追随者私有制而来到人间的。列宁曾明确地指出："私有制

---

① 浙江省文物管理委员会等：《河姆渡遗址第一期发掘报告》，《考古学报》1978 年第 1 期。

引起了战争，并且永远引起战争。"①

　　漫长的石器时代终于走到了它的尽头，历史进入了青铜时代，军队的武库里储存了很多新式的锋利的兵器，其中包括安装了青铜镞的箭。到目前为止，我国已知时代最早的青铜镞，是二里头文化的产品。在河南偃师二里头遗址的发掘中，② 获得过少量的青铜镞，其中有的是扁平的圆叶形，尾部有不规则的铤，形态拙劣，代表着青铜镞的早期形态。还有一些镞形态规整，在凸起的镞脊两侧伸出扁平的双翼，向前聚成锐利的尖峰，整体呈顶角的锐角三角形，两翼末端还作出倒刺，镞尾有用以插入箭杆的圆铤，在形态上又进步了很多。

　　当时可以用青铜铸造消耗性的镞，说明当时的冶炼工业已经粗具规模，这时又能有双翼有脊镞的使用，说明当时青铜镞的制作工艺已经有了很大的进步了，包括在后来的商代遗存中获得的大量青铜镞，基本上都是继承着这种扁平双翼凸脊的形态，从河南安阳殷墟的发掘中可以看到这一点。③ 随着时间的推移，商代的青铜镞在形体上也有改进，在郑州二里岗、河北槁城台村等处商代早期遗址出土的青铜镞，和安阳殷墟出土的商代较晚的铜镞相比较，就可以看出商代铜镞发展的轨迹。商代铜镞在形体方面的改进，主要表现在两翼的夹角逐渐放大，翼末的倒刺日趋尖锐，沿着两翼的侧刃呈现出明显的血槽。这种类型的铜镞，杀伤力增大，当箭镞射入人体时，一方面扩大受创面积，另一方面使射入的箭镞更不容易拔出来。改进后使用得最普遍的铜镞，就是安阳殷墟西区墓葬发掘中获得的铜镞数量最多的两式。④ 在墓葬中共发现 438 枚铜镞，

　　① ［俄］列宁：《在全俄哥萨克劳动者第一次代表大会上的报告》（1920 年 3 月 1 日），《列宁全集》三十卷，人民出版社 1958 年版，第 300 页。
　　② 中国科学院考古研究所洛阳发掘队：《河南偃师二里头遗址发掘简报》，《考古》1977 年第 5 期。
　　③ 李济：《记下屯出土之青铜器·锋刃篇》，《中国考古学报》第 4 册，1949 年。
　　④ 中国社会科学院考古研究所安阳工作队：《1969—1977 年殷墟西区墓葬发掘报告》，《考古学报》1979 年第 1 期。

其中半数以上是长脊双翼式，脊伸出翼底，断面呈菱形翼末倒刺尖锐，长度以标本 269：1 号为例，长 6.5 厘米，占总数约 2/5 的短脊双翼式，脊较短，又不伸出翼底，两翼侧刃弧度较前一种大，翼末倒刺也极尖锐，长度较前一种短，以标本 269：3 号为例，长 5 厘米。关于青铜镞的制作方法，在河南郑州发现的炼铜遗址中保留了一些铸范，[1] 这些镞都是合范浇铸成型的。由于镞的体积小，而且需要量大，因此不是一范一器，而是一范多器，以 C5H318：19 号范为例，在范中部有一道连着中部的主槽，两侧对称斜连三个镞的镞铤，似植物叶子的叶脉状，因此浇铸时铜液经主槽流入各个镞模内，一次就可以铸出七枚箭镞。

　　由于使用青铜镞，较大地增强了箭的杀伤力，与此同时弓也有了很大的改进。商代的弓，已经脱离了原始的单体弓阶段，那时的弓已经呈现出中国古代复合弓形体方面的特点，当把弓弦解去时，弓体就向反方向回曲，呈现圆弧的形状，在不使用的时候，采取这种驰弓的状态，可以保持良好的弹力。在安阳殷墟小屯 C 区 M20 车马坑中，就曾发现过两张驰弓的遗痕，它们分别装有玉质或铜质的弓珥。装有玉珥的一张，玉珥尖相距 65 厘米，两珥本相距 73 厘米。装有铜珥的一张，额、两珥中间距也是 65 厘米。可以推测，当时的弓张弦时差不多和成人一样高，长约 165 厘米。[2]

　　关于商代的弓箭，还有两点值得注意，首先安阳殷墟出土的约长 160 厘米的两张弓，都是与车子一起出土的，基本可以认为这种长度和人高度一样的弓，适用于车战使用的远程射击兵器。其次是青铜器的使用，并不能完全把石质的生产工具排挤出历史舞台，同样的殷代青铜镞使用那么广泛，但是石镞或骨镞仍在战争中使用着，狩猎等活动中可能使用得更多。例如，安阳殷墟下屯 C 区 M20 马坑中，埋着的是一辆驾有四匹马的战车，以及车上三个成员的尸骨。其中车右所装备的一套兵器中，与装有玉珥的弓一起，有两个装满箭的矢箙，每箙十件，其中一

① 　河南省文化局文物工作队第一队：《郑州商代遗址的发掘》，《考古学报》1957 年第 1 期。
② 　石璋如：《小屯殷代的成套兵器》，《历史语言研究所集刊》第 30 本，1950 年台北版。

个箙内的箭上装着铜镞，而另一个箙内的箭上全装着石镞，这说明当时在战斗中石镞和铜镞是可以通用的。又在大司空村的车马坑的战车上除了发现有两组各十枚铜镞外，还有一组十枚是骨镞。骨镞是圆锥形的，有铤，镞体磨制光滑，铤则较粗糙，有磨痕应该是为了便于缚牢在箭杆上，通过这个例子可以看出，骨镞也与铜镞配合使用。

看到出土的骨镞，我们会想到一个事实，当时制作骨镞的原料，不但有各种动物的骨骼，还大量采用人骨。在郑州紫荆山商代早期遗址的发掘中，发现过一些制造骨器的场所，从一个贮藏物品的竖井形窖穴，出土了 1000 多件骨制品，还有半成品、骨料以及废料。发现的这些制造骨器的工具，有 11 块使用痕迹明显的砾石。[①] 对于窖穴中所存骨料进行鉴定，发现其中除了牛、鹿等动物的骨骼外，大量的是人类的骨骼，约占全部骨料的半数。大量采用人骨来制造箭镞，正反映出商代奴隶社会的残暴，繁荣的商代青铜文化正是在野蛮地奴役奴隶的基础上创造的，那时使用奴隶或俘虏的骨骼制造箭镞。正因为如此，终于在周人攻商的国都时萌发影响战争胜负的结果，"百克无后非战罪，前德倒戈乃众俘"，[②] 商灭周兴，江山易主。

西周时期箭上所安装的铜镞，基本上是沿袭着商代的式样，主要是凸脊扁平双翼脊。例如，在陕西长安沣西的西周墓中出土的 11 枚青铜镞，都是凸脊扁平双翼镞，具有两侧刃、前锋和双尾刺，有铤，以 204：8 号镞为代表，全长 5.3 厘米。[③] 这时也有的青铜镞的尾刺不呈尖状，而是扩大成平铲状。在甘肃灵台白草坡西周墓共出土青铜镞 227 枚，除了两枚是双翼后锋尖状的，其余都是后锋作平铲状，翼上有尖血槽。这些镞体长 6.2 厘米，每十枚平均重 9.5—10.5 克。这时也没有保存下来完整的箭，只在墓 2 中发现有残存的苇类箭杆的残迹，长 18 厘米，杆体粗细均匀，杆径为 0.7—0.8 厘米，在铜镞铤部缠一些纤维

① 河南省文物局文物考察队第一队：《郑州商代遗址的发掘》，《考古学报》1957 年第 1 期。
② 郭沫若：《观圆形殉葬坑》，《考古学报》1960 年第 1 期。
③ 中国科学院考古研究所：《沣西发掘报告》，文物出版社 1962 年版。

物后插入杆端，外面有细丝缠绕扎紧。总的来看，西周的铜镞比商代的两翼夹角更大些，翼尾或倒刺更锐利或改为平铲状，以扩大中箭者的受创面积，增强箭的威力。另外，在西周时骨镞也还大量使用，发掘陕西长安张家坡的西周遗址时，出土铜镞62枚，而骨质或角质的镞却多达310枚，其数量约为铜镞的5倍，有可能制工精良的青铜镞是当时的主战兵器，而装骨角镞的箭则是辅助性的兵器，同时还是渔猎的工具。

传统的凸脊扁体双翼青铜镞，从在二里头文化时期出现起，历经商代和西周，一直是青铜镞唯一的形式，虽然在样式上有一些变化，但总的形制没有改变，一直延续使用了十个世纪以上。从西周末年开始，特别是进入春秋时期以后，随着车战的日益发展和战争规模的逐渐扩大，防护装具也进一步完善，甲胄的制造日益坚固，防护的部位更加严密，迫切地需要更为锋利而穿透力更强的箭镞，同时适应战场的大量需求，而且便于铸造，因此一种新式样的青铜镞开始出现，首先抛弃了传统的扁体形态改用三棱锥体，而两翼的侧刃前聚成锋改成三棱的三条凸起的棱刃前聚成锋，因而既增加了穿透力又增加了杀伤力。关于对扁体双翼镞的进一步改进和锥体三棱镞的出现，可在河南陕县上村岭虢国墓发掘获得的铜镞中可以看到。① 对扁体双翼镞的改进，表现在脊部加长，双翼下垂，把过去的把两侧平伸而微向下弧的翼刺，改成后伸下垂的翼刺。这种体长而翼刺下垂的双翼镞，比原来的式样增强了穿透能力。殷代青铜镞的镞宽与脊长之比，常是1∶1.6，而虢国墓出土的双翼镞，镞宽与脊长的差距增大了，有时达到了1∶2.6，如虢国墓中时代较晚的1747号墓中出土的双翼镞宽仅为1.6厘米，脊长达4.2厘米。在1747号墓也有出土新式的锥体三棱形，剖面呈弧边三角形，通过三个顶点伸出的凸刃，向前聚成前锋，锥体三棱形的箭镞一直延续到汉代，在春秋战国时期这种式样的镞还处于刚刚出现的阶段，数量比较少，虢国墓地出土的总数达324枚的铜镞中，锥体三棱形只有四枚，占总数的12‰。

---

① 中国科学院考古研究所：《上村岭虢国墓地》，科学出版社1959年版。

这种情况随着时间的推移不断变化，到了春秋晚期，在长沙浏城桥 1 号墓中，[①] 出土了 46 枚铜镞，其中锥体三棱形有 29 枚，并分为长刃和短刃两式，占总数的 63%。另外，还有 4 枚扁平柳叶状的和 13 枚平头圆柱状的，前者应是源于传统的扁平双翼镞而形成的变体，后者则是供狩猎用的工具，并不是战争的兵器。

战国的纷争在秦王朝统一的凯哥中结束，随后起义的农民又敲响了暴秦的丧钟，接着是楚汉之争，最后以项羽乌江自刎告终，刘邦建立了统一的西汉帝国，在这将近 1/4 的世纪中，战火燃遍了中原大地，无数劳动人民披上了戎装，改变着军队的成分，促进着新的兵种的成长。各类兵器的制造工艺在实战的考验下不断改进。到了西汉中期，在文景时期社会经济恢复和发展的基础上，尤其是钢铁冶炼工艺的发展，汉武帝时期兵器在品种、形态、质量等各方面，和秦代相比，都有了显著变化，作为远射兵器的弓和弩，更是如此。

西汉中期与秦代相比，在弓箭上的改进有一个显著的变化，表现在箭镞的材质方面，就是钢铁镞的大量使用。在秦始皇陵俑坑的发掘中，获得了大量的箭镞，总数为 8400 余枚，[②] 仅有 4 枚铁铤铜镞和 1 枚铁镞，其余全是青铜镞。切铸造技术精湛，三棱镞的三个棱都呈微凸的弧线，它的横截面是等腰三角形，镞的表面还经铬酸盐或重铬酸盐处理过，增强了镞的抗腐蚀能力，这些青铜镞可以达到青铜镞的顶峰，但是这些已经成为过去，随着出土的还有一枚铁镞，说明当时已经进入了铁器时代。在西汉初年，青铜镞在使用上还是起主导地位的，在安徽阜阳双古堆发掘的西汉汝阴侯墓，出土的 26 枚箭镞装有铁铤的铜镞，另外还有 9 枚形体较大的三刃铜镞，镞上有穿，是可以收回戈用的那种镞，[③] 到了汉武帝时期，这种情况发生了很大改变，在河北满城发掘的

---

① 湖南省博物馆：《长沙浏城桥一号墓》，《考古学报》1972 年第 3 期。
② 始皇陵秦俑坑考古发掘队：《临潼县亲俑坑试掘第一号简报》，《文物》1975 年第 11 期。
③ 安徽省文物工作队等：《阜阳双古堆汉汝阴侯墓发掘简报》，《文物》1978 年第 8 期。

中山靖王刘胜墓中，出土有箭镞441枚，[①]其中有70枚是青铜镞，其余371枚都是钢铁制造的。钢铁镞与青铜镞的数量之比是5.3：1。刘胜死于汉武帝元鼎四年（前113年），与汝阴侯卒年相差53年，可以肯定在这一时期，箭镞的材质发生了巨大的变化，新式的钢铁镞已能在数量上超过传统的青铜镞。表明箭镞材质发生变化的一个例证是汉长安武库遗址的发掘，这座兵器库，是西汉建立之初由萧何建造的，一直沿用到王莽末年毁于兵火为止。在其中一座库房中，发掘出铁镞1000多枚，同时出土铜镞100余枚，铁镞与铜镞数量之比约为10：1。较刘胜墓武帝元鼎时期，能用钢铁制造大量消耗的箭镞，反映出当时钢铁冶炼技术的发展和产量的提高，同时弓弩等射远兵器质量得到改进。

西汉时期使用的铁镞，根据已经发现的考古资料，可以归纳为四种式样，其中主要的一种是镞体呈圆柱形，前端呈四棱形，然后聚成尖峰，这一式样的镞体较短，长为1.4厘米左右。在满城刘胜墓中，出土的箭镞数量是273枚，占总数的3/4左右。这类镞经过光谱分析和金相考察，系钢铁固体脱碳钢或中碳钢制成。铸铁固体脱碳成钢法是将生铁加热到一定热度，在固体形态下进行比较安全的氧化，使碳降低，得到高碳、中碳以及低碳钢，这是世界上最早利用生铁为原料的制钢方法，是钢铁技术发展的一个重要阶段。在汉长安武库第七号遗址出土的铁镞中，也以这种式样居多。因此，这种式样的铁镞，应该是西汉时期大量生产和普遍使用的。第二种是镞体尖峰呈三角形，后附长铤，在长安武库中有出土。另外两种都是伸出三翼的形式，不同处是一种三翼前聚成锐锋，在满城汉墓和长安武库都有出土。

汉代青铜镞的基本形制，是继承了战国末年出现的锥体三棱形，当时称棱为"镰"，《方言》："三镰者谓之羊头"，又说："其三镰长尺六者谓之飞蟁。"从满城刘胜墓和长安武库中出土的青铜镞，都以三镰的"羊头"镞为主要类型。羊头镞又有两种式样。一种是镞体横截面呈正

---

① 中国社会科学院考古研究所等：《满城汉墓发掘报告》，文物出版社1980年版。

三角形，三棱刃向上弧聚成锐锋，镞尾后附铁铤。满城刘胜墓出土的铜镞中，93%是这一式样，镞体模铸而成，大小一致，长3厘米，后附径约3厘米的铁铤，以铁铤插入木箭杆，木杆前端近镞部分收细，使杆径与镞尾同宽，在镞后杆前端用丝线层层紧缠，缠线处宽约1.5厘米，以使镞、杆牢固地结合在一起。经化学分析，其成分为铜74.74%、锡22.1%、铅2.7%，含锡比例较高，硬度较大。在镞体的一个侧棱面上有一个三角形小槽，应该是为敷毒药而设的。[①] 这种式样的羊头镞完全继承了秦俑坑出土锥体三棱形的传统，和秦俑坑出土的一样，经过铬化物处理过。第二种式样的三镰羊头镞，是在横截面呈圆形的圆锥镞体上，伸出三个刃棱，然后由这三个凸出的棱刃前聚成锐锋，长安武库出土的铜镞主要是这样的，后附有长约34厘米的铁铤。也有的棱刃外伸较长，或在后尾形成倒刺的镞，这种类型的数量很少。除了三镰的羊头镞外还有四镰的铜镞，长安武库出土的具有四棱刃的铜镞，镞体较细小，最宽处约在镞高的1/3处，自最宽处向下斜收与圆铁铤相接，横截面呈圆形；向上则形成四棱刃，直上斜聚成尖峰，其横截面呈方形，全镞残长7厘米。[②] 汉代以后主要是钢铁镞的应用比较广泛。

第二节　射箭形态

一　商周时期

商周时期青铜的广泛应用，为制造箭镞提供了优越条件，促进了射术的发展。根据殷墟出土的铜镞看，都是中有脊及倒须式，极大地提高了射箭的杀伤力。甲骨文中记载，殷代有专管射事的官吏，军中的射手

---

① 中国社会科学院考古研究所等：《满城汉墓发掘报告》，文物出版社1980年版。
② 中国社会科学院考古研究所汉城工作队：《汉长安城武库遗址发掘的初步收获》，《考古学报》1979年第1期。

是重要的组成部分。到周代，习射成为武士的重要标志，成为人们日常生活中的重要内容。谁的家里要是生了男孩，便在大门的左边挂上一张弓，还要向天地四方射六支箭，以象征男孩长大以后成为守卫四方的勇士。① 人们心目中的英雄都是善射的能手。《诗经·猗嗟》是这样歌颂鲁庄公的："巧趋跄兮，射则臧兮！""舞则选兮，射则贯兮；四矢反兮，以御乱兮。"说的是鲁庄公是个跳舞的高手，射箭穿靶子，四箭都射到中心，真是御敌的英雄。

为了提高人们习射的兴趣，周天子经常习射，并修"射庐"、"射宫"等习射场所。对有功的臣下，也多以精美的弓箭作为赏赐品。对各地武士的选拔主要考试射箭术。《礼记·射义》："诸侯岁献贡士与天子，天子试之于射宫……是以诸侯君臣，尽志于射。"

西周射术发展的另一显著特色，是使射术与礼乐相结合而形成的"射礼"。周代极为重视"礼"，所谓"礼"，本指人们在社会生活中必须共同遵守的一些规矩、准则，以规范人们的行动，维系社会的正常关系。早在原始社会末期，人们共享食物而不私有，可以说是礼的萌芽。到了周代，形成了具有社会等级的礼仪活动，以培养人们的德行，维护社会统治，祭祀有祭礼，婚有婚礼，丧有丧礼，射箭既是社会生活中的大事，也有射礼。所谓射礼，就是贯穿了道德礼仪观念和规则的射箭活动。如《礼记·射礼》所述："射者，男子之事也。因而饰之以礼乐也，故事之尽礼乐而可数为以立德行者，莫若射。故圣王务焉。"说明射礼是与德行教化相结合的，这应该是武德的开始，对射礼的要求是："故射者，进退周还必中礼，内志正，体外直，然后持弓矢审固……然后可以言中，此可以观德行矣！"

周代的射礼有四种。

第一种是大射：天子与诸侯在举行盛大祭祀之前为选拔参与祭祀的人选而举行的射礼。

---

① 《礼记·内则》、《礼记·射义》。

第二种是宾射：诸侯来朝天子或诸侯互相朝拜时举行的射礼。

第三种是燕射：天子、诸侯燕息娱乐宴会时的射礼。

第四种是乡射：乡大夫举行乡饮酒礼时举行的射礼。集乡人聚会时宴饮较射，是具有广泛群众性的习射活动。

上述四种射礼，是规格不同的射箭竞赛活动。周时射礼，天子、诸侯及大夫以下各使用不同的侯（箭靶）。天子自射用虎侯，诸侯射用熊侯，大夫以下用豹侯，每人皆四矢。设置很多职事人员管理比赛，如司射：又叫射人；掌握射法，测量距离以张侯；梓人：负责制侯、张侯；太史：负责点计射中之箭数；司常：举旗报告射中成绩；射鸟氏：负责取回射出之箭；车仆：供应报靶、计分者之护具；大司乐：负责射箭竞赛中的奏乐。竞赛分为两队，每次各队一人组成一对，两人相对，以决胜负，谓之"耦"。比赛完毕，不胜者要饮酒。

西周的射礼，是两千余年前我国体制完备的体育竞赛活动。这项较射竞赛不仅具有习武健身、寓德于武的意义，而且有丰富的娱乐性，为古代重要的文体娱乐活动。

二 战国以及先秦诸子时期

《孙子》："兵者国之大事，死生之地，不可不察也。"各国的统治者制定各种鼓励练武习射的法令，以求国力强盛。《国语·晋书》载，当时把"射御足力"列为"五贤"之一，备受尊重。《墨子·尚贤》提出各国对"善射御之事者，必将富之、贵之，敬之、誉之"，用富贵荣誉来鼓励习武习射。魏国李悝为提倡民众习射，下令曰："人之有狐疑之讼者，令之射的，中之者胜，不中者负。"

先秦时期的大教育家孔子精通军事武艺射、御之术。《论语》中记载孔子多次论及射御："君子无所争，必也，射乎！"《礼记·射义》："孔子射与瞿相之圃，盖观者如堵墙。"孔子的教学内容有"礼、乐、射、御、书、数"，其中射、御更是培养"完人"的必修内容。墨家学派创始人墨翟是战国初期的思想家、教育家和军事家。墨家主张兼爱、非攻、尚贤、节俭，生活在战乱频繁的年代，墨家也崇尚武力，《墨子·尚贤》把"善射御之士"列位诸贤之首，并主张"凡我国能射御之士，我将赏贵之，不能射御之士，我将罪贱之"。

我国的骑射，学者一般认为是战国赵武陵王"胡服骑射"时开始。《说文·段注》云："古有单骑，而不用之行军，至赵武陵王始以骑射习战耳。"在古代战争主要以车战为主，到后来，改车战为以骑兵、步兵为主。但到了战国后期，骑兵以骑射为主。我国北方大漠草原以狩猎游牧为主的多民族，如匈奴、鲜卑、突厥、契丹等，很早就精于骑射。《文献通考》述北方民族特征云："儿能骑羊，引弓射鸟鼠。少长，则射狐兔，肉食。士力能弯弓，尽为甲骑。其俗：宽则随畜田猎禽兽为生，急则人习攻战以侵伐，其天性也。其长兵则弓矢，短兵则刀铤。"在汉民族与北方民族的冲突中，汉族武力往往不敌北方民族，因此，汉民族多向北方民族学习尚武精神与骑射本领。以骑射作战在周初就已经产生了，《周易·晋》卦辞："晋康侯用锡马藩民，昼日三接。"早在西周初年军队就开始学习骑射之术并用于战争了。

大规模学骑射、用骑兵，以骑射为尚武精神的代表，则始于赵武灵王倡导的"胡服骑射"。据《史记》记载，赵武灵王认为："中山在我负心，北有燕，东有胡，西有林胡、楼烦、秦韩之边，而无强兵之救，是亡社稷，奈何？"面对北方胡人的威胁，赵武灵王决定振兴武力，他不顾人们嘲笑，决心改变中原汉服宽袍长裙的服装，换上便于习武的短装窄袖，"今吾将胡服骑射以教百姓……世有顺我者，胡服之功，未可知也"。经过与保守势力的一番斗争后，在公元前302年，赵武灵王坚决进行了军事改革，下令百姓穿胡服，习骑射，国力大盛。赵武灵王的做法，不仅引进了北方民族的骑射武艺，更重要的是一种观念的转变，吸取北方民族尚武强悍、勇于战斗的精神，同时，也是民族武术交流的典型例证。

春秋时期，很多国家有弓箭制造工艺的详细记载，国家制定官方标准，用以指导弓箭的生产，以获得更多的规格一致的射远兵器。保存至今的，有齐国所修的官书《考工记》，《考工记》中的"弓人为弓"和"矢人为矢"两节，详细记述了有关制造弓箭的选材、工艺流程等，并且记录了按使用人身份而规定的弓的等级。指出制造弓所需的六材是干、角、筋、胶、丝和漆，"六材既聚，巧者合之"，只有六材准备好了，才有可能合制成弓。六材所起的作用，分别是"干也者，以为远也；角也者，以为疾也；筋也者，以为深也；胶也者，以为和也；丝也者，以为固也；漆也者，以为受霜露也"。

根据抗战时期对成都长兴弓铺的调查，从备材到制成一张弓，要跨越四个年头，需要整整三年的时间。① 由此可以得知，古代制造一张良弓，所需要的时间应该也不会太多，至少需要三年才能完成。但是当时的弓是战争中主要的远射兵器，需要不断地成批供应军队，所以并不是制成一张才开始制作第二张，而且一次制一批而不是一张，各项工作交替进行，流水作业，实际上每年都会有成批的成品，但是以一张弓而论，其制造的时间是无法缩短的。关于按使用人身份而规定的弓的等级，《考工记》中分为天子、诸侯、大夫、士四规，具体规定如下："为天子之弓，合九而成规；为诸侯之弓，合七而成规；大夫之弓，合五而成规；士之弓，合三而成规。"这是因为选用的干材越优良，则弓的钩曲度越小的缘故。同时，又根据弓的长度，将弓定为上制、中制和下制，"弓长六尺有六寸，谓之上制，上士服之；弓长六尺有三寸，谓之中制，中士服之；弓长六尺，谓之下制，下士服之"。有了《考工记》这样的官定制度，有助于推广较先进的工艺技术，并使产品规范化，有利于提高兵器的质量。近些年来考古发掘中获得的春秋战国时期的古弓资料，主要是在湖南、湖北等地的楚墓中获得的，或是与楚文化关系密切的曾侯墓中获得的，这些标本除了反映出整个时代的特征外，还带有本地域的特色，与《考工记》中基于齐国产品而制定的标准难

① 谭旦冏：《成都弓箭制作调查报告》，《历史语言研究所集刊》，1951 年台北版。

以完全符合，但是，基本情况，特别是制造工艺的特点，还是相似的。在浏城桥1号墓共出土三张竹弓，① 都是用三层竹片叠合而成，先用其中两片竹片以较薄的两端上下相叠，再在相叠的部位加附上第三片竹片，然后用丝线缠紧，外表髹漆，竹片脱水后并不变形，但其他竹器一经脱水即变形干缩。由此可以见证制作弓体的竹材，在当时曾经过特殊加工处理。在天星观1号墓出土的五张竹弓，② 都由三片竹片叠合，用丝线缠紧，通体髹黑漆。在雨台山楚墓出土的竹弓中，虽均已残毁，但可看出都系用几层竹片叠合，缠以丝线，再髹黑漆。只有扫把塘138号墓出土的竹弓，③ 在紧缠的丝线下还包裹有绸绢，外表亦髹黑漆。楚弓的制造工艺基本上一致，更反映出楚弓的制造已经形成规范。楚墓出土的木弓，因为选材比较优良，多是单体。以德山25号墓木弓为例，弓呈黑褐色，两端及中部均髹黑漆，中部有用丝线捆扎的痕迹。弓的一端有两个小圆孔，另一端刻出对称的缺口，是装弦的锲。弓宽24厘米，中部厚18厘米。藤店1号墓出土的木弓，断面呈圆形，直径约2厘米，通体除髹漆外，还有漂亮的彩绘花纹，非常精美。这些制作精良的弓箭，为楚国的优良射手准备了充分的物质条件，在当时楚国出现了像养由基那样的神射手，他和藩党都可以射透七层甲札。

正是弓箭制造工艺在春秋时期达到前所未有的高峰时，在远射兵器的制造方面也发生了一场革命，这场革命的结果，到战国中期已经表现得很明显了，可以使战场的战况为之改观，成为从兵器方面影响战争胜负的突出因素。在公元前的343年的齐魏马陵之战中，齐军按照军师孙膑的计策，利用减灶的方法引诱魏军轻敌冒进，而设伏于马陵。司马迁在《史记·孙子吴起列传》中对这一战斗做了生动的描述："（庞涓）乃弃其步军，于其轻锐倍日行逐之，孙子度其行，暮当至马陵。马陵道

---

① 湖南省博物馆：《长沙浏城桥一号墓》，《考古学报》1959年第3期。
② 湖北省荆州地区博物馆：《江陵天星观1号楚墓》，《考古学报》1982年第1期。
③ 高至喜：《记长沙、常德出土弩机的战国墓——兼谈有关弩机、弓矢的几个问题》，《文物》1964年第6期。

狭，而旁多阻隘，可伏兵，乃斫大树白而书之曰：'庞涓死于此树之下'。于是令齐军善射者万弩，夹道而伏，期曰'暮见火举而俱发'。庞涓果夜至斫木下，见白书，乃钻火烛之。读其书未毕，齐军万弩俱发，魏军大乱相失。庞涓自知智穷兵败，乃自刭，曰：'遂成竖子之名！'齐因乘胜尽破其军，虏魏太子申以归。孙膑从此名显天下，世传其兵法。"在这次著名的战斗中，齐军能够成功地突然展开猛烈的射击，主要是依靠可以预先张机、持满待敌的新型远射武器——弩，弩作为主要的远射兵器走上了战争的历史舞台。

三　汉朝时期

关于西汉时期的弓，在考古发掘中获得的资料比较多，在阜阳汝阴侯夏侯灶墓中曾出土三张木弓，身髹黑漆附有鎏金铜弓珥，弦已经坏掉，在马王堆 3 号墓中发现过复合弓的模型器，其中有一张髹漆木弓全长 142 厘米，弓弦由四股丝绳胶合而成，弦径约 5 毫米，长 117 厘米。另外，还有一张弩弓与两张较短的竹弓，竹弓一长 126 厘米，另一张残长 113 厘米。矢箙中有十二支芦苇秆制的模型箭，装有三棱形角镞，全长 82.4 厘米。在新疆尼雅曾出土过一张东汉时期的弓，外侧用黑背，里胎用白骨制成，弓表缠裹筋条，长 130 厘米，这张弓的弓弦，系用筋条或用肠衣制成，同时出土的木箭箙中，装有四支长 80 厘米的木箭。①

除了弓箭以外，汉代军队中装备有大量的弩，当时一般是把弩视为比弓更要的射远兵器，特别是在抗击匈奴的前线上，更是如此。当时的许多政治家，在对比汉与匈奴的军事实力时，常认为汉军在装备方面胜于匈奴的关键就在于远射的强弩和坚密的铁铠。在前线的战士中，有许多是射弩的能手，其中最著名的还是长于骑射的飞将军李广。元狩二

① 新疆维吾尔自治区博物馆：《新疆民丰县北大沙漠中古遗址墓葬区东汉合葬墓清理简报》，《文物》1960 年第 6 期。

年，李广率领的四千骑兵被 10 倍于己的敌人所包围，当"汉兵死者过半，汉矢且尽"的危急时刻，"广乃令士持满毋发，而广身自以大黄射其裨将，杀数人，胡虏益解"。大黄即是弩名，为"角弩色黄而体大也"。在居延汉简中可以看到大黄的名字，如"入大黄具弩十四，今毋余大黄弩"。大黄弩当是一种强弩，李广的事迹一方面说明他射弩的技术极精；另一方面也表现出当时制弩的技术达到了很高的水平，能够生产这种精良的大黄强弩。

《汉书·地理志》称"汉兵器以弩为尚"。晁错亦曾在分析汉与匈奴的军事力量时指出："劲弩长戟，射疏及远，则匈奴之弓弗能格也；坚甲利刃，长短相杂，游弩往来，什伍俱前，则匈奴之兵弗能当也；材官驺发，矢道同的，则匈奴之革笥木荐弗能支也。"

在汉代，弩甚至也带有仪仗的意味，司马相如被汉武帝任命为中郎将，持节出使西南夷。"至蜀，蜀太守以下郊迎，县令负弩矢先驱，蜀人以为宠"（《史记·司马相如传》）。又如霍去病为骠骑将军时，"过河东，河东太守郊迎，负弩先驱"。

汉代弩的种类很多。有"大黄弩"、"连弩"、"药弩"、"石连弩"、"万钧神弩"、"元戎弩"等。汉弩中最著名的是连弩，即可以连续不断发射的弩，《汉书·李陵传》注引张晏说，连弩乃三十弦共一臂。

曹丕在《饮马长城窟行》中提到的"幽燕百石弩"，"发机若雷电，一发连四五"，也是一种连弩，这种连弩后来又经诸葛亮改造，被称为"元戎"。《三国志·蜀书·诸葛亮传》注引《魏氏春秋》云："元戎弩"能够"一弩十矢俱发"。据古文献记载："说者谓古时西蜀弩兵尤多，大者莫逾连弩，十矢谓之群鸦，一矢谓之飞枪，通呼为摧山弩，即孔明所谓'元戎'也。"《汉书·艺文志》录有《望远连弩射法具》十五篇，可见当时的连弩使用之普遍。

弩的使用方法，力小的用手拉，力大的用脚踏，《汉书·申屠佳传》注便称："今之弩，以手张者曰臂张，以脚踏者曰蹶张。"也有坐下用脚蹬的，名为"超脚"。《史记·苏秦列传》正义云："超脚，齐脚也。夫欲放弩，皆坐，举脚踏弩，两手引揍机，然始发之。"另外还有用腰力拉开的弩，《晋书·马隆传》载："腰引弩三十六钧。"《中国古代战争》作者袁庭栋认为："从山东与四川画像石的图画和《武备志》的插图看，要是坐在地上利用腰腿力量来引弩，速度慢，不灵活，故而古代很少使用。"

汉代的弩较之战国的弩有了极大的进步，主要是表现在青铜铸造的弩机的构造方面，青铜弩机的改造主要是对以下两点进行的改造。第一点是青铜扳机外面加装一个铜铸的机匣—郭。《释名》："牙外曰郭，为牙牙规郭也。"牙、悬刀和牛都用铜枢连装在铜郭内，再把铜郭镶进木弩臂上凿出的机槽中去。已经发掘出土的战国铜弩机，多没有铜郭，而是用枢直接把牙、悬刀和牛等部件装入木弩臂的机槽中去。木槽所能承受的力较弱，自然也就限制了弩的强度，否则就是导致木臂断裂，在战国末年人们就已经开始尝试着在青铜机栝外面增设铜郭。改造的第二点是弩上瞄准装置的改进，少数民族的原始木弩，机栝部分只装有扳机片，它的上端起弩牙的作用，下端起悬刀的作用，没有望山。[①] 战国时代的青铜弩机，悬刀与弩牙已分开，功能明确，并且在钩弦的机牙后面连铸出"望山"。[②] 望山有两个用途，一是在张弩时用，因发弩后，机牙沉入弩臂槽中，释弦发箭。再张弩时，用手拉望山，则可将倾沉下去的机牙重新升直，于是下面的牛随着旋平，下齿卡入悬刀枢孔下的刻口，于是弩机形成发射前的闭锁状态，才能将弦张钩在机牙上。二是张弦搭箭后，利用直立起的望山进行瞄准，使发出的箭能准确地命中敌人。因为弩箭发射后受到地心引力和空气阻力的影响，是呈抛物线的轨迹飞向目标的，如平视瞄准，近距离射击时偏差不大，但远程射击时箭着点就往往比目标偏低，影响命中率。军队中对弩力的考察也是相当注意的，也是由于强弩是烽燧中最主要的射远兵器的缘故。从简文中可以

---

① 宋兆麟等：《从少数民族的木弩看弩的起源》，《考古》1980 年第 1 期。
② 高至喜：《记长沙、常德出土弩机的战国墓—兼谈有关弩机、弓矢的几个问题》，《文物》1964 年第 6 期。

看到，除了可供实战的弩，还有备用的弩，称为"承弩"。

弓射、弩射，都要用箭，汉代的箭，除了某些少数民族仍以"青石为镞"外，都以钢铁制为箭镞。在汉代有了使用毒箭的记录。《后汉书·耿弇传》后附《耿恭传》称：耿恭攻匈奴，"以毒药傅矢"，称为"药弩"，结果是"杀伤甚众，匈奴震怖"。三国蜀汉名将关羽，曾中毒箭，"矢镞有毒，毒入于骨"，于是不得不让医生"破臂作创，刮骨去毒"。另外，汉末也有使用"火箭"者。诸葛亮于公元228年进攻陈仓，"起云梯，冲车以临城"，魏军守将郝昭"以火箭逆射其云梯。梯燃，梯上人皆烧死"。这种火箭显然不是以火药推动的，只是以易燃物缚御箭头，点燃后以人力发射出去。

《汉书·甘延寿转》注引张晏云：《范蠡兵法》中已有"飞石重十二斤，为机发，行二百步"的记载。这种"机发"，有可能是抛石机。汉代有了关于抛石机使用的明确记载。《说文解字》称其为"建大木，置石其上，发机以槌敌也"。在东汉末年的官渡之战中，曹操用"发石车击（袁）绍楼，皆破，军中呼为霹雳车"。

四　魏晋南北朝时期

汉代以后，弓弩的制造工艺在魏晋时期没有太大的变化，特别是弩机的制造方面。从考古发掘中获得的三国两晋时期弩机的标本，还是沿袭着汉代的传统，用青铜铸造，如南京石门坎出土的魏正始二年弩机[1]，四川郫县出土的蜀汉景耀四年弩机[2]以及江苏宜兴西晋建兴四年周氏出土的两件错金铜弩机等。[3] 其形态和结构都沿袭汉代弩机旧制，从魏、晋两件弩机的铭文看，都是当时中央控制的兵器工厂制造的产品。曹魏弩机的制造是由尚方负责的，正始二年弩机的铭文为"正始

---

① 尹焕章：《南京石门坎发现魏正始二年的文物》，《文物》1959年第4期。
② 沈仲常：《蜀汉铜弩机》，《文物》1976年第4期。
③ 南京博物院：《江苏宜兴晋墓的第二次发掘》，《考古》1977年第2期。

二年五月十日，左尚方造，监作吏寻泉，牙匠马□，师陈耳，臂匠江□，师□□"。可知牙匠名马广，臂匠名江子，可见当时造弩工匠分工仍和汉代一样。蜀汉制造弩机，隶属中作部，铭文中也注明监造官吏和工匠的姓名，并标明弩的强度和弩的自重："景耀四年二月三日，中作部左兴业刘纯业，吏陈深，工杨安作。十石机，重三斤十二两。"该机铜弩长 8.5 厘米、宽 3.5 厘米、厚 4 厘米，现重 1475 克。此外，对增强弩的威力方面，也有过一些改革，例如，诸葛亮曾在前代可一次发射多矢的连弩的基础上，改制成一种"元戎"弩，可以一次发射十支长八寸的铁弩箭。

西晋灭亡以后，匈奴、鲜卑等古代少数民族先后进入中原，这些原都是以游牧为业的民族，长于骑射，传统的远射兵器是弓箭。在当时的战争舞台上，纵横驰骋着弯弓跃马的彪悍骑兵。同时骑兵的装备有了很大的改进，马镫的普遍使用，使骑兵更具有灵活性和进行复杂的战术动作；马具装铠的大量使用，加强了对战马的防护，于是人马都披重铠甲的骑具装成为当时军队的核心，自西汉以来一直雄踞于战场上的强弩步兵——材官蹶张，则日渐泯没无闻了，因此，在已经发掘的大量北朝时期的墓葬中，几乎找不到弩机的痕迹，在当时的壁画或雕塑品中，也同样找不到弩的形象。在江南地区就有所不同，偏安江南左边的东晋，依然沿袭着西晋的传统，军队里还普遍使用弩，不少将领长于弩射。例如夏口之役中朱伺"用铁面自卫，以弩的射贼大冲数人，皆杀之"。在南京地区发掘的东晋墓里，也可以看到铜弩机，它们的基本结构，还是沿袭着东汉弩机的旧制，有的机郭上还饰有漂亮的错金银花纹。

值得注意的是东晋南朝时还制造过威力极为巨大的强弩，称为"神弩"、"万钧神弩"等名号，《宋书·武帝记》刘裕与卢循军相拒，屯兵石头，卢循"遣十余舰来拨石头栅，公（刘裕）命神弩射之，发辄摧陷，循乃止不复攻栅"。说明神弩的威力巨大。又记有"军中多万钧神弩，所至莫不摧陷"。称为"万钧"，这样说可能有点夸张，也说明了这种弩的弩力很强，又见《南齐书·武十七王传》鱼复侯萧子响叛乱，"令两千人从灵溪西渡，克名旦与台军对称南岸，子响自与百余人袍骑，将万钧弩三四张，宿江堤上。明日，凶党与台军战，子响与堤上放弩，亡命王充天等蒙楯陵城，台军大败"。也可以看出这种弩的威力。这类弩在东汉时期已曾在守城的战斗中出现过，也是在南方地区，《后汉书·陈球传》朱盖、胡兰率数万人攻零陵，陈球"乃悉内吏人老弱，与共守城，弦木为弓，羽矛为矢，引机发之，远射千余步，多所杀伤"。但那还不是军中常备的武器。到西晋时，已开始出现有"神弩"的名目，并列入大驾卤簿中，《晋书·舆服志》："……自豹尾车后而卤簿尽矣。但以神弓二十张夹道，至后部鼓吹，其五张神弓置一将，左右各二将。"到东晋、南朝时，承继西晋的传统，这类万钧神弩有了进一步的发展。在南京的秦淮河里，曾经发现过五件南朝时期的铜质弩机，形态和结构与当时通用的弩机一样，具有外郭、悬刀、牛、枢、望山和牙，但是尺寸要大得多，机郭长达 39 厘米，悬刀全长近 20 厘米。如按汉代弩机与弩臂的比例推算，安装这种大型弩机的木弩臂，其长度至少在 180—226 厘米。而所用的弩弓，则长 430—540 厘米。这样巨大的弩，靠一个人的气力是不可能发射的，只能安装在床子上，靠用绞车等方法才能张开，称之为"神弩"，并不为过，它应是后来唐、宋时流行的多弓床弩的前身。

五　隋唐时期

在唐高祖李渊未起兵之前，与隋将王仁恭一起守备马邑郡，北御突厥。李渊曾对王仁恭谈道："突厥所长，惟恃骑射，见利即前，知难便走，风驰电掣，不恒其阵，以弓矢为爪牙，以甲胄为常服，队不列行，营无定所，逐水草为居室，以羊马为军粮，胜止求财，败无惭色，无警夜巡昼之劳。中国兵行，皆反于是，与之角战，罕能立功。今若同其所为，习其所好，彼知无利，自然不来"。于是，"乃简能骑射者两千于人，饮食居止，一同突厥，随逐水草，远置斥候。每逢突厥候骑，旁若

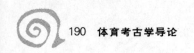

无人，驰骋狩猎，以耀威武"。

李渊重视军队的骑射训练和组建精良骑兵的措施，在推翻隋王朝、击败其他军事集团、统一国家的历次重大战役中，取得了极大的成效。比如破历山飞一役，是这样记载的："及战，帝（李渊）遣领大阵，居前，旌旗从。贼众遥看，谓为帝之所在，乃率精锐，竞来赴威。及见辎驮，舍鞍争取，威怖而落马，从者挽而的脱。帝引小阵左右二队，大呼而前，夹而射之，贼众大乱，因而纵击，所向摧陷，斩级获生，不可胜数。"①《旧唐书·太宗本纪》载："及高祖之守太原，太宗时年十八，有高阳贼帅魏刀儿，自号历山飞，来攻太原，高祖击之，深入敌阵。太宗以轻骑突围而进，射之，所向披靡，拔高祖于万众之中。适会步兵至，高祖与太宗又奋击，大破之。"唐军战胜，靠的是精骑妙射，步兵与骑射，对唐代江山的建立立下过汗马功劳。唐朝建立后，仍然面临北方突厥等族侵扰的问题，所以唐代君臣，在很长一段时期仍然非常重视骑射。

唐太宗李世民，曾于武德九年，"引诸卫骑兵习射于显德殿庭，谓将军一下曰：'自古突厥与中国，更有盛衰。若轩辕善用五兵，即能北逐獯鬻；周宣驱驰方召，亦能制胜太原。至汉晋之君，隶于隋代，不使兵士素习干戈，突厥来侵，莫能抗御，致遗中国生民涂炭于寇乎。我今不使汝等穿地筑院，造诸淫费农民，恣令逸乐。兵士唯习弓马，庶使汝战斗，亦望汝前无横敌。'于是每日引数百人于殿前教射，帝亲自临视，射中者随赏弓刀、布帛。……自是后，士卒皆为精锐"。

隋唐五代，善射者辈出。《太平广记》卷二百二十七载："隋末有督军谟，善闭目而射，志其目则中目，志其口则中口，有王灵智者学射于君谟，以为曲尽其妙，欲射杀君谟，独善其美。君谟志一短刀，箭来辄裁之。惟有一矢，君谟张口啄之，遂吃其镝而笑曰：'汝学射三年，未教汝吃镞法。'"能闭目而射，又能吃箭头，说得有些夸张了，但此

---

①　（后晋）刘昫：《旧唐书·太宗本纪》，中华书局 1975 年版。

人精于射术是无疑的。隋朝长孙晟在突厥时，与突厥可汗摄图一道游猎，"尝有二雕，飞而争食，因以箭两支于晟曰：'请射取之。'晟乃弯弓驰往，遇雕相攫，逐一发而双贯焉"。唐代的高骈也曾"一发贯二雕"。"一箭双雕"的成语，就是这样来的。唐代名将薛仁贵亦精于射术，一次宫中宴会，唐高宗说："古善射有穿七札者，卿试以五甲射焉。"不料"仁贵一发洞贯。帝大惊，更取坚甲赐之"。在与突厥铁勒部作战时，"九性众十余万，令骁骑数十挑战。仁贵发三矢，辄杀三人。于是虏气慑，皆降"。故而"军中歌曰：'将军三箭定天山，壮士长歌入汉关。'"唐玄宗时武将王栖曜，在平定安史之乱时，"贼将邢超然守曹州，乘城指顾。栖曜曰：'彼可取也'。一矢陨之，逐破曹州"。唐代史籍中，有很多赞某某武将"精于骑射"、"骁勇善射"之词。

敦煌盛唐130窟的骑射图中，一个身穿战袍的武士在一匹奔驰的战马上，挽好了缰绳，俯身瞄准远处的箭靶，手中的箭即将离弦射出。这幅画，战马威武，射手勇猛，骑术高明，色彩鲜艳，形象地反映了唐代军中骑射训练的情况。唐代156窟南壁的《张仪潮统军出行图》和北壁的《宋国河内郡夫人宋氏出行图》，其中都有精彩的骑射场面（如图44、图45所示）。这些图像资料告诉我们这样一个信息：唐代军中善于骑射。

唐军中的这一变化，是有根源的。据古文献记载，唐高祖李渊未起兵之前，与隋将王仁恭一起守备马邑郡，北御突厥。李渊曾对王仁恭谈道："突厥所长，惟恃骑射，见利即前，知难便走，风驰电掣，不恒其阵，以弓矢为爪牙，以甲胄常服，队不列行，营无定所，逐水草为居室，以羊马为军粮，胜止求财，败无惭色，无警夜巡昼之劳，无篝垒馈粮之费。中国兵行，皆反于是，与之角战，罕能立功。今若同其为，习其所好，彼知无力，自然不来。"[1] 李渊深知突厥善于骑射以及其行军打仗的特点，对自己一方的缺点也很清楚。王仁恭听从了李渊的见解，

---

[1]　（唐）温大雅：《大唐创业起居注》，古籍出版社1983年版。

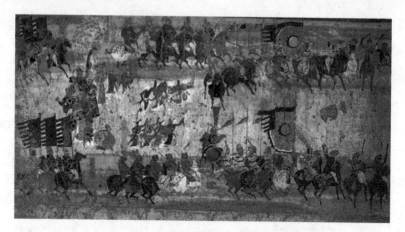

图 44   唐   156 窟南壁 张仪潮统军出行图

图 45   唐   156 窟北壁 宋国河内郡夫人宋氏出行图

于是，"乃简使能骑射者二千余人，饮食居止，一同突厥，随逐水草，远置斥候。每逢突厥候骑，旁若无人，驰骋射猎，以曜威武"①。李渊重视军队骑射和组建精良骑兵的措施，在推翻随王朝、击败其他军事集团、统一国家的历次重大战役中，取得了极大的成效。李渊本人也是射术高强。有文献记载："十一年，炀帝幸汾炀宫，命高祖往山西、洒东黜陟讨捕。师次龙门，贼师母端儿师众数千薄于城下。高祖从十余骑击之，所射七十发，皆应弦而倒，贼乃大溃。"② 由此看来，骑兵与骑射，对唐代江山的建立立下了汗马功劳。唐代建立后，仍然面临北方突厥等少数民族侵扰的问题，所以唐代君臣长时期仍然非常重视骑射。唐太宗

① （唐）温大雅：《大唐创业起居注》，古籍出版社 1983 年版。
② （唐）令狐德棻：《周书》，中华书局 1971 年版。

李世民曾于武德九年（626 年）"丁未，引诸卫骑兵统将等习射于县德殿庭，谓将军已下曰：'自古突厥与中国，更有盛衰。若轩辕善用五兵，即能北逐獯鬻；周宣驱驰方召，亦能制胜太原。至汉、晋之君，逮于隋代，不使兵士素习干戈，突厥来侵，莫能抗御，致遗中国生民涂炭于寇手。我今不使汝等穿池筑苑，造诸淫费，农恣令逸乐，兵士唯习弓马，庶使汝门战，亦望汝前无横敌。'于是每日引数百人于殿前教射，帝亲自临试，射中者随赏弓刀、布帛"①。由于重视骑射训练，士兵非常善于骑射。敦煌莫高窟唐代 130 窟、165 窟的骑射图就是对这一历史文献的印证。

莫高窟晚唐 12 窟南壁法华经变中有作战图，图中描绘两个城堡国家以河为界展开一场大搏斗。图中射手多跪姿射法，这与早期各窟的立姿不同。唐人王琚所著《射经》中说："凡射必中席而坐，一膝正当埒，一膝横顺席。"踞坐发射正是唐代步射的一个特点。这一情况被 12 窟壁画所证实。同样的图像资料，还可以在 53 窟五代射箭图、346 窟跪姿射手图中看到。

唐武举制的考试中也有考核射箭的项目，如马射，又名"骑射"，其课试方法为："穿土为埒，其长于埒均，缀皮为两鹿，历置其上，驰马射之。"② 马射法还规定：应射者于马上持七斗力的弓，驰马弓射，全部中者为上，或中或不全中为次上，全都不中为次。筒射，《新唐书·选举制》云："筒射之箭，长才尺余，长与常弓所用箭等，留二三寸不剖。为舍以傅弦，内箭筒中，注箭弦上，筒旁为一窍，穿小绳系于腕，彀弓即发，豁筒向手，皆激矢射敌，中者洞贯，所谓筒射也。"步射，《新唐书·选举制》云："步射"为射草人，中者为上，虽中而不法者为次之，虽法而不中者为次。

隋唐五代善射者不仅仅是军中将士。像杜甫那样的诗人也能在郊游时"骑胡马，挟长弓，箭不虚发，射落天空斑鸠"。

---

① （唐）令狐德棻：《周书》，中华书局 1971 年版。
② （唐）杜佑：《通典·选举三·历代制下》，中华书局 1982 年版。

唐五代的宫女也将射猎用于娱乐游戏。杜甫《哀江头》："辇前才人带弓箭，白马嚼啮黄金勒，翻身向天仰射云，一箭正坠双飞翼。"王建《宫词》诗云："射生宫女宿红妆，把得新弓各自张。"卢纶《宫中乐》诗亦云："行遣才人斗射飞。"更形象的是张籍《宫词》："新鹰初放兔犹肥，白日君王在内稀，薄暮千门临欲锁，红妆飞骑向前归。"杜甫的"一箭正坠双飞翼"虽双关喻指杨贵妃之死，但也真实地反映了宫女们以射猎为戏，并且射术还不错的事实。另外，《唐人说荟·射围》和花蕊夫人《宫词》中，提到当时宫中还盛行"射粉团"和"射鸭"等游戏。

唐代总结射箭著作的理论很多，《新唐书·艺文志》著录有：王琚《射经》一卷；张守忠《射记》一卷；任权《弓箭论》一卷。后两种已丢失，《新唐书·王琚传》载："王琚，怀州河内人。少孤，敏悟有才略。玄宗时进户部尚书，封赵国公，常参闻大政，后历九州刺史。性豪侈，不能遵法度，为李林甫所忌，诬以罪，杀之。"王琚《射经》内容包括《总决》、《步射病色》、《前后手法》、《马射总法》、《持弓审固》、《举把按弦》、《抹羽取箭》、《当心入筈》、《铺膊牵弦》、《钦身开弓》、《极力遣箭》、《卷弦入鞘》、《弓有六善》等十四篇，《射经》内容翔实，并附有口诀，至今仍可供练射者参考。

弩的使用，从唐代开始达到高峰，唐军正式装备的弩有许多种。据《唐六典·武库令》载："弩之制有之。曰：臂旅弩，角弓弩，木单弩，大木单弩，竹竿弩，大竹竿弩，伏远弩。"其中的"伏远弩"，《旧唐书·兵志》称其可"纵矢三百步"。《太平御览》卷三四八引赵公《王琚教射经》又云："今有绞车弩，中七百步，攻城拔垒用之；臂张弩，中三百步，步战用之；马弩，中二百步，马战用之。"

唐代军中弩射要进行考试，规定是"又择材勇者为番头，颇习弩射。又有羽林军飞骑，亦习弩。凡伏远弩自能施张，纵矢三百步，四发而不中；臂张弩二百三十步，四发而两中；角弓弩二百步，四发而三中；单弓弩百六十步，四发而二中，皆为及第。诸君皆近营为棚，士有便习者，教试之，及第者有赏"。①

弩射程远，威力大，是它的优点，但是弩庞大笨重，上箭迟缓，动辄要用数人甚至数十人张弦上箭。这在马上是无法做到的，在短兵相接、战场形势骤变之中又很容易陷入被动。弓射与弩射都要用箭。唐代的箭已经区分为不同的用途，种类很多。如利于传统皮甲的透甲锥箭，利于射马的狼舌箭，人马兼射的柳叶箭，专射身穿网子甲者的镞细如针的穿耳箭等。② 隋、唐代也有毒箭使用，东北的靺鞨族，"常以七八月造毒药傅矢"，射人射兽，"中者立死"。③ 唐代也有火箭的使用。贞观十九年，唐太宗亲征辽东，他"率铁骑与李勣会围辽东城，因烈风发火弩，斯须城上屋及楼皆尽"。④ 这时的火箭，仍然只是把易燃物附着于箭身，点燃后发射。

隋唐时期也有弹丸射。隋代大将长孙晟以善于弹丸而闻名。据载，隋文帝与他在一起饮宴，"时有鸢群飞，上顾晟曰：'公善弹，为我取之。'十发俱中，并应丸而落"。⑤ 唐时也有人擅长此技。段成式《酉阳杂俎》载："贞元末，阆州僧灵鉴善弹。……郑汇为刺史时，有富家名寅，读书，善饮酒，汇甚重之，寅常诣灵鉴较角放弹。寅指一树节，相去数十步，曰：'中之获五千'。寅自一发而中之，弹丸反射而不破。至灵鉴控弦，百发百中，皆节陷而丸碎焉。"灵鉴显然技高一筹。

六 两宋时期

宋朝统治者非常重视练兵，作战主要以弓弩射为主，因而教射有严格的规定。据《武经总要》记载："教弓者，先使张弓架矢、威仪容止，乃以弓之硬弱，箭之迟速，远近弓之亲疏，穿甲重数而为之等"；

① （宋）欧阳修，宋祁撰：《新唐书·兵志》，中华书局1975年版。
② （唐）李林甫：《唐六典·武库典》，中华书局1992年版。
③ （唐）令狐德棻：《隋书·靺鞨传》，中华书局1973年版。
④ （后晋）刘昫：《旧唐书·太宗纪》，中华书局1975年版。
⑤ （唐）令狐德棻：《隋书·长孙晟传》，中华书局1973年版。

"教弩者，先使之系缚弛张，轻利捷敏，乃准弓矢而为之等"。在宋仁宗赵祯、神宗赵顼两次变法期间，多次颁布教法格，对训练内容、训练方法、使用器械均做了明确规定，成为训练的法典。如神宗元丰二年九月颁布的《教法格并图像》中，"步射、持弓、发矢、运手举足、移步；能马射、马使藩枪、马上野战格斗、步用标排，皆有法像，凡千余言，使军士涌士焉"。① 宋朝对军士的弓弩水平的考核，也有一定的标准，主要看能挽多大的"弓弩斗力"以及射箭的准确性，即"射亲"。宋孝宗赵昚有一次校阅军队，宣布"弓箭手以六十步，每人射八箭，要及五分亲"②。又如马目射箭，用一石以上的弓，射十箭中八支为第一等；用九斗以上的弓，射十箭中七支为第二等；用八斗以上的弓，射十箭中五支为第三等。《在京校试诸军技艺格》将考核标准分为上中下三等。"步射六发而三中为一等，二中为二等，一中为三等。马射五发，骤马直射三矢，背射两射，中数等如步射法。"③

宋代有专门生产弓箭的部门——弓弩院，据《宋史·兵志》记载："南北"弓弩院岁造角弓等凡 1650 余万，诸州岁造黄桦、黑漆弓弩等凡 620 余万。南宋华岳《翠微北征录》卷七《弓制》。华岳说："军器三十有六，而弓为称首；武艺一十有八，而弓为第一。"作为远射兵器的弓弩，在军队装备中占有重要地位。《宋史·兵志》载"诸路禁军近法以十分为率，二分习弓，六分习弩，余二分习枪、牌"。宋代的弓多为复合弓，神臂弓是宋神宗时所研制的精良武器，射程远及 240 多步，约合 372 米，"仍透穿榆木，没半杆"，足见其劲力。神臂弓不像床子弩那样笨重，只用一人发射，易于推广，所以在军中广为使用。南宋时对这种弓又加以改进，制成克敌弓。"一人挽之，而射可及三百六十步"，④ 可以贯穿重甲，"每射铁马，一发应弦而倒"。⑤ 弩在宋代名目较

---

① （元）脱脱等撰：《宋史·兵志》，中华书局 1977 年版。

② （宋）佚名：《皇宋中兴两朝圣政》卷五三，北京图书馆出版社 2007 年版。

③ （元）脱脱等撰：《宋史·兵志》卷一九五，中华书局 1977 年版。

④ （元）脱脱等撰：《宋史·曾三聘传》，中华书局 1977 年版。

⑤ （南宋）洪迈、孔凡礼点校：《容斋随笔》卷十六《神臂弓》，中华书局 2005 年版。

多，《武经总要》中有双弓床弩、三弓床子弩、小合蝉弩、大合蝉弩等，需用数人甚至百余人以绳轴绞张，以槌击发，射程达 120 步。最强的三弓床弩，又称"八牛弩"，所用的箭"木杆铁翎，世谓之一枪三剑箭"。这时的三床弓弩的射程，可远达 300 步，强力已经发展到它的高峰。

七 辽金西夏及元代

北方少数民族均精于骑射，杰出的骑射武艺在征战中发挥了极重要的作用。金元以"骑射"立国，"元起朔方，俗善骑射，因为弓马之利取天下"。[①] 诸族统治首领多精于射艺。金太祖阿骨打成童即善射，儿时，辽使来朝，使射群鸟，连三发皆中，辽使赞曰："奇男子也。"太祖亦善远射，以 320 步，众所不及，其精良射术在战场上屡建奇功，金康宗长子宗雄，九岁能射逸兔，年十一，射中奔鹿，世祖以银酒杯做奖品。有一次射猎，宗雄正逐兔，挞赖也从后放矢，挞赖大呼："矢来了！"宗雄反手接矢，即引弓射中奔兔，可见其射艺之高超。

元军更精于骑射，成吉思汗即以骑射、摔跤武艺出众。元军凭骑射远征欧亚，所向无敌。据意大利《马可波罗游记》所记，元代铁木真远征印度，凭精良射术战胜印军大象队。当时印军有大象 2000 头，身负战台，每台有战士十余人；又骑兵、步兵六万余。蒙骑兵一见大象，马即惊溃，蒙军乃下马伏于林中，待大象队近前，万箭齐发，矢如雨下，象或死或伤，掉头奔逃，印军大败。可见蒙兵射术之威力。

辽金元诸族精习骑射，除举行赛射等活动外，更常以射猎为练习骑射的重要手段。辽金均定出四季狩猎的制度与方法，在射猎活动中，训练战士骑射、奔驰、跳跃、搏击、刺杀等多种本领，还通过大型狩猎活动，考察选拔精通武艺的人才，精良的射术在狩猎中得到充分的表现。

---

① （明）宋濂：《元史·兵志》，中华书局 1976 年版。

如金章宗年间的一次狩猎中，曾一箭贯穿两只鹿，可见其弓力之强大及矢镞之锋利。

在辽金元时期盛行多种骑射活动，主要有"射柳"、"射木兔"及"射草狗"等。"射柳"亦称"䤲柳"，为古鲜卑、匈奴等民族村的祭祀活动，南北朝时，鲜卑族所建北周时期"射柳"即十分流行。辽国契丹源于鲜卑，他们继承并发展了这一古老的射箭活动。不仅辽金元盛行，并且流传至明清。射柳源于古代祭祀活动，它与习武练射紧密结合，并成为一项较射娱乐活动，故而这一项目，包含宗教、尚武及礼仪、娱乐等多重文化内涵。它不仅流行于少数民族，而且成为汉族中原地区的一项重要文体活动。射柳与击球，常常同时举行，成为古代体育史上重要的军体项目。

辽金时期，"射柳"是含有祭祀求雨内容的重要活动，发展成为一种程式化、制度化的礼仪。"射柳仪"，亦称"瑟瑟礼"。"瑟瑟礼，祈雨射柳之仪"①。"行瑟瑟之礼，大行射柳"②，史籍所记"射柳"与祈雨多有联系。如《辽史·穆宗记》："丙子，射柳祈雨"，《金史·章宗记》："五月，不雨，乙卯，祈于北郊及太庙"，"戊午，拜天于西苑，射柳、击毬，纵百姓观"。射柳也是节令文体活动，"五月庚午朔，避暑于近郊。甲戌，拜天射柳，故事：五月五日、七月十五日、九月九日拜天射柳，岁以为常"。③ 一年中节令时多举行射柳，也不是每次射柳都是求雨，更多的应该是习武和娱乐。

射柳有专门的服装和器材，有专用的"大射柳之服"，射柳早先源于柳树林中练射，发展到后来，于广场中插柳枝为标，用"横簇箭"射。《金史·礼志》所记"无羽横簇箭"，这种箭的形制从出土文物中得到实物，辽宁北票县辽代墓葬出土一种平头铁簇，簇身扁平，呈等腰

---

① （元）脱脱等撰：《辽史·国解》，中华书局 1976 年版。
② （元）脱脱等撰：《辽史·仪卫志》，中华书局 1976 年版。
③ （元）脱脱等撰：《金史·太祖本纪》，中华书局 1975 年版。

三角形，簇端为一略呈内弧之刃口。此扇面形之箭镞，很显然不能用于实战或狩猎，而是射柳专用，因柳枝圆而细软，用普通箭矢不易射断，故用此"横簇箭"。① 射柳活动的比赛情况，《金史·礼志》有较详的记载："行射柳、击球之戏，亦辽俗也，金因尚之"；"先以一人驰马前导，后驰马以无羽横簇射箭之。既断柳又以手接而驰去者为上，断而不能接去者为次之，或断其青处及中而不能断与不能中者为负。每射必伐鼓以助其气"。于纵马疾驰之中，要求射断细小的柳枝，还要求"以手接而驰去"，可见对射术及骑术均有较高的要求，没有经过练武习射，是很难参加这项赛事的。元代大都（今北京）也有射柳活动，在端午节举行。"武职者咸令捆柳"，也有赏罚之规定，实为"武将耀武之艺也"，且表明只有任武职的人才能参加，是一项军体武艺竞赛。

契丹族建立的辽国，还流行"射木兔"的节日较射活动，辽国与北宋并存两百余年，往来密切，辽国吸收大量汉文化，如原为汉族节令的三月三"上巳节"及九月九"重阳节"，也成为辽国节日，但节日活动内容仍保留契丹民族特色，"上巳"射兔、"重九"射虎，便是这种节日习武活动。

《辽史·礼志》："三月三日为上巳。国俗刻木为兔，分朋走马射之。"要求有高超的骑射本领，这是契丹狩猎生活特色的反映。同样的生活内容也表现在九九重阳节举行大规模狩猎活动上。《辽史·礼志》："重九日，天子率群臣、部族射虎，少者为负，罚重九宴。射毕，择高地卓帐，赐蕃、汉臣僚饮菊花酒。"这也是契丹族发扬民族特色，以狩猎练骑射武功的活动，以涉猎练武习射，北方少数民族均重视、提倡。

北方少数民族多尚武习射，流传多种练武较射的活动，蒙古族"那达慕"大会中，射箭即三项重要比赛之一，元代建国以后，"那达慕"大会一直流传至今，成为蒙古族具有代表性的习射活动。

---

① 辽宁朝阳地区文物组：《北票扣卜营子辽墓发掘简报》，《文物资料丛刊》第 2 期。

八 明清时期

明洪武二年，朱元璋"大建学校"，其中射、御作为教学的内容。洪武三年五月，又"下诏国子生及郡县学生皆习射"。朱元璋认为："先王射礼文废，弧矢之事专习于武夫，而文士多所不解，乃命礼部侍郎考定射仪，颁于官府学校，遇朔望则于公廨或见地习焉。"① 明代文人能武的事例不少，如天启进士卢象升，"暇即角射，箭唧花，五十步外发必中"。② 弓射与弩射仍是明代培养射术人才的重要内容。《武备志》："弓矢，器之首也。"由于弓矢具有"命中射远"的特殊作用，军中与民间都重视弓射与弩射。明代有射法名著李成芬的《射经》。《射经》分总论、射器、辨的、明彀、正志、身法、弓法、足法、眼法、审因、指机、马射、神奇、考公十四章。《纪效新书·射法篇》的二十五条，是汇聚俞大猷《正气堂集》、王琚《射经》以及高颖的《射学正宗》有关条文而写成的，射法理论紧密围绕"命中致远"阐述，把射箭过程、要求、要点讲得非常透彻。此外，对易犯的错误讲述尤为详细，从现象到产生原因和纠正方法都有涉及，如"凡打袖，皆因把持不定"；"凡矢摇不弱，皆因镞不上指也"；"凡射，愿恶傍引头，恶却垂胸，恶前凸背，恶后偃"。关于弩射，程冲斗《蹶张心法》有详细记述，其主要内容有"射弩兼用刀枪说"、"脚踏上弩图"、"膝上上弩"、"发弩图"、"轮流发弩"等。

清代世祖顺治元年，清军入主中原，自诩"以弧矢定天下"，重视武技训练。清军中，八旗军以骑射为本，在有火器配备的军队中，也要练习骑射。

---

① （明）王圻撰：《续文献通考》，《学校考一》，现代出版社影印 1986 年版。

② （清）稽璜等奉敕编撰：《续通志·选举略四》，《续通志》是接续郑樵《通志》的作品。其体例与《通志》相同，包括本纪、后妃传、略和列传四个部分，共有本纪七十卷、后妃传十卷、略一百卷、列传四百六十卷。

清朝科举考试强调"以骑射为本，右武左文"，在宗人府所属的左右翼宗学中。有骑射教习三人，在内务府所属的咸安宫官学中，弓箭教习四人。在八旗所属的左右翼世职官学中，有骑射教习八人。在汉军满文义学中，有弓箭教习若干人。[①] 为了防止学生偏重文科，清廷在科举考试中规定，旗人应考者一律要考骑射，另外转为备考武科的学生，其中包括马步技勇（弓）等。武科考试，分外、内两场，外场又分为两场，共考三场。首场考马箭射毡球，马道旁侧立箭靶，相距35步，驰马三趟，发箭九支。初制能两箭中靶为合式，康熙三十九年改为能三箭中靶为合式，不合式不得进入第二场。乾隆年间，增加马射"地球"，俗称"拾帽子"。考察应试者的优射能力。第二场考步射和技勇。步射考箭射布侯，应试者距离箭靶80步，发箭九支，初制三箭中靶为合式。康熙十三年改为二箭为合式，乾隆年间改为距离靶30步，发箭六支，能两箭中靶即为合式，技勇考弓，指拉硬弓，弓分八力、十力、十二力三号，应试者自选弓号，限拉三次，每次以拉满为合格。内场主要考策论。在后期的武科考试中，"遂专重骑射、技勇，内场为虚设矣"。清朝末期，英、法等西方资本主义国家，用武力打开了中国的国门，清朝的弓射已经远远跟不上洋人的快枪快炮的射程与威力。弓箭逐渐退出战争舞台。

现代社会，射箭是奥运会比赛的项目，属于技能主导类的表现准确型的运动项目，对运动员的心理训练是提高射箭运动成绩的重要方法。

第三节　礼射

射礼出现于我国西周时代，以射箭比赛为主要表现形式的射礼是西周礼典中的重要组成部分。它按性质分为三类：（1）以训练射术为目

---

① 张德泽：《清代国家机关考略》，中国人民大学出版社1981年版。

的，带有浓厚军事色彩的习射。（2）与大型祭祀相伴随，象征宗族首领亲自猎获牺牲的射牲仪式。（3）与饮宴、乐舞紧密结合，以集体娱乐为主要目的的射礼①。第一类性质的射礼，实际上就是西周金文记载的"射庐"、"学宫"中的习射活动。在周代，习射成为武士的重要标志，成为人们日常生活中的重要内容。人们心目中的英雄都是善射的能手，《诗经·猗嗟》是这样歌颂鲁庄公的："巧趋跄兮，射则臧兮！""舞则选兮，射则贯兮；四矢分兮，以御乱兮。"为提倡人们习射，周天子经常习射，并修"射庐"、"学宫"等习射场所。对各地武士的选拔主要考试射箭术。《礼记·射仪》："诸侯岁献贡士于天子，天子试之于射宫……是以诸侯君臣，尽志于射。"在西周金文中，这类性质的射箭活动，都是军事性练习，讲究"主皮之射"。《论语·八佾》记孔子语："射不主皮，为力不同科，古之道也。"《仪礼·乡射礼》解释道："礼，射不主皮，主皮之射者，胜者又射，不胜者降。"意思是不同于一般的礼射，它追求射击穿透皮甲的力度，是一种不追求仪容风度优美好看的射。《左传·成公十六年》所载楚人潘党、养由基"蹲甲而射之，彻七札焉"，说明春秋时期的习射者惯以穿透力度相炫耀，这正是典型的"主皮之射"。这一性质的射箭不属于"礼射"。第二类性质的射箭活动是与祭祀有关的射牲仪式。这类射箭活动与祭祀有关，射击禽兽都带有象征意义。在传世铜器麦尊和陕西长安张家坡西周洞室墓所出的伯唐父鼎，都记有周王在辟雍、辟池中乘舟而射的史实，"雩若翌日才辟雍，王乘于舟，为大礼。王射大龚禽。（邢）侯乘于赤旗舟，从尸，咸。之日，王以侯入于寝，侯易（赐）玄周戈……"② 这是麦尊上的铭文。"王格乘辟舟，临白旗，用射兕、犛虎、貉、白鹿、白狐于辟池。"③ 这是伯唐父鼎上关于射牲仪式的记载。这些事前捕获的野兽是

　　① 胡新生：《西周时期三类不同性质的射礼及其演变》，《文史哲》2003 年第 1 期，第112 页。

　　② 郭沫若：《西周金文辞大系考释》，文求堂书店 1935 年版，第 40 页。

　　③ 陕西省考古所：《长安张家坡 M183 西周洞室墓发掘简报》，《考古》1989 年第 6 期，第32 页。

被固定在另外的船只上，周王乘辟舟射击这些目标，才能箭无虚发，全部擒获。这些全是宗教性射礼。第三类性质的射箭活动是与饮宴、乐舞相结合的娱乐性射礼。这种射箭活动贯穿了道德礼仪观念和规则。正如《礼记·射礼》所述："射者，男子之事也。因而饰之礼乐也，故事之尽礼乐而可数为以立德行者，莫若射。故圣王务焉。"说明射礼是与德行教化紧密结合的。周代的射礼有四种：大射、宾射、燕射、乡射①。《仪礼》所记乡射礼、大射仪都是以饮酒礼为前奏。乡射、大射中的"释获"和"饮不胜者"，都不是以个人成绩为标准，而是将所有射者分成两队，按集体成绩决定胜负。射箭比赛的组织形式都是程序化的，天子、诸侯及大夫以下各使用不同的"侯"（箭靶），天子自射用虎侯，诸侯射用熊侯，大夫以下用豹侯，每人皆四矢，并设置众多职事人员管理竞赛。

莫高窟第 290 窟的射靶图（如图 46 所示）使我们得以看见一千多年前北周王朝的射箭运动场的真实情景。这幅画为横卷式连环画，画的右边是一个射箭棚，棚为木构建筑，上为灰瓦的四坡顶，中为立柱支撑，下有砖石砌台基。箭棚内三名射手呈立姿，都引满了弓，分别瞄射着左边重叠树立着的十个鼓形箭靶。另有一人骑着快马往返于靶棚之间，显然担当着场内的服务工作，箭棚前还有两行排列整齐的人群，可能是等候轮换上场的射手。壁画中的人物全部穿圆领小袖褶，下着小口裤，这是北方少数民族服饰。从专门修建的射箭场地、程序化的组织形式等特点看，这是一幅北周时期的射礼图。两晋、南北朝的长期战乱，为各民族的武艺提供了辽阔的舞台。北方民族匈奴、鲜卑、氐羌诸族先后入侵中原，建立政权。北方人体质强健，徒手及器械武艺多不凡，尤以骑射为最精。他们一方面接受汉族文化，另一方面极力强调习武练兵，以发扬其尚武传统。当时，南方汉族政权已停止了射礼。但北朝民族政权则继承汉族射礼，加以提倡，用之习武。《南齐书·礼志》："九

---

①　国家体委武术研究院编纂，张耀庭主编：《中国武术史》，人民体育出版社 1997 年版，第 20 页。

图 46　莫高窟第 290 窟的射礼图

月九日马射。或说云，秋金之节，讲武习射，像汉立秋之礼。"魏太武
帝时，专门修建习射场地说明北朝民族政权重视习射。"秋七月乙卯，
筑坛于祚岭戏马驰射，赐射中者金锦缯絮各有差"①。这是古文献对这
一历史的记录。《孝文帝本纪》："太和十六年七月己酉。将行大射之
礼，雨，不克成。"这次大射虽因雨而改朝，但孝文帝特别下诏反复强
调习射尚武之深远意义。指出："然则天下虽平，忘战者殆。"② 认为讲
武不够，命令有关部门修建射箭场地，制定射礼之规章。"后齐三月三
日，皇帝常服乘舆，诣射所……皇帝入便殿，更衣以出，骅骝令进御
马，有司进弓矢。帝射讫，还御坐，射悬侯，又毕，群官乃射五埒。"
"秋季大射，皇帝备大驾，常服，御七宝辇，射七埒。正三品以上，第
一埒，一品五十发……从三品四品第二埒，三品四十二发……九品第七
埒，十发。""大射置大将、射司马各一人，录事二人。七埒各置埒将、
射正参军各一个……又各置令史埒士等员，以司其事"③。这些文献记
载了北齐政权举行射礼的情况。当时，每年春秋两季各举行一次大规模

①　（北齐）魏收：《魏书》，中华书局 1974 年版，第 73 页。
②　王进玉：《敦煌壁画中的军事科技》，《历史大观园》1993 年第 10 期，第 170 页。
③　（唐）魏徵等撰：《隋书》，中华书局 1973 年版，第 165—166 页。

的射礼，全体官员均参加组织严密的射箭比赛活动，利用这种射礼活动来习射练武。"丙子，大射于正武殿，赐百官各有差"①。这是周武帝保定元年（561）举行大射的记载。"辛亥，帝御大武殿大射，公卿列将皆会"②。这是保定二年又一次举行大射的记载。"十一月辛巳，帝亲率军讲武于城东。癸未，集诸军都督以上五十人于道会苑大射，帝亲临射宫，大备军容"③。这是发生在建德二年的事。从这些文献记载来看，北方民族政权较为重视射礼这个传统的射箭比赛活动。莫高窟北周第290窟的射靶图正是对这一历史时期的射礼活动的引证。从射靶图中我们可以看到重叠树立的箭靶，说明北周时期的射礼，它既继承了我国汉族礼射的组织形式和文化内涵，即前面介绍的第三类性质的射礼，同时它又讲究"主皮之射"，讲究射箭的穿透力度，强调习射的军事训练目的。这是对西周礼射的发展。

---

① 《周书》，中华书局1971年版，第64页。
② 同上书，第67页。
③ 同上书，第83页。

第十章
博弈类

这里讲的博弈，是中国古代民间的一种相互之间斗智斗勇的棋类、赌博类娱乐游戏。这类娱乐游戏活动在中国古代被各个阶层的人所喜爱，古人利用这种游戏锻炼思维能力和拼搏求胜的精神，这种活动还具有调节人类日常生活、生理、心理等机制的作用，并形成一类具有中国传统文化内涵的民族体育项目。

"博弈"一词，最早见于孔子《论语》："饱食终日，无所用心，难矣哉。不有博弈者乎？为之犹贤乎已！""博"与"弈"是两种不同的棋戏，"博"是象棋类，"弈"是指围棋。在屈原《招魂》中记载："菎蔽象棋，有六博些。"春秋战国时期，又把六博称为象棋。秦汉时期，把六博棋、塞戏、弹棋等几种棋戏都称为象棋，是象棋原始的几种玩法。东汉对六博棋进行了改革，春秋战国时期的六博棋棋制称之为大博，革新后的六博棋叫小博。到了魏晋之后，斗巧斗智的六博棋，一类向纯粹斗巧的赌博方向发展，另一类向充分发挥棋艺家的智慧方向发展而成为象戏。象棋发展到北宋末期才定型为现代象棋的形态和玩法。先秦称围棋为"弈棋"，简称"弈"。《说文解字》解释："弈，围棋也。"①

本章主要从体育考古学的角度，探讨中国古代围棋和象棋的发生、

① "弈"与"奕"，本不同。《说文解字》云："弈，围棋也。从廾，亦声。""奕，大也。从大，亦声"，此二字音同义异，但古籍常混用。

发展的历史。

第一节　围棋

一　围棋的起源

关于中国古代围棋的起源，有以下几种观点。

（1）尧舜发明说。战国史官撰写的《世本·作篇》中就有"尧造围棋，丹朱善之"的记载。东晋张华《博物志》则进一步说明了发明围棋的动机："尧造围棋，以教子丹朱。或云：舜以子商均愚，故作围棋以教之"。

围棋由尧舜发明在古代几乎成为定论。国外棋界也深信不疑。日本享保十二年（1727年）正月二十九日，日本围棋四大门派掌门人本田坊道知、井上因硕、安井仙角、林门入，签了一张承诺书："……围棋创自尧舜，由吉备公传来……"《大英百科全书》、《美国百科全书》分别记载围棋于公元前2356年和公元前2300年由中国发明，这个时间大概是在中国尧舜时期。

（2）乌曹创始说。乌曹相传是夏桀的臣子，《世本·作篇》有"乌曹作博"的记载，明清人误"博"为"奕"，故《潜确类书》、《广博物志》、《渊鉴类函》有"乌曹作赌博、围棋"之类的附会。

（3）战国纵横家、兵家发明。唐皮日休在《原奕》中认为，围棋作为害、诈、争、伪之物，绝不可能是作为贤君圣主的尧舜所为，而是战国纵横家之流所造也。

（4）张如安先生认为，从先秦文献的记载看：其一，春秋时期，围棋活动已较为普遍，战国后期，围棋技术已达到很高的水平；其二，围棋流行的区域，基本上局限于北方，主要是黄河中下游一带。因为先秦围棋文献全出自北方诸子之手，明确提到的流行区域是中原地区的卫和齐鲁地区。①

（5）战争兵法说。章必功、周泗宗、马诤诸位先生认为围棋的起源与人类社会的战争有关。马诤在《围棋起源于兵法》一文中指出："原始社会的部落酋长，在指挥战争时，往往在地上画一些简单的军事形势图，并用石子表示双方兵力部署，商量作战及取胜的方法。某些典型的军事形势图，如阪泉之战、逐鹿之战，有可能逐渐凝固为一种军事游戏，或许就是围棋的萌芽形式。"周泗宗列举了原始时代的三幅与围棋有关的彩陶图案，作为史前社会存在围棋的证据，它的出现不是一蹴而就的，是逐渐发展的，有原始形态，围棋是由"代族棋"变革而来。章必功在《围棋的哲学内涵》中认为，围棋大约产生于春秋初年至中叶的 200 年间。

（6）八卦占卜说。吴清源先生认为，围棋最初并不是一种争胜负的游戏，而是占卦天文的用具。杨晓国《论陵川棋子山与围棋的起源》认为："起源于殷末周初；围棋当起源于太行之极与淇水之源的山西陵川县棋子山；围棋起源过程中所依据的基本原理，当出自商周先民通过'其人'活动所获得的朴素天象观和原始自然观；箕子其人，是我国殷末周初的著名的卜巫学家及'其人'宗师，他所从事的有关活动及其有关思想，当为《周易》和围棋的起源奠定了最初的基础。"

这些观点，都是古人至今人从不同的角度对围棋的起源的一些看法。这些考证对于全面认识围棋的发生与发展还是有重要的意义。我们通过围棋的考古资料和文献资料，结合人类文明发展的轨迹，吸取各家学说的合理部分，重新梳理一下围棋的源头。

《世本》，又作世或世系。世是指世系；本则表示起源。是一部由先秦时期史官修撰的，主要记载上古家族世系传承的史籍。世本一名最初是见于《周礼·春官·小史》中的"掌邦国之志，奠系世，辨昭穆"。其中，系是指天子的帝系，而诸侯的世系则称为世本。而《世

---

① 张如安：《中国围棋史》，团结出版社 1998 年版，第 11 页。

本》一书直到西汉末年时才经刘向校整后定为现名，后来在唐朝时为避唐太宗李世民讳，又一度改名为《系本》。现代有学者因书中称赵王迁为"今王迁"认为此书是由战国末年的赵国人所作，成书年代约为秦始皇十三年至十九年（公元前234—前228年），比《竹书纪年》要晚上六七十年。世本历经秦汉，几经儒者改易增补。西汉司马迁作《史记》时曾采用、删定世本。东汉宋衷为世本作注，《旧唐书·经籍志》："世本四卷，宋衷撰。世本别录一卷，帝谱世本七卷，宋均撰。"《新唐书·艺文志》："宋衷世本四卷，别录一卷，宋衷注帝谱世本十卷。"自东汉以来，宋衷、宋均、孙氏、王氏等人皆为该书作注。而宋代目录书已不辑录该书，当时已经散佚失传。清代学者王谟、孙冯翼、钱大昭、王梓材、洪饴孙、陈其荣、秦嘉谟、张澍、雷学淇、茆泮林等人各有辑本，而以雷、茆本为佳。《世本·作篇》中关于围棋起源的说法，因为文献过早地遗失，后人的辑本不能回复《世本》的历史本来面貌，而缺乏了说服力。但它确实是重要的文献，它记载的"尧造围棋"是一个重要线索，我们可以通过未来不断出土的考古文物来相互印证。

许慎《说文解字》："弈，围棋也，从廾，亦声。"从"廾"字的象形演变来看，就是两人举手握棋对局的形象。从造字的历史看，两个人对弈下棋的活动在造字之前就发生了。

在半坡类型的彩陶罐上有渔网的图案，这些渔网都是9×9道或者是11×11道的图案，特别像围棋棋盘，如图47、图48所示。

在甘肃永昌鸳鸯池遗址出土的新石器时代马厂类型彩陶罐上绘有棋盘纹图案，即纵横各十道至十三道的围棋盘图案。在仰韶文化的彩陶上也有类似古代棋局的图案。尽管这些图案不是棋局的实物，仍不失作为围棋起源于原始社会末期的有力佐证。是不是可以大胆推测，最早的围棋棋盘是由我们的史前先民在劳动过程中受到劳动工具"渔网"的启发而发明的。

围棋玩法上的特点：棋盘上的"土地"是公有的，只凭落子的先

图 47　作者藏品

图 48　作者藏品

后决定其归属；每个棋子都是平等的，没有高低贵贱之分；在体力、武器、智谋相等的情况下，人数的多少决定了战争的胜负。围棋以多子攻杀，围吃少子，当四个子围住一个子时，就可以把这个子吃掉。这些都体现了史前社会是没有阶级的、是平等的，这也体现了史前社会的人与人、部落与部落之间的生存斗争。

所以，结合学者们已有的研究成果分析，围棋发生的时间不是一蹴而就的，和中国传统文化一样，是一个漫长的过程，它是发端于史前社会的人们在生产劳动和军事斗争启发之下的一种智力游戏，并随着社会的进步，同步的中国传统文化的其他因素融入其中，如占卜，变成占卜的工具；如军事斗争，围棋就是用来模仿战争的道具。围棋游戏方法初步定型于春秋战国时期。围棋发端于尧舜时代是可能的，但一定要把发明权交给尧舜，恐怕是一个思维误区。特别是先秦以前的古代文献中记录新事物的出现或者一个发明，都会把发明权交给一个"圣者"或"英雄"，如盘古开天地、女娲造人、伏羲作八卦，到炎帝教人稼穑，黄帝发明舟车、屋宇、衣裳、医药等。新石器时代中后期，史前部落的人从崇拜神灵、太阳、大地、月亮、水、火、各种凶猛的动物到崇拜他们心中的"圣人"，所谓的"圣人"其实就是部落里聪明、有本事、能帮助大家的部落首领。这在良渚文化的玉器图案上得到证明，一个人骑在一个凶猛的动物身上。一个发明、一个新发现只有与圣人结合在一起，才能长时间地存在、延续传递下去。由此得出的结论就是围棋的发生是古代劳动人民集体创造的结果。

二　不同历史时期的围棋

1. 春秋战国时期

春秋战国时期，是奴隶社会向封建社会的过渡时期，也是我国围棋初次为史学家所注意并有了记载的信史时期。这一时期虽然战乱不止，然而又是诸子百家各抒己见，历史上少有的文化百家争鸣的时期，围棋在这一时期也达到了空前的繁荣。

最初，以孔子为代表的士大夫不太赞成下围棋，他在《论语》中写道："饱食终日，无所用心，不有博弈者乎，为之犹贤乎已。"说下围棋只是比"饱食终日，无所用心"强一些。孟子师承孔子，他的观点也和孔子相似，他在《孟子》中写道："博弈好饮酒，不顾父母之养，二不孝也。"在这里，孟子把下围棋当成不孝，观点似乎比孔子更甚。然而，孟子又是矛盾的，他同时又承认围棋是一门艺术，不专心致志，难以领会其精髓，他在《孟子》中又写道："夫奕之为数，小数也，不专心致志，则不得也。"

《左传·襄公二十五年》曾记载了这样一件事，公元前 559 年，卫国的国君献公被卫国大夫宁殖等人驱逐出国。后来，宁殖的儿子又答应把卫献公迎回来。文子批评道："宁氏要有灾祸了，弈者举棋不定，不胜其耦，而况置君而弗定乎？"用"举棋不定"这类围棋中的术语来比喻政治上的优柔寡断，说明围棋活动在当时社会上已经成为人们习见的事物。

弈秋是见于史籍的第一位棋手，是"通国之善弈者"。关于他的记载，最早见于《孟子》。由此推测，弈秋可能是与孟子同时的人，也可能稍早一些，大约生活在战国初期。弈秋是当时诸侯列国都知晓的国手，棋艺高超，《弈旦评》推崇他为国棋"鼻祖"。由于弈秋棋术高明，当时就有很多年轻人想拜他为师。弈秋收下了两个学生。一个学生诚心学艺，听先生讲课从不敢怠慢，十分专心。另一个学生大概只图弈秋的名气，虽拜在门下，并不下工夫。弈秋讲棋时，他心不在焉，探头探脑地朝窗外看，想着鸿鹄什么时候才能飞来。飞来了好张弓搭箭射两下试试。两个学生同在学棋，同拜一个师，前者学有所成，后者未能领悟棋艺。[1] 学棋要专心，下棋也得如此，即使是弈秋这样的大师，偶然分心也不行。有一日，弈秋正在下棋，一位吹笙的人从旁边路过。悠悠的笙乐，飘飘忽忽的，如从云中撒下。弈秋一时走了神，侧着身子倾心聆听。此时，正是棋下到决定胜负的时候，笙突然不响了，吹笙人探身向弈秋请教围棋之道，弈秋竟不知如何对答。不是弈秋不明围棋奥秘，而是他的注意力此刻不在棋上。[2] 这两则小故事都记载在史书上。人们把它记下来，大概是想告诫后人，专心致志是下好围棋的先决条件。

---

[1]　（战国）孟轲：《孟子》，北京燕山出版社 1995 年版。
[2]　（东汉）桓谭：《新论·专学篇》，上海人民出版社 1976 年版。

出现弈秋这样的高手，说明当时围棋已相当普及，可以肯定，像弈秋这样的国手不止一人。弈秋是幸运的，春秋战国延续五百年，他是留下名字的唯一的一位棋手，也是我们所知的第一位棋手。之后，围棋的地位逐渐提高。《关尹子》里指出："射箭，驾车，操琴，学棋，没有一件事是能够轻而易举学会的。"显然，围棋这时已提高到与射箭，驾车、操琴同样的地位了。围棋地位提高了，下棋的某些规律也慢慢被总结来。《尹文子》一书中写道："像围棋这样以智力取胜的游戏，进与退，取与舍，攻与守，纵与收，主动权都在我。"① 在当时的历史条件下，尹文子能够提出主动权问题是很难得的。主动权在围棋实战中作用重大。到今天，始终掌握棋局的主动权依然是每一个围棋爱好者必须牢记的。

春秋战国时期，虽然战争不止，但围棋却得到了前所未有的发展，由于史籍有限，我们不可能了解到那时围棋发展的盛况，也没有一张棋谱传下来，使人们了解到当时的围棋到底处于何种水平。但从种种迹象推断，春秋战国时期，一定形成了一股围棋热，而且持续时间很长，这是毋庸置疑的。

2. 秦汉时期

秦始皇统一中国后，推行了一套中央集权制的君主专制制度，实行个人独裁，由官僚严厉管理着国家的各项事物，秦始皇强迫民众修筑长城以御外敌，在距秦都咸阳不远处又修筑了富丽堂皇的阿房宫以供自己享乐。为了压制对自己政体的不满情绪，秦始皇愈加残酷，不再顾及民众的生活，为了使国民的思想与自己的目的统一起来，他下令严禁有实用科学以外的学科和思想存在，并将自己认为无用的各种书籍统统收集起来焚烧，把与己思想有隙的学者五百余人全部活埋，这便是历史上所说的"焚书坑儒"。

在秦始皇眼里，那些棋书当然也是无用之物，必焚之。所以，自秦

---

① 厉时熙：《尹文子简注》，上海人民出版社 1977 年版。

始皇开始整个秦代未能有一个棋手的名字载入史册。我们也可以想象，在秦始皇之前就已经存在了的那些棋书和有关棋手的记述，也大多被认为是"无用之书"而付之一炬了。

秦始皇在统一后的中国施行暴政，在短短的 15 年后恶果便显现出来，各地起义者风起云涌，国家基础日见崩溃，最终汉朝代替了秦朝。政局的变革，使围棋又渐渐复苏了。班固又撰写了改朝换代的第一本棋书，确立了中国围棋史上的新起点，这也是中国围棋复兴的一个阶段，据考班固出生于现陕西省咸阳市附近。

班固所著的棋书是一本论述围棋理论的书籍，名为《弈旨》。《弈旨》一书所阐述的对围棋的看法并不因为与今天有着一千九百多年的时间差距而与今天有太多之不同，在围棋思想上，可以说是与今相通的。例如，班固书中有如下观点：围棋子的黑与白是两个极端的事物一样，宇宙、大自然也存在着对立却统一于一体的事物，即"阴"与"阳"统一于宇宙和自然，如乐于棋事，则会对宇宙的原理有所领悟，这样的人寿命也会长，喜爱下棋者的寿命可至八百岁，直追传说中的长寿者彭祖的寿命。当然，人是不可能活八百岁的，彭祖也不过是神话传说中之人物，班固的这种说法意思是下棋可健身心，对人的健康起作用，对这一点班固肯定是确信无疑的。

围棋有利于身心健康，在现代医学中是得到了确凿的证据的。"下一手棋"该落于何处？不单纯是手执棋子将其置于盘上，它确实促进了大脑和神经末梢的活性化。如果我们比较同一生活条件下的围棋爱好者和非围棋爱好者的寿命，我们就会发现，前者确实要比后者长寿数年或是十数年。

班固的论点与现代医学的常识虽文句不同，但其意是相合的。《弈旨》一书姑且不论其量如何，仅就其质而言，它就是一部具有历史意义的围棋书。

汉代马融曾写过著名的《围棋赋》。与班固同乡的马融，也是后汉时期一位非常有名的围棋爱好者，并且马融擅使古琴和笛子等乐器，是一个"琴棋书画"四艺皆通的人物，此人极有教养，堪称儒家道德要求之典范。但马融的做派与人们印象中的作风严谨的儒家学者的形象迥然不同，他住在华宅里面，喜爱华丽精美的衣物和器物，在教授学生时也与过去的儒家学者有很大不同，注意寓教于乐。

当时，学者们惯以"斌"这种文体表述自己的思想，据说"斌"的始创者也是班固，马融是个作斌的高手。于是，马融写就了《围棋斌》，如果说班固的《弈旨》是第一部有关围棋理论作品的话，那么马融的《围棋斌》则是第一部有关围棋的文艺作品。马融的《围棋斌》中没有《弈旨》中那些广博深奥的围棋观，马融仅是将围棋视作一种"战斗的游戏"，以准确的笔触描写了双方在棋盘上的争夺情景。并将这种情景与真实生活的战争联系起来，读后使人有一种仿若亲临战场观战的惊心动魄。

黄宪是东汉慎阳人，字叔度。黄宪的《机论》有点像孟子、庄子那时候的说理文章，但是涉及了围棋。《机论》中说："弈之机，虚实是已。实而张之以虚，故能完其势；虚则击之以实，故能制是形，是机也。"把下围棋的战略战术说得非常到位，并且引申到了哲学层面。

3. 魏晋时期

早在三国时，围棋就作为体育比赛而举行，而且还备受文人和军事家的青睐。《三国志》中记载，建安七子中的王粲有很好的围棋天赋，他能将碰乱的棋局凭记忆将其恢复原貌，结果"用相比较，不误一道"[1]。三国时期的军事家中，以曹操的棋艺最精，他将棋盘视为战场，将自己置于指挥作战的状态，认为下棋犹如带兵打仗，并用战争术语来描写围棋的厮杀。很快，围棋成了贵族们教育其子弟掌握军事知识的工具，并得到一定的发展。魏晋南北朝是敦煌文化的鼎盛时期，也是围棋的一个重要发展时期。当时，围棋已形成一种潮流，并且涌现出了不少棋艺高手，这在敦煌壁画中可以看到。为了评定棋艺的高低，人们制定

---

① 陈寿：《三国志》，上海古籍出版社2002年版，第548页。

了标准。魏晋时，官吏的等级被分为九品，受这种文化思想的影响，围棋也被分成了九等。根据《艺经》记载，"夫围棋之品有九：一曰入神，二曰坐照，三曰具体，四曰通幽，五曰用智，六曰小巧，七曰斗力，八曰若愚，九曰守拙。"这样逐渐流传下来，围棋手就有了九段之分。今天，在日本虽有十段赛，但没有十段棋手，十段赛无非是超一流赛的意思，围棋手的最高等级还是九段。

两晋时期，中原地区战争频繁，社会混乱，特别是两晋南北朝时期，改朝换代时有发生，经济文化遭到沉重打击和破坏，于是人口大量西迁。因当时的河西走廊较为稳定，内地许多官宦贵族纷纷迁到敦煌避乱，这促使边疆与内地文化有更深一步的融合，也促进了中华文化的大发展。而作为文化组成部分的围棋，也得到了较大发展。因此，自西汉设郡到西晋末，"丝绸之路"虽几通几绝，但敦煌却渐显繁荣昌盛的景象，也逐渐发展为西北军政中心和文化商贸重地。

梁武帝时，是南朝围棋发展的繁荣时期。《南史》载："登格者二百七十八人。"也就是说，下围棋获得等级的人达到 278 人。梁武帝萧衍还撰有《棋评要略》。不过，我国现存最早的围棋著作是敦煌石窟中发现的北周时期的手抄本《棋经》，记载了当时的围棋规则和棋艺。20 世纪 30 年代，中国学者在英藏敦煌文献中发现了一卷编号 S·5574 的《棋经》写本，遗憾的是，该写本卷首已残缺，存有的正文仅 16 行，约 2500 字。残卷目录为：□□篇第一，诱征篇第二，势用篇第三，像名篇第四，释图势篇第五，棋制篇第六，部襄篇第七，后附"棋病法"和"梁武帝棋评要略"等。此写本内容丰富，书写流畅，语言简洁易懂，作者用心巧妙，他将兵法的战略战术思想融会贯通于围棋之中。例如，第一篇中记载："不以实心为善，还须巧诈为能，或意在东南，或诈行西北……棋有万徒，事须详审，勿使败军反怒，入围重兴。"[1]"棋病法"中记载："全军第一，棋之大体，本拟全局。……凡所下子，使

---

[1] 郝春文、许福谦：《敦煌写本围棋经校释》，《敦煌学季刊》1987 年第 2 期，第 109、112、117 页。

内外相应，子相得力。若触处断绝，难以相救……夫棋法本由人心，思虑须精，计算须审，所下之子，必须有意，不得随他。"① 全卷精辟地论证了下棋之道在于斗智、详审，要灵活应变，仔细观察才能取胜。

关于《棋经》的成书年代，有以下三种说法：一说成书于公元560年，这是目前敦煌学术界较为流行的说法，在有关敦煌围棋的论述中多用此年代；二说成书于公元557—581年，这是四川大学历史系教授成恩元先生从目录学、避讳学、比较学等角度旁征博引，详细考证后认为该书为公元557—581年的作品，具体年代无法确定；三说成书于建中二年（781年）至大中二年（848年）之间，卷子末尾有藏文题记一行，译为中文大意是"僧书"。依据这条藏文题记，可以断定这个卷子的书写年代是吐蕃统治敦煌时期②。《棋经》的存留，再一次说明了十六国时期敦煌地区围棋的盛行。

4. 唐时期

敦煌县博物馆曾在距今敦煌市不远的唐代寿昌县古城遗址中发现了66枚围棋棋子。这66枚实物棋子，原本埋没在沙丘之中，后被风沙吹过逐渐显露出来。棋子的颜色和形状与今天的围棋子大体相同，色泽鲜明，分为黑白两色，其中黑色棋子41枚，白色25枚。可见，在颜色上与今天标准的围棋子吻合，只是棋子的形状、大小略有不同，分大小两种型号，均呈圆形，中间凸出。大号中间最厚处为0.75厘米，直径为1.20厘米，重量约为12克；小号则在形体、重量方面都小于大号。1985年9月，又挖掘出围棋子两枚。在敦煌地区发现围棋子，充分说明了古代围棋在该地的发展和兴盛。

又，2008年8月，在敦煌地区进行体育文物调查期间，在一收藏家的家中无意发现了这些古代围棋子。总共有81枚。一眼看上去，那种沧桑古朴之气扑面而来，都为玉质材料，围棋子表面有受沁，千百年

---

① 郝春文、许福谦：《敦煌写本围棋经校释》，《敦煌学季刊》1987年第2期，第109、112、117页。

② 同上。

来风沙吹蚀的痕迹明显，这和我们刚参观敦煌博物馆时看见的围棋子非常相似。如图49、图50所示。

图49　碟形白玉围棋子

图50　碟形墨玉围棋子

"天下诸郡每年常贡，按令文，诸郡贡献皆尽当土所出……敦煌郡贡棋子廿具"①。大唐武德元年至开元中期及天宝年间，朝廷下诏各地郡县，要求进奉贡品，而只令敦煌（后改为沙州）进贡围棋，并且是

---

① 杜佑：《通典》，中华书局1988年版，第112—119页。

20 具，可见规模之大。这充分证实了敦煌地区的围棋制造业曾著称于世，其所产围棋遍布全国各地，连宫廷都由其供应。可见，敦煌郡的围棋，无论色泽、形状还是质地，在当时都可满足社会各阶层的需要，因而盛誉天下。在敦煌莫高窟第 17 窟中，发现了唐代珍品《唐地志》，这是天宝年间的写本，其中记载："都四千六百九十，贡棋子。""都四千六百九十"是指当时敦煌到京都长安的距离，合现在大约两千千米。"贡棋子"是指每年敦煌郡都要向皇宫进献围棋子。当然，向宫廷进贡的棋子，不但要求外形美观、磨制精细，而且多为玉石质地的上等品。"沙洲敦煌郡，下都督府。本瓜州……土贡：棋子、黄矾、石膏引。"由此可见，唐代敦煌的围棋子，被列为土特产之首向唐王朝进贡。这再一次证实了敦煌围棋在当时已闻名遐迩。古代敦煌制玉的材料来源有二：一为新疆和田软玉；二是祁连岫玉。汉唐以来，河西地区是新疆软玉运往内地的必经之路，古称玉道，敦煌、酒泉成为中转歇脚之地。大型的和田玉材运输困难，为了便于运输和保管，就在这些地区开设玉石作坊，加工和田玉器，成品再运往内地。祁连山开采的一种玉，又称酒泉玉，颜色多为墨绿色。独特的地理环境，优质的地矿物藏，为敦煌围棋制造业的发展提供了良好的条件。

安西榆林窟第 31 窟《维摩诘经变》中的棋弈场面既清楚又生动：旷野中，一条华丽的地毯上，有两人坐在矮桌前对弈，维摩诘居士则站在一旁，手拿羽扇津津有味地评论、指导，对弈者正在决一胜负，好像无心领会维摩诘的评论。这是一幅较为生动逼真的对弈场景，画中的棋具以及对弈者的面部表情都与今天下围棋的场面十分相似。另见敦煌莫高窟第 454 窟屏风画第 5 幅中，有一小片对弈图。而第 61 窟屏风画第 21 幅下方也有一幅，画面长约 40 厘米，宽约 30 厘米，整个图画并不大，对弈者在柳树下的石桌前，聚精会神地进行较量，从对弈者的神情来看，正在紧张激烈地搏斗，而且双方各不相让，都想拿下这盘棋。这几幅壁画面积虽不大，但真实地反映了当时唐代敦煌地区围棋活动的普及和流行程度。

隋唐时期，社会较为稳定，经济有较大发展，呈现一片繁荣安定的景象，为围棋的发展奠定了基础。许多考古发现都与当时围棋的兴盛和传播有关，如1959年河南安阳隋代张盛墓出土的青瓷棋盘、中国体育博物馆收藏的唐代围棋子、新疆阿斯塔娜唐墓出土的《仕女围棋》绢片等，都是唐代盛行围棋活动的史实。在新疆吐鲁番阿斯塔娜唐墓中出土了一片绢画，绢片上画的是一幅"围棋仕女图"，图中一位贵妇人坐在棋盘旁，仔细观察着棋盘，其右手的食指和中指夹着一枚棋子，准备落格，另有两小儿嬉戏，她则全然不顾。与此绢片同地点出土的还有一个棋盘。由此可知，随着敦煌围棋在"丝绸之路"上的广泛传播，连妇女也成为围棋的爱好者。

此外，古代围棋棋盘的格局也有一个发展过程，主要是棋盘上的道数和位数增加。原始围棋道数较少，可能只有11道、13道，到三国时就出现了17道围棋盘。邯郸淳《艺经》载："棋局纵横各十七道，合二百八十九位，白黑子备一百五十枚。"河北望都东汉墓发现的石制围棋盘，就是纵横备17道。1972年在新疆阿斯塔娜墓出土的绢画"围棋仕女图"，画中的格局为17×16道（其中一道漏画了）。后来，便有了今天这种19道棋盘格局。如《孙子算经》载："今有棋局方一十九道，问用棋几何？答曰：三百六十一。术曰：置一十九道相乘之即得。"棋盘的扩大，意味着棋局变化更加复杂，是棋艺水平提高的重要标志。

唐代围棋极其盛行，许多日本的围棋爱好者慕名到中国来寻访名宿"手谈"。下围棋又称"手谈"。现在有据可查最早的资料《世说新语·巧艺》载："王中郎以围棋是坐稳，支公以围棋为手谈。"下围棋是一门很高深的游戏活动，通过对弈，可以看出双方的品性、涵养和脾气，犹如两人通过谈话达到互相了解，但因为用手，而不是用口，所以又叫"手谈"。由于围棋奥妙无穷，作为一种修身养性的体育活动便广泛传播开来，尤其在"丝绸之路"上极为盛行。

在唐代，下围棋及其普遍。下棋者有天子、宫人、宗室贵族、士大夫、武将、僧人、道士、樵者、民间妇女。不分白天夜晚在皇宫、官邸、林间、窗下、竹里、僧舍、观中、旅店、阶前和驿馆等，几乎是无处不对弈，甚至有的三尺童子也深解棋艺。京城长安更是下棋成为风俗，自唐德宗贞元年间"侈于博弈"①。唐朝不少皇帝喜欢围棋。唐太宗与吏部尚书唐俭对弈，唐俭因固于争道，遭到斥责。开元十六年（728 年），唐玄宗与宰相张说观弈，命其试验年方七岁的李泌的才能。张说让李泌赋"方圆动静"。李泌"逡巡曰：'愿闻其略。'说因曰'方若棋局，圆若棋子，动若棋生，静若棋死'。泌即答曰：'方若行义，圆若用智，动若聘材，静若得意。'说因贺帝得奇童。帝大悦曰：'是子精神，要大于身。'赐束帛，敕其家曰：'善视养之。'张九龄尤所奖爱，常引至卧内"②。玄宗因喜围棋，故于所置翰林待诏中，围棋是其一。见于记载的翰林待诏王积薪，是名噪一时的围棋大师，自谓天下无敌。他常陪玄宗对弈，"或言王积薪对玄宗棋局毕，悉持（一日时）出"③。有时与张说等宰臣下棋。名僧一行本不懂弈。在张说宅"观王积薪棋一局，遂与之敌，笑谓燕公（张说）曰：'此但争先耳。若念贫道四句乘除语，则人人为国手。'"④ 皇帝置专职棋待诏，前所未有。此后一些皇帝因袭其制。贞元末年"翰林待诏王伾善书，山阴王叔文善棋，俱出入东宫，娱侍太子"⑤。宣宗朝棋待诏顾师言，与日本王子对弈故事尽人皆知。唐懿宗前后，新罗人朴球，任唐棋待诏。僖宗朝翰林待诏滑能"棋品甚高，少逢敌手"⑥。

唐内侍省掖庭局设宫教博士二人，从九品下，掌教习宫人书、算、众艺。众艺包括棋。张籍《美人宫棋》描写宫人下围棋情景："红烛台前出翠娥，海沙铺局巧相和，趁行移手巡收尽，数数看谁得最多"。王建《夜看美人宫棋》云："宫棋布局不依经，黑白分明子数停，巡拾玉

① （唐）李肇：《唐国史补》卷下《叙风俗所侈》，世界书局 1978 年版。
② （宋）欧阳修、宋祁：《新唐书》卷 139《李泌传》，中华书局出版社 1975 年版。
③ （唐）段成式：《酉阳杂俎》前集卷 12《语资》，中华书局 1981 年版。
④ 同上。
⑤ （北宋）司马光：《资治通鉴》卷 236，贞元十九年六月，中华书局 1956 年版。
⑥ （宋）孙光宪：《北梦琐言》卷 10，三秦出版社 2004 年版。

沙天汉晓，犹残织女两三星。"① 由此可见，她们对弈随心所欲，不那么讲究棋经，甚至几乎通宵达旦地鏖战。

达官贵人除经常陪侍天子对弈外，有的公余以弈消遣。相国魏铉镇守淮扬时，"公以暇日，与二客私款，方弈"②。此即其例。琴棋书画是中国古代士大夫喜好的四大技艺。唐代不少士大夫深谙其技。如高测，琴棋书画等，"率皆精巧"③。姚合自称棋罢嫌无敌。张南史"工弈棋，神算无敌"④。不少人好棋成癖，嗜棋如命。吴融说："万事悠然只有棋。"⑤ 田处士有爱酒耽棋田处士之称。杜甫自称以棋度日。鱼玄机告诫外出丈夫休招闲客夜贪棋。许浑诗中 11 次提及对弈。李洞除有一首诗专讲棋外，另有八首诗涉及棋。为下棋，差点误了前程。宰相令狐绹奏荐李远为杭州刺史。唐宣宗说："朕闻（李）远诗有'青山不厌千杯酒，白日惟销一局棋'。是疏放如此，岂可临郡理人？"令狐绹说：诗人托此以写高兴，未必属实，宣宗才勉强同意⑥。每当"酷尚弈棋"的仆射李讷急躁发怒，家人就密置棋具，李讷"忻然改容，以取其（棋）子布弄，都忘其恚矣"⑦。因迷恋下棋，有的人做官失职。东都留守吕元膺，常与处士对弈，以至文簿堆拥。有的人丢了乌纱和脑袋。唐太宗说："'吾常禁囚于狱内，（大理丞张）蕴古与之弈棋，今复阿纵（李）好德，是乱吾法也。'遂斩于东市。"⑧

唐代道士爱下围棋。唐诗中描写颇多。许浑寻周炼师不遇，而他夜晚下棋的残局还摆在那里。卢纶到终南山楼观访道士，道士正在下棋。"漱玉临丹井，围棋访白云"（刘长卿《过包尊师山院》）。"古观逢

---

① 《新唐书》卷47，《百官志二》。

② （宋）孙光宪：《北梦琐言》卷6，三秦出版社2004年版。

③ 《北梦琐言》卷5。

④ （元）辛文房：《唐才子传》卷3《张南史》，黑龙江人民出版社1986年版。

⑤ 《山居即事四首》，上海古籍出版社编，《全唐诗》卷684，上海古籍出版社1986年版。

⑥ 《唐才子传》卷7，《李远》，《北梦琐言》卷6所记载有所不同："先是，李远以曾有诗云：'人事三杯酒，流年一局棋'。唐宣宗以其非牧人之才，不与郡守，宰相为言，然始俞允，又云'长日惟消一局棋'，两存之。"

⑦ （北宋）钱易：《南部新书》庚，中华书局出版社2002年版。

⑧ （后晋）刘昫：《旧唐书》卷50《刑法志》，中华书局出版社1975年版。

（一作寻）仙看尽棋"（贾岛《欲游嵩岳留别李少尹益》）。周贺与李道士是棋友。罗道士与人对弈不赌钱。玄都观道士李尊师与人对弈，杀得难解难分。李群玉《别尹炼师》时，"一罢棋酒欢"。道士勤尊师"晚携棋局带（一作就）松阴"（许浑《题勤尊师历阳山居》）。

唐代僧人也喜欢对弈。胡瑊曾与剡溪僧对弈，在西明寺僧院看僧人下棋。韩愈与僧灵师斗黑白子。李商隐《幽人》"棋罢正留僧"。李远《闲居》时，"留僧尽日棋"。白居易与"山僧对棋坐"（《池上二绝》）。刘禹锡的僧友偦师，棋艺高超。张乔与山僧对弈。

唐人的棋局不少是刻在林间、竹中或府邸别墅的石或石桌上，随时可下。"松间石上有棋局"（《妙乐观》）。"石上铺棋势"（李洞《赠宋校书》）。"雪压围棋石"（贾岛《怀博陵故人》）。下棋时呼呼作响。"棋添局上声"（杜荀鹤《新栽竹》）。有的棋局用珠玉装饰。马举镇淮南日，"有人携一棋局献之，皆饰以珠玉，举与钱千万而纳焉"[1]。有用响玉、楸玉、珉玉等优质玉制作的弈局，用贵重的紫檀木并镶象牙的棋盘，还有用纸画的棋局。"老妻画纸为棋局"（杜甫《江村》）。1949 年后，出土了一些隋唐围棋盘，棋局有 15 条、17 条、19 条线等[2]。唐末人裴说《棋》云"十九条平路"，讲的也是 19 条线。这纵横各 19 条线的棋局，则与今之围棋基本相同。出土棋具中也有棋子。"三百枯棋弈思沈"[3]。棋子分黑白。

唐人下围棋，开枰对垒，犹如两军作战，既有攻势凌厉的搏战，也有不动声色的斗智。有时是深入虎穴，出奇制胜。行棋布局，千变万化。围棋虽小，含蕴的学问很大，是智力竞赛。元稹有"运智托围棋"之说。他在家中聚诸棋友对弈，"鸣局宁虚日，闲窗任废时。琴书甘尽弃，圆井讵能窥。运石疑填海，争筹忆坐帏。赤心方苦斗，红烛已先

---

① （宋）李昉、扈蒙等编：《太平广记》卷 371《马举》，岳麓出版社 1996 年版。
② 《文物》1972 年第 11 期，《湖南湘阴唐墓清理简报》，《考古》1959 年第 10 期，《安阳隋张盛墓发掘记》，吐鲁番阿斯塔纳墓围棋仕女帛画。
③ （唐）胡宿：《寄昭潭王中立》，《全唐诗》卷 731。

施。蛇势萦山合，鸿联度岭迟。堂堂排直阵，衮衮逼赢师。悬劫偏深猛，回征特险巇。旁攻百道进，死战万般为。异日玄黄队，今宵黑白棋。斫营看回点，对垒重相持。善败虽称怯，骄盈最易欺。狼牙当必碎，虎口祸难移。乘胜同三捷，扶颠望一词。希因送目便，敢恃指纵奇。退引防边策，雄吟斩将诗"①。此诗比较全面生动地描绘了唐人下围棋的真实情景。从中可以看到，这盘棋下得十分精彩：棋手非常投入，琴书之类全都抛弃不顾，集中精力下棋。以棋为兵，布阵鏖战。或以蛇势将敌包围；或"堂堂排直阵"，进逼其赢弱之师；或旁攻百道俱进，欲置敌于死地。同时，又讲究谋略，"斫营看回点，对垒重相持"。这场苦斗，从白天厮杀到红烛高照。杜荀鹤"对面不相见，用心同（一作如）用兵。算人常欲杀，顾己自贪生。得势侵吞远，乘危打劫赢。有时逢敌手，当局到深更"②。短短几句诗，将唐人对弈如你死我活的兵家之争，刻画得入木三分。唐人吴大江《棋赋》也说博弈"似将军之出塞，若猛士之临边。及其进也，则乌集云布，陈合兵连"。用心盘算如何吃掉对方的棋子，小心翼翼地保护自己，一旦得手，就乘势穷追猛打，置敌于死地；如棋逢对手，则一局杀到深更半夜。但棋局的发展是曲折的。"百变千化无穷已，初疑磊落曙天星，次见搏击三秋兵，雁行布阵众未晓，虎穴得子人皆惊"（刘禹锡《观棋歌送俨师西游》）。要想取胜并非易事，所以对弈双方均极专注，"傍人道死的还生，两边对坐无言语，尽日时闻下子声"③。决定胜负关键在于"围棋斗黑白，生死随机权"④，即智谋。"幽人斗智棋"（李洞《对棋》）。实际上，对弈斗智，是双方心计的对抗。"不害则败，不诈则亡，不争则失，不伪则乱，是弈之必然也"⑤。棋局虽小，变幻无穷，学问很大。人们"运智托围棋"（元稹《酬翰林白学士代书一百韵》）。尽管围棋有

---

① 《全唐诗》卷406《酬段丞与诸棋流会宿弊居见赠二十四韵》。
② 《全唐诗》卷691《观棋》。
③ （唐）王建：《看棋》，《全唐诗》卷301。
④ （唐）韩愈：《送灵师》，《全唐诗》卷337。
⑤ （唐）皮日休：《皮子文薮》卷3《原弈》，（台湾）商务印书馆1986年版。

消遣作用，同时也可以弈会友，修身养性，"园棋出专能"①，故持久不衰。

唐人下棋有的从清晨下到掌灯，甚至夜漏欲尽，天汉星残。"棋残漏滴终"（吴融《赴阙次留献荆南成相公三十韵》）。"观棋不觉暝，月出水亭初"（岑参《虢州卧疾喜刘判官相过水亭》）。"春酒夜棋难放客，短篱疏竹不遮山"（李昭象《题顾正字溪居》）。有时一局未下完，就封棋暂停，来日再对。"昨日围棋未终局"（马戴《期王炼师不至》，一作秦系诗）。"棋局不收花满洞"（胡皓《赠曹处士幽居》）。"窗下覆棋残局在"（许浑《夜归驿楼》）。所以有人说："知叹有唐三百载，光阴未抵一先棋"（李洞《赠徐山人》）。虽系夸张之词，亦足见对弈鏖战时间之长。

唐人下围棋有的一面对弈，一面饮酒。饮酒一是为了助兴，二是可以赌酒。"一杯春酒一枰棋"②。钱塘青山李隐士客来则于林间扫石安棋局，岩下分泉递酒杯。《游仙窟》里讲五嫂"即索棋局共少府赌酒"。杜荀鹤在新栽竹林里，赋诗、酌酒、对弈。李洞与宋校书对弈，船上赌酒分高低。迎送亲友宴饮时，有的对弈助兴。章孝标送进士陈峣去睦州，为其饯行，对弈至夜漏无声时。友人相逢乘兴下上一局。李咸用《和友人喜相遇十首》："数杯竹阁花残酒，一局松窗日午棋"。

唐人因爱棋，故常以下围棋比喻事物。白居易以棋盘比长安街坊："百千家似围棋局，十二街如种菜畦"（《登观音台望（一作贤）城》）。杜甫 "闻道长安似弈棋" （《秋兴八首》）。陆龟蒙说，满目山川似势棋。皮日休 "水似棋文交度郭"（《吴中书事寄汉南裴尚书》）。元稹以珠玉布如棋，贤俊若布弈，形容朝廷人才济济。杜牧喻万国象棋布。王维《春园即事》曰："开畦分白水，间柳发红桃。草际成棋局，林端举桔槔"，则是以棋局类田园。唐五代人还因喜欢棋局线条纵横整齐、美观，将其用于建筑装饰。显著实例是敦煌莫高窟的藻井、龛顶、窟顶和

---

① 《全唐诗外编》上，《全唐诗补逸》卷2《王梵志》，"园" 当为 "围" 之误。
② （唐）徐夤：《温陵残腊书怀寄崔尚书》，《全唐诗》卷709。

甬道盝形顶等处，画有棋格雁衔璎珞、棋格团花等图案。有此类图案装饰的初唐窟有 67、78、328，盛唐窟有 23、25、27、38、46（五代画）、74、83、84、87、88、113、121（五代画）、126、164、165、170、171、199、223、347、353、460，中唐窟有 7、92、112、151、154、159、191、197、200、222、231、234、236、237、238、240、358、359、360、361、363、368、369、449、467、471、474、475，晚唐窟有 8、9、12、14、16、29、30、34、94、106、136、142、147、161、178、183、192、195、196、198、232，中唐晚唐窟有 144，盛唐中唐窟有 188，中唐五代窟有 468，唐窟有 65、81、169、344，五代窟有 6、22、35、99、100、351，凡 87 窟①，其中初唐、五代较少，盛、中、晚唐较多，中唐最多。

唐代妇女爱好围棋，并有令国手惊叹的高手。新疆阿斯塔纳墓出土《仕女围棋图》绢花，说明即使边陲妇女也耽此乐。王积薪深夜闻棋的故事，更是千古美谈。王积薪棋艺高超，"自谓天下无敌"。一次在入京途中旅舍，夜"闻主人媪隔壁呼其妇曰：'良宵难遣，可棋一局乎?'妇曰：'诺。'媪曰：'第几道下子矣!'妇曰'第几道下子矣。'各言数十。媪曰：'尔败矣'，妇曰'伏局'。积薪谙记，明日覆其势，意思皆所不及"②。

唐代吐蕃人也喜"围棋陆博"③。

围棋是中日友好往来的纽带之一。唐宣宗时，日本王子入贡，擅长围棋。宣宗命围棋待诏顾师言与其对弈。王子出本国如楸玉局，冷暖玉棋子。行棋至三十三下时，顾师言"惧辱君命，汗手死心，始敢落指"。王子"亦凝目缩臂数四"，方才出棋，仍未获胜。他问礼宾院官员，这位棋手是大唐第几位棋手。答曰："胜第三，可见第二；胜第二，

---

① 《敦煌莫高窟内容总录》，凡由五代宋西夏和清等朝代重修的唐窟，仍以唐窟视之。
② （中唐）李肇：《唐国史补》卷上，《王积薪闻棋》，《集异记》所载此事有所不同，上海古籍出版社 1983 年版。
③ 《旧唐书》卷 196 上，《吐蕃上》。

可见第一。"王子抚局叹道："小国之一，不及大国之三。"①

围棋在五代十国时期仍十分流行。后唐人高辇《棋》说：一些野客下围棋极为认真，视对手似仇人，为赢棋绞尽脑汁，下完一局棋，"白却少年头"。南汉曹郎张泌赠琴棋僧诗云："我又看师棋一著，山顶坐沈红日脚。阿谁称是国手人，罗浮道士赌却鹤。输却药葫芦，斟下红霞丹，束手不敢争头角。"② 后蜀欧阳炯《句》说："古人重到今人爱，万局都无一局同。"蜀王起床前，宫人们闲暇无事，就在房里学下围棋，为赌金钱争路数，专忧女伴怪来迟。留传至今的《李后主观棋图》，传为出自五代著名画家周文矩之手。描绘了南唐后主李煜正在观看两人对弈的情形。翰林学士徐铉有五首诗咏及围棋，主张下棋"何必计输赢"，因"睹墅终规利，焚囊亦近名"，实在俗气，"不如相视笑，高咏两三声"，来得高雅③。淦阳宰李中咏棋诗多至七首。"自乐清虚不厌贫，数局棋中消永日"（《春晚过明氏闲居》）。他与羽人在清凉的竹林里安排棋局。又"留僧覆旧棋"（《赠胸山杨宰》）。李中还将自己的石棋局献给时宰。柴朗中也爱好围棋。茅山道士对弈。南唐下围棋同样饮酒。考功员外郎伍乔，与处士史虚白"棋玄不厌通高品（一作通宵算）"（《寄落星史虚白处士》）。闽人詹敦仁，以围棋比当时走马灯式的政局，说"争霸图王事总非，中原失统可伤悲。往来宾主如邮传，胜负干戈似局棋"（《劝王氏入贡宠予以官作辞命篇》）。楚天册府学士徐仲雅认为："棋妙子无多"（《赠江处士》）。

5. 宋元时期

北宋王朝的建立，一扫晚唐五代的卑弱之风，充满了活力和生机，出现了崭新的气象。无独有偶，和初唐围棋因唐太宗的提倡而大有发展一样，北宋初期的围棋也因宋太宗的提倡，一开始就表现出一种新面目。

---

① 《北梦琐言》卷1《日本国王子棋》。

② 《唐才子传》卷10《张泌》。

③ 《全唐诗》卷756《棋赌诗输刘起居昹》。

宋太宗赵炅原名匡义，后改光义，即位后改炅。他继其兄赵匡胤之后，做了宋代第二个皇帝，并最后完成了统一事业。宋太宗性嗜学，工文史，"琴棋皆极品"（叶梦得《石林燕语》），是一个多才多艺的皇帝。对于围棋，他十分重视其娱乐功能，常常召棋待诏对弈取乐，陶醉于围棋怡情养性的愉悦之中。李壁《王荆公诗注》说：

> 太宗时，待诏贾玄侍上棋，太宗饶三子，玄常输一路。太宗知其挟诈，乃曰："此局汝复输，我当榜汝。"既而满局不生不死。太宗曰："我饶汝子，今而局平，是汝不胜也。"命左右抱投水中。乃叫曰："臣握中尚有一子。"太宗大笑，赐以绯衣。

宋文莹《湘山野录》卷中说：

> 太宗喜弈棋。谏臣有乞编窜棋待诏贾玄于南州者，且言："玄每进新图妙势，悦惑明主。而万机听断，大致壅遏。复恐坐驰睿襟，神气郁滞。"上谓言者曰："朕非不知，聊避六官之惑耳。卿等不须上言。"

在他的提倡和影响下，宋初的文人士大夫都喜好围棋，而且比较注重对棋艺的研究。有的甚至对围棋的发展也做了较大的贡献，其代表人物是徐铉、宋白、潘慎修等。

徐铉当时是在南唐任职，累官翰林学士。归宋后，直学士院，历给事中，散骑常侍。徐铉善诗，工书法，也精于棋道。他为宦南唐时就颇有棋名，仕宋后棋名更加彰显。他曾作《棋赌赋诗输刘起居癸》："刻烛知无取，争先素未精。本图忘物我，何必计输赢。赌墅终规利，焚囊亦近名，不如相视笑，高咏两三声。"下棋赌诗是文人喜好的雅事，他输了棋还满多理由，俨然一副不以棋艺为意，只是逢场作戏偶寻棋趣的模样。实际上这只是他围棋态度的一面。而另一面则是精研棋理，努力提高棋艺，将不少精力投入棋艺著作的撰述中。南北朝时，棋人依四声之法，将棋局分为平上去人四隅，但这种方法为乱交杂，不易识辨，于是他将之改为 19 字：一天、二地、三人、四时、五行、六宫、七斗、八方、九州、十日、十一冬、十二月、十三闰、十四雉、十五望、十六相、十七星、十八松、十九客，分别代表棋局的 19 道，人称"甚为简便"（明陈继儒《珍珠船》）。又撰《围棋义例诠释》（《宋史·艺文志》作《棋图义例》），将从前和当时的围棋着法术语收集起来并诠释。所收术语共 32 个，即：立、行、飞、尖、粘、斡、绰、约、关、冲、觑、杀、劄、顶、捺、跷、门、断、打、点、征、{山辟}、聚、劫、拶、扑、勒、刺、夹、盘、松、持。这对围棋术语的规范化起很大的作用。

　　宋白曾作《弈棋序》认为围棋"小则小矣，可以见兴亡之基"，"微则微矣，可以知成败之数"。从棋理和围棋的实践经验出发，将棋艺归纳成品（优劣）、势（强弱）、行（奇正）、局（胜负）四个方面，而每个方面都有上中下之分。文章针对这方面进行阐述论证，最后以有关史实为喻，证明围棋的"从时有如设教，布子有如任人，量敌有如驭众，得地有如守国。其设教也在宽猛分，其任人也在善恶明，其驭众也在赏罚中，其守国也在德政均"。因此围棋虽小，可以喻大，所以圣人存之。这篇文章剖析精切，见解独到，发前人所未发，在围棋理论的研究上又进了一步，而且对文人士大夫重理、重教的围棋观念有所影响。

　　潘慎修非常善于下围棋。《宋史·潘慎修传》称他"善弈棋，太宗屡召对弈，因作《棋说》以献。大抵谓：棋之道在乎恬默，而取舍为急，仁则能全，义则能守，礼则能变，智则能胜，信者能克。君子知斯五者，庶几可以言棋矣。因举十要以明义，太宗览而称善"。太宗棋艺甚佳，而屡次召他对弈，说明他的棋艺水平不低。江少虞《皇朝类苑》卷五十："太宗弈品至第一，待诏有贾玄者臻于绝格，时人以为王积薪之比也。朝士有潘慎修亦善棋。"另外，他以仁、义、礼、智、信谈棋，也算是出自机杼的妙语，可惜的是，所举的"十要"已不得而知了。

北宋中后期，文人士大夫围棋的风气极盛。《三朝名臣言行录》卷八："仁宗在位久，天下无事，一时英俊，多聚于文馆，日食秘阁下者常数十人。是时风俗淳厚，士大夫不喜道短长为风波，朝夕讲弄文艺，赓唱诗什，或设棋酒以相娱。"这段话记的只是士大夫们在朝时的情况。他们在朝时都以棋酒相娱，其在家和休沐时，围棋相娱的时候自然会更多。这时候的文人士大夫不仅风尚围棋，而且更加注重对棋观、棋理和棋趣的探讨和寻求。

沈括，字存中，钱塘（今浙江杭州）人，官至知制诰。博学善文，于天文、方志、律历、音乐、医药、卜算无所不通。甚好弈棋，只是"终不能高"。他的最大特点是利用自己对数学的擅长，深研围棋的数学原理。曾仿照孙膑斗马之术设计了四人分曹（即四人分成双方下联棋）围棋的方法。"以我曹不能者，立于彼曹能者之上，令但求急先攻其必应，则彼曹能者为其所制，不暇恤局，则常以我曹能者当彼不能者。"认为这样就能战胜对方。他在《梦溪笔谈》卷十八中曾计算棋局变化数：

> 小说，唐僧一行曾算棋局都数，凡若干局尽之。予尝思之，此固易耳，但数多，非世间名数可能言之。今略举大数。……尽三百六十一路，大约连书万字五十二，即是局之大数。……又法：以自法相乘，下位副置之，以下乘上，又以下乘下，加一法，亦得上数。有数法可求，唯此最径捷，千变万化，不出此数，棋之局尽矣。

苏门四学士之一的张耒，对此颇不以为然，认为："余见世之工棋者，岂尽能用算工此数，有不分菽麦，临局便用智特妙，而存中欲以算术学之，可见其迂矣。"（《明道杂志》）其实这个问题应这样看，仅会计算固然不能说是棋艺高，但围棋的玄妙主要就是变化无穷。自古以来，人们对围棋的变化是只知其然而不知其所以然，沈括能从数学原理上给这种变化以尽可能的科学解释，这对围棋棋理和基本原理的认识，无疑是有重要意义的。

北宋王朝在对外政策上，一直是软弱无能的。从开国起，就不断受到辽、夏、金的侵扰掳掠。公元 1121 年，金灭辽。金兵随即挥戈南下，攻破汴京，掳走徽钦二帝，北宋遂告灭亡。这时候，康王赵构仓皇南渡，于公元 1127 年在临安（今浙江杭州）建立了南宋。南宋统治集团内部妥协一派始终占上风。他们在政治上十分腐败，不思北进，偏安一隅，压制打击爱国将领。而在生活上则穷奢极欲，荒淫透顶，终日里醉生梦死，"直把杭州作汴州"。江南本来就是比较富庶的地区，临安更是著名都会，宋室南迁后，人文会聚，商贾辐辏，百艺咸集，成了当时经济文化的中心和围棋活动的中心。

南宋历朝皇帝多喜围棋，而尤以高宗赵构和孝宗赵昚为最。周密《武林旧事》卷七就有几处有关他们令棋童和棋待诏下棋的记载。在他们眼里，围棋是宴游享乐的需要，也是粉饰升平点缀繁荣的需要。因此，他们竭力搜罗半壁江山的围棋人才供奉内廷，棋待诏最多时，竟达十五人之多（包括象棋）。和北宋时期一样，这时的优秀棋手基本上都是棋待诏。

南宋时期，棋待诏们主要是陪皇帝下棋，或互相下棋，以满足历朝帝王享乐的需要，在棋理棋艺的研究和棋艺著作的编撰上用力不多，显得比较沉寂，没有一部足以传世的著作。而且受世风影响，棋待诏中也出现了个别棋格不高者。叶绍翁《四朝闻见录·技术不遇》：

> 思陵（即宋高宗）时，百工技艺，咸精其能，故挟技术者多所遇，而亦有命焉。吴郡王盖，尝以相士荐于上，上以王故召见……王偶致棋客关西人，精悍短小，王试命与国手弈，俱出其右，王因侍上弈，言之。（上）翌日宣唤，国手夜以大白浮之，出处子极妍靓，曰："此吾女也，我今用妻尔。来日，御前饶我第一局，我第二局却又饶尔，我与尔永为翁婿，都在御前。不信吾说，

吾岂以女轻许人?"国手实未尝有女,女盖教坊妓也。关西朴而性直。翌日,上召与国手弈,上与王视第一局,关西阳逊国手。上拂衣起,命王且酌酒曰:"终是外道人,如何敢得国手。"关西才出,知为所卖,郁闷不食而死。

原先有国手之称的棋待诏,为了保住自己的地位,竟以美人计诓骗同行艺高者,实在是棋坛的耻辱。叶绍翁将关西人不遇归为命,则又是文人宿命论的迂说了。

南宋时期,围棋在文人士大夫中仍很活跃,对卖身朝廷阿谀逢迎者来说,他们与封建帝王一样,苟且偷安,沉湎于享乐,靠围棋卖弄风雅掩饰丑劣。对那些报国无门、空有爱国热情的人来说,围棋又是最好的忘忧遣闷的活动。二帝北狩,国土沦丧,人民流离失所,"阿房废址汉荒垣,狐兔又群游。豪华尽成春梦,留下古人愁"(康兴之《诉衷情令》),给他们心里笼罩了一层阴影。但朝廷偏安一隅,忘记国耻,只图享乐,并不重用他们和采纳他们的意见。他们空有英雄扼腕之叹,不得不到围棋中去寻找精神安慰和精神寄托。

两宋时期,随着社会文化生活的发展,象棋逐渐兴起并普及开来。象棋的兴起和逐渐普及,自然要吸引走一些原本可能成为围棋棋手的人。同时,作为一种新兴的简便易学的棋艺项目,它也因其新奇独特而受到封建帝王的垂青。南宋时期宫廷中象棋待诏多于围棋待诏的现象,就是一个明显的反应。不过,总的看来,象棋的兴起和普及乃至其他文娱活动的日渐丰富,并没有影响围棋的发展。反过来,它们还给围棋的发展注入了新的活力,使围棋棋艺水平更加提高,使围棋爱好者的队伍更加扩大,围棋仍保持着在棋艺活动和艺术活动中的地位。洪遵《谱双》序曾说:"弈棋、象棋,家喻户晓。"说明围棋象棋在南宋时都很普及,但围棋显然占有更重要的地位,因而排在象棋之前。另外,南宋时开始出现了将围棋叫作"大棋"的称呼。周密《志雅堂杂抄》卷五就说:"东都承平时,大棋则刘仲甫较高。"将围棋称作大棋,显然不仅是为了使它和象棋有所区别，也是对它在棋艺活动中的地位的肯定。另外，两宋时期文人士大夫中出现了不少象棋爱好者。如司马光、刘克庄、文天祥等就是其中的知名者，但他们都不是只喜好象棋，而是既爱好象棋又喜好围棋。这表明，在文人士大夫心目中，围棋无论如何还是棋艺活动的正宗，只会下围棋不会下象棋无可厚非，而若只会下象棋不会下围棋，则很可能被认为是艺术修养不高，情趣不雅。从这一点上，也反映出围棋与象棋地位的差别。

两宋围棋之风极盛，上至帝王公卿、文人士大夫，下至平民百姓、市井无赖，都不乏爱好者。其中一些人嗜之过甚，终日沉迷其间，不能自拔，往往废业去官。邢居实《拊掌录》："弈者多废事，不以贵贱。嗜之者率皆失业，故人目棋枰为'木野狐'，言其媚惑人如狐也。"明人沈德符《万历野获编》卷二十四《技艺·宋时浑语》："北宋全盛时，士大夫耽于水厄（指品茶），或溺于手谈，因废职业被白简去位者不绝，时人因目茶笼曰'草大虫'，楸枰曰'木野狐'。"尽管如此，爱好围棋的人还是很多。

两宋时期赌博之风也很盛，对社会造成不少的危害。为此，宋太宗淳化二年（991年）还曾令开封府禁坊市赌博，犯者问斩。文人士大夫对赌博，特别是用博戏等来赌博是十分鄙视的，或认为"胜则伤人，败则伤俭"，或嘲之为"日胜日贫"、"日胜日负"（《宋稗类抄》卷六《称誉》）。围棋不是主要的赌博方式，但也有不少人用它来赌博，特别是在民间。这给围棋的声誉造成一定的损害，也是文人士大夫棋手瞧不起专业棋手的原因之一。文人士大夫围棋总的说来是讲求情趣，不是博彩射利。但由于世风的影响，赌诗、赌文具等"雅赌"也极流行。徐铉曾与刘乂下棋赌诗，结果他输了，作了一首《棋赌赋诗输刘起居乂》。王安石与薛昂曾下棋赌梅花诗，王安石输了作有《与薛肇明弈棋赌梅花诗输一首》，而薛昂输棋却作不出诗，只好请王安石代作，此事在棋坛人所周知。辛弃疾也曾同客人下棋赌诗，结果客败作不出诗，辛弃疾只好步王安石的后尘，作了一首《客有败棋者代赋梅》。赌文房用具也是文人士大夫的弈棋雅趣。文同就曾与苏轼赌茶墨，苏轼输了却未履行前约，不久文同便作《子平棋负茶墨小章督之》一诗，一方面打趣，另一方面表示自己对棋友的思念。孔平仲也曾同友人下棋赌张遇墨。张遇是五代著名墨工，他制的墨在宋代十分名贵。友人输了棋舍不得拿出张遇墨，孔平仲便作了《子明棋战两败输张遇墨并蒙见许夏间出箧中所藏以相示诗索所负且坚原约》一诗。意思是枰间无戏言，定要友人践约，兑现金诺。《东坡志林》卷九载："张怀民与张昌言围棋，赌仆，书字一纸，胜者得此，负者出钱五百足，作饭会以饭仆。"下棋赌仆，赌饭会，趣虽有趣，但违情悖理，未免游戏太甚了。

围棋必须两人对弈，从本质上讲，与书、画、琴不同，是不存在自娱性的，必须娱己而又娱人。可是在宋人手下竟也出现了纯粹自娱的围棋，如郑侠就是显例。郑侠棋瘾本来就大，自称"宾来酒一樽，兴来棋一局"，但就是这样还不觉了然，于是乎别出心裁，发明了自己和自己下棋的方法。陆游《渭南集》载："郑介夫，名侠……好强客弈棋，有辞不能者，则留使旁观，而自以左右手对局。左白右黑，精思如真敌。白胜则左手斟酒，右手引满，黑胜反是。如是凡二十三年如一日。"以子之矛，攻子之盾，竟能兴趣盎然，数十年不辍，堪称宋代文人士大夫棋的一个奇观。刘克庄也是以自娱标榜棋情的，他在《棋》诗中说："十年学弈天机浅，技不能高漫自娱。……未肯人间称拙手，夜斋明烛按新图。"打谱按图，自娱棋趣，前人多有其例，但不以此为手段，纯以此为目的，并且明确宣称自娱，则是宋人发明的。

对下棋的人来说，不管是否系心于胜败，但只要参与对局，就会有胜负，要彻底地超脱在胜负之上是十分困难的。于是，在文人士大夫中，渐渐形成了不以胜败系心的观棋之风。旁观他人下棋，彻底地摆脱胜负的羁累，可以更纯粹地领略围棋的艺术魅力，获得更完满的艺术享受和艺术趣味。观棋在唐代文人士大夫中就已很流行，并流下了不少观棋诗。那时喜好观棋的人毕竟不是很多，对围棋的变化莫测和高雅情趣的称美赞叹，没有什么更深的含义。宋人却不同，喜好观棋的人日益增多。像石介、邵雍、苏轼、郑侠、黄庭坚、陈与义、张继先、陆游、戴昺、罗公升、艾性夫等都喜好观棋，并留下了大量观棋的诗作。而且他们观棋的感受也更深入，更具有一种对棋理、对社会人生的探求意识。不少是将自己的身世之感并入棋情。这种观棋之好，从表面上看，是人们棋情棋兴的一种反映，从更深层次看，它同社会文化心理和社会旁观行为有着极为密切的联系，反映了封建时代的知识分子，在专制统治之下，既不愿完全地同统治者同流合污，又不能完全地逃避开去置身其外的矛盾、苦恼和一种扭曲变形的心态。这种观棋之风到宋以后愈演愈烈，更为炽盛，成为围棋史及中国文化史上一个十分值得注意的现象。

两宋时期的专业棋手理论修养较以前大为提高，马融、蔡洪、曹摅、梁武帝、梁宣帝的《围棋赋》，班固《弈旨》，应玚《弈势》，沈约《棋品序》已成为经典，深入棋手之中，有了"五赋三论"的称呼。高似孙《纬略》就说："棋之赋五，棋之论三。有能悟其一，当所无敌，况尽得其理乎？"张靖的《棋经十三篇》问世后，也很快受到棋手们的欢迎，出现了"人人皆能诵此十三篇"，"《棋经》，盘也；弈者，丸也"的现象和说法。

两宋时期的专业棋手，艺成之后，往往挟技而游，一来遍会各地高手，交流棋艺，二来靠棋注棋彩维持生活。像刘仲甫、晋士明等即是如此。洪迈《夷坚志》卷二十五《蔡州小道人》记一善棋村童，自称小道人，也是挟技出游，到汴京，过太原、真定，最后到了金国都城。一般来说，这些专业棋手最终有三条路可走：一是当棋待诏，二是当棋师、门客，三是当棋工。棋待诏收入较丰，而且稳定，地位亦较高，但毕竟只有少数国手或者著名高手才能跻身其间，一般专业棋手是不可能问津的。所以，一些棋手就以教棋课徒为生。姚宽《西溪丛语》卷上曾提到"蔡州褒信县有棋师闵秀才"，就是一例。还有一些名显一方的棋手，可以受邀到达官显贵府上，专门陪他们下棋或教习其家人下棋。洪迈《夷坚志》卷二十六："范元卿的棋品著声于士大夫间……其弟端智，亦优于技，与兄相埒，而碌碌布衣，独客于杨太傅府。杨每引至后堂，使诸小姬善弈者赌物，然率所约，不过数千钱之值，范常常得之。杨一日谓曰：'闻君家苦贫，小小有获，无济于事。吾欲捐金币三千缗，用明日为某妾一局之资。君能取胜，立可小康。'范喜谢归邸，不能旦。同寓之士，窃言范骨相之甚薄，恐无由能致横财。如是，及对局，既有胜矣，思行太过，失应一着，遂变捷为败，素手而出。"这段记载很明白地告诉我们门客的地位、收入和日常的围棋生活。吴自牧《梦粱录》卷十九："闲人本食客……有训导蒙童子弟者，谓之馆客。又有讲古说今，吟诗和曲，围棋抚琴，投壶打马，撇竹写兰，名曰食客。此之谓闲人也。"这种闲人食客也是门客性质的人，按耐得翁《都城纪事》所说，他们"艺俱不精，专陪富家子弟游宴及相伴外宦官员到都干事"。一些专业棋手，不愿意或不足以做棋师和被邀做门客，往往在市肆设局，靠陪人对弈和指导人对弈而获取收入。陆象山在市肆遇到自称"临安第一手"的棋工就是这类棋手。所谓"棋工"，当是文人士大夫对这类棋手带有轻贱意味的称呼，社会地位更下一等。但做棋工束缚较少，比较自由，收入也不低，还能得到一般人的尊重，故走这条路的也不乏其人。两宋时期，特别是南宋还流行一种蓄养棋童的风气。当时，由于宫廷和士大夫围棋游乐的需要，除喜欢找成人侍棋外，也经常找一些会下棋的貌美伶俐的儿童主要是童女来侍棋。北宋宫廷的情况不甚清楚，但南宋宫廷肯定有录用棋童的制度的，周密《武林旧事》载，宋高宗赵构淳熙十一年六月初一日就曾命"小内侍张婉容至清心堂抚琴，并令棋童下棋"。这就促使社会蓄养棋童现象的出现。棋童的家庭一般都不富裕，父母为了减轻家庭负担同时也是为子女谋一出路，便找棋师教以棋艺，以供宫廷和士大夫选用。

明人瞿佑《剪灯新话》有一篇《绿衣人传》，记赵源游学至钱塘，侨居西湖葛岭宋代权相贾似道旧宅旁，遇贾似道侍女的故事，这个侍女就是棋童出身。她自称"本临安良家子，少善弈棋，年十五，以棋童入侍。每秋壑（即贾似道）朝回，宴坐半闲堂，必召儿侍弈，备见宠爱"。宋人刘镇有《八岁女善棋》诗："慧黠过男子，娇痴语未真。无心防敌手，有意恼诗人。得路逢师笑，输机伯父嗔。汝还知世事，一局一回新。"从诗中描绘来看，这个八岁女有可能也是一个棋童。

为适应文人士大夫娱乐生活的需要，历史上很早就出现了歌伎、乐伎等以一技之长侍奉客人的女子。而在宋代，随着琴棋书画艺术观念的确立，坊间妓女无不学习琴棋书画，唯有色艺双绝，方能远播芳名，提高身价。北宋名妓李师师就是这样。据《李师师外传》，宋徽宗曾赐给她片玉棋盘、碧白二色玉棋子，与她下棋、打双陆，结果都输了。当时还出现过专以棋艺侍客的棋伎。谢蔼就曾与一个棋伎过往甚密，还作了《减字木兰花·赐棋伎》一词："纤纤露玉，风雹纵横飞钿局。颦歇双蛾，凝停无言密意多。"描绘了一个擅长围棋的伎女慵懒优裕的生活场景。

棋童、棋伎的出现，一方面反映了围棋深入普及的发展状况，另一方面也反映了封建专制制度下一些柔弱女子的不幸遭遇和不合理的现象。

两宋时期，都市生活已很发达，而棋会又成为都市生活中的一个特色。北宋时，钱塘（今浙江杭州）、汴京（今河南开封）是最著名的城市，也是当时围棋活动的中心和棋会最活跃的地方。《春渚纪闻》说刘仲甫在钱塘"日就棋会观诸名手对弈"，"数土豪集善棋者会城北紫霄宫"，祝不疑到汴京后，"为里人拉至市庭观国手棋集"。《忘忧清乐集》所载当时国手局谱，其对弈地点多是道观寺院，如南婆召寺、万寿观、长生宫、上清官、兴国寺、戒坛院等，而且棋谱就是以其地方为名。说明棋会大多在道观寺院举行，并且基本上是每日有会，云集各路高手。

南宋临安（今浙江杭州）的都市生活更为繁荣，棋会除保留北宋的一些习惯外，又有新的变化，这主要表现在茶肆的围棋活动上。南宋茶肆生意十分兴旺，各色人等都爱在此聚会。吴自牧《梦粱录》卷十六《茶肆》："大凡茶楼，多有富室子弟诸司下直人等会聚……又有茶肆专是五奴打聚处，亦有诸行借工卖伎人会聚……又中瓦内王妈妈家茶肆、名一窟鬼茶坊、大丁车儿茶肆、蒋检阅茶肆，皆士大夫期朋约友会聚之处。"茶肆中每每置棋设局，供茶客们对弈消闲取乐。洪皓《松漠纪闻》："燕京茶社设双陆局，或五或六，多至十。博者就局，如南人茶肆中置棋具也。"此书是洪皓出使金国后回来所作。他对比了北方和南方茶肆的习俗，发现南方茶肆盛行围棋（可能也有象棋），而北方则盛行双陆。

两宋时期，下联棋开始流行起来，从有关记载看，当时多是由四人下联棋。这很可能同四皓弈棋的传说有关。如刘仲甫、王珏、杨中和、孙侁四人就曾在彭城下联棋。正因为四人下联棋的时候居多，所以沈括专门设想了类似孙武赛马的四人下联棋的方法。下联棋需要二人以上的默契配合，别有趣味，以后遂盛行开来。

宋人对棋具也很讲究，他们在梁武帝广羊文犀、白瑶玄玉，唐人响玉盘和檀心龙脑等精美之制的基础上，又发明了织锦棋盘。织锦棋盘产于丝织手工业十分发达的成都，质地柔软精美绝伦，又便于携带，深受棋客喜爱。诗人楼钥得到一件织锦棋盘后，心花怒放，爱不释手，作下《织锦棋盘诗》："锦城巧女费心机，织就一枰如许齐。仿佛田文仍具体，纵横方罫若分畦。烂柯未易供仙弈，画纸何须倩老妻。如欲枯棋轻且称，富求白象与乌犀。"为此，他还想求得象牙做的白子和犀角做的黑子与之相配。珠联璧合之后，整套棋具的富丽精美不难想象。

围棋题材的绘画，到唐代已很盛行。两宋时期继其势头，出现了文人画、画工画更多地以围棋入画，作品丰富多彩、琳琅满目的时代风尚和繁荣景象。宋代有关围棋的图画很多，著名的如王齐翰《围棋图》，石恪《帝仙对弈图》、《四皓围棋图》，陆瑾《水阁闲棋图》，孙知微《弈棋图》，刘松年《春亭对弈图》，李唐《松台对弈图》、《水庄琴棋图》，马运《松下对弈图》、《竹溪吟弈图》，刘宗古《松下弈棋图》，马麟《弈棋图》，吴明喻《水阁闲棋图》，夏珪《灵客对弈》，执焕《四皓围棋图》，范中立《溪亭对弈图》，胡亭辉《草事对弈图》，赵希远《秋亭对弈图》，赵千里《水阁对弈图》，以及不明作者的《明皇太真对弈图》、《美人观弈图》、《十八学士图》等。由于唐人之画传品越来越少，宋人之画相对说来较多，因而宋代围棋图画对后世的影响也要大得多。

辽是契丹族统治者建立的国家，它从五代后梁末帝贞明二年（916年）建国，到宋徽宗宣和七年（1125年）为金所灭，和北宋对峙了160余年。金是女真族统治者建立的国家，从宋徽宗政和五年（1115年）建国，到宋理宗端平元年（1234年）为蒙古所灭，和南宋对峙了109年。辽、金均定都于今天的北京地区，一称南京，一称中都。契丹和女真最早都是游牧民族，崇尚勇武，擅长骑射，文化比较落后。但他们进入中原地区后，在保留自己民族的一些习俗的同时，更多的则是接受了汉族的先进文化。围棋作为一种艺术和一种文化娱乐活动，同南北朝等时期一样，在宋辽金民族融合的过程中也起到了一定的作用。

辽的围棋活动开展十分普遍，普及程度很高。宋叶隆礼《辽志·渔猎时候》载："夏月以布为毡帐，借毡围棋双陆，或深涧洗鹰。"说明围棋在辽国已成为民族的风俗，为人们所喜闻乐见，甚至不拘环境，在劳动季节带上毡帐，随时随处于休息时围棋。

辽国围棋活动开展的情况，不仅有文字记载，而且有考古发现可资佐证。如第一章中提到的13道围棋局，就是1977年4月5日在敖汉旗丰收公社白塔子大队的一座辽国古墓中发现的。而且从这一发现看，辽国的部分地区围棋交流不多，以至使用的还是早期制式的围棋。

金的围棋比起辽的来，还要盛行得多。金的国君中就有不少人爱好围棋。宋宇文懋昭《大金国志》卷十二《熙宗孝成皇帝四》曾载有金熙宗（1119—1149年）完颜宜下围棋的事："熙宗自为童时聪悟。适诸父南征中原，得燕人韩昉及中国儒士教之，后能赋诗染翰，雅歌儒服，分茶焚香，弈棋象戏，尽失女真故态矣。"金海陵王完颜亮（1122—1161年）也好围棋，上书卷十三《海陵炀王上》："幼时名字列，汉言，其貌类汉儿，好读书，学弈、象戏、点茶，延接儒生，谈论有成人器。"他即位后好之愈笃，曾召会下围棋的大臣到御前对弈，自己一旁观赏。这同汉王朝一些爱好围棋的帝王完全一样。金章宗完颜景也是围棋爱好者，相传顺天府西三十五里有棋盘山，曾是金章宗下棋的地方。金世宗完颜雍时，宫廷内宗室围棋成风，甚至因围棋废学误事，所以金世宗还命监察御史督察。《金史·梁襄传》载："梁襄，字公赞，绛州人。……为监察御史坐失察宗室弈事，罚俸一月。世宗责之曰：'监察，人君耳目，风声弹事也。至朕亲发其事，何以监察为？'"金代著名文学家王若虚，有一首《宫女围棋图》诗："尽日羊车不见过，春来雨露向谁多。争机决胜元无事，永日消磨不奈何。"十分生动地再现了盼君君不来，只好靠下围棋消磨时光的宫女形象。此图不知谁画，但所画所题当都取材于金宫之事。说明金宫中不仅宗室子弟耽迷围棋，而且在宫女中围棋也很普及。

在士大夫中和在民间，围棋就更为流行了，而且出现了技艺水平很高的人。其中，最著名的是张大节。

张大节，字倍之，代州五台（今属山西）人。天德进士，官至震武军节度使。张大节廉勤好学，擅长围棋。《金史·张大节传》称："又善围棋，当世推为第一。常被召与礼部尚书张景仁弈。"由于南宋和金的围棋交流未见记载，"当世第一"张大节与南宋高手相较究竟差别如何，就很难考定了。

围棋在金国的释道门中也极流行。著名道士丘处机就是其代表。

丘处机（1148—1227年），字通密，号长春子，登州栖霞（今山东栖霞）人。酷好围棋，曾作《无俗念·枰棋》抒发棋情：

前程路远，未昭彰，金玉仙姿灵质。寂寞无功天赐我，棋局开颜销日。古柏岩前，清风台上，宛转晨飡毕。幽人来访，雅怀斗机密。

初似海上江边，三三五五，乱鹤群鸦出。打节冲关成阵势，错杂蛟龙蟠屈。妙算嘉谋，斜飞正跳，万变皆归一。含弘神用，不关方外经术。

上阕写寂寞中以围棋开颜，说明时间、地点和对手，表现自己优游不羁之态和雅怀高情。下阕写纹枰局势，从布局至中盘，从棋情至道情，最后结出围棋虽不涉教门经典，但也是物小用宏，同归于道的观点。全诗反映的围棋情趣与中原文人士大夫和释道嗜棋者的情趣，毫无二致。洪迈《夷坚志》卷二十五《蔡州小道人》说，当时金国的围棋国手是一女道人，名叫妙观。这篇笔记小说有明显的加工痕迹，所言虽不足征信。但参丘处机等道门中人的围棋活动，说金国围棋国手是一女道人，也绝非偶然，不会是凭空杜撰的。

由于围棋在民间在释道门中十分流行，难免有一些迷棋废业或棋风不正、棋德不高的现象，结果引起一些人的激烈反对。马钰（1123—1183 年），金道人，初名从义，字宜甫，入道后训名钰，字玄宝，号丹阳子。他看到围棋中的一些不良现象，作了《满亭芳·看围棋》：

> 争名竞利，恰似围棋。至于谈笑存机，口倖相谩，有若蜜里藏砒。见他有些活路，向前侵，更没慈悲。夸好手，起贪心不顾，自底先危。
>
> 深类孙庞斗智，忘仁义，惟凭巧诈谋谖。终日相争相战，无暂闲时。常存呆心打劫，往来觅，须要便宜。一着错，似无常限至，扁鹊难医。

用语尖利夸张，极尽冷嘲热讽之能事，将下围棋说得一无是处。写完此词，似竟犹未尽，又作了一首《满庭芳·迷棋引》：

> 口倖谩人，手谈胡指，暗怀奸狡心肠，只图自活，一任你咱忘。得胜无声之乐，笑他家不哭之丧。无慈念，杀心打劫，一向驰乖张。
>
> 偶因师点破，回心作善，入道从长。便通玄知白，守黑离乡。绝虑忘机养浩，炼神丹、出自重阳。行教化，阐扬微妙，诗曲《满

庭芳》。

他感慨世人沉迷于围棋，用更加尖刻的语言挖苦嘲讽，将弈者描绘得险恶无比，最后自作秘签箴言，劝诫弈者回心作善，俨然如指点迷津弘扬道教精义的救世天师。自韦曜《博养论》后，尚未有如此激烈反对围棋的言辞。这反映出全国国棋开展极为普遍，而且在道门中还有提倡围棋和反对围棋的争论。

宋元时代的重要围棋著作，主要是《棋经十三篇》、《忘忧清乐集》和《玄玄棋经》。

宋太宗讲究棋艺，以提高棋艺增加围棋艺术性、娱乐性和趣味性的做法，客观上起到了提高围棋竞技性的作用，促进了棋手包括文人士大夫棋客对提高棋艺的注意和努力，同时也促进了棋艺理论著作和棋谱的撰述收集工作。北宋时期，在短短的160多年时间里，产生了好几部重要的棋艺著作。纵观这时期的棋艺著作，有两个明显的特点。一是价值高，水平高，或集前人之大成，达到一个新的更高的水平，或独辟蹊径，发前人所未发，对围棋的发展产生了深远影响。二是多出自文人学士之手或棋待诏之手。前者重在理论，后者重在棋艺和棋谱的收集，为围棋的发展各自作出了不同的贡献。

北宋初期，除前面提到的宋太宗《棋图》、徐铉《围棋义例诠释》和潘慎修《棋说》外，尚有：

杨希璨《四声角图》一卷，又《双泉图》一卷。杨希璨，北宋初年人，曾与贾玄对局，执白后行，输八路。

尹洙《棋势》二卷。尹洙（1001—1047年）字师鲁，河南人，官至太子中允，与范仲淹善。此见明冯元仲《弈旦评》，《宋史·艺文志》六徐铉后有《棋势》三卷，但未注撰者姓名，且卷次有异，不知是否即是尹著。

唐绩《棋图》五卷。唐绩，字公懋，零陵人。哲宗元符进士，官至福州运制。

又《宋史·艺文志》六杨希康之后，宋太宗《棋图》之前，尚有无名氏《玉溪图》一卷。蒋元吉《棋势》三卷。从排列顺序看，可能都是北宋时期的棋艺著作。

又郑樵《通志略》卷四十五唐人棋艺著作之后还有：《棋本》一卷，应机子《棋势重元图》一卷、《围棋故事》一卷，王延昭《棋论》一卷、《诸家精选新势》一卷，《国手纲格》一卷。又南宋陈振孙《直斋书录解题》载录《通远集》一卷。

上面诸书很早便散佚，具体内容都不得而知。

北宋仁宗皇祐中（约1052年），棋艺理论的研究和著述出现了重大的突破性进展，其标志是《棋经十三篇》的产生。

关于《棋经十三篇》的作者尚有争论。徽宗年间棋待诏李逸民的《忘忧清乐集》最早收录此书，署作"皇祐中张学士拟撰"。其后，元严德甫、晏天章的《玄玄棋经》也收录此书，作"皇祐中学士张拟撰"。《宋史·艺文志》六有"张学士《棋经》一卷"，当即此书，但未明载作者姓名。又有认为是刘仲甫作的，这首见于蔡絛《铁围山丛谈》卷六：刘仲甫"著《棋经》效《孙子》十三篇"。李逸民《忘忧清乐集》收入《棋经十三篇》的同时，还收有刘仲甫《棋诀》，书中又有刘仲甫能通此十三篇之语。因此，刘仲甫不可能是《棋经十三篇》的作者。蔡絛与李逸民同时，不知何故有如此分歧。南宋陈元靓《事林广记》则说《棋经十三篇》是张靖所作。李逸民《忘忧清乐集》收有张靖《论棋诀要杂说》一篇，观其内容与《棋经十三篇》极为相似。张拟，史无明载，不知是否有其人。张靖（1004—1078年），河阳（今河南孟县西）人，天圣五年（1027年）进士，累官大理寺丞、屯田员外郎。皇祐元年（1050年）或二年文彦博为相，擢自龙图阁，后迁淮南转运使，又知荆南。《玄玄棋经》题署作张拟，但注文中称张靖，由此看，张拟、张靖很可能就是一个人。清代丁丙《武林往哲遗书》最早提出张拟即张靖之讹。今人李毓珍更详加考证，认为后人误解"张学士拟"将"拟撰"的"拟"当作了人名，故出现了张拟撰的误说。

所以，《棋经十三篇》的真正作者应是张靖。根据此书署衔和张靖仕历，此书当成于皇祐元年或皇祐二年。

《棋经十三篇》序称："春秋而下，代有其人，则弈棋之道，从来尚矣。今取胜败之要，分为十三篇。有与兵法合者，亦附于中云尔。"表明一篇之旨是继承汉人以兵言棋的观点，探寻深奥的棋理。总结千余年来的棋艺经验，因此模仿《孙子兵法》十三篇的体例，撰成该书。

全书十三篇按棋局、得算、权舆、合战、虚实、自知、审局、度情、斜正、洞微、名数、品格、杂说排列，次第井然，全面而又系统。归纳起来，可分为几个方面。

其一，推本棋局和棋子的形制，给以理论上的解释。认为"万物之数，从一而起。局之路三百六十一。一者，生数之主，据其极而运四方也。三百六十，以象周天之数。分而为四，以象四时。隅各九十路，以象其日。外周七十二路，以象其候。枯棋三百六十，白黑相半，以法阴阳"（《棋局篇》）。这是对班固《弈旨》中象地则、神明德、阴阳分、效天文的观点及敦煌《棋经》中有关观点的继承和发展，是对围棋形制最明确、最详细的解释。

其二，论述弈者应具备的棋艺修养和棋德。指出："多算胜，少算不胜，而况于无算乎"（《得算篇》）；"博弈之道，贵乎谨严"，"随手而下者，无谋之人也，不思而应者，取败之道也"（《合战篇》）；"知己之害而图彼之利者胜，知可以战不可以战者胜，识众寡之用者胜"（《自知篇》）；"持重而廉者多得，轻易而贪者多丧；不争而自保者多胜，务杀而不顾者多败；因败而思者其势进，战胜而骄者其势退"，"语默有常，使人难量，动静无度，招人所恶"（《度情篇》）；"得品之下者，举无思虑，动则变诈，或用手以影其势，或发言以泄其机；得品之上者，则异于是，皆沉思而远虑，因形而用权，神游局内，意在子先"（《斜正篇》）。提出："振廉让之风者，君子也；起忿怒之色者，小人也。高者无亢，卑者无怯，气和而韵舒者，喜其将胜也；心动而色变者，忧其将败也。赦莫赦于易，耻莫耻于盗。"（《杂说篇》）这些要求的提出，使高雅的围棋活动的正常进行有了保证，使那些不正之风不致蔓延。

其三，论述对弈中的战略战术和基本要领。提出："高者在腹，下者在边，中者占角"，"宁输数子，勿失一先"（《合战篇》），将古人的经验概括得更为精辟。又指出："弈棋布势，务相接连"，"局势已赢，专精求生，局势已弱，锐意侵绰"（《审局篇》）。"与其无事而强行，不若因之而自补。彼众我寡，先谋其生，我众彼寡，务张其势"，做到"善胜者不争，善阵者不战，善战者不败，善败者不乱"（《合战篇》）。要注意集中兵力，否则"绪多则势分，势分则难救"（《虚实篇》）。要调查深远幽深，辨明"有侵而利者，有侵而害者，有宜左投者，有宜右投者"，"有始近而终远者，有始少而终多者"（《洞微篇》）。在战术上，"立二可以拆三，立三可以拆四，与势子相望，可以拆五"（《权舆篇》），"路虚而无眼则先觑，无害于他棋则做劫"（《洞微篇》），"夹有虚实，打有情伪，逢绰多约，遇拶多粘"，"斜行不如正行，两关对直则先觑，前途有碍则无征"。记住易诵的要诀，如"角盘曲四，局终乃亡。直四板六，皆是活棋。花聚透点，多无生路，四隅十字，不可先纽"等。这些内容是全篇的精华，是千余年来弈家经验的总结和升华。

其四，明确围棋的规则。指出："胜而路多，名曰赢局。败而无路，名曰输筹。皆筹为溢，停路为芇。打筹不得过三，淘子不限其数。"（《杂说篇》）又列举棋的名目，如冲、关、打、顶等，共计32名，列举棋品，即入神、坐照、具体等九品。所举棋名与徐铉《围棋义例诠释》基本相同，而所举棋品与邯郸淳《艺经》所列完全一致。这说明围棋术语早已定型，变化不大，也说明隋唐以后虽然再没有出现大规模的品棋活动，但品棋的原则和品名却一直沿用。

《棋经十三篇》是一部划时代的棋艺经典著作，作者以渊博的棋艺知识和高度的棋艺修养，在前人的基础上，全面、系统地提出了围棋的基本理论和实践理论。全篇语言精练生动，充满辩证思维，对棋手特别是初入门径者具有很强的指导意义。

　　在南北朝的时候，虽然出现过敦煌《棋经》，但其内容还不够丰富，其体例也不够详备，最为主要的是，它没能在棋坛流传，未起到应有的作用。《棋经十三篇》却不同，它一经问世，就受到棋手们的重视，争相研究和学习，很快即被奉为棋家圭臬，以至于到了"我朝善弈显名天下者……人人皆能诵此十三篇"（李逸民《棋经十三篇》跋）的地步。又有"古人谓盘中走丸，横斜曲直，系于临时，不可尽知。而必可知者，是丸不能出于盘也，棋经，盘也，弈者，丸也"的评价（同上）。《棋经十三篇》对推动围棋进一步发展，推动棋艺理论的发展和棋艺水平的提高，起了巨大的作用。

　　继《棋经十三篇》之后，宋代还有两部重要的棋艺著作，一是刘仲甫的《棋诀》，二是李逸民的《忘忧清乐集》。

　　刘仲甫的《棋诀》见于《忘忧清乐集》。共分布置、侵凌、用战、取舍四部分。《棋诀》得益于《棋经十三篇》不少，是刘仲甫自己对弈经验的总结，也是《棋经十三篇》中某些理论和思想的发展。如"盖布置棋之先务，如兵之先阵而待敌也。意在疏密得中，形势不屈，远近足以相援，先后可以相符"，较之《棋经十三篇》中"夫弈棋布置，务相连接"的论述又深入了一步。又如："取舍者，棋之大计。转战之后，孤棋隔绝，取舍不明，患将及矣。盖施行决胜谓之取，弃子取势谓之舍。若内足以预奇谋，外足以隆形势，纵之则莫御，守之则莫攻，如是之棋，虽少可取而保之；若内无所图，外无所援，出之则屈，而徒益彼之势，守之则愈困，而徒壮彼之威，如是之棋，虽多可舍而委之。"这段话较之《棋经十三篇》的"与其恋子而求生，不若弃子而取势"，"势孤援寡则勿走"的说法，要详尽精辟得多。因此，《棋诀》也是一篇不可忽视的颇有价值的棋艺著作。

　　李逸民《忘忧清乐集》大约成书于北宋末年，分上、中、下卷，是一部棋艺理论著作和棋谱的汇编本。上卷所收的棋艺理论著作有张靖的《棋经十三篇》、刘仲甫的《棋诀》、张靖的《论棋诀要杂说》。所收的棋谱分为古谱（《孙策诏吕范弈棋局面》、《晋武帝诏王武子弈棋局》、

《明皇诏郑观音弈棋局图》、《烂柯图》等）和宋代高手对局谱（《诸国手野战转换十格图》中郭范和李百祥的对局谱《万寿图》、刘仲甫和王珏的对局谱《长生图》等）。中卷收《空花角图十二变》等八种角上局部图形的变化。下卷收入以平上去人四字定角和从一至十的顺位计数的识图方法；有名的死活棋势，如"高祖解荥阳势"、"三将破关势"、"独天飞鹅势"等37个。

《忘忧清乐集》是目前能见到的最早的棋谱集，它保存了大量的北宋时期的棋谱、棋势，使我们千载之后，得以一睹古代棋手精彩纷呈的对局。这些棋谱、棋势，为我们了解研究古代的棋制、棋规、棋艺风格和棋艺水平等，提供了极为珍贵的资料。

元代围棋发展的最重大事件，是《玄玄棋经》的出现。《玄玄棋经》本名《玄玄集》，取《老子》"玄之又玄，众妙之门"的意思。因书中收有《棋经十三篇》，故通称《玄玄棋经》。该书由严德甫、晏天章辑撰。严德甫，庐陵（今江西吉安）人。晏天章，字文可，是宋代著名词人、官至宰相的晏殊的后代，也是庐陵人。二人俱善弈。严德甫年长一些，20岁时已擅名江右，他"初集弈法为书"，"且辑棋经"。晏天章是世家子，"以家藏诸谱，又增益之"。二人本系棋友，于是对弈之暇，各呈识见，各举心得，参互考订，钩深致远，编选注释，成就此书。书成后，虞集、欧阳玄及晏天章分别作了序。

全书取古代六艺之名，分为礼、乐、射、御、书、数6卷。礼卷为虞集、欧阳玄和晏天章序，以及张拟（靖）《棋经十三篇》、皮日休《原弈》、柳宗元《序棋》、马融《围棋赋》、吕公《悟棋歌》、徐宗彦《四仙子图序》、刘仲甫《棋诀》等文献经典。乐、射二卷为受一子至受五子局面图，以及"破单拆二"、"破斜飞拆二"等边角图势，附有部分术语图解，较之《忘忧清乐集》又有了一些变化。御、书、数卷为《唐明皇游月宫》、《项羽举鼎》、《孙膑陷庞涓》等棋势，共计378型，属于定式和死活研究。其中以死活研究最为详尽、最为精妙，是全书的精华。这表明元代围棋在局部攻杀上已达到了很高的水平。

《玄玄棋经》约成书于元至正九年（1349 年），书成之后广为流传。明代《永乐大典》、清《四库全书》均收入，被历代棋家奉为典范。该书于日本宽永（1624—1643 年）时代传入日本。宝历三年（1753 年），日本还出了《玄玄棋经俚谚抄》，可见其影响之大。

元代棋艺著作，除《玄玄棋经》外，尚有《通玄集》、《清远集》、《幽玄集》、《机深集》、《增广通远集》、《自出洞来无敌手》等，这些集子撰人不可考，影响较小，很早便散佚了。

6. 明清时期

明太祖朱元璋很喜欢下围棋，相传南京胜棋楼就是他和徐达下围棋的地方。不过，在历史上，他却是以禁棋出名的，他曾下令："在京军官军人……下棋的断手。"① 又建造了"逍遥楼"，专门囚禁下围棋的老百姓②。这些戒律和做法，阻碍了围棋的正常发展。但围棋到了明朝，已势不可挡，名家好手，如雨后春笋般出现。

相礼是明初大国手，多才多艺，能诗善画，"尤精于弈，当世无敌"。明太祖虽说禁止别人下棋，却禁不住自己对围棋的嗜好。他曾把相礼召至京城，命其与燕王对弈，并赐以重赏。③

比相礼晚十余年的楼得达也是江南人，他为人所知时，相礼独霸棋坛已相当久了。《宁波府志》上有一段楼得达与相礼比弈的故事。那是永乐初年，明成祖把楼得达召进京，命他与当时的棋霸相礼对局，相礼很骄傲，自以为天下第一，胜券稳操，因而瞧不起楼得达。赛局未定，明成祖已命人悄悄地把画有冠带的纸放在棋盘下，准备赐给胜者。棋一连下了几盘，结果楼得达大胜相礼，明成祖当即赐予冠带，相礼独霸棋坛的时期就此告终。

其实，当时能抵挡相礼的棋手，也许不只楼得达一人，限于古时交通不便，不可能都有进京交锋的机会。据史载，吴中一带的唐理，棋力

---

① （明）顾起元：《遁园赘语》，凤凰出版社 2005 年版。
② （明）周晖：《金陵琐事》，文学古籍刊行社据万历本影印本，1955 年。
③ （清）严文典：《青浦县志》，清乾隆二十八年（1763 年）刻本。

也不弱，他曾在阳羡山中，遇上一位道士，并和这道士下了三天三夜的棋。唐理还把下棋的本事亲授给他的女婿，后来他的女婿棋力与他相当，能同他一决雄雌。①

假如唐理能有幸被召入京，恐怕也会与那些棋霸争个高低。明代许多棋手都很好强，甚至连皇上都不让。刘景就是这么一位棋手，他常陪明成祖下棋，经常是以他的胜利告终。成祖下得没情绪了，对刘景说："你不可以让让我么？"刘景回答："可让的我让你，不可让的，我是不能让的。"刘景与贾玄在这点上形成鲜明对照，刘景真不辱棋手这一称号。②

明仁宗年间，朱熊棋艺颇有名气，到了明孝宗时代，称雄棋坛的，是越九成。他进京下棋，没有敌手，顿时名声大震，孝宗知道后，马上将他和京城名手一同召进皇宫下棋，赵九成有许多独出心裁的招式，连连得手，看得孝宗大开眼界，赞叹道："真国手也！"后来，孝宗赐了赵九成一个官职。③

围棋到明武宗时，名手已多如牛毛，并逐渐开始形成流派，各派的棋风显示出不同的特点，这是围棋发展史上重要的一页。据《弈旦评》、《宛委余编博物志》记载，明武宗时，棋界形成三派。

一派为永嘉派。这一派中鲍一中年龄最大，出名也最早。他又名鲍景远。著名作家吴承恩著有《围棋歌赠鲍景远》，上面说鲍景远二十岁时，已被誉为海内第一，"纵横妙无匹"，"处处争雄长"。四十多岁时，还参加过几次著名的围棋比赛。吴承恩称他为"棋中师"，王世贞说他"弈品第一"。王世贞认为鲍一中棋风特点是"巧"。这一派里的李冲比鲍一中出名晚，棋力似乎也不如鲍，被评为第二。他自己对此不服。到了暮年，曾与京师派李釜交战，惨败而归，以至不敢再与李釜对弈。这一派里还有几位较有影响的棋手，他们是周源、徐希圣、周厘。

---

① （明）王镐：《无锡县志》，凤凰出版社 2011 年版。
② （明）郑晓：《建文逊国臣记》，明嘉靖（1522—1566 年），刻本。
③ （清）曹秉仁：《宁波府志》，清道光二十六年（1846 年），刻本。

另一派为新安派，这派的汪曙比永嘉派的鲍一中棋力差些，晚一些的程汝亮是这派的中坚。程汝亮字自水，《仙机武库》和《弈时初选》中都收有他的遗局，其局"布局工整，奇正迭出，取舍各尽其妙"。王世贞认为他有以守为攻的特点。他与京师派的李釜也是劲敌，他败的次数多些，也是心里不服气。可惜过早地离开了人间，未能最终争回这口气。

第三派为京师派，有颜伦、李釜这些高手，颜伦工于计算，常常不差一道。他遍游全国，很少对手，王世贞说他棋风稳健。李釜又名李时养，他比颜伦稍晚，但棋力不在其下，能与颜伦争高低。颜伦就因为怕输给他有碍名声，不敢与他抗衡，躲到吴中去了。前面已经提到，永嘉派的李冲，新安派的程汝亮都曾是他手下败将。吴承恩在《后围棋歌赠小李》中，认为他棋力"绝伦"，王世贞说他偏于力战。

嘉靖八年廷试探花邢雉山，"以围棋擅名"，他与文学家李开先同榜。李写有《寄邢雉山》一诗，内有"敲棋是处皆无敌"的句子，对邢雉山的棋艺很是推崇。

前面已多次引录大文学家王世贞在《弈问》、《弈旨》中对一些棋手的评价，他也是这一时期的人。能写出这样高水平的围棋专著，是有很高的围棋修养的，《宛委余编博物志》讲王世贞小时候就爱看鲍一中下棋，但当时尚"不能悉其妙"，后来又看颜伦、李釜、程汝亮下棋，"忘寝食者数"。他与当时一些著名棋手都有交往，与李釜私交尤深，常在一起谈论围棋。

嘉靖壬子年举人施显卿棋艺不错，《无锡县志》说他做过县官。晚年棋艺更加精湛，天下无敌手。不过后来还是被后起之秀祝万年杀败。他很不服气，也没有办法。《无锡县志》上还说，万历庚子年间举人秦延煮棋力甚强，在祝万年之上。

生于隆庆末年的王寰，当时棋名也很大。他曾与上文提到的神童方新对垒，争霸棋坛。当时的王公大人都以与他结识为荣。因他是六合县人，俗称"王六合"，很是炫耀，被视为天下第一名手。冯元仲在《弈旦评》中，将王寰称为"极高之低手"，说他的棋"局小，但善守，而能收局"。看来他以稳扎稳打见长。①

永嘉人陈谦寿是位性情豪放的棋手，曾多次游历燕、赵等地，以棋会友，驰名天下。邵太仆曾把陈谦寿三字刻在棋盘上，对他非常器重。陈的诗也不错，组织过"诗弈社"，他也写过围棋书。②

苏具瞻也是一大家。《休宁县志》上说他天资聪敏，自小对围棋一往情深，十多岁便擅名海内，"海内遍有小苏之名"。因少年学成，在棋坛上活动时间很长，直到明末，苏具瞻还与朱玉亭、林符卿、过百龄等较量过。他的著作《弈数》六卷，自成一格，备受棋界赞誉。《休宁县志》说此书"古今第一，后来棋谱，皆从此脱胎"。它的特点是：各谱一律白先；布势选择局中最精彩部分；书中对《棋经十三篇》的解释通俗易懂；官子、定成、死活等残局，都是常见的，而且比较实用。

明朝末年围棋名家仍不断涌现，可以载入史册的不下三十，这里将其主要代表介绍一下。

雍熙曰是被士大夫们赏识的棋手，当时有位叶台山相国，就特别器重雍熙曰。③ 冯元仲在《弈旦评》中，谈到雍的棋风时，评价为"能以收着胜人"。他著有《弈正》一书，收录了不少名谱，书写得浅显易懂，很适于初学者阅读。

朱玉亭是皇家宗室，《弈旦评》说他的棋风承王寰一路，"以资得"，"巧而善战"。但"巧可加于不已者，至遇大敌，则巧无所施矣"。所以冯元仲认为他不善着大局。

"局极大，弃取变幻，为诸人冠"的是范君南。他棋力低于王寰，但天资过人，因而敢下大局，棋风洒脱，不过往往"收局无成"。《弈旦评》称之为"极低之高手"。

明末北京下棋的百姓甚多，当时艺坛有八绝，其中一绝就是阎子明

① （清）谢延庚等修：《六合县志》，清光绪十年（1884 年），刻本。
② （明）王瓒、蔡芳撰，胡珠生校注：《温州府志》，上海科学院出版社 2006 年版。
③ （清）顾浩修，吴元庆等纂：《无为州志》，江苏古籍出版社 1998 年版。

的围棋，据《宛署杂记》记载他与人对弈，尚在布局阶段，就能预知输赢多少，而且计算得很准确，他的记忆力很强，复盘不差一子。

《登州府志》上介绍的一位自学成才的国手黄旦，他是登州文登县的村民。学成后曾游历四方与人对弈，这是史册上记载的为数不多的出身贫贱的国手之一。

另一位下层出身的国手叫江用卿，他最初只是爱看别人下棋，看而不厌。没几个月，他就看会了，一盘棋不到中盘，他已能预测胜负。他也到过不少地方，没有人能胜他。当时的大学士何艺岳、周挹斋等，都请他去下过棋，江用卿是个有骨气的人，从不用棋去讨好人，《婺源县志》上说他："局中不知有相国，局外亦不自说为相国客也。"因而很受人们敬重。左司马孙皖桐，曾写了首诗赠给他，其中有一句是："座上无非且无刺，酒中能狷（耿直的意思）亦能狂。"江用卿棋力很高，当时社会上流传着这样的说法：江少年时，游天台遇"异人"教棋。说他下棋不是模仿棋谱，而是"奇创变幻"，是"有神助"。

《武进县志》记载了一老一少两位国手。老的叫高海泉，九十多岁，仍然喜欢下棋。小的叫邹元焕，十三四岁就有棋名，与过百龄、盛圣逢等大棋家齐名。

明末还出现一位女棋手薛素素，她是明代唯一有史料可查的女棋手，她是苏州人，多才多艺，棋、诗、书、琴、箫、绣等，无不工绝，有"十能"之称，是位有才气的女子。[①]

唐代的盛况、宋代的奇观、明代的瑰景，似乎都在孕育着这个高潮。这个高潮是由一系列名棋手的高超棋艺及重要的棋书发展而来的。掀起这个高潮的，是明末过百龄。

过百龄，又字怕龄，名文年，生于无锡一个颇有名望的家庭。他从小聪明，喜欢读书，11岁时，过百龄看别人下棋，很快就明白了虚实、先后、进击、退守的道理。《无锡县志》中有关于过百龄的记载，说他

---

① 周汝昌：《红楼梦新证·文物杂考》，上海三联出版社 2008 年版。

不论远近，只要是好手，就要前去与之较量，他自己请人来下棋，棋手们都不敢来。他是公认的国手。几十年间，天下棋手莫不"以无锡过百龄为宗"。清朝诗人钱谦益写过《京日观棋六绝》一首，特注明"为梁溪弈师过百龄而作"。诗写于清朝顺治年间，当时过百龄仍是棋坛霸主，至此，他执坛牛耳已数十年之久。钱谦益以"八岁童牙上弈坛，白头旗纛许谁干"概括了过百龄的一生。过百龄棋著很多，有《官子谱》一卷、《三子谱》一卷、《四子谱》二卷。《官子谱》价值很大，是我国古代一部全面、透彻地研究围棋收官子的重要著作。此书现在日本已有译本。《三子谱》全名是《受三子遗谱》，可以说是一部围棋教科书，对于学棋有十分重要的价值，这本书里记载了 204 种招法变化，其中"大角图"四十四变，"大压梁"五十变，"倒垂莲"六十变，"七三起手"五千变。此书由林符卿、周懒予、汪汉年、周东候、汪幻清、盛大有六人审订，校阅者前后共达 227 人。可见《三子谱》影响之大，传播之广。

　　明代围棋文献很多，明末《桔中秘》说："弈谱充栋"，并非夸张之词。除上述以外，重要的还有：《适情录》二十卷，林应龙著，明嘉靖四年（1525 年）刊印。前八卷包括棋谱三百八十四图，是林应龙与日本棋手僧中虚合编的。九卷以下为林应龙独自编写。此书用军事名词术语为题；并把棋盘分为九个区，称为"九宫"。《秋仙遗谱》十二卷，诸克明编，明嘉靖三十六年（1557 年）刊印。此书是明代颇负盛名的棋谱。诸克明"性好弈，深知用谱之说"，他这部著作"每出新意，以补古人之不及"，编书的目的是使棋手们"俱有谱之可依"。

　　《仙机武库》八卷，著者陆玄宇父子，是明万历年间著名藏谱家。此书是从当时几部著名棋谱及对局中选录编辑的，有很高的价值。后来过百龄重新整理、校订了这部书，使其内容更为丰富。《万江仙机》二集一百局，残本，明潞王朱常淓辑。据考证，这本书里辑的棋谱都是棋手拟出来的，即所谓"出局"，不是对局的记录。棋谱中有很多走法很奇异，与后来的走法不大一样。《弈旦评》一卷，冯元仲著。这本书较详细地记载了我国历代的棋手（尤其是明代棋手）和棋谱。这对于研究中国围棋史，颇有参考价值。除此而外，还有《石室秘传》、《石室仙机》、《弈时初编》等数种，在此就不一一列举了。

清朝是又一次由少数民族入主中原统一中国。清朝统治者一方面继承了明代的封建君主专制，另一方面又实施民族歧视和民族压迫，施行文化高压政策，"文字狱"大多为镇压汉族的民族意识为目的。而围棋由于不带政治和民族色彩，能为各民族、各阶层的人所接受，反而获得了一个相对自由的发展空间。清代，围棋在贵族阶层和平民阶层都非常普及。在贵族阶层，特别是汉族贵族阶层，在屋中的案头都要置一棋具，与典籍、文房四宝并列，这是知识与身份的一种标志。在市民阶层中，围棋活动也非常兴旺。正因为拥有广泛的社会基础，清代出现了一批著名的国手，其中尤以黄龙士、徐星友、范西屏、施定庵的成就最为突出。

黄龙士，名虬，又名霞，字月天，江苏泰县姜堰镇人。据《兼山堂弈谱》等书记载，他生于清顺治八年（1651年）或十一年（1654年），黄龙士天资过人，幼小时棋名已闻达四乡邻里。人们将黄龙士尊为棋圣，他和思想家黄宗羲、顾炎武等人并称为"十四圣人"，可惜黄龙大"享年不永"，刚到中年便撒手人寰了。黄龙士对局实践对围棋发展的最大贡献，在于他转变了围棋的风格。在他之前，棋风局面狭窄凝重。黄龙士使棋风大变，在其之后，局面开阔，轻灵多变，思路深远。对黄龙士的棋风特色，后人评价甚多。徐星友这样概括黄龙士的棋："寄纤农于淊泊之中，寓神俊于形骸之外，所谓形人而我无形，庶几空诸所有，故能无所不有也。""一气清通，生枝生叶，不事别求，其枯滞无聊境界，使敌不得不受。脱然高蹈，不染一尘，臻上乘灵妙之境。"总的来说，黄龙士对局时考虑全面，判断准确，力争主动，变化多端，不以攻杀为主要取胜手段。黄龙士的棋著有《弈括》和《黄龙士全图》。此外，邓元惠还将黄龙士的七十盘对局集成《黄龙士先生棋谱》一本，黄龙士对局中的精华大多收在其中了。特别值得提及的是黄龙士为

《黄龙士全图》写的《自序》。这是黄龙士丰富经验的宝贵总结，较全面地论证了围棋的战略战术，见解独到精辟，发人深省。如他谈到布局和全盘战略时说："辟疆启字，廓焉无外，傍险作都、扼要作塞，此起手之概。"谈到攻守和战术原则时说："壤址相借，锋刃连接。战则羊师独前，无坚不暇：守则一夫当关，七雄自废。此边腹攻守之大势。"谈到对形势判断时说："地均则得势者强，力竞则用智者胜，著鞭羡祖生之先，入关耻沛公之后，此图失之要。"谈到策略时说："实实虚虚之同，正正奇奇之妙，此惟审于弃取之宜，明于彼此缓急之情"，这些都是黄龙士从对局实战中总结出来的真知灼见，也显示出黄龙士自己的棋风。

继黄龙士之后称雄棋坛的是他的学生徐星友。据《杭州府志》记载，徐星友名远，钱塘人，他的书法绘画都很好，尤其擅长围棋，据说徐星友学棋时间较晚，最初是师从黄龙士，人说名师出高徒，徐星友专心致志，刻苦用功，所以棋艺进步很快。当他达到和黄龙士相差二子的程度时，黄龙士仍以三子相让与徐星友下了十局棋。因为多让了一子，先生要重展昔日之雄风已很困难了。这十局棋下得异常激烈，当时就被人们称为"血泪篇"。这十局棋之后，徐星友棋艺猛进，终于达到了与先生齐名的水平。

徐星友的棋风，最重要的特点是"平淡"。这大概是因为师承黄龙士的缘故。在徐星友写的《兼山堂弈谱》中，对他自己的棋风，有这样的论述："冲和恬淡，浑沦融和"，"制于有形，不若制于无形"，"善战而胜，曷若不战屈人"，"闲谈整密，大方正派"等，其中最重要的一点就是"不战屈人"，这是"平淡"的根结。所谓"不战屈人"，就是不靠激烈的厮杀获胜，而是一点一点地侵蚀，直到取得最后胜利。这可说是所有围棋战略战术中最难掌握的。这种含蓄、不露锋芒而又坚强有力的棋术，非一般人所能达到，它对后世影响甚大。

徐星友后半生倾注全力撰写的《兼山堂弈谱》是我国最有价值的几部古谱之一。明朝以前的棋谱，一般只列姓名图式，不加评断。明朝中叶起，有的棋谱开始加些评语，但也是寥寥数语，读者获益不多，清初一些棋谱，如吴贞吉的《不古编》、盛大有的《弈府阳秋》、周东侯的《弈悟》等，开始改变过去评语过于简单的不足，但终因水平有限，词句多含糊不清，不确之处俯首可拾。徐星友的棋著，精选了过百龄、李元兆、周懒予、盛大有、汪汉年，周东侯、黄龙土等国手有代表性的各局，详加评注，观点颇为中肯确切。徐星友结合了自己一生的对局经验，对各盘各局的得失作了认真的研究分析后，对各家名手的棋风进行了深刻的总结。这本书影响很大，后来棋手施襄夏曾说："得之（指《兼山堂弈谱》）潜玩数年，获益良多。"

范西屏名世勋，浙江海宁人，生于康熙四十八年（1709 年）。在袁枚的《范西屏墓志铭》和毕沉的《秋学对弈歌序》等诗文中，对他的生平都有较详细的记载。范西屏的父亲是个棋迷，直下到家道败落仍未尽兴。可惜棋艺始终不高，只把这一嗜好传给了儿子，范西屏三岁时，看父亲与人对弈，便在一旁呀呀说话，指手画脚了。父亲见儿子与己同好，甚是欢喜，唯恐儿子和自己一样不成气候，当下带儿子拜乡里名手郭唐镇和张良臣为师，棋艺日见长进。久了两位老师的棋力都不及他了。父亲又送他拜山阴著名棋手俞长侯为师，俞长侯棋居三品。有这位名师指点，范西屏长进更快，十二岁时就与俞长侯齐名了。三年后，西屏竟已受先与先生下了。他与先生下了十局，先生完全不能招架学生的凌厉攻势，均败在学生手下。从此，俞长侯不再和他下棋。他十六岁时，便成为闻名天下的国手。

范西屏出名之时，天下太平，大官们多闲聊无事，他们争着拿银子请强手与范西屏较量，以此为乐。当时棋林高手梁魏今、程兰如、韩学之、黄及侣都纷纷败在范西屏手中。棋手胡兆麟，人称"胡铁头"，棋力甚凶猛，也常是范西屏手下败将。

当时能与范西屏抗衡的，只有一个人，就是四大家之一的施襄夏。不过，据各种史料记载来看，施襄夏思路不如范西屏敏捷灵活，两人对弈，施襄夏常锁眉沉思，半天下不了一子，范西屏却轻松得很，似乎全不把棋局放在心上，甚至应子之后便去睡觉。有一回对局，范西屏全局危急，观棋的人，都认为他毫无得胜希望了，必输无疑。范西屏仍不以为然，隔了一会儿，他打一劫，果然柳暗花明，七十二路棋死而复生，观棋者无不惊叹。范西屏的《桃花泉弈谱》二卷，也是我国历史上最有影响，价值最大的古谱之一，这本书，"戛戛独造，不袭前贤"，内容异常丰富、全面，精辟地记载了范西屏对于围棋的独特见解。此书则一出版，便轰动棋坛，风行一时，以后重刻版本很多，两百年来影响了无数棋手。

清代棋坛另一高峰当推施襄夏了。施襄夏名绍暗，号定庵。生于康熙四十九年（1710 年），卒于乾隆三十五年（1771 年）。他也是浙江海宁人，与范西屏是同乡。父亲发现儿子对围棋的喜爱甚于琴。当时，比施襄夏年长一岁的范西屏从师俞长侯学棋，到 12 岁时，已与老师齐名，这使施襄夏十分羡慕。父亲便也把他送到了俞长侯门下。施襄夏不甘久居人下，他在俞长侯那儿，先生受先三子教了他一年，他便能与范西屏争个高下了，其间，老棋手徐星友也曾受先三子与施襄夏下过棋。老棋手慧眼识珠，非常看重这位少年棋手，把自己的棋著《兼山堂弈谱》赠给他。施襄夏也果然不负厚望，对这本名著认真钻研数年，受益很大。

施襄夏 21 岁时，在湖州遇见了四大家中的梁魏今和程兰如，两位长者都受先与他下了几局棋，施襄夏从中又悟出不少道理。两年以后，施襄夏又遇梁魏今，他们同游砚山，见山下流水淙淙，都很兴奋。梁魏今对施说："你的棋已经下得不错了，但你真的领会了其中奥妙了吗？下棋时该走的就得走，该停的就得停，要听其自然而不要强行，这才是下棋的道理。你虽然刻意追求，然而有'过犹不及'的毛病，所以三年来你仍未脱一先的水平。"施襄夏细细体会了这番深刻的议论，意识到自己以前好高骛远，走了弯路。从此，施襄夏一变往日棋风，终于成为一代名师。施襄夏是在前人的基础上，以自己独特的面貌出现在棋史上的。在《弈理指归·序》中，施襄夏对前辈和同辈棋手有十分精粹的论述："圣朝以来，名流辈出，卓越超贤。如周东侯之新颖，周懒予之绵密，汪汉年之超轶，黄龙士之幽远，其以醇正胜者徐星友，清敏胜者娄子恩，细静胜者吴来仪，夺巧胜者梁魏今，至程兰如又以浑厚胜，而范西屏以遭劲胜者也。"正是基于对其他棋手如此深刻的研究分析，施襄夏集各家之长，成为中华民族文化史上一颗闪烁异彩的明星。

施襄夏在理论上也贡献很大，他是在认真总结了前人棋著的得失之后，写出自己的著作的，他十分推崇《兼山堂弈谱》和《晚香亭弈谱》，但也大胆、尖锐地指出了它们的缺陷，他在自己的《弈理指归·序》中说："徐著《兼山堂弈谱》诚弈学大宗，所论正兵大意皆可法，唯短兵相接处，或有未尽然者。程著《晚香亭弈谱》惜语简而少，凡评通当然之招，或收功于百十招之后，或较胜于千百变之间，义理深隐，总难断详，未入室者仍属望洋犹叹。二谱守经之法未全，行权之义未析也。"这种科学态度是难能可贵的，这使得施襄夏的著作较前人有了很大发展。他的《弈理指归》二卷，是我国古棋谱的典范，是施襄夏一生心血的结晶，可与《桃花泉弈谱》媲美。因此书原文是文言口诀，字句深奥，图式较少，钱长泽为之增订，配以图式，集成《弈理指归图》三卷。

施襄夏死后，他的学生李良为他出版了《弈理指归续篇》，这本书的《凡遇要处总诀》部分，几乎总结了当时围棋的全部招法，是部全面论述围棋战术的著作，是我国古典围棋理论十分少见的精品。这些口诀，都是施襄夏平生实战和研究的心得，句法精练，内容丰富。以范西屏、施襄夏为代表的康熙、乾隆时代的棋艺水准，是整个围棋发展史上的一座高峰。范西屏、施襄夏等人把围棋推到了前所未有的水平。

第二节　象棋

一　象棋的起源

近百年来，关于象棋的起源，大致有中国、印度、希腊、波斯和阿

拉伯等诸说，其中起源于印度或中国是争论的焦点。在 20 世纪 50 年代
和 60 年代，苏联象棋史学界认为象棋起源于印度，中国象棋是从印度
传入的。从 70 年代起，欧洲有些象棋史学家对此论点提出了怀疑和否
定，而且认为象棋是中国古代人民创造的。

1. 象棋的印度起源论

关于象棋起源于印度主要有以下观点。

（1）8 世纪以前 印度梵文著作 *Bhawishya Purana* 描述有一种叫作
Chaturanga 的四角棋的兵种与走法同中国唐代象戏相似，就推断象棋由
印度传来。

（2）1902 年 Raverty 在孟加拉皇家亚洲学会发表的论文《国际象棋
和十五子棋的历史》，文中讲到一个有关象棋的故事，但年代不详。

（3）1913—1917 年英国威廉·琼斯认为：象棋既以"象"命名，
棋子中又有象，而中国古代不产象，印度则是产象国，故象棋起源于印
度较合理。

（4）1956 年法国布阿叶在《国际棋话》一文中写道："象棋起源
印度，大概在 570 年左右……"

（5）苏联的索柯尔斯基在《国际象棋简史》中写道："约 7 世纪
时，阿拉伯人开始接触一种棋戏，叫做沙特朗兹，它的走法与现代国际
象棋尚有差异。"一些学者认为此种棋戏与中国的象棋接近，是象棋的
前身。苏联的鲍特维尼克在《国际象棋艺术》中写道："6 世纪的时候，
象棋传到了伊朗……这时象棋也必然传到了中国。"

古印度有一种四人对局的棋，名叫"恰图兰卡"（Chaturanga）。意
思是"四队"、"四角"或"四方阵"。棋盘为 64 个方格，棋子放在四
角的格子里，每方八子：王、象、马、船各一，兵四。各子步法：王直
斜行一格；象斜行两格；马与今天的国际象棋一样；船直行无远近；兵
与今天的国际象棋无疑。每着棋走前掷骰子，五点是王或兵走，四点走
象，三点走马，两点走船。如下图所示。这是在一部梵文作品叫 *Bhaw-
ishya Purana* 里所描写的。另一部梵文辞源 *Amara - Kosha* 也谈及"四角

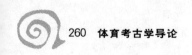

棋"，不过其中"船"一子则称之为"战车"。①

以上两部梵文著作的年代不详。因为梵文作为印度书面语已停止使用1000年以上了，所以说这两部书的著作年代至迟在1000年前，相当于我国的北宋初期。但据印度的传说，这种象棋是锡兰兰卡王拉完的妻子发明的；另一说为印度回教徒僧人发明以娱国王。② 很多学者认为，这种四角棋在两千年前的古印度已经流行，但也有人持否定之说，如德人 Vander Linde 认为印度之有棋，"最早在第八世纪中叶"，而在此之前印度的四种军队——象队、车队、马队、步队，"只用于军事……非用于游戏"。③ 至于古印度史诗《摩诃婆罗多》中"四军将士已安排"的诗句，亦不能断定为棋戏。

然而，据苏联的索柯尔斯基在《国际象棋简史》中写道："约7世纪时，阿拉伯人开始接触这种棋戏，并且发展和改革了棋制，定新名为沙特朗兹，它的走法与现代国际象棋尚有差异。"④ 缅甸曾发掘了一副沙特朗兹的棋子，年代不详，现藏美国国立博物馆。棋盘是一张有四条腿的小桌子。棋子完全象形。棋子的名称有将、副将（士）、战车、象、骑兵和步兵等六种，其中除副将（士）只许斜走一步外，其余与国际象棋的步法相近。一些学者认为此种棋戏与中国的象棋接近，是象棋的前身。苏联鲍特维尼克在《国际象棋艺术》中写道："6世纪的时候，象棋传到了伊朗……这时象棋也必然传到了中国。"这种棋的确与我国唐代的象棋有些相似，而唐代象棋是由北周象戏发展而来，"象戏"一名始于北周武帝天和四年（公元568年），苏联学者们就认为印度象棋可能在公元570年左右传入中国是站不住脚的。因为发生的时间段都在6世纪，时间上没有谁先谁后的问题。又因为以"将"为中心

---

① 1956年全国象棋锦标赛大会印：《中国象棋历史参考资料》，第10页。
② 周家森：《象棋与棋话》，世界书局1943年版，第4页。
③ 同上书，第5页。
④ ［苏］索柯尔斯基：《国际象棋》原版本中第一章"国际象棋简史"。

的象棋是中国北宋时期象棋的特点之一，如我国于宋代传到日本去的也叫"将棋"。

据常任侠《东方艺术丛谈》说，印度曾出土了一只 8 世纪的象棋子，现藏法国巴黎博物院。[①] 另外，在伦敦博物院有一副在印度出土的立体象棋子，也是 8 世纪的文物。白棋子用象牙刻成，黑棋子用乌木刻成。这说明 8 世纪之前印度已有象棋了。至于更早印度象棋的具体形制，在印度史籍中尚无确切记载。

中国象棋从印度传入的说法，约始于 20 世纪初期，据英人威廉·琼斯认为：中西象棋大体相同，其源必无异；中国古代不产象，印度则是产象国，中国既名象棋，且棋中有象，这是从印度传入的证据。[②] 为了证实西方学者的说法，胡适从元朝僧念常的《续藏经·佛祖历代通载》中找到了一条所谓"根据"，其《通载》说："唐文宗开成己未制象棋。"又注云："神农以日月星辰为象，唐相国牛僧孺用车、马、士卒加炮代之为机矣。"胡适在《光华周刊》上认为念常此书专记佛教故事，忽插入此段，似非有心作伪，且颇为可信。[③]

英人威廉提不出直接证据，旁证也是无力的，因为中国自古就产象，至于"象棋"一名早在战国时代就出现在《楚辞·招魂篇》中，那时印度的"四角棋"尚未出世。而胡适的论点更不值一驳，因为念常《通载》根本只字未道及中国象棋从印度传入，而是说"神农以日月星辰为象"，唐牛僧孺加以改造。其实，念常的《通载》，据陈垣先生的考证："自汉明帝至五代十余卷，悉抄自隆兴通论……不仅史料抄之，即叙论亦抄之。"

因此，中国象棋是唐代或唐代以前从印度传入的说法不足以令人置信。

---

① 常任侠：《东方艺术丛谈》，新文艺出版社 1956 年版。
② 周家森：《象棋与棋话》，世界书局 1943 年版，第 5 页。
③ 《中国体育史参考资料》第三辑，"我国象棋溯源"，第 60 页。

2. 中国起源说

关于中国象棋的起源，我国文献中也有好多的说法：

（1）公元前278年 最早文献记载。战国《楚辞。招魂篇》："琨蔽象棋，有六博些"，这是最早提到"象棋"一词的资料。

（2）公元前246年 汉代《说苑》：孟尝君"足下燕居，则斗象棋"。

（3）古代象棋是六博棋，两人下，各有一枭五散，棋盘正方，中间有水，靠掷采行棋，杀死对方之枭为胜，象征当时军事游戏，是象棋的祖先，以河南省出土文物为证。

（4）公元570年 象戏《周书·本纪》："天和四年，帝制象经成，集百僚讲说。"南北朝北周武帝宇文邕讲解象戏的理论，是划时代事件。

（5）公元762年 象戏棋盘64格，象戏棋子是立体造型，有王、军师、车、马、金象将军、卒，其中车走直线，马走日字，卒前进不退，见唐代宝应元年牛僧孺《玄怪录·岑顺篇》。与今日象棋十分相近，是象棋的前身。

（6）公元1102年 北宋出现象戏大改革，最后定型，棋盘加河，九宫，棋子加炮，改置交叉点上，江西省出土文物有北宋年代的完整棋子，北宋诗人李清照在1134年所作《打马图序》载有棋盘，均与今日象棋完全相同。

（7）公元1943年 周家森在《象棋与棋话》中写道："象棋之起源，远在三代以上，初仅有将士象车马卒而无炮。唐时流入西域，辗转传至欧洲，成为现代之万国象棋。始由牛僧孺加炮而成为现代之棋子……"[①]

（8）公元1984年 简俊清（新加坡象棋总会前秘书长）在《唐宋象棋考略》的论文中提道："象棋的出现，史能推溯到隋唐之际，《玄怪录》的象棋，便是这种创制的产品。"

---

① （元）僧念常：《续藏经·佛祖历代通载》卷二十二。

以上观点都有一定的根据，值得进一步追溯。通过这些文献记载和学者们的研究成果可看出，我国象棋的发端是很早的，它的发生到北宋定型，也是经过了漫长的时间过程，是由简单到复杂，由易到难，由初级到高级，而且是由量变到质变。象棋是中国古代人民在长期的实践中不断创造革新的成果。

二　不同时代的象棋

1. 春秋战国时期的象棋

春秋战国时代，棋艺被当时学者认为是数学的组成部分，并与当时的天文学、军事都有关，也可以说，它是在这些科学的基础上形成和发展起来的。春秋战国时期的棋艺，统称"博弈"。"弈"又名围棋。"博"或写"簙"，也叫象棋，如在我国古代文献《论语·阳货》中有："饱食终日，无所用心，难矣哉！不有博弈者乎？为之，犹贤乎己"。《楚辞·招魂篇》中有"菎蔽象棋"的记录[1]，刘向《说苑》中有"燕则斗象棋"的说法等[2]。中国"象棋"一词的来源，当出自此处，绝非舶来品。英人威廉认为中国不是产象国，而印度则是产象国，所以断定中国象棋从印度传入[3]。这个论断是不知道中国"象棋"一名的渊源之故。然而这个时期象棋的器具和走棋的法则与唐宋时期的象棋差别很大，甚至于面目全非。所以我们只能说它是我国古代象棋的萌芽时期。

《楚辞·招魂篇》中有一段叙述象棋的形制："菎蔽象棋，有六簙些。分曹并进，遒相迫些。成枭而牟，呼五白些。"

第一句，"菎蔽象棋，有六簙些"是说明了当时的棋制。当时的棋制是由箸、棋、局等三种道具组成。箸，据《西京杂记》说："以竹为

---

① （唐）李善注：《六臣注文选·招魂》卷三十三，中华书局 2012 年版。

② 向宗鲁校：《说苑校正》引《七修类稿》卷二十五，中华书局 1987 年版。

③ 周家森：《象棋与棋话》，世界书局 1943 年版。

之，长六分。"① 贵族们用菎即玉作装饰，以显华贵，箸就相当于骰子，因为行棋之前先要投骰子；棋，是放在局上行走的象形的棋子，所谓象棋，《六臣文选·招魂》解释说："象牙棋妙且好也。"即用象牙雕刻的象棋子，这就是象棋的由来；局，就是博局，又名曲道，是一种方形的棋盘。六博，由每方六个棋子组成，即一枭五散。枭是"贵"与"骁"之意，据说还是舜的祖先的图腾。如《韩非子》说："博者贵枭，胜者必杀枭"②，又如《战国策》说："博者之用枭，欲食则食。"③ 散是散卒的意思。如《战国策》说："夫枭之所以能为者，以散棋佐之，夫一枭之不敌五散也明矣。"按春秋战国时兵制，以五人为伍，设伍长一人，共六人，所以六博棋是当时象征战斗的一种游戏。

按当时作为军事训练的蹴鞠游戏，也是每方为六人。

第二句，"分曹并进，遒相迫些"，是行棋比赛的方法。曹即偶，是指比赛时必须两人对局或两组联赛。其方法是"投六箸，行六棋"。先投箸后行棋，斗巧又斗智；"遒相迫些"是指行棋的技巧性，相互进攻逼迫，迫使对方死棋。

第三句，"成枭而牟，呼五白些"，棋走到最后获胜的关键时刻，当投箸成"五白"，可以任意杀对方的重要棋子而取得倍胜（牟），并发出胜利的呼喊声。

我们从春秋战国时期的文献记载和出土文物来看，六博的产生要早于这个时代。我国古代小说《穆天子传》说：纪元前 970 年的周穆王满，就是个"六博棋"迷，他跟井公下了三天六博棋才分胜负。在汉魏时代，这个故事被说成仙人下棋，如曹植诗云："仙人揽六箸，对博泰山隅。"我们从汉代留下的仙人六博画像砖也可以证明（如图 51、图 52 所示）。

1975 年底到 1976 年春考古学家从湖北云梦睡虎地发掘战国末期墓

---

① （晋）葛洪：《西京杂记》，《诸子集成》第一册，中华书局 1986 年版，第 459 页。
② 《韩非子》卷十二，《诸子集成》第五册，中华书局 1986 年版，第 244 页。
③ 《战国策·魏策》，引孟森《欧洲象棋为今古说》。《东方杂志》第 25 卷第 17 期。

图 51　仙人六博汉代四川新津崖墓石函石刻

图 52　仙人六博汉代四川彭州出土画像砖

葬中的棋局，可以与《招魂篇》相互印证（如图 53 所示），使我们对春秋战国时期的六博棋有更深的认识。棋盘为木质，长 38.5 厘米；棋盘正面阴刻规矩纹，并用红漆绘四个圆点。棋子为骨质，六颗，均为长方形，其中红色的一颗较大，长 3 厘米，宽 1.4 厘米，高 1.8 厘米，这就是棋枭；其余五颗涂黑，较小，长 2.5 厘米，宽 1.2 厘米，高 1.7 厘米，这就是散卒。箸为六根，由小竹管劈成两半，成弧形断面，长19.5 厘米，它的形状与古文献记载基本相同。据考古学家断代，这个棋局的相对年代为秦昭王五十一年，即公元前 256 年，稍后于《楚辞·招魂》。

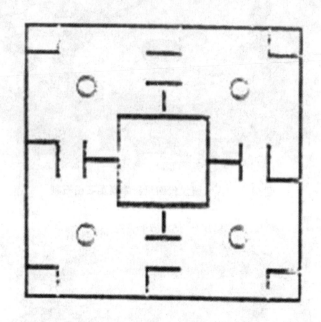

图 53　根据湖北战国云梦睡虎地出土"六博棋局"绘制

六博棋是不是就是象棋，回答是肯定的，只有一家。孔子《论语》说："不有博弈者乎，为之犹贤乎已。""博"与"弈"是两种不同的棋戏，但"博"与"象棋"，如屈原《招魂》所说："菎蔽象棋，有六博些"，显然是指一家而言。在先秦的文献中，多数地方都称为"博"，但也有单独称为"象棋"的，如《说苑·善说篇》说孟尝君"燕则斗象棋而舞郑女"可证。我国近代著名历史学家孟心史先生认为："古之象棋即博弈，今之象棋于唐代以前，由古递变而来。"又说："象棋之名，已远溯周时而递变至此，棋之有象，由来甚早。"[①]

---

①　孟心史：《象棋以欧制为今古说》，《东方杂志》第 25 卷第 17 期。

2. 秦汉时期的象棋

秦汉时期，随着生产力的发展，政权的统一，各地区和各民族之间的联系加强了，其文化事业也蓬勃发展起来。如著名的《九章算术》的出现、造纸术的发明、张衡的地动仪、张仲景和华佗的医药学，都是这个时代对人类所做的杰出贡献。就象棋而言，当时不是专指单一的某种棋，除围棋外的其他几种棋戏如六博、弹棋等均称象棋。

秦汉时期的六博棋非常盛行。据班固《弈旨》说："孔子称有博弈。今博行于世，而弈独绝。博义既弘，弈义不述。"① 秦汉时期的六博棋制度，基本上与春秋战国时期博棋制度一样。东汉时期博棋制度出现一次革新，革新的博棋叫小博，而前者叫大博。它的区别首先是"箸"，据颜之推《颜氏家训》说："古者大博则六箸，小博则二赞（琼）。"② 大博就是前面所述春秋战国时期的六博棋制度，小博在张湛注《列子》中引《古博经》讲得较为详细："博法：二人相对坐而局。局分十二道，两头当中名为水，用棋十二枚，古法六白六黑。又用鱼二枚，置于水中。其掷采以琼为之。……锐其头，钻刻四面为眼，亦名为凿。二人互掷采行棋，棋行到处即竖之，名为骁棋。即入水食鱼，亦名牵鱼。每牵一鱼，获二筹；翻一鱼，获三筹……获六筹为大胜也。"③

1972 年，考古学家从河南灵宝张家湾东汉墓中发掘出一套绿釉博棋俑，如图 54 所示。

在一张坐榻上置长方盘，盘的半边摆着六根长条形算筹，另半边置方形博局。博局上每边有六枚方形棋子，中间有两枚圆的"鱼"。坐榻两边跽坐二俑对弈，形象逼真。长 28 厘米，宽 19 厘米，高 24 厘米。出土的此博棋俑与《小博经》对照，基本相符，只是缺少"琼"的形象。

赛戏，汉代也叫格五。最早出现在春秋战国，赛戏是在六博棋戏的

---

① （汉）班固：《弈旨》，见《太平御览》卷753，工艺部10。

② （北朝）颜之推：《颜氏家训·杂艺第十九》，中华书局1954年版，第43页。

③ 《列子》卷八，中华书局1954年版，第97—98页。

基础上发展而来，古文献中常"博赛"并称，如《管子·四称篇·四时篇》和《吕氏春秋·秋实》等文献中都有反映。《庄子·骈拇篇》有"博赛以游"之语，成玄英《疏》说："投琼曰博，不投琼曰塞。"① 可见赛戏已摆脱了"侥幸"取胜的成分，标志着我国古代象棋的初次革新。

图54　河南灵宝出土的全套六博陶俑

格五在汉代甚盛行，西汉王朝还专门设有"棋待诏"的官职，《汉书·吾丘寿王传》中说："以善格五，召待诏。"② 《后汉书·梁冀传》中说梁冀"善格五"③。汉代刘德对格五解释："格五行塞法"④。魏晋时期苏林说："博之类，不用箭（箸），但行枭散。"⑤ 这里告诉我们塞与格五名异而实同；塞与博的区别是前者不用投箸行棋，后者是投箸行棋。

---

① 《庄子·骈拇第八》，《诸子集成（三）》，中华书局1954年版，第146页。
② 《汉书·吾丘寿王传》卷64，列传34，中华书局1954年版，第918页。
③ 《后汉书·梁冀传》卷64，列传22，中华书局1954年版，第541页。
④ 同上。
⑤ 同上。

关于塞戏的棋局，根据出土的文物有两种不同的形制。第一种，从湖北云梦西汉墓出土，棋局长 38 厘米，宽 36 厘米，厚 2 厘米。和六博局基本一样，不同点就是无博箸。第二种，从甘肃省武威磨咀子汉墓出土的彩绘木俑塞戏，棋盘为黑彩底，棋局绘白色"规矩纹"图案，与博棋局图案稍有不同。盘左一俑，由白黑二色绘画，穿长袍，梳圆髻，盖须，右臂向前下伸，拇、食两指握长方形木棋子，正在举手走棋；盘右一俑与左俑大致相同，右手放在膝上，左手举起在胸前，很有礼貌地凝视对方下棋（如图 55 所示）。

图 55　甘肃武威磨咀子出土的博塞木俑

弹棋是西汉末年出现的一种棋艺游戏，据《西京杂记》说："成帝好蹴鞠，群臣以蹴鞠劳体，非至尊所宜。帝曰：'朕好之，可择似而不劳者奏之。'家君（指刘向）作弹棋以献。帝大悦，赐青羔裘，紫丝履，服以朝觐。"[①] 此棋戏东汉时非常盛行，梁冀撰有《弹棋经》一卷，

---

① 《太平御览》卷 754，工艺部 11，中华书局影印版，第 3349 页。

据甘郸淳《艺经》说："二人对局，黑白各六枚，先列棋相当，下呼上击之。"[1] 魏文帝非常喜欢弹棋，技艺甚高，并且写了一篇《弹棋赋》，文中有这样的记载："先纵二八"，丁廙的《弹棋赋》中载："列数二八"，这些文献记载说明，三国至魏晋时期，弹棋的棋子由六枚增加至八枚。到了唐代，弹棋仍甚流行，很多诗人都写过有关弹棋的诗篇，如杜甫、白居易、李贺、韦应物、王建等都非常喜欢下弹棋。柳宗元在《棋序》中说："得木局，隆其中而规焉。其下方以直，置棋二十有四，贵者半，贱者半，贵曰'上'，贱曰'下'，咸自一至十二。下者二乃敌一，用朱墨以别焉。"这些文献记载说明，唐代弹棋的棋子由八枚增至十二枚，弹棋的下法更加复杂。到了宋代，象棋制度逐渐完善，象戏在这一时期特别盛行，弹棋突然销声匿迹了。

3. 魏晋南北朝时期的象棋

这一时期，我国的棋艺有了新的发展，象棋不断革新，以适应新形势的发展。我国秦汉时期盛行的博赛戏，已逐步为时代所淘汰，为另一种棋戏——象戏所替代。同时，当时我国从印度传入一种"波罗塞戏"，也为我国人民所爱好。博赛戏、波罗塞戏、象戏三者有些相似之外，又有区别。象戏的基础是博赛戏，可能也吸收了波罗塞戏的某些方面，经过我国人民的再创造，成为一种新的棋戏，并为北周武帝宇文邕所喜好，加以总结，写成了《象经》棋谱，集百僚而讲解，并在贵族中流传开。

象戏产生在南北朝时期不是偶然的，因为人们对当时棋戏，如博赛戏（包括波罗塞戏）觉得招法简单，趣味太淡，而围棋又太费时间，正如颜之推《颜氏家训》说："博赛戏术数短浅，不足玩。围棋……颇为雅戏，但令人耽愦，废丧实多，不可常也。"[2] 而象戏的创制则正好居二者之间，适宜于一般群众的文体活动。

---

① （魏）邯郸淳：《艺经》，《玉函山房辑佚书·子部艺术编》，广陵古籍刊印社 1990 年版。

② 《颜氏家训》杂艺第十九，中华书局 1954 年版，第 43 页。

（1）波罗塞戏与双陆

波罗塞戏的梵语是 PrasaKa。据唐朝智周《涅槃经·疏》中载："波罗塞戏者，此翻象马斗，是西国象马戏法。"① 又据《梵钢法藏·疏》中载："波罗塞戏是西域兵戏法，二人各执二十余小玉，乘象或马，于局道争得要路以为胜。"② 是 6 世纪初北魏宣武帝时期，由西域传入我国，后演变为双陆。

双陆，也称为"握槊"，据《魏书》记载，"赵国李幼序、洛阳丘何奴并工握槊。此盖胡戏，进入中国，云胡王有弟一人遇罪，将杀之，弟从狱中为此戏以上之，意言孤则易死也。世宗以后，大盛于时"。③ 又据《北齐书》载："世祖性好握槊，士开善于此戏……。世祖时，恒令士开与太后握槊……"④ 通过以上文献可知两个问题，一是北魏时期皇宫贵族阶层流行握槊之戏；二是双陆棋戏是在北朝时期由西域传入中国的胡戏发展而来。洪遵在《谱双》中记载："大食国以其国所用金钱为博，钱面文做象形"，⑤ 指的是阿拉伯、波斯人用双路赌博。11 世纪波斯兹雅尔王朝王子昂苏尔·玛阿里在其著作《卡布斯教诲录》中有大量关于双陆的记载，阿拉伯、波斯人把双陆棋戏称为"纳尔德"（Narde）。《卡布斯教诲录》中要求其子对纳尔德棋戏只需"随便玩玩，不讲输赢，才显得更文明……切不可同那些赌徒玩，因为同他们混在一起，你也会成为赌徒"。⑥ 教诲其子"尊贵的人下棋或玩'纳尔德'……不要抢着先动手，应当主动让对方先举棋。即是说，若玩'纳尔德'，要把骰子交给对方先掷"。这些材料说明双陆棋戏的渊源与阿拉伯、波斯地区的"纳尔德"有一定的关系。

① （唐）智周：《涅盘经·疏》，《象棋月刊》1955 年第 33 期。
② （后秦）释道朗：《大般涅盘经·梵钢法藏·疏》卷十一，第 21 页。
③ （北齐）魏收：《魏书·术艺传》，中华书局 1974 年版。
④ （唐）李百药：《北齐书·和士开传》，中华书局 1972 年版，第 686、688 页。
⑤ （南宋）洪遵：《谱双：卷 5，丛书集成初编》，中华书局 1991 年版，第 41 页。
⑥ ［波斯］昂苏尔·玛阿里：《卡布斯教诲录》，商务印书馆 1990 年版。

双陆棋具的制作特征和对弈方法，洪遵在《谱双》中有详细的记载："北双陆盘如棋盘之半而长。两门二十四路，皆刻出，用象牙实之，以渤海榛木为重……或以花石砌饰，以木承之。（棋子）以白木为白马，乌木为黑马"，也有用犀牛角、象牙等贵重材料制作双陆棋子。棋子底圆平而柄短，类似塔形。"番禺人以板为局，布黑道而漆之。或以纸，或画地为之。以黄杨木为白子，桄榔木为黑子。"南皮、三佛齐、阇婆、占城、真腊双陆则以花梨木板为重，以刀刻画棋路。"蕃王则板下以铜为簧，如响板然。拍子时，锵然有声以为乐。"① 洪遵在《谱双》中还记载，大食双陆以毯纺织成局，于其中再织青地白路，多以象牙为白子，乌梅木为黑子，或以红牙为黑子，如图 56 所示。对弈双陆，以掷洒骰子所示点数为走棋步数，骰子有六面，多用木制，宫中则用玉制。

唐、宋、元时期，流行于中国的双陆，"率于六为限"，棋盘为长方形，其法为左右各置十二路，中为门，左、右各六路，即两门二十四路，号曰梁。有黑、白棋子各十五，或曰黑马、白马。一般于右前六梁，左后一梁，各布五子；另于右后六梁，左前二梁各置三子，黑白相对，对弈时，掷洒两枚骰子，各以其点数行步，即所谓"各以其彩行"。白子自右至左，黑子自左至右，可以两骰之点数共行一子，亦可同时行二子，或移或叠，视棋而定。凡棋子单立时，则对方棋子可以攻击；若两棋子相比为一梁，对方棋子则不能攻，亦不得同途。"凡遭打必侯元入局处，空位与彩（点数）相当始得下"。若所打者未下，则其他棋子不得行走。棋手至后梁，谓之叠梁，凡叠梁已满，如果打得对方棋子，即可并子于近下五路，而且还可开后一梁为敌人地，假若未获对方棋子，乃尽移棋子至头梁之内。每掷骰子，视其点数，往往拈出两棋子，"数有余则取，不足则否。彩小不取，则并移归"。下梁必须稳固，

---

① （南宋）洪遵：《谱双》卷 5，《丛书集成初编》，中华书局 1991 年版，第 41 页。

两棋子不能轻易移动，"动则头破"。后六梁谓之末梁，双方以末梁棋子先出尽者为赢。一方赢时，若对方棋子还未归梁，或已归梁而无一棋子出局，则胜两筹。

图 56　《谱双》卷一载大食双陆毯图

1973 年新疆吐鲁番阿斯塔那唐墓中出土的一件双陆棋盘，长方形的棋盘上，用螺钿镶成的花眼来标示棋格，每边的左右各有六个；棋盘长边的中央有月牙形的门，如图 57 所示。

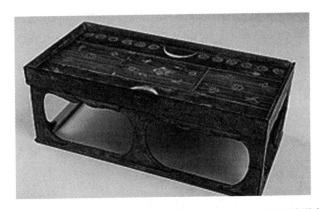

图 57　1973 年新疆吐鲁番阿斯塔那唐墓中出土的一件双陆棋盘

1974 年辽宁法库县叶茂台 7 号辽墓中出土的一副双陆棋具，其棋盘长 52.8 厘米，宽 25.4 厘米，左右两个长边各以骨片嵌制了 12 个圆形的"路"标和一个新月形的"门"标；棋子为尖顶平底中有束腰，高 4.6 厘米，底径 2.5 厘米，共 30 枚，一半为白子，一半施黑漆为黑子，如图 58 所示。

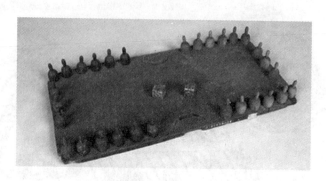

图 58　1974 年，辽宁法库县叶茂台 7 号辽墓中出土了一副双陆棋具图

　　1980 年甘肃省武威市南营乡青嘴湾弘化公主墓出土的 21 枚唐代双陆棋子，这些棋子形状为半球体，底部圆平，顶部另嵌圆球形短柄。唐代著名画家周昉，字景玄，京兆（今陕西西安）人，出身贵族，其《内人双陆图》就描绘了唐代宫廷贵人以棋戏消遣的生活，这是一件反映唐代宫廷妇女多姿多彩生活的实证材料。此卷旧作为北宋摹品，都是以唐代周昉的原作而来。最著名的有两幅，均为绢本设色，分别藏于台北故宫博物院和美国弗利尔美术馆。美国弗利尔美术馆收藏的《内人双陆图》如图 59 所示。

　　宋末元初人陈元靓《事林广记》中刻有当时流行的"打双陆图"，记载了元代蒙古官员对弈双陆的情境。对双陆的棋具、格式、布局以及场景等，都有形象生动的描绘。其棋盘为长方形，左右各刻有一个半月形门，门的两边各刻六个圆点，如图 60 所示。

　　从文献和考古实物可以看到，双陆的棋盘其最大的特点是棋盘一般为长方形，左右各刻有一个半月形门，半月形两侧有六个圆点；而棋子或为尖顶平底中有束腰，或为半球体、底部圆平、顶部另嵌圆球形短

图 59　美国弗利尔美术馆收藏的《内人双路图》局部

图 60　蒙古官吏对弈双陆图，载《事林广记》（续集）卷六

柄，"大抵如今人家所用捣衣椎状"。①一直到元、明，双陆的游戏都很流行。至清代双陆游戏基本绝迹。

（2）象戏

魏晋南北朝后期，北周武帝总结各个时期博塞戏的棋制，创造了象戏。发生于春秋战国时期，流行于秦汉的博塞戏，因为招法简单，趣味太淡，围棋又太费时间，周武帝宇文邕非常喜欢棋戏，他总结了前朝各个时期的博戏，又结合了从印度传入我国的波罗塞戏，发明了一种新的棋戏——象戏。《周书·本纪》中载："天和四年，五月乙丑，帝制《象经》成，集百寮讲说。"②北周武帝创造了象戏，并把象戏的棋制、棋局、棋子、规则等记录在一本称之为《象经》的书里。考证《象经》这本书，在《隋书·经籍志》中把《象经》列入博类。唐代时，《象经》这本书还存在，据《旧唐书》说，唐太宗还读过《象经》，至唐中叶（约八世纪）从唐传入日本的卷子中有《象戏经》，所以，日本后来的"将棋"就是起源于中国北周武帝创造的象戏。唐以后《象经》在我国失传了，宋人对它的具体内容已不知道了。现在留存的信息可从两个方面获得：一是通过唐庾信的《象戏经赋》，唐初欧阳询《艺文类聚》第74卷和宋代《太平御览》工艺部中记录的王褒撰写的《象经·序》一篇；二是通过南北朝时期的辞赋家庾信的《象戏经赋》，庾信在《进象戏经赋》中说："臣伏读圣制《象经》，并观象戏，私心踊跃，不胜忭舞。"其《象戏经赋》云："……绿简既开，丹局正直……局取诸乾，仍图上元……坤以为兴，刚柔卷舒……马丽千金之马，符明六甲之符……既舒元象，聊定金枰，照日月之光景，乘风云之性灵，取四方之正色，明五德之相生。从月建而左转，起黄钟而顺行，阴翻则顾兔先出，阳变则灵鸟独明。"③

通过王褒撰写的《象经·序》和庾信的《象戏经赋》，仍可了解当

---

① （南宋）洪遵：《谱双》卷5，《丛书集成初编》，中华书局1991年版，第41页。
② （唐）令狐德棻等编：《周书·本纪》卷五，中华书局1971年版，第76页。
③ （唐）欧阳询：《艺文类聚》第74卷。

时象戏的棋局、棋制和棋子等一些主要内容。

"丹局正直"，说明棋局是正方形的，联系王褒撰写的《象经·序》中的"八卦以定其位"，棋局可能就是8×8的小方格组成。

"局取诸乾"，"坤以为兴"，说明棋局含有天地阴阳之意，也许是指黑色、白色的棋子，或是用黑白两色线条画成的棋局。

"马丽千金之马"，是指象戏中之"马"。

"符明六甲之符"，"符"为兵符，"六甲"指象棋中的"兵卒"。

"既舒元象，聊定金枰"，所谓这个"象"，绝不是动物之"象"，应当作《周易》中的"象征"解释，这也是象戏的由来。魏晋南北朝时期的象戏，不是因为棋中有"象"而得名，就是到了唐代，也不见象棋中有"象"这个棋子。

从魏晋南北朝八八象戏大概内容来看，在创造这一棋戏的过程中，融合了很多中国传统的文化因素。寄寓了人们对天地自然法则和人间社会法则的总的认识。如中国传统的术数文化、天文历象、阴阳八卦等思想。

我国自南北朝至北宋末的象棋，古文献中都以"象戏"名之。"象戏"的名称，可能为周武帝宇文邕所创，因为他用《周易》之象解释象棋的变化，故名之。故此，我国的象棋是北周时期从印度传入的说法，那时"子虚乌有"。至于说它是北周武帝所创，也不完全如此。

中国古代的六博象棋等棋戏，到了魏晋之后向两极分化，如斗巧斗智的六博则蜕化为纯粹斗巧的赌具，以斗智为主的赛戏亦因"术数短浅"，不能充分发挥棋艺家的智慧而进行了改革，改革后的棋戏是象戏。所以说，象棋的创造者是广大的棋艺爱好者，在宇文邕以文献的方式总结象戏之前实际已流行在民间。据唐牛僧孺《玄怪录》记载，唐宝应元年（762），在陕州吕氏山宅内由岑顺家人发掘古墓一座，其中出土古象棋局和棋子一副，如果这个记载真实的话，也许象棋子就是南北朝间的遗物。周武帝宇文邕是南北朝比较英武的一位皇帝。他曾有过统一中国的雄心。在他看来，当时民间流传的象戏具有军事部署和战略战术的意义，所以"废百戏"而"制象经"，正说明他重视象戏的军事价值，而不是单纯为娱乐而娱乐。《象经》这部书在当时看来有它的双重性，它既是兵书，又是棋书，故被后人误认为"以兵机弧虚冲破寓于局间"。

4. 隋唐时期的象棋

隋唐时期，我国南北统一，疆域广阔，经济发达，中外文化交流十分频繁。这个时期的象棋有了新的发展。隋文帝杨坚看来很不赞成北周武帝玩"象戏"。据《北史·郎茂传》说："隋文帝为亳州总管掌书记。周武帝为《象经》。隋文帝从容谓茂曰：'人生之所为也，感天地动鬼神，而《象经》多乱法，何以致久！'"① 因此，曾在北周盛极一时的象戏，到隋代统治阶级中不那么吃香了。到了唐代，唐太宗却与隋文帝的态度不同，非但没有反对象棋，反而提倡象棋，据《新唐书·吕才传》说："太宗尝览周武帝所撰之局《象经》，不晓其旨。太宗洗马蔡元恭年少时尝为此戏。太宗召问，亦废而不通。乃召才，使问焉。才寻绎一宿，便能作图解释。元恭览之，依然记其旧法，与才正同。"② 有人认为唐太宗看不懂《象经》，绝非宋以后"芸夫牧竖俄顷可介"的象棋。其实，周武帝时的象戏因受隋文帝的反对，在隋朝时期的封建贵族中不流行，故唐太宗从小未玩过象戏，看不懂没有图解的《象经》，这是不足为奇的。

唐代的象棋在唐太宗的关注下，在统治阶级中又逐渐盛行起来。到代宗大历时期（766—779 年），当时的大历十才子之首叫李端，字正已，赵州人，大历五年举进士，任秘书省校书郎，官至杭州司马。他是个才思敏捷的诗人，又特别精于象棋。他的象棋是"神鬼莫测"，无人能敌。大历十才子之一的卢纶评价李端的诗说："校书（李端）才智雄，举世一娉婷；赌墅（象棋）鬼神变，属词鸾凤惊。"③ 大诗人白居

---

① 《隋书·郎茂传》卷六十六，列传第三十一，中华书局 1973 年版，第 1554 页。
② （唐）刘昫：《旧唐书·吕才传》卷七十九，列传二十九，中华书局 1975 年版，第 2719 页。
③ 《全唐诗》第五册，卢纶二，卷二百七十七，中华书局 1960 年版，第 3145—3146 页。

易是继李端的又一位象棋爱好者，他曾写过"兵冲象戏车"的诗句。牛氏《玄怪录》曾以小说的形式写过唐代象棋制度，与白居易的诗相印证，更为唐代的象棋史增添了光彩。

唐代丞相牛僧孺在他撰写的《玄怪录》中对唐代"宝应象棋"制度有详细的描写，其中提到棋子的名称有上将、辎车、天马、卒（六甲）等兵种，其步法：

（1）将（金象将军）："横行系四方"；

（2）车：即运粮之车，"直入无迴翔"，只能前进，不能后退；

（3）马："天马斜飞度三止"，与今日马的步法一样，但无轧马脚的规定；

（4）卒（六甲）："六甲次弟不乖行"，只能前进一步。

棋子的排列，从"东壁下"与"西壁下"可知，与现代国际象棋的排列基本相同。开局的步法，《玄怪录》中亦略谈及，即现进马，再进卒，后进车。这种开局的步法，基本上与今日国际象棋相似。

5. 宋代象棋

到了宋代，是象棋大革新的时代，这个象棋革新运动，整整持续了一百六十多年，最后才定型为今日的中国象棋。

甘肃天水市西河县出土了宋代的青铜棋子。棋子成套完整，共32枚，直径为2.7厘米，厚0.3厘米，分红黑二色，圆形片状，双面铸有宋体楷书"将、士、象、相、车、马、炮、卒"。是出土古代象棋文物的精品（如图61所示）。

2006年在丝绸之路文物调查期间，在武威一个收藏钱币人手中征集到一枚青铜象棋子（如图62所示）。直径2.5厘米，棋子为青铜质，棋子有正反两面，一面是阳文"偶"字，一面是铸造的马的纹饰图案。从棋子的形制看，和河南开封出土的北宋末年的青铜质象棋子一样，都是一面铸有汉字一面铸图案。

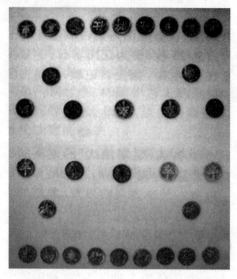

图61　宋代青铜象棋子　（1972 年西河县南村出土）

正面　　　　　　　　　　　　　　　反面

图62　武威征集的青铜象棋子

　　在兰州发现了两枚灰陶质地的象棋子和一枚玉质棋子（如图 63、图 64 所示），两枚灰陶质地的象棋子直径为 1.9—2.6 厘米，一枚单面刻阳文"車"字，另一枚单面刻阳文"将"字，从材料看和宋代以前的灰陶瓦当很像；玉质的象棋子直径为 2.7 厘米，双面刻阴文"士"字，玉质象棋子入土时间较长，形成了"白化"现象，也就是民间所谓的"鸡骨白"的玉沁颜色。从工艺形制分析都是宋代以前的象棋子。

正面 反面

图63 兰州发现的灰陶质的象棋子

正面 反面

图64 兰州发现的"白化"现象的玉质象棋子

同时在兰州还发现了残缺的一副红陶制的象棋子（如图65所示），直径为2.5—3.0厘米，单面刻阴文，共有17枚，从工艺形制来看为清代晚期的民间象棋子。

从北宋时期的青铜象棋子到宋代以后的其他材料的象棋子文物看，和现代的象棋子很像。象棋子在唐代是立体的，但到北宋中叶已完全成为平面的了。从立体到平面，这是象棋子的重要改革，但仍遗留有形象化的特点，后来发展成了棋子的图案全是代表棋子性质的字，这种改变是根据象棋下法的实际需要。发现的文物和古代文献证明，当时的棋盘纵十路，横九路，有河界，棋子32只，"将"在"九宫"之中，已具有现代象棋的规模。这种有"九宫"式的象棋棋局，是象棋在北宋宫

图 65　兰州发现的红陶质象棋子

廷中盛行后开始改革的。所谓"九宫"，原为我国古代"数术"家所创，即在九个方格内写 1—9 的数字，纵横斜任何三个数字加在一起都是十五。当时"将"的位置在九宫的中央"五"上，这个"将"其实就是"王"，即所谓"乾卦九五，为人君之象"，棋的第一步是"将"退"一"位，登"九五"而坐"一"，是一统江山唯我独尊之意，我国传入朝鲜的象棋仍沿其旧。同时，"九宫"中"士"的步法，只能斜走"士"路，不能走"将"路，这是宋代宫廷礼仪及中国传统文化在象棋棋局、棋制、棋子发展中的反映。

第十一章
武术类

　　"武"这个字，在东汉许慎的《说文解字》中，分为止、戈二字，是制止横暴，停息战争。其意为武力服人，亦泛指军旅之事。从逻辑上看，"武"字是晚于"戈"字出现的，因为有了"戈"这种兵器，才有了"武"的概念。武术作为中华民族特有的民族传统体育项目，在不同的历史时期，对武术概念的表述也不尽相同，它的内涵和外延是随着社会历史的发展和武术本身的发展而不断变化的，武术的概念是一个动态的概念，如春秋战国时称"技击"；汉代称为"武艺"，并沿用之清末；清初又借用南朝"偃闭武术"的"武术"一词；民国称为"国术"；新中国成立后仍沿用"武术"一词。现代的武术概念被定义为："武术是以技击为主要内容，以套路和搏斗为运动形式，注重内外兼修的中国传统体育项目。"①

---

　　①　中国武术段位制编写组：《中国武术段位制理论教程》，北京体育大学出版社1997年版。

第一节　武术的起源与发展

一　武术的起源

关于武术的起源，学界普遍认为和以下因素有关。

第一，武术的发生与史前人类食物采集时期的狩猎活动有关系。

武术的概念首先界定了动作形态，其中的一个形态就是"搏斗"，而"搏斗"的动作形态最早就出现在旧石器时代的人类食物采集过程中。在旧石器食物采集时期，劳动生产的全部过程就是男子狩猎，采集动物食物，女子采集植物食物。所以狩猎是最常见的生存方式，"搏斗"的动作形态既然发生在人与野兽的搏斗中，就会发生奔跑、跳跃、闪躲、翻滚、拳打、脚踢的动作。史前人类与动物的不同，主要表现在人能生产和使用工具，在采集食物的过程中，对于温顺的小型动物的狩猎，采用简单的直接捕获的方式；而对于大型的猛兽，使用的是弓箭、长矛、棍棒、飞石、陷阱、绳网等捕猎工具，采用循踪、设陷、围捕、追杀的方式获得食物。史前人类在求生存的实践中总结出，狩猎时只要人有力量、有奔跑速度、身手敏捷，只要进行"搏斗"的专门练习和技能传授，总能捕获多的猎物，而且还能躲避猛兽的追击和伤害。

史前人类的食物采集阶段，历史学家把这一段时间归为旧石器时代，是一个漫长的历史时期。人类在旧石器时代学会如何说话、制作工具和使用火而进化成了"人"。这些本领使得他们远远地胜过了他们周围的其他动物，但是从另一个基本方面来说他们与其他动物仍然十分相似：他们仍像猎食其他动物的野兽那样靠捕杀猎物为生，仍像完全倚靠大自然施舍的无数生物那样靠采集食物谋生。

在史前文化遗址中，在旧石器时代就已经出现了尖状石器、石质砍砸器、石手斧、骨质的矛，这些工具既是劳动生产的工具，又是捕猎时的武器，可以认为是武术器械的鼻祖。宁夏灵武水洞沟遗址是目前发现的最早的旧石器时代晚期的文化遗址，属晚期智人遗址。出土了千余件石制品，其中有尖状石器、砍砸器、石刀、石镞等，说明水洞沟人已使用弓箭，水洞沟文化在3万—5万年前。

所以，这一时期发生的"搏斗"，从形态上讲既有"徒手搏斗"，又有"器械搏斗"，"徒手搏斗"在前，"器械搏斗"在后，因为进化成人后才开始使用工具，"器械"就是石质尖状器、石质砍砸器、石矛等；目的就是猎食，是求生存的本能；当时的人绝不会像历史时期的人那样研究技击的方法，进行理论总结，这些"搏斗"还不能称之为"武术"，但是"搏斗"的运动形态在那时已客观存在。

第二，武术的发生与战争有关系。

史前社会的人与人之间或者部落与部落之间会不会发生争斗，答案是肯定的。也许是人与人为了抢夺食物而发生争斗；也许是部落之间发生了矛盾而发生争斗，总之会发生"搏斗"动作形态的争斗。史前社会时期，两个人之间的矛盾，用"搏斗"的方式解决，其实是很靠近武术的实质的；而部落之间的矛盾，尤其是大部落之间的严重冲突，其实就是原始的战争。战争的特点就是集团对集团的方式解决矛盾，是很多人对很多人的冲突，但是也是由一个人对一个人的"搏斗"动作形态构成的。由于战争的需要，产生了对"搏斗"技击技术的创造，是符合逻辑关系的。所以说战争的"搏斗"动作形态会对武术的发生产生影响。

当然，战争与武术还是有本质区别的。战争是解决两个利益集团矛盾的手段，而武术则不是。二者在技术上有关联，但绝非一回事。战争的目标是利益集团的胜利，为了这一目的，不惜付出重大人员伤亡的代价。武术则不同，它是民间个体技击之术，它所解决的问题是两个人搏击的胜负。

古代战争在以下几个方面对武术产生影响。

为武术提供兵器的选择。因为古代战争可以动用国家的力量来发展精良的兵器，战争推动兵器的改进。例如：史前社会的石矛发展为夏、商、西周时期的铜矛，到了春秋战国时期又发展为铁枪。又如，上古时期的横刃兵器戈、戟带钩带刺的兵器被形状简单的刺杀、劈砍兵器刀、剑、枪所淘汰；为武术提供使用兵器的技术方法；为武术的技术方法提供理论基础。因为武术技法的许多原理是从兵法移植借鉴而来。例如，兵法中的虚实论述在武术技法中被广泛应用。

第三，武术的发生与史前人类的崇拜、祭祀活动有关系。

史前人类对自然界中的各种现象有认识上的局限性，对好多自然灾害无能为力，而且充满了恐惧。例如，对洪水、地震、火灾、生老病死、猛兽、会游泳的青蛙、天空中飞翔的鹰充满了好奇和恐惧，进而产生了对这些事物的崇拜。人们为了避免灾害的降临，举行祭祀仪式。同时模仿他们所崇拜的英雄和一些动物的动作形态，希望能像英雄一样，或者征服这些猛兽，或者具有这些神奇动物的本领。例如，在祭祀活动中就有一种"角抵"的动作形态，这是一种模仿有角动物以角相抵角力的动作，因为史前人类认为有角动物都是非常的有力，这是他们崇拜的对象。上古时人崇拜力士，体力雄壮者是被崇拜的偶像，蚩尤就被描写为"头有角，以角抵人"的力士。

关于角抵，《史记·李斯列传》中有记载："是时二世在甘泉，方作角抵优俳之观。"裴骃集引应劭语云："战国之时，稍增讲武之礼，以为戏乐，用相夸示，而秦更名曰角抵。角者，角材也；抵者，相抵触也。"司马迁把角抵归为武的范畴。《汉书·张骞传》记载："大角抵出奇戏诸怪物，多聚观者，行赏赐。"又记："角抵戏，岁增变，其益兴自此始。"角抵至汉武帝时，已演化成"百戏"，即杂技。那种以角相抵的"角抵戏"，反而被淘汰。从出土的文物看角抵的形象，是一种二人两臂相抱以头相抵，两脚蹬地的"顶牛"较力动作。在北魏史料中还能看到"角抵"的记载。到了唐代，"角抵"亡佚。

也许"角抵"的动作形态并不是武术，但是史前人类的崇拜、祭祀活动中出现的"角抵"这类动作，对于后世武术的发生还是有着积极的影响。

第四，武术的发生与"武舞"有关系。

《辞海》中关于"武舞"的解释是："周代雅舞的一种。'六舞'中《大濩》、《大武》属武舞。舞时手执朱干（盾）、玉戚（斧）等兵器。历代帝王都制定歌颂本朝武功的武舞，用于郊庙祭祀。""六舞"，又名"六乐"，分别是黄帝之《云门》、尧之《咸池》、舜之《大韶》、禹之《大夏》、汤之《大濩》、武王之《大武》，六种乐舞。其中黄帝、尧、舜、禹等人以文德服天下，以禅让得天下，所以他们的《云门》、《咸池》、《大韶》、《大夏》等四舞被尊为文舞；商汤王，周武王两位君王是以武功征服天下，所以他们的《大濩》、《大武》等二舞被尊为武舞。之后的历朝统治者都奉六舞为乐舞的最高典范，后世尊称为"先王之舞"。

周乐《大武》是武王伐纣胜利后由周公创编的，内容就是表现武王克商的丰功伟业。据春秋时孔子所见，这个乐舞开始先有一段长长的鼓声作引子，舞者（战士）持兵器屹立待命。接着是六段舞蹈：第一段舞队由北边上场，这是描写出兵的情形，第二段表现灭了商朝，第三段继续向南进军，第四段表现平定南部边疆，第五段舞队分列，表示周公、召公的分疆治理，第六段舞队重新集合，列队向武王致敬。舞蹈虽然是用的象征性手法，并不像舞剧那样描绘人物和矛盾过程，但无疑这是一部表现当时重大事件的叙事性舞蹈作品。周公将这六部乐舞加以集中、整理、规范成一个整体，作为国家的礼制，用于祭祀、庆典等活动。并对它们的演出仪制、祭祀对象、服饰道具、乐歌宫调和舞者身份、演出场合都作了明确的规定。

中国古代的武舞，源于古代征战，得胜一方凯旋后庆祝胜利时，士兵或专门的舞者身着甲胄，手执兵器或兵器道具，伴随鼓乐，舞之蹈之。《书·大禹谟》中载："舞干羽于两阶"，唐孔颖达疏："《明堂位》云：朱干玉戚，以舞大武。戚，斧也。是武舞执斧执楯。"《新唐书·礼乐志十一》："为国家者，揖让得天下，则先奏文舞；征伐得天下，则先奏武舞。"宋赵彦卫《云麓漫钞》卷十二："今之《舞蛮牌》即古武舞，《舞三台》与《调笑》即古文舞。"

西周时期，武舞也常被作为一种搏杀技术的训练方式，并以集体的武舞演练方式来增强军队的士气。此时的武舞，著名的两种：一为象舞；二为大武舞。象舞是周文王时的武舞。在周代，象舞的武术套路与大武舞的武术套路，似乎是分离而并存的。只是从现有的历史记载看，大武舞的褅礼成分更多一些。

春秋战国时期，在百家争鸣、百花齐放这一宽松的学术环境下，武术的功能与形式开始向多样化方向发展。此时，以前主要被运用于战场的军事武术，开始向生活领域渗透，日渐形成了具有一定娱乐性和竞技性的民间武术。

经由春秋战国的发展，到汉代尤其是东汉时，已有较大的发展。此时的剑舞、斧舞、钺舞等，已更多了强烈的攻防含义。作为一种简易的武术套路，当时的武舞，其技击性与规范性已经形成。

到三国时期，武舞的发展从娱乐转向了一种搏杀手段。"鸿门宴之项庄舞剑"这一典故表明，当时的舞武，乃是以舞的形式对技击实战的真实演练。

从武舞的发生来看，史前社会部落庆祝战争的胜利时跳模仿"搏斗"动作的舞蹈来庆祝胜利；祭祀时跳模仿"搏斗"动作的舞蹈作为祭祀的仪式，武舞的起源可以上推到新石器时代以前，并且形成一定的固定方式传递延续了下来。而后期武术套路的发生与武舞有重要的关系，武舞对于形成武术套路有影响作用。

二　武术发展的成熟时期

历史上任何事物的发生、发展，都离不开五大要素：人类社会发展的客观需要、所需的工具、使用方法、建立理论、实践。而这五点对于事物的发展显得更为重要。武术的产生、发展也必然如此：第一，是社会发展对武术的客观需要；第二，武术自身需要工具载体，即兵器；第三，使用兵器的方法；第四，武术由开始的低级向高级发展，需要理论的指导；第五，武术需要在实践中取得和积累经验，反过来丰富和完善武术理论。中国武术，在春秋、战国时期，就具备了上述全部要素。所以，中国武术在春秋、战国时期已经成熟。

（一）春秋、战国时代为武术提供了兵器和实用技术

1. 铜兵器

我国的铜器时代始于夏，大约在四千年前。夏朝的统治中心在河南省西部。1959 年发现了河南偃师二里头文化，出土了大量的陶器和青铜器，青铜器有铜爵、铜钺等。文献中记载，夏禹铸九鼎象征九州，此后鼎成了中央集权统治的象征，取得国家统治权力称为"问鼎"。夏代有了炼铜和铸铜技术，在兵器制造方面发生了质的变化。石器渐被淘汰，制造出更加锋利、耐用的铜戈、铜钺、铜镞、铜剑等铜质兵器。在出土的夏代青铜器中却很少发现铜质兵器。梁陶弘景《古今刀剑录》记载："夏禹子帝启，在位十年，以庚戌八年铸一铜剑，长三尺九寸，后藏之泰望山腹。"说明夏代已铸有青铜剑。可惜缺少出土文物的证明。

现藏于上海博物馆的商代晚期人头纹铜剑，全长 25.3 厘米，可能是现存年代最早的剑。西周以后，出土的青铜器渐多，主要兵器有戈、矛、戟、钺、剑、弓箭等。

戈，是夏、商时期使用最多的兵器之一，是一种刃横出，有锋，缚绑在木杆上的长兵器。使用方法，主要是钩、啄等。

矛，是直刺的长兵器。矛头，有的是缚绑在木杆上或钉铆在木杆上。后来发展成在矛头尾部制成空心的銎，把矛头套在木杆上。

戟，就是把矛和戈组合在一起，能刺、能磕、能啄等。

弓箭，是一种远射的兵器，是在石器时代就被广泛使用的兵器。石器时代是石镞，春秋战国时期是铜镞。

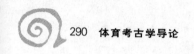

2. 作战形式和兵器的进步

春秋时期（前770—前476年），周王朝势力衰落，诸侯争霸。齐桓公、晋文公会盟诸侯。当时诸侯国力的象征是战车，称霸的诸侯国号称"前乘之国"。当时的战争主要是战车。车是双轴轮，车轴上架长方形的车厢，由四匹马拉着，乘三人，中间一人驾车；右侧一人执长矛；左侧一人执弓矢，挎剑。当时的战车在使用时，远用箭射，近用矛刺或挑，再近则用剑砍杀、劈刺。这种战法，一直沿用到战国。

进入战国时期（前475—前221年），战争规模不断扩大，例如公元前293年，秦与韩魏联军的伊阙之战，双方投入兵力达数十万，秦军歼灭韩魏联军24万。作战方式也由以车战为主，转为大量使用步兵；车战的射、御、戈或矛三位一体，逐渐为单兵种取代；车骑冲击被短兵棍战取代；武器使用的变化使士兵训练也发生了变化。车战衰落，为步兵和骑兵取代。

春秋战国时期，作战兵器随着技术进步，有了质的飞跃。

第一，制造兵器的铜合金更精良，使兵器韧性加强而且更锋利。这使兵器的使用方法，向刺、劈、砍发展。刺可透甲，砍可分胄。

第二，春秋晚期，随着冶铁技术发展，发明了锻造和渗碳的制钢（碳素钢）技术，制造出钢制兵器。兵器由铜质转为铁质，这是一次技术上的飞跃。钢铁坚硬而有韧性，青铜兵器的硬度低而易折断。铁质兵器可以制造得更轻便，增强兵器的长度而撞击时不易折断。然而，由于当时寻找铁资源困难等技术问题，因而在战国时期，青铜兵器仍占据主要的历史舞台，这可由大量出土的战国青铜兵器为证。下图所示为河北易县燕下都出土的战国铁矛，以及发现的春秋时代的铁剑。由于铁质兵器易腐蚀，故少有保存至今者。

第三，发明了兵器上加制血槽。矛、戈和剑，甚至箭镞都广泛制有血槽。这大大提高了兵器的杀伤力。

3. 战争武器对民间器械技术的形成产生决定性的作用

矛和剑，主要的运动方式是刺杀和劈砍，所以很适合民间个体技击的需要。矛用于民间，称为"枪"。到了战国时期，车战被步兵和骑兵取代，车战兵器戈被矛淘汰；剑不利于骑兵砍杀，也被逐出战场，被刀取代，特别是战国晚期。然而，剑在民间个体技击中，却被广泛使用，延续数千年。刀的主要功能是砍杀。由于刀背厚而无刃，所以，刀有格斗的功能，不易折断，适合民间使用。

这些战争的武器转入民间成了武术器械，由于对抗从对立的军事集团变为两个个人，它们的使用方法发生了根本的变化。战争中兵器的使用方法，首先是士兵使用兵器的技术训练，要服从战争的需要；技击动作简单，只有几式刺杀、劈砍、格斗；反复练习，以求熟练；务求实用，不能掺杂花样。

民间的武术器械，完全是另一个样子。民间技击，是对抗的两个人的搏斗，对抗双方是独立的，不从属于任何人，目标是击败对方。搏斗能继续下去的首要任务是保护自己不被伤害；战胜对方的根本保证是武技高强，超过对方，所以平时要刻苦练习武艺，要有"功夫"，这与士兵训练完全不同；为了获胜，为了形成比别人高超的技击术，所以产生了各种独具特色的枪法、剑术、刀法；民间发展了自己的武器系统、自己的武技训练方式、自己的传承系统。这就是中国武术。

从文献资料看，中国传统武术是从使用兵器开始的，首选的兵器是剑，拳术出现的比较晚。春秋、战国时期有关剑术的记载，已不鲜见。然而，直到南北朝，才看到有关拳术的记载。对于拳术的起源，我们不能在古文献中看到"拳"字，就说是"拳术"，如《诗经》有"无拳无勇"，就能反过来说"有拳有勇"，再引申"拳"就是"拳术"，这不严谨。《汉书·艺文志》记有《手搏》六篇、《剑道》38 篇，仅存其名，内容已亡佚。这里的"手搏"是否指拳术，已无法考证。

（二）《易经》与诸子百家学说为传统武术理论奠定了基础

1. 《易经》

《易》包含《经》和《传》两部分。前者是经文，称为《易经》；

后者是解释经文，称为《易传》，共有十篇，称作"十翼"，"翼"是"辅助"的意思，被认为是孔子写的。《易经》是占卜的书，历史上曾有过三种不同的《易》，它们是《连山》、《归藏》和《周易》，即夏代、商代和周代的《易》。前二者已经失传，现在的《易经》是《周易》。《周易》由64个"卦"的符号和"卦辞"及"爻辞"构成。64卦是由下而上的六个"爻"的符号组成。"爻"的符号有两种，分别是"—"和"--"，这两个符号属性相反："—"代表阳、刚、男、君、强、奇数等阳刚事物；"--"代表阴、柔、女、臣、弱、偶数等阴柔事物。所以，"—"称阳爻，"--"称阴爻。阳爻用奇数一、三、五、七、九中最大的"九"代表，称"九"。阴爻用偶数二、四、六、八、十的中位数"六"代表，称"六"。卦的构成，由下而上的六个爻，最下的位置称"初"，依次向上，称"二"、"三"、"四"、"五"，最上的位置称"上"。64卦，以上下各三爻为一组，上面的三爻，称"上卦"或"外卦"；下面的三爻，称"下卦"或"内卦"。传说是伏羲演出"八卦"，即由阳爻和阴爻从上而下排列成八种符号，称乾（☰）、坤（☷）、震（☳）、巽（☴）、坎（☵）、离（☲）、艮（☶）、兑（☱）卦，是《易经》的基础。

《易经》中的很多中国传统文化的哲学思想形成了中国传统武术的理论基础，如太极学说天人合一大小周天对立统一的思想等。

《易传·系辞上》说："易有大极，是生两仪，两仪生四象，四象生八卦。"此处"大"读作"太"。天地混沌阴阳未分，宇宙万物由此创始，称为"太极"。它主要提出了"一分为二"的宇宙创成说。此外，它含有"旋转"的思想。"八卦相错"生64卦，这内外卦相对"旋转"。这种旋转产生离心的倾向和"辐射"的作用。这是我们的古人通过观察天象，从而产生了对宇宙形成的直观看法，并且把这种看法与人世间的各种问题结合起来，用六十四卦的无穷变化来预测和指导人们的生活。《易传·系辞上》说："乾之策，二百一十有六。坤之策，百四十有四。凡三百有六十，当期之数。二篇之策，万有一千五百二十，当万物之数也。"孔子在 2700 年前，就能用一句话把易经 64 卦，49 根蓍草占筮的阴爻、阳爻数目都计算出来，合计 11520 之数。

中国传统武术，"武当"、"少林"两大名宗，合阴、阳（一）两仪之表；内、外两家，南、北两派合四象之属；太极、形意、洪拳、通臂、八极、戳脚、永春八大名门。硬兵器 18，软兵器 18，合计 36；明（兵）暗（器）各半；正宗两千，旁门无数，合计一万之数。从宏观的角度说，都是太极学说在中国传统武术中的体现。

《易经》说"元始"是一个混沌，后来分开了，成为天地，天地生万物，而人当属万物之中，天地把人夹在中间。这样的看法，在科学发达的今天，有点太过朴实了。然而，它有一个合理的核心，那就是把人和天、地看成一个统一系统。这就是"天人合一"的认识。《易传·系辞上》说："范围天地之化而不过，曲成万物而不遗，通乎昼夜之道而知，故神无方而易无体。"意思是说，天地是一个大熔炉，一切都熔化于天地之中；"曲成"是铸就的意思，即铸成万物而不遗漏；"昼夜"即阴阳，通过阴阳之道而知万物。所以，"神"无方位，无处不在；易无形体，一切都在变化之中。人，万物之一体，因天地而生，知阴阳而明易，是为神明。这种认识论，一直指导中国古代的政治、军事、天文、地理、科学、工程、技术、艺术、医药、宗教、养生的研究和发展。"天人合一"的思想，不但指导传统武术的理论研究，而且给传统武术提出方法。如练习桩功，人立于天地，要想在搏击中胜人，必须扎根于地，方法是练习桩功，长时间地站某一种姿势。又如头上顶而目平视，头上顶则身正，占有行动空间；目平视则占有视觉空间。低头失天，抬头失地，故传统武术，不抛头露喉，不缩头藏颈。又如练气，练气本为道家修炼之术，用之于传统武术，有"纳气"、"行气"、"运气"、"使气"之分。"纳气"于天（自然界）以养"精"，"行气"于身以通络，"运气"于腠理（皮下与肌肉之间的空隙）以护身，"使气"于骨以克敌。

"天人合一"导出"大、小周天"的认识。人立于天地之间，从天、地、人三者的关系看，天给人以助（雨露滋润），地给人以生（衣食住行）；一年四季，24 节气，360 日；日有昼夜之分，天有寒暑之别，周而复始，循环不已。此为"大周天"。从技击的角度，"大周天"跳出对抗双方，看双方搏击是一个与天地相连的相关关系，一方之一静一动都非孤立，都影响对立的一方。同时，借地之力，纳天之气，壮人之势，天、地、人形成一体。"小周天"是大周天的人身缩影。头圆为"天"，脚方为"地"；四肢为"四时"；五脏为"五岳"；六腑为"丘陵"；血脉为"河流"；肾为"泽"；双目为"日月"；呼吸为"象"；心司"命"；意为"体"；感通脉络，循环不已。大周天知人，小周天知己。知己知彼，百战不殆。

《易经》的对立统一规律有四点：一曰"乾坤成列"，二曰"刚柔相摩"，三曰"刚柔相推"，四曰"动静有常"。第一，万物都是由性质相对立的两种物体构成的，缺一方，另一方就不存在，二者相依相存。第二，性质相反的两物的关系是相互矛盾的，相互摩擦，此消彼长。第三，在时间上两者相互推进，刚推柔，柔推刚。第四，在行为上，主客易位。中国传统武术，尤其是太极拳，对此表现得尤为突出。

2. 老子的刚柔论

老子，姓李名耳，字聃。春秋末楚国人。著有《道德经》五千言。他的一个重要观点是"反者道之动"，说世界上的一切事物总是要向其反面发展。由此，老子得出结论："柔胜刚，弱胜强"，这是非常伟大的观点。中国武术，可以说几千年来都受老子这一思想的影响。

老子说："物壮则老"。中国武术，最忌把招数用老。不论拳脚或器械，只要招数过了度，就被人反制，这是对己。若对敌讲，见到敌手凶狠异常，往往未交手，先被夺气，遭致失败。然而，从"反者道之动"来看，彼已"物壮则老"，是强弓末弩之势，是"死之徒"。

老子说："将欲噏之，必固张之；将欲弱之，必固强之；将欲废之，必固兴之；将欲夺之，必固与之，是谓微明。"这些话充分体现了老子"反者道之动，弱者道之用"的思想。老子的"道"在这里指法则，或是规律。对立的双方向其相反的方向变化，这是规律，这种规律，强者不用，弱者才能驾驭它。武术，弱的一方取胜，须研究变化，在"变"字上下工夫。这是中国传统武术的一大特色。

老子说："天下之至柔，驰骋天下之至坚。坚强居下，柔弱居上。"刚强者拒敌于外，柔弱者诱敌于内。《易》曰："柔之为道，不利远者"，又说"柔不及远"。刚强者，恃力，以力降人，使用兵器沉重，专以兵器碰撞对手的兵器；柔弱者，不招不架，顺人之势，借人以力，攻击目标是敌人身躯，而不是敌人手持的兵器。以手中之利器，击敌之身躯，强弱逆转。故柔能克刚，弱能胜强。

老子说："吾不敢为主而为客。"在武术中，"主"的含义是主搏于人，先出手，先发制人；"客"是不主动，从人不从己，后发制人。客主静，以静待动。主位为阳，为刚，位于明处，暴露自己，易为人乘。客位为阴，为柔，位于暗处，人不知己，反占先机。

老子说："天之道，不争而善胜。"老子的"不争"被视为美德，这种思想对武术也产生了深远的影响。武术讲武德，不争强好胜。中国传统武术以技艺高超服人，而不以凶狠残暴折人；崇尚高超的武技，而不崇拜低级的拼搏打斗；胜利干净利索，不拖泥带水。这都体现了"不争而善胜"的思想。

3. 兵家的形势论

孙武，世称孙子，春秋晚期齐国人，著名军事家，著有《孙子兵法》。《孙子兵法》是我国古代最杰出的军事理论著作，从武术的发生和发展来看，《孙子兵法》中论述的军形论、兵势论、虚实论的观点对其影响巨大。

所谓"军形"意在"藏形"，即不为敌方知道；反之，必须了解敌方，否则不能战。杜牧说："敌若无形可窥，无虚懈可乘，则我虽操可胜之具，亦安能取胜敌乎？"所以孙子说："胜可知"，就是"知己知彼"。中国传统武术讲求"藏形"，所谓"拳打不知"。太极拳有一套明的、一套暗的，一套慢的、一套快的，一套大的、一套小的。《吴越春秋·勾践阴谋外传》越女剑法"内实精神，外示安仪；见之似好妇，夺之似惧虎"，体现了"藏形"。

孙子说："战势不过奇正；奇正之变，不可胜穷也。"这与《周易》"上下相错，周流六虚"的道理是相同的。这里的"奇正"，就是《易》之"乾坤"，泛指对立的两种不同状态。孙子说："勇怯，势也。"李筌注："兵得其势，则怯者勇；失其势，则勇者怯，兵法无定，唯因势而成也。"武术讲求"得机得势"。《吴越春秋》中越女剑法有"布形侯气"，"形"为外形，"气"为气势。

"兵不厌诈"。虚实有双重意义：一是诡诈，二是敌我双方之轻重、短长。孙子说："兵之形，避实而击虚。"又说："兵无常势，水无常形；能因敌变化而取胜者，谓之神。"孙子说："形人而我无形"，又说："形兵之极，至于无形；无形，则深涧不能窥，知者不能谋。"传统武术，从有形入手，上乘则无形，暗合"形兵之极，至于无形"。

4. 儒家的中庸之道

儒家至圣孔子的一个重要思想是"中庸"。宋朱熹在《论语集注》中说："中者，不偏不倚，无过无不及之名。庸，平常也。"朱熹的话源于《论语》，子曰："师也过，商也不及"，又说"过犹不及"。孔子说他的学生子师（子张）过了头，学生商（子夏）则不够，并教育他们，过头和不够是一样的。

这种中庸思想，对中国传统武术的影响是很大的。与西方技击术相比较，中国武术缺乏西方那种凶狠暴力而又冒险的攻击方法，这都表现了"中庸之道"。在个人修养方面，孔子主张"温、良、恭、俭、让"和"君子无所争"。在中国传统武术上，表现为不争强斗胜，不炫耀于人。这也是中庸之道。然而，孔子并不主张一味忍让，他主张"智、仁、勇"，他说："智者不惑，仁者不忧，勇者不惧。"这都是"中庸"的个人修养。

5.《黄帝内经》与吐纳导引术

《黄帝内经》集战国以前祖国医学成就之大成，含《素问》和《灵枢》两部分，各有81篇。《灵枢》第十篇至十八篇论述人体经络系统，以及营卫气血运行等。《黄帝内经·灵枢经别篇》记有："夫十二经脉者，人之所以生，病之所以成，人之所以治，病之所以起，学之所始，工之所止也；粗之所易，上之所难也。"人体有脏和腑，脏是心，心包括络、肝、脾、肺和肾，腑是胆、胃、大肠、小肠、膀胱和三焦，共为12脏腑。每个脏腑，各联系一个经，共有12经。经脉连通布满全身的络脉，构成人体的经络系统。经络是人体气血运行的联络通路，正干是经，旁支是络。因为有了经络，所以气血才能营养和保卫全身，贯彻上下，通达表里，运行不息。《黄帝内经》的理论对中国传统武术的影响非常大。其中一个非常重要的就是气血循环的经络系统，"大周天"、"小周天"、"天人合一"，都离不开这一理论。古代剑术大家都练气，即吐纳导引之术，用之养气血以生气力，养生长寿。这种修炼方法影响以后几千年传统武术的发展。

《庄子·刻意》说："吹呴呼吸，吐故纳新，熊经鸟伸，为寿而已矣。此导引之士，养形之人，彭祖寿考之所好也。"彭祖，古代养生家，姓篯名铿，父亲是吴回的长子陆终，母亲是鬼方首领之妹女嬇，因擅长烹任野鸡汤，受帝尧的赏识，后受封于大彭，是彭姓的祖先。相传他活了880岁，这是以当时66天为一年记年的方法所指的年纪，按现在365天作为一年记，实际寿命为159岁。因为他长寿，被后人称为"彭祖"。他常食桂芝，善导引行气。后世尊彭祖创导引术。武术是运动量很大的活动，要呼吸和动作相配合。武术很自然地就与吐纳导引结合起来，并取得非常好的效果。

（三）刺客、游侠一类人的出现为武术的发展起到推波助澜的作用

春秋战国时期，正是社会由奴隶制向封建社会转变的时期。这为民间武术的发展提供了广阔的社会发展空间。人民的个人活动，不再受到奴隶那样的限制，武术活动的社会需求也大大发展了。当时，尤其是战

国时期，"游侠"之风很盛。这是因为连年战争和社会动乱，阴谋频仍，不平事太多，出现了刺客和寻求法律之外公平的侠客，这些都是武术的良好载体。这就不难理解，为什么太史公撰《史记》为刺客和游侠写列传了。

司马迁在《史记·刺客列传》中记载了五位刺客，第一是曹沫，春秋时鲁国大将，在鲁庄公与齐桓公的斗争中，曾经手持匕首架在桓公的脖子上逼他退还鲁国所割让的土地；第二是专诸，吴国人，曾持匕首刺杀了吴王僚；第三是豫让，晋国人，他刺杀了赵襄子；第四是聂政，他刺杀了韩相，聂政能一人击杀数十卫侍，可见武功非同一般；第五是荆轲，卫国人，曾刺杀秦王，不成功，因他剑术不高，还不谦虚所致。太史公所记载的几位刺客，都是受雇于人的杀手。他们有一个共同点，即都习有武功，在当时是剑术。可见，春秋、战国时期民间技击术主要是剑术。史料少有刀术的记载，也不见拳术。刺客为了隐蔽，使用的是匕首，就是一种尖而薄的短剑。

司马迁说："自秦以前，匹夫之侠，湮灭不见，余甚恨之。"说明自古"侠"不为人重视，所以也无人记载。司马迁在《史记》中记载了几位游侠。后来的历史表明，"侠"仍然没有人去记载，只能寻之于野史、小说、志异、笔记、杂谈之类。司马迁记述了若干典型人物，比如孟尝君和平原君。孟尝君，姓田名文，承父田婴立于薛地。他在薛地招食客数千人，都给予很优厚的待遇，无贵贱之分。这些人非常复杂，可谓良莠不齐，高低不等。一次孟尝君逃出秦国，就靠的是门客中的"狗盗（贼）"和能"鸡鸣"（学鸡叫）者，盗得狐白裘，赚关出城。平原君，姓赵名胜，也是喜欢招揽门客，宾客有数千人。为赵文惠王的丞相，三去相，三复位。他的门客中有个叫毛遂的人，是个纵横家，他帮助平原君合纵楚国抗秦取得了成功。"毛遂自荐"自此成为经典。

司马迁说："今游侠，其行虽不规于正义，然其言必信，其行必果，已诺必诚，不爱其躯，赴士之厄困。既已存亡死生矣，而不矜其能，羞伐其德，盖亦有足多者焉。"对游侠的肯定多于批评。特别是游侠这种"不矜其能，羞伐其德"的品质修养，一直为中国武术界所颂扬，成为武德。

太史公为"刺客"与"游侠"写列传，表明两点：一是春秋、战国时期，传统武术在民间有广泛发展的社会环境；二是武术的地位仍然低微，不被重视，诸子百家没有一位技击家（武术家）。太史公之后，也未改变这种状况。

（四）春秋战国时期剑术已趋完善

从史料记载看，春秋晚期到战国时期或到汉代，中国社会经过一个从青铜器到铁器的划时代变革，这一变革表现在兵器上，即从青铜兵器过渡到铁质兵器。兵器的形制发生了变化，兵器的使用方法也发生了巨大的变化。民间剑术有了极大的发展。《吴越春秋·勾践阴谋外传》和《庄子·说剑》是少见的记载当时剑术的文字史料。

1. 青铜剑的剑术

青铜剑的使用方法，可以从两个方面了解：一是根据出土的青铜剑进行推断；二是根据古代文献记载。青铜剑的特点：由于青铜剑材质硬度较低，工艺是铸造、易折，所以一般青铜剑尺寸较短，通常是30—50厘米；青铜剑厚而宽，因而剑虽短，却很重，有3—5斤重；剑柄虽细，与剑身连接处是剑格；刃部较宽，类似刀刃，便于砍杀；剑锋有较大的弧曲，避免折断。根据这些特点推断青铜剑的用法主要是直刺和劈砍。故古时称剑术为"纵横之术"。因为剑身短，用剑多直搏及身。在战场上，常用重剑打击敌人手中攻击的兵器，如矛、戈、戟。短兵相接，则将敌手之剑击折。当时的剑术是以力量做后盾。

《墨子·节用》记："刺则入，击则断，旁击而不折，此剑之利也。"《吕氏春秋》中记载："剑技法，持短入长，倏忽纵横之术。"西汉《相剑刀册》："起拔之，视之，身中无推处，故器也。"相剑刀，即鉴定剑刀。说"无推处"，就是在剑身与柄相接处没有剑格。剑格就是剑的"护手"。青铜剑在使用上，由于剑柄与剑身相接处有剑格，所以剑仍可以推刺，故称剑术为"止推之术"。从文献记载来看，青铜剑局限于尺寸短，使用方法是近身肉搏，故强调"持短入长"。欲杀敌人，必须距敌身非常近的距离，这妨碍剑器作用的发挥，增加了双方弃剑扭打的机会。所以此时的剑术，注重一次攻击的效果，剑法必然是以击刺、劈砍、格斗为主。

2. 铁质剑的剑术

春秋晚期就有铁质剑出现，青铜剑被淘汰，大量使用铁质剑，当在战国晚期到汉代。这时的剑术也发生了变化。铁质剑的特点：由于钢铁的韧性好，不易折，剑的长度增加到三尺（即今 1 米）左右；刃成直平，剑锋更尖锐，刃更锋利；剑身根部出现无刃的格斗段，一般有三寸至四寸；剑身与柄的连接处，加了横出的"护手"，保护握剑之手；剑身的厚度减薄，剑变得更轻灵。钢剑最重要的变化是剑身长了，因而增大了搏击双方的距离，为剑术的发展增加了空间。

2002 年，笔者在丝绸之路体育文物调查期间，曾征集到两把汉代铁质长剑（如图 66、图 67 所示）。第一把铁剑长 90 厘米，宽 3 厘米，整体结构由剑把（铁质）、剑格（青铜质）、剑身（铁质）组成（如图 68 所示）；第二把铁剑长 88 厘米，宽 2.8 厘米，剑身较薄，上面还附着朽木的纹路，结构和第一把相似，只是没有中间的剑格。从这两把铁剑的形制来看，确实很适合击、刺、点、崩的剑术技法。

图 66　丝绸之路征集的第一把铁剑

图67　丝绸之路征集的第二把铁剑

图68　第一把铁剑局部

《吴越春秋·勾践阴谋外传》中记载了越女剑法："其道甚微而易，其意甚幽而深。道有门户，亦有阴阳。开门闭户，阴衰阳盛。凡手战之道，内实精神，外示安仪；见之似好妇，夺之似惧虎；布形候气，与神俱往；杳之若日，偏如腾兔；追形逐影，光若佛仿；呼吸往来，不及法禁；纵横逆顺，直复不闻。斯道者，一人当百，百人当万。王欲试之，其验即见。"《吴越春秋》的作者是东汉的赵晔，写的是春秋晚期的吴越之争，其间相隔六百年。可见其中所记载的剑术，未必是吴越时的剑术，更有可能是汉代剑术。不过可以看出，钢剑之术要比青铜剑术高超得多。这段文字记载在武术史上有经典意义，对后来的中国传统武术有深远影响。

《庄子·说剑》是重要的武术文献。庄子，名周，战国时期宋国人，著名哲学家，著有《庄子》58篇，流传至今，仅存33篇。据考证，其中内篇七篇是庄子之作，外篇和杂篇都不是庄子之作。《说剑》是杂篇中的一篇，记述庄子会赵文王的故事，说赵文王有剑癖，沉沦于观赏剑士决斗，庄子去说服赵文王去掉此癖。《庄子》说："天下之剑，以燕谿石城为锋，齐岱为锷，晋魏为脊，周宋为镡，韩魏为铗。"描绘的是在中国国土上从南向北放着的一把剑，剑锋向北。又说："夫为剑者，示之于虚，开之以利，后之以发，先之以至"。这是中国最早明确记载武术中的"虚实"、"开合"和"后发制人"的理论文献。这与西方击剑和日本剑道完全不同，他们是把兵器置于身前，封闭得很死，不容敌方有机可乘。"后发先至"不是比快。西方击剑是以快制胜。我不动，彼很快接近我，这时彼我接近的速度是一样的，彼进入我的剑器杀伤范围，我杀伤彼只是举手之劳。这就是"后之以发，先之以至"的道理。中国传统武术，讲求"奇正"。"正"是常规，"奇"为反常。西方击剑求快是常规，不用人们说教，都会明白。"后发先至"为奇，是反常，没有传授，很难理解。

第二节　剑术

中国传统武术中，剑术可谓一枝独秀，自古以来，剑术被渲染得出神入化。古代文献对剑术的记载，远比其他武技多，剑成了一种文化现象。剑远远超出了单纯武术技击，它涉及诗、书、画、舞、乐等文化领域。

中国剑器有四千多年的历史。根据考古发掘的文物看，齐家文化时期，就发现了大量的青铜材质的工具和其他一些器物。古代历史文献中记载，夏代已铸造青铜剑。出土的文物证明夏代铸造青铜剑是可信的。殷代已有出土的青铜剑实物。周以后，春秋、战国出土的青铜剑就多了。春秋晚期，出现了铁剑。1924年，高丽乐浪第九号汉墓出土了两柄钢剑。1976年，长沙长扬65号墓出土了一柄春秋晚期的钢剑。这是最早的钢剑出土实物。各个时期的铁质剑存世相对较少，这是因为铁容易氧化，抗腐蚀性比青铜差远了。古代剑器已经成为艺术珍藏品。

剑，是中国古代的一种短兵器，剑身直，双刃，单锋；柄与剑身之间有护手；柄端有剑首。演化到近现代，为钢制，全长三尺左右，依使用者身长而定。一柄实用剑重量为两斤到三斤，过重过轻都不实用。中国剑术不以重胜。

1. 春秋战国时期的剑术

《广黄帝本行纪》说："帝采首山之铜，铸剑。以天文古字题铭其上。"《管子》载："昔葛卢之山，发而出金，蚩尤受而制之，以为剑铠。"传说黄帝与蚩尤曾战于涿鹿。黄帝约在公元前3000年，华夏文明自黄帝始，距今5000余年。当时，中国还处于石器时代，夏始出现青铜器。关于黄帝铸剑、蚩尤制剑，还无考古发掘的实物证明。现藏于上海博物馆的商代晚期人头纹青铜剑，全长25.3厘米，可能是目前发现最早的剑了。

1965年，湖北江陵望山一号墓出土越王勾践剑，锋刃锐利，制工精良。全剑长55.7厘米，剑茎（柄）缠缑（剑柄上缠的绳子）还保留清晰的痕迹，剑格饰有花纹而且嵌着蓝色琉璃，剑身满布菱形暗纹，衬出八个错金的鸟虫篆铭文"越王鸠浅自用剑"。鸠浅即勾践。此剑虽然在地下埋藏了两千四百多年，至今光洁如新。据相关专家研究分析认为，剑身经过硫化处理。剑刃锋利无比，一刀宣纸，剑刃切过即透，整齐如削。勾践剑是春秋战国时期青铜剑的典型，如图69、图70、图71所示。

1976年4月，长沙长扬65号墓出土一柄钢剑，因此命名"长扬剑"。剑通长38.4厘米，茎长7.8厘米，身长30.6厘米，身宽2—2.6厘米，脊厚0.7厘米。在剑身断面上可以看到反复锻打的层次，为七层到九层。金相分析结果是含碳约0.5%的碳素钢，可能是经过锻造淬火得到的。

长扬剑是我国考古发现的第一柄铁质剑，是春秋晚期的剑。在铁质钢剑中，长扬剑是一柄短剑。该剑造型仍未脱离青铜剑的形状，其特点是没有明显的护手，剑首成圆盘状，剑身短、宽、厚。与青铜剑相比，钢剑无疑是更先进的冷兵器。钢剑的出现，表明青铜剑时代的结束，一个以铁质兵器为标志的新时代开始。

这一时期已存在很高的剑术及其理论体系。《庄子·说剑》中就记载了很多庄子的剑术理论和方法。庄子说："臣之剑，十步一人，千里

图69　"勾践剑"铭文　　　　图70　"勾践剑"侧面图像

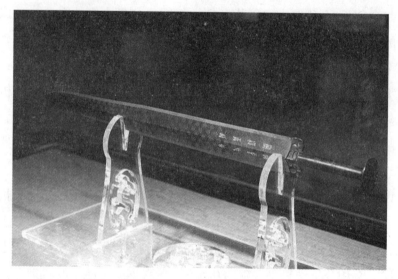

图71　1965年湖北省江陵县（现荆州市荆州区）望山1号墓出土的
勾践剑，现藏湖北省博物馆

不留行。"这段文字，是庄子见到赵文王说的，说明庄子剑术非常高明，赵文王夸他是："天下无敌矣！"庄子说："夫为剑者，示之以虚，开之以利，后之以发，先之以至。"这是庄子的剑术理论，被以后的剑术家奉为击剑的经典方法。庄子又说："有天子剑，有诸侯剑，有庶人剑。"此文虽然是讽喻，但是语出双关，第一次把剑术分为上中下三个层次。庄子说下乘剑法无异于"斗鸡"。而对于上乘剑法，庄子描述为："直之无前，举之无上，案（按）之无下，运之无旁"，说明当时的剑术水平，非常讲求用剑的整体性，上下左右前都不可挡，所以庄子说："制以五行。"

《吴越春秋·勾践阴谋外传》则系统地提出了剑术的阴阳理论。在描述"越女之剑"时说："道（剑术）有门户，亦有阴阳。"对剑法的论述，完全以阴阳理论为指导。"内实精神，外示安仪；见之似好妇，夺之似惧虎；布形候气，与神俱往；杳之若日，偏如腾兔；追形逐影，光若佛仿；呼吸往来，不及法禁；纵横逆顺，直复不闻。"这段文字记载，讲述了剑术的内与外，虚与实，得机得势，远与近，攻与守，气息与动作，协调自然，方与圆，直前复后、动于无声、为敌司命。这是当时系统的剑法阴阳理论。

2. 秦汉魏晋南北朝时期的剑术

秦俑坑出土了大批青铜兵器，据初步统计已近四万件，其中绝大多数为青铜镞，另外还有剑、戈、矛、戟、铍、殳、钺、弩等。这些青铜兵器的批量出土，反映了秦代兵器制造业的规模化和标准化生产，有些兵器上的刻词为此提供了佐证，并为我们研究秦代兵器史的各个方面提供了可靠的实物例证。在已出土的 22 件青铜剑中，除五件为残件外，其余的均比较完整。剑身修长，呈柳叶形，通长 81—94.8 厘米，剑身中部起脊，两面四纵四锷，近锋处束腰。茎的截面呈长方形，近格处呈扁圆形。剑身制作工艺规整，刃锋锐利。有的剑在出土时仍套在剑鞘内，鞘为木胎，出土时已腐朽，但其外包裹的麻布、用丝组缠扎和髹黑褐色漆的遗迹仍有保留。鞘的末端有铜珌（即剑鞘头），珌有两种，一种是扁圆筒状；另一种是中空的扁柱体，底大口小，侧视呈梯形。剑上没有发现长篇的铭文，只刻有"一"、"二"、"五"、"十八"、"五八"、"八十八"、"壬"等编号。秦俑坑出土的青铜剑和前代的剑相比，剑身窄狭而长，两面四纵四锷，近锋部束腰，穿刺力较强；剑的表面多呈青白色，说明秦剑的含锡量较高。

出土的剑都是实用兵器，但均无使用过的痕迹，说明它们可能是从武库中取出来后直接放入俑坑中的。兰叶形长剑系用双合范铸造成型。剑身与茎为一次铸成，剑格单铸，套合于剑身与茎的交接处。秦剑铸造成型后再经过锉磨、抛光、铬盐氧化处理等加工工艺最后成型。青铜剑表面的铬盐氧化层，可使长剑在埋入地下两千多年后仍没有被锈蚀，保持着当初的锋利。青铜中含锡的比例不同而使得兵器的硬度也各不相同，这是由兵器的使用方式和特点决定的。秦俑坑出土青铜剑的硬度达到 HB106 度，约相当于中碳钢调质后的硬度，所以非常锐利。铜矛和铜镞的硬度也都在 100 以上，使其具有良好的穿刺力。

到了汉代，青铜兵器彻底被铁质兵器取代，剑的长度大大增加。汉武帝时，剑的长度超过一米，剑刃由约两度的弧屈伸成平直，剑锋的夹角由尖锐增大。战国时期，车战衰落，步兵兴起，剑在战争中日益重要，成为当时步兵的标准装备。汉以后，骑兵大量拥上战场，剑在战场上逐渐被便于砍杀的骑兵武器——刀取代。

钢剑与青铜剑相比，形状发生了重大的变革。在剑身与柄之间加了一个横出的护手；剑柄包木，加粗，便于用手操纵长剑；剑首改圆盘形为扁形，或加一个圆环，因为圆盘形剑首成了操纵长剑的障碍。由于铁易氧化，出土的铁质长剑都严重腐蚀，已不成器，所以汉以后直至元代，保存完好的铁质长剑很少被发现。

剑逐渐在战场被刀取代，但是，由于剑锋利而轻便，这种武器渐渐转入了民间，成了防身习武的器具。这一转变使剑更加轻便，重剑被淘汰。

这一时期，由于剑由青铜剑逐渐变为钢剑，剑的长度增加了，由半米增至一米，涨了一倍。剑术随之变化，尤其是民间剑术。因为剑涨了一倍，双方技击空间相应变大了，青铜剑的简单劈砍刺杀、格斗打击剑术已不适应这样大的战斗空间。由于使用长剑，一些短剑不能用的剑法，如剪、撩、提、挂、拨、云、斩、压、抹、挑等，长剑都可以应用。

钢剑轻而锋利，充分利用锋刃之利，杀伤对方。如此，大大减小体力差距形成的优势，故古时女子多用剑。汉刘向《说苑》卷十五《指武》记载："鲁石公剑，迫则能应，感则能动；炫目无穷，变无形象；复柔委从，如影如响。"从这段文献记载看，由于剑轻而锋利，剑术水准已达到"感应"的层次，就是不经思维，感觉到就反应，强调了剑术动作之快。

三国魏文帝曹丕《典论·自叙》记："余幼学击剑，阅师多矣。四方之法各异，唯京师为善。……尝与平虏将军刘勋、奋威将军邓展等共饮，宿闻展善有手臂，晓五兵，又称能空手入白刃。……便以为杖，下殿数交，三中其臂。"这些文献记载透露出当时剑术的一些信息：一是当时有专门教授剑术的剑术家；二是说明当时剑术已分门派，剑法各不相同；三是首次提出"空手入白刃"的技巧，当时的邓展就会；四是曹丕与邓展比剑多次，曹丕击中邓展手臂三次。持剑击中对方手臂的剑法有剪、挑、撩、截、砍、刹，说明当时的剑法非常丰富。

魏晋南北朝时期，道教的修炼方术融入剑术。这一时期有两位著名的道士，一位是晋朝时期的葛洪（284—364年），自号抱朴子。他文武兼通，在《抱朴子·外篇·自序》中说："又学七尺杖术，可以入白刃，取大戟。"另一位是南朝道士陶弘景（456—536年），著有《古今刀剑录》，记载了从夏到梁武帝的帝王之刀剑。在他们的影响下，道教的一些方术融入剑术，除了一些修炼养生方法对剑术的习练有帮助之外，也有许多糟粕混入，如把剑器神化成了道士驱鬼降妖的法器，浪迹江湖的道士以此行骗。

陶弘景的服气吐纳养生祛病之法，的确行之有效，他说："善辟谷导引之法，年逾八十而有壮容。"他说："凡行气，以鼻纳气，以口吐气，微而行之。名曰长息。纳气有一，吐气有六。纳气一者，谓吸也；吐气六者，谓吹、呼、唏、呵、嘘、呬，皆出气也。"这种呼吸的方法，被当时的剑术家们采用。出剑之前纳气，出剑时吐气，气达剑锋，剑透甲而不折，直入而不曲。剑法和行气导引结合起来，这是上乘的剑法。葛洪的《抱朴子·内篇》说："入山林多溪，毒蝮蛇之地，凡人暂经过，无不中伤，而善禁者，以气禁之，能辟方数十里上"，他又说：
"以气禁白刃，则可蹈之不伤，刺之不入。"抱朴子的这些理论，实际
上讲的是道家练气的功能，以及把练气与武术结合起来的方法。

总而言之，由于剑的厚度、长度、韧性、锋利、重量等因素的变
化，这一时期是剑术突飞猛进的发展期，那种"蓬头突鬓垂冠，曼胡
之缨，短厚之衣，瞋目而语难"的剑士不见了。由于使用钢制剑，剑
术被推到空前的高水准。

3. 唐宋时期的剑术

隋朝统一全国，结束了南北朝三百年的分裂局面。国家的统一，有
力地推动了国家的建设和思想文化的发展与交流。隋以后的唐朝，是中
国古代经济文化高度发展的鼎盛时期，拥有高度发达的生产力，出现了
灿烂的文化，剑文化在这一时期有充分的表现。手工业发达为剑器制造
提供了优良的技术，制造出优良的剑器。然而，由于铁器不易保藏，鲜
有隋唐时期的剑器实物存留至今。

我们只有从唐代保存下来的若干石雕、石刻、墓室壁画中，得见当
时的剑器形状。从图72中的唐代武臣石雕清楚地看到，唐代剑已经与

图72　陕西崇陵神道西侧武臣

今日之剑非常近似了。突出的特点是，剑的护手呈元宝形，剑首呈云形。这点还可以从唐太宗陪葬墓长乐公主墓道壁画（如图73所示）得到印证。我们看到画中武将佩剑，完全与今日之剑一样。

图73　唐太宗陪葬墓长乐公主墓道壁画局部

唐以后，中国剑器的形式基本固定下来，没有太大变化。吴道子是中唐著名的画家，以寺院壁画图闻名。在吴道子的线描人物图中，天神手中的剑柄有一条"缰"绳套在手腕上，防止剑在使用时脱手。在吴道子的"八十七神仙"图卷中（如图74所示），画中武将手握的剑在剑身根部有"吞口"，吞口的用处是固定剑在鞘中不使它活动晃荡。这是我们见到的，剑最早出现"缰"和"吞口"的证据，说明最晚在唐代的剑已有缰和吞口了。

剑术到了唐宋，出现了又一种景象，从汉代的实用和追求上乘剑法，转而追求剑艺和"飞剑"之法。剑在这一时期被人们赋予了更多的文化内涵，剑本是"杀人利器"，这时被人从"美"的角度审视，把剑和诗、书、画、乐、舞结合起来，成为"艺术"。

图74　唐代 吴道子线描人物图

剑中有诗。唐代诗人中不少是会剑术的，最著名的如李白，李白在《与韩荆州书》中说："十五好剑术"，李白的诗，不少咏剑器或侠客。唐诗中很多咏剑。诗中之剑，大体有四种情况：一是描写剑器，如郭震《古剑篇》；二是描写游侠的，如贾岛《剑客》；三是舞剑者，如杜甫《观公孙大娘弟子舞剑器行》；四是即兴提到剑。诗人出行多佩剑，与剑相伴，所以诗中提到剑是很自然的。

剑中有书。《新唐书·李白传附张旭》："旭自言：始见公主担夫争道，又闻鼓吹，而得笔法意，观倡公孙舞剑器，得其神。"诗圣杜甫在《观公孙大娘弟子舞剑器行并序》中也记载了唐代书法家张旭相似的故事："往者，吴人张旭善草书帖，数尝于邺县见公孙大娘舞西河剑器，自此草书长进，豪荡感激，即公孙可知矣。"书剑传神，书法家张旭见公孙氏舞剑器而草书长进。反过来，见到张旭的狂草，也就看到了公孙大娘的舞剑风韵。

剑中有画。宋郭若虚《图画见闻录》载："唐开元中，将军裴旻居丧，诣吴道子，请于东都天宫寺画神鬼数壁，以资冥助。道子答曰：'吾画笔久废，若将军有意，为吾缠结，舞剑一曲，庶因猛励，以通幽冥。'旻于是脱去缞服，若常时装束，走马如飞，左旋右转，掷剑入云，高数十丈，若电光下射。旻引手执鞘承之，剑透室而入。观者数千人，无不惊栗。道子于是援毫图壁，飒然风起，为天下壮观！"唐代大画家吴道子在寺墙上画鬼神，请裴旻舞剑以增灵感，于是裴旻骑马如飞，把宝剑掷向天空，并用剑鞘来接，剑进入剑鞘，可见功夫极高。于是，吴道子挥笔作画，顷刻间，绘出"天下壮观"，可见剑画也传神。

剑舞，就是舞在剑中，舞由剑领导，没有剑就没有舞。杜甫的诗《观公孙大娘弟子舞剑器行》中所描写的剑舞，是一种武术、杂技与歌舞结合的高难度的动作，不是一般的舞蹈。它既是绝技，也是完美的艺术。

唐宋时期掷剑术盛行，人们追求"飞剑"之术。《列子·说符》中载："宋有兰子者，以技干宋元。宋元召而使见，其技以双枝，长倍其身，属其胫，并趋并驰。弄七剑迭而跃之。五剑常在空中，元君大惊，立赐金帛。""掷剑"，就是把剑掷向空中，用手接之。裴旻掷的是长剑五口，而"兰子"则掷的是短剑七口。掷剑在唐之前就有之，列为"百戏"，即杂技。《前汉书·司马相如》记："司马相如字长卿，蜀郡成都人，少时好读书，学击剑。"唐颜师古注："击剑者以剑遥击而中之，非斩刺也。"东晋王嘉撰《拾遗记》卷七，记有王彰"善左右射，学击剑，百步中髭发"，说王彰学击剑，能百步之外掷剑击中对方的胡子、头发。说明掷剑的动作形态在汉晋时就出现了，同时也证明了颜师古所言不虚。

《通典》记："梁有跳剑伎"。"跳剑伎"就是把剑抛向高空，下落时用手接住。这种掷剑之术，在唐宋时期成为人们练习剑术的主要方法，并成为人们在街头巷尾、茶余饭后津津乐道的传奇故事，这在唐、宋时期的文献中大量记载。

4. 明清时期的剑术

进入明代，剑术的一个明显变化，就是从唐代的剑艺又转入实用，这与明代的历史背景分不开。在历史上有过多次重大动荡事件，其中对社会影响最大的是明成祖朱棣在永乐十八年（1420年）设置了名叫"东厂"的特务机构，专门刺探官僚、百姓隐私。成华十三年（1477年），明宪宗为加强特务活动，又设立了一个"西厂"。特务因穿锦衣而称"锦衣卫"。这些人都是受过专门训练，身怀绝技神出鬼没的武林高手。民间以及受迫害的官僚与这些特务组织抗衡，习武之风转盛，而风格务实。

剑术风格发生变化的另一个原因，就是抗击倭寇的战争。15世纪末，明弘治年间，日本倭寇（海盗）大举侵犯中国东南沿海，大肆掠夺、杀戮，掀起了中国历史上有名的抗倭战争，一直持续到16世纪60年代，明嘉靖四十三年（1564年），才平息了倭寇之患。倭人使用日本刀，有长短两制。长刀，柄长两尺（双手持刀），刀身长三尺，总长五尺，刀身窄，锋锐，刃利，钢质好。倭人刀术精湛，对中国当时剑艺的冲击非常之大。所以，明代的武术，无论长短器械，一改长期形成的"花势"，注重实战应用。

明代出现了两位对中国武术有重大影响的人物，一位是戚继光，另一位是俞大猷。他们都是抗倭名将，在长期的抗倭斗争中发现，发现中国的"花势"剑法无法抵御日本刀。戚继光在《纪效新书》中说："凡比较武艺，务要俱照示学习实敌本事，真可对搏打者，不许仍学习花枪等法，徒支虚架以图人前美观。"从上述记载看，戚继光对"花势"剑法非常反感，认为中看不中用。俞大猷是抗倭名将，武艺高强，著《剑经》，其中最著名的是《总歌诀》之二，曰："刚在他力前，柔在他力后；彼忙我静待，知拍任君斗。"这些都是对付日本刀的经验总结。

明何良臣《阵纪》说："剑用则有术也，法有剑经，术有剑侠。故不可测识者数十氏焉。惟卜庄之纷绞法、王聚之起落法、刘先主之顾应法、马明王之闪电法、马超之出手法，其五家之剑，庸或有传。"这些剑法今天已看不到了，但从文字记述的剑法名目上看，五家之剑是实用的，不是"花法"。明唐顺之《武编》记载了残缺的古剑诀14句："电掣昆吾晃太阳，一升一降把身藏，摇头进步风雷响，滚手连环上下防。左进青龙双探爪，右行丹凤独朝阳，撒花盖顶遮前后，马步之中用此方。蝴蝶双飞射太阳，梨花舞袖把身藏，凤凰展翅乾坤扫，掠膝连肩劈两旁。进步漫空飞白雪，回身野马去思乡，莫耶曾入千军队"。明茅元仪《武备志》对此剑诀注释云："左右四顾，四剑。开右足一剑，进左足一剑，又左右各一剑，收剑。缩退两步开剑，用右手十字撩二剑，刺一剑。用左手一剑，跳进两步，左右手各一挑，左右手各一盖，右手一开，转步，开剑作势。右滚花六剑，开足。右足进步，右手来去二剑，左足进步，左手一刺一晃。退二步，从上舞下四剑。进右足，转身张两手，乃翻手，左手一剑，右手来去二剑，左手又一剑，开剑进右足。从下舞上四剑，先右手。右手抹眉一剑，右手抹脚一剑，左手抹腰一剑，一刺右手，一手收剑。"从这些记载来看，这是一组剑术套路。从这套剑法中可看出撩、刺、挑、盖、滚、抹等剑法。这套剑法是用双剑，因为左右手都有剑的动作，但也可能是一柄剑两手频繁交换使用。

　　明代茅元仪《武备志》中记录了双手持剑的剑法，他认为此剑法凶猛异常，适用于战场。这套剑法得之不易，他广泛搜罗，终于在朝鲜发现了它，他称之为"朝鲜势法"。"初习眼法、击法、洗法、刺法。击法有五：豹头击、跨左击、跨右击、翼左击、翼右击；刺法有五：逆鳞刺、坦腹刺、双明刺、左夹刺、右夹刺；格法有三：举鼎格、旋风格、御车格；洗法有三：凤头洗、虎穴洗、腾蛟洗。"[①] 这24种剑法，以双手持剑为主。据于志钧先生考证，双手持剑流传于唐代，唐以后这种剑术就绝迹了。推测这种剑术后来流传到了朝鲜和日本。明代日本倭寇使用的日本刀，其术非常近似《武备志》中的"朝鲜势法"。因为在日本刀和"日本剑道"中有这样一些技术特点：双手持剑，凶狠有余，要求"必胜必死"的武士道精神；进攻不留余地，以攻代守，意在"夺气"，利于开大战，对大阵。这种剑术可能与中国传统文化不符合，

---

① （明）茅元仪：《武备志》卷八十六，海南出版社2001年版。

故唐以后，在中国民间武技中，双手刀、剑都未流传下来。

明清剑术，与今天的剑术相比，在形式上没有太大差异，但与今日习剑多以健身为主来比较，仍然是重实战的，因为当时仍处于冷兵器时代，剑仍然是民间防身自卫的利器。明代剑术的特点是：一是剑术的社会地位与春秋战国、汉、唐、宋相比有所下降，从上层社会退出，转入民间，剑术有雅转俗；二是剑术从属于当时各个武术流派的一个武术种属；三是套路化。

第三节　拳术

拳术，有广义和狭义两个概念。广义的拳术，是二人徒手相搏的方法，即不限制用什么方法，可以用打、踢、摔、拿、顶、撞等方法，不择手段，是一个一般性的概念。狭义的拳术，则把技击方法限定为以踢、打为主，把"拳"和"摔跤"区别开，通俗的说法是拳"拳打而不摔"，跤"摔而不打"。然而，前者不十分严格，如有许多拳法含有下绊子的摔法；摔跤是严格的，双方不准脱手打击对方。但是真正打起来，什么限制也没有，是全面的对抗。然而作为"拳术"，主要是以踢、打为主。

中国拳术是中国古代民间的一种徒手技击术。它的直接目的不是健身，而是个体防御，它的有些练习方法甚至有损健康，例如长时间的"站桩"、排打功，等等。中国拳术的有些拳种，在一开始创编的时候就注意了技击与健身、养生的矛盾，较好地解决了这个问题，如太极拳。一些拳种的特殊练习有损身体健康，如金钟罩、铁布衫、铁砂掌、铁腿功、铁裆功、铁头功、铁尺排肋、油锤贯顶，等等。

1. 中国传统拳术的形成与发展

史前社会时期，人类在进行狩猎等的生产活动或者是发生部落之间的争斗时，会不会发生徒手相搏的身体活动，答案应该是肯定的。但是这种动作是史前人类的原始的自然反应，并没有形成有意识的、有技巧的、有理论体系支撑的拳术。史前人类的这类原始的徒手相搏的动作，经过漫长的人类社会的进步才逐渐形成了真正的武术类中的拳术形式。体育是关于人的身体活动的科学，现在称之为体育的身体活动，在史前社会都包含在生产劳动、军事斗争、祭祀游戏、民俗等社会活动中。随着人类社会的进步，"体育"才逐渐从其他社会文化活动中剥离出来，形成了专门的、有一定社会功能的文化现象。对于研究武术这类体育动作的发生，首先从史前社会寻找它的蛛丝马迹应该是没有错的。但是史前社会是没有文字记载的历史时期。关于史前人类徒手相搏的动作形态，只在史前岩画中偶能发现，但是没有经过系统的、科学的断代研究，这些岩画还不能作为我们的实证材料。我们认为，史前社会人类徒手相搏的动作，是拳术发生的萌芽状态。

秦统一六国之后，周边形势发生了根本性的变化，突出表现为与北方强悍民族的矛盾。秦始皇三十二年（前215年），始皇派大将蒙恬率30万大军北伐匈奴。匈奴的军队在秦军的重创之下，向北退却。

汉代，不断与匈奴"和"、"战"交替，汉武帝时命大将卫青、霍去病率军远征匈奴。漠北之役，匈奴军死伤七万余人，元气大伤，从此不知踪影。

中原人民与北方强悍民族交战，必须解决体质相对较弱和民族性格柔弱的问题。这与几乎同时的欧洲古罗马完全相反，他们是以强重的装备、强健的体魄和超强的训练去征服弱者。中国人要战胜强者，走的完全是一条相反的道路，那就是以弱胜强。中国拳术是在这样的历史背景下逐渐形成和发展的。"以弱胜强"是中国拳术最根本的特征。

中国拳术能够以弱胜强，有中国传统文化的理论基础，比如易之阴阳、老子的刚柔伦、儒家中庸论、兵家虚实论、道家养生论、中医脉络、诸家之动静学说。这些理论与学说，大约都是在春秋、战国时期形成的。最先接受这些理论的是剑术。拳术在许多方面是沿用了剑术的理论和方法。在这些理论的指导下，形成了中国拳术独有的特点：重术轻力、重智轻勇、用意不用力、以练保战、重视手法、上轻下实、顺势接力、以气催力、以气护身、息力生气。这些特点保证了中国拳术以弱胜强的特殊性。中国形成这样的拳法，用了很长的时间。直到北宋才形成了成熟的拳术。

从历史文献看，春秋、战国直到唐代，剑术在民间技击中占据统治地位，而真正意义上的拳术出现得很晚。拳术出现的前提是"禁兵"，即禁止平民携带和藏有兵器。这是秦代以后的事。秦始皇收缴天下兵器，铸金人12。此后的统治者，在和平时期都禁兵。这促使了徒手技击也就是徒手自卫的发展。宋代以后拳术在民间形成了流派，盛于明、清，剑术衰落，从属于拳。

唐代以前，习剑的风气很盛，习剑者有上层的帝王将相、文学大家、江湖游侠刺客，可以说是三教九流无所不包。然而，习拳术者在史料中很难发现。虽然有一些"手搏"、"手足"、"角抵"等名词出现，但既没有动作过程的记载，也无师承关系的记载，更无拳术理论的记载。这给我们留下了两点疑团：一是从春秋以后至唐代，到底有没有拳术；二是拳术无地位，仅在下层社会流传。通过史料分析，我们认为当时应该有拳术，但拳术不发达，不成熟；拳术之拳打脚踢，不登大雅之堂，不像剑术流传于上层社会，拳术为上层人群所不齿，人们尊剑不尊拳，仅在下层社会流传。

中国的传统文化是尚智不尚力，不崇拜强权而讲礼仪，服人不压人，扶植弱者。这与西方以强凌弱、崇拜力量的文化完全不同。《述异记》说："蚩尤氏耳鬓如剑戟，头有角，于轩辕斗，以角抵人，人不能向。"作为九黎族的领袖蚩尤，与黄帝战于涿鹿，战败为黄帝所杀。《史记·殷本纪》载："帝纣资辩捷疾，闻见甚敏，才力过人，手格猛兽。"结果为周所灭。西楚霸王，力能拔山，拥兵40万，与汉王争天下，最后项羽被汉军围困垓下，自刎于乌江畔。这些历史文献资料说明，只有蛮力，没有智慧和计谋，最后只能落一个失败的结局。这也是中国人讲究尚智不尚力的原因。后人们在创编拳术时，也是尚力非拳。

《梁书·羊侃传》载："侃少而雄勇，膂力绝人，所用弓至十余石。尝于兖州尧庙，踏壁直上五寻，横行得七迹。泗桥有数石人，长八尺，大十围，侃执以相击，悉皆破碎。"魏帝让他"试作虎状"，"侃因以手扶殿柱，没指"。《前赵录》载："郭默，字玄雄，河内怀人，世以屠沽为业，默壮勇，拳捷能贯甲，跳三丈堑，时人咸异之。"《宋书·黄回转》载："拳捷坚劲，勇力兼人。"这些文献记载都强调了力量，强调快，而不强调"术"。这与同时期的剑术完全不同。

2. 中国传统拳术的技法

（1）重术轻力

术是技术层面的，力是身体素质层面的。中国拳法，重视技术，轻视力量，是由中国人的传统文化和身体素质决定的。其表现是重巧取，轻硬拼，讲究闪、展、腾、挪，不被击中为上，抗打击为下；讲究招法奇、熟制胜。

（2）重智轻勇

中国拳术讲究的是明一招暗一招，以招法取胜。什么是招法？即长期实战经验积累下来总结的一套行之有效的制胜方法，其特点是奇，敌方想不到，所谓"拳打不知"。例如，中国拳术的腿法，是"明出拳，暗出腿"，腿从手下出，出其不意的快速度出腿。用"明拳暗肘"对付"匹夫之勇"。

（3）用意不用力

搏斗双方，相克又相互依存。力大者以力降人，多用拙力，先发制人，以快取胜。中国拳术，对付大力，用相同的方法不能对付，就是用你的力气和他硬碰硬，是不能对付比你力气更大的人。要用"意"的方法制胜。在相互没有身体接触时，意念已经与敌相接触了，彼一出手，我就制住他。故曰："彼不动，我不动，彼微动，我先动。"也叫"后发制人"、"以静制动"。

（4）以练保战

保战不是不战，乃是相对练而言。中国拳术讲究熟能生巧，所以反复练基本功、招法和套路，出手要有十分的把握，要有几招杀手，即所谓的绝招。在雄厚的功力的资源下，与人交手。拳谚有"三年把式，不如当年戏子"、"十年形意，不如三年少林"、"十年太极不出门"之说。

（5）重视手法

中国传统拳术，手法非常多。内家拳的练手方法就有三十五种之多，如斫、削、科、磕、靠、掳、逼、抹、芟、敲、摇、摆、撒、镰、兜、搭、剪、分、挑、绾、冲、钩、勒、耀、兑、换、起、倒、压、发、插、钓等手法。所以说，如果给中国拳术戴上手套，中国拳术的威力就减掉六成。

（6）上轻下实

中国拳法，重视下实，也就是重视桩功。对抗时，绝无蹦蹦跳跳之理。桩功好，使人立于不败之地；桩功不好，什么招法都谈不上，太极拳有"地心为第二主宰"之说。上轻，一是灵活，二是打击要害。内家拳"煞捶冲掳两翅摇"，即此意。

（7）顺势借力

由于中国拳法不主张力取，顺人之势。借人之力，就成为绝对必要的取胜手段。

（8）以气催力

哼、哈、嘿等发声催力，早已为劳动所证实。在拳术中，哼、哈、嘿等发声也可起到加大打击力的作用。

（9）以气护身

以气护身，是道家提出的。早在魏晋时期葛洪《抱朴子·内篇》说："以气禁白刃，则可蹈之不伤，刺之不入。"气是什么？至今对它的认识还不是很清楚。然而，练气者在一定条件下确能禁白刃，这是得到证明的，至于气能护体，普通人都可以在一定程度上做到。习武多年的人，都有一定的抗打击能力，尤其是习练内家拳和硬气功者。

（10）息力生气

《养生肤语》说："俗谓人之雄健者曰：有气力。以见力与气，元自相同，力从气而出也。凡叫喊跳跃、歌啸狂舞、笨逸超走之类，凡以力从事者，皆能损气。古之善养生者，呼不出声，行不扬尘，不恒舞而熊经鸟申，不长啸而呼吸元神。殆皆息力以生气乎。"所谓"息力"就是少用力气，"生气"是休息能够恢复体力或疲劳。行拳走架，不能采取疲劳练法。中国传统拳术，在搏击对抗中可以休息，此曰"息力"，可以恢复。此曰"生气"，以消耗敌手。

以上十条，使中国传统拳术成为世界上独一无二的"以弱胜强"的拳术。脱离这些，想"以强制强"、"以快制快"、"以力对力"，不是中国拳术技法的目标。"以弱胜强"是中国拳术技法追求的制胜之本！

3. 中国拳术的种类

中国传统拳种有很多，根据20世纪80年代的一项全国武术项目普查，全国的拳种有200余种，其中有人坚持练习的有20余种。中国拳术发展到晚清以后，西洋火器大量进入中国，这些先进的火药武器是当时中国的大门被西方列强的火炮轰开后进入的。中国传统武术逐渐衰落。传统武术的精华大部均已失传，有名目者，其内容也发生了很大的变化，丢失的是功夫，存留的是花架子。传统武术的特点是"人去艺绝"，如果没有传人这一武术绝活就失传了。至今，有练习者的拳种数十种而已。中国拳种根据技法特点可以分为两大类，一类是以少林拳、八极拳、通臂拳、翻子拳、洪拳、戳脚等为代表的外家拳；另一类是以太极拳、形意拳、八卦掌等为代表的内家拳。下面主要对少林拳和太极拳进行讨论。

（1）少林拳

少林寺是中国佛教禅宗祖庭，位于河南登封城西少室山。南北朝时，天竺僧人佛陀到中国，善好禅法，颇得北魏孝文帝礼遇。太和二十年（496年），敕就少室山为佛陀立寺，供给衣食。寺处少室山林中，故名少林。据佛教传说，禅宗初祖菩提达摩在华以四卷《楞伽经》教授学者，后渡江北上，于寺内面壁九年，传法慧可。此后少林禅法师承不绝，传播海内外。[①] 1915年，有署名尊我斋主人著《少林拳术秘诀》

---

① 《中国大百科全书·宗教卷》"少林寺"条记。

中写道："五拳之法，人多以传自梁时之达摩禅师。其实达摩由北南来时，居于此寺，见徒众日众，类皆精神萎靡，筋肉衰惫，每一说法入座，则徒众即有昏钝不振者。于是，达摩师乃训示徒众曰：佛法虽外乎躯壳，然不了解此性，终不能先令灵魂与躯壳相离，是欲见性，必先强身。盖躯壳强而后灵魂易悟也。果皆如诸生之志靡神昏，一入蒲团，睡魔即侵，则明性之功，俟诸何日？吾今为诸生先立一强身术，每日晨光熹微，同起而习之，必当日进而有功也。于是，乃为徒众示一练习法，其前后左右，共不过十八手而已。……以上亦为四法，合之以前，成十八法，又名十八罗汉手。此，达摩师之开宗手也。"这就是尊达摩为少林拳派开山祖师的传说。这一传说实际上早在明代就有了。明天启四年（1624 年）天台紫凝道人宗衡托名达摩撰写《易筋经》，说达摩传有"易筋"、"洗髓"二经。此后，《易筋经》成了少林武术的理论经典，至今仍是如此。

少林派武术，尊达摩为开山鼻祖，显然是附会。附会并不能成为否定他是少林派武术始祖的理由，须知"附会"本身就是历史，即为什么要附会。原因有四：第一，从少林派武术自身发展的需要出发，需要有一个崇拜的偶像作为代表人物，由此代表人物作为本门派武术的创始人或者始祖，可以提高本派的威望。少林寺作为中国禅宗的圣地，有多少高人进入这个这个寺院坐禅悟性，领悟佛学的无上妙法，其中一定有很多是武功高强的人，这些有关武术的本领慢慢地都沉积到了寺院，形成了少林武术。准确地说少林武术是很多少林高僧共同创造形成的，而推选达摩作为少林武术的创始人，只是一个简单的、令人信服的符号。第二，少林派武术要有合适的理论依据。少林武术的根本原理就是"禅宗"，即禅宗主张的"顿悟"、"即身成佛"，少林派武术都是根据这个理念创造发展的。第三，少林派武术需要一个"圣地"。少林寺是中国佛教禅宗的祖庭，是少林派武术的发源地。第四，附会是公认的，在中国乃至世界，凡是练习少林武术的，都供奉达摩禅师是祖师。

达摩所传佛法禅宗，经六代分为南北两宗。南宗为慧（惠）能，北宗为神秀，至此奠定中国佛教禅宗。慧能称六祖，尊达摩为初祖，少林寺成为禅宗祖庭。少林武术的传承，从有限的史料看，是随着从寺外来往或出家的有武艺的僧人带进少林寺的。他们入寺后，进修禅宗佛法而武技大进，使他们的武技增加了少林寺的色彩，创造了一个"禅武结合"的修行方式，而这些僧人练习的武术，就是"少林武术"或称为少林派武术。这个过程是从达摩开始的，逐渐发展，最后完成的时代是明初。因为少林武术在明代才有了较为详细的记载。吴图南先生1937年出版的《国术概论》详细列举了"少林拳世系表"。从世系表中我们可以看到，北周之前，少林寺仅是佛教禅宗的传承；关于唐武德年间十三棍僧志操等的记载，说明少林寺已出现了武僧，"禅武结合"的修炼方式已出现；此后至元代至正年间，传承断代；至明嘉靖年间的洪转、洪蕴、洪纪，少林武术的传承就准确无误了，有正史记载，有具体的武技传世之作留存至今。明万历癸丑时期程冲斗（即程宗猷）著《少林棍法阐宗》中说："或问曰：'棍尚少林，今寺僧多攻拳，而不攻棍，何也？'余曰：'少林棍名夜叉，乃紧那罗王之圣传，而今称无上菩提矣。而拳犹未传行海内，今专攻拳者，欲使与棍同登彼岸也。'"说明在明代少林拳仍不完善，就是"禅"与"武"的结合不好，拳势走刚，重硬功轻柔术。所以很快就出现了与之相反的"内家拳"。明万历进士文翔凤《嵩高游记》说："归观六十僧之掌搏者，剑者、鞭者、戟者以舆西。"王世性《嵩游记》说："下山再宿，武僧又各来以技献，拳棒搏击如飞，他教师所束手视，中有为猴击者，盘旋踔跃，宛然一猴也。"万历进士袁宏道游嵩山，曾客居少林寺，其《嵩游记》记："晓起出门，童白分棚立，乞观手搏。主者曰：'山中故事也'，试之，多绝技。"这些文献记载说明，明代少林寺僧众习武之风很盛。明嘉靖时期，对少林武术作出重要贡献的是觉远上人。白玉峰的武技，气功最精，归少林后，勤修进取，取少林固有之法，融会贯通，增为百七十余手，分别名为龙、虎、豹、蛇、鹤五式，此道乃集大成。

最早关于少林派拳术的理论著作主要是《易筋经》。明天启四年

（1624 年），天台紫凝道人宗衡托名达摩撰写《易筋经》，其中还以唐初名将李靖、南宋初名将牛皋之名写了两篇序。唐豪先生在 20 世纪二三十年代，就考证此书为"伪书"。此书虽不是达摩本人撰写的，但它是明代人托达摩之名写的，是明代的真书，它包含明代少林拳的大量信息，也是非常珍贵。《易筋经》的作者，我们可以推断，他对当时的少林拳术了如指掌。他深知少林武技的不足之处，所以他提出"洗髓"、"易筋"之说。他认为少林武术不能只是外练筋、骨、皮，还要注重修炼内功；主张"内无障，外无碍"，然其目标是"以血肉之躯，易金石之体"，仍然是硬功夫。他的重要贡献是提出了少林拳法的理论，即《易筋经总论》。这与王宗岳的《太极拳论》十分类似。然而，它早于《太极拳论》二百二十九年。天台紫凝道人宗衡突出地感觉到少林拳是崇拜力量的，所谓练出"神力"和"硬功"，使少林拳不能提升到更高境界，它不能解决"弱胜强"的问题，然而一切"暴力"都是恃强凌弱的。作者提出了洗髓经，但是不能讲得更为具体。

（2）太极拳

太极拳是中国内家拳中优秀的代表。称之为太极拳的首先要具备这样一些特征：一，太极拳是个人徒手技击术即拳术；二，太极拳的技击原理是"以柔克刚"；三，太极拳的练习特点体现为"松"、"慢"；四，太极拳行拳走架"用意不用力"；五，太极拳的发力是"顺人之势，借人之力"；六，太极拳具有健身、养生的功能。

最早见到的"太极拳"一词，是王宗岳的《太极拳论》。李亦畲在《王宗岳太极拳谱跋》（1881 年 10 月 15 日）中写道："此谱得于舞阳县盐店。"咸丰二年（1852 年），武禹襄到他哥哥河南舞阳县知县武澄清任所，看到某兄在该县盐店得到的王宗岳《太极拳谱》，其中有《太极拳论》和《打手歌》。由此，可以说，最早出现"太极拳"一词，当在1852 年。唐豪先生认为，太极拳是明末清初河南温县陈家沟陈氏九世陈王廷创造的。其实，太极拳作为中国传统文化的一部分，它的出现，不可能是由一个人发明，或者是某个时间突然出现的，它有一个漫长的发生过程。

太极拳的源流，可以分成三个阶段：第一个阶段是理论准备阶段；第二个阶段是技术准备阶段；第三个阶段是成拳阶段。

①理论准备阶段。

太极拳的理论准备很早，即中国的传统文化为太极拳提供了理论基础。中国传统文化的发展在春秋、战国时期达到顶峰。春秋、战国时期《周易》及诸子百家思想开始，经过长时间的中国传统文化的积淀，到宋代理学时期完成了"太极学说"。太极阴阳学说，首先出现在《周易》中，说："易有大极，是生两仪，两仪生四象，四象生八卦。"① 这里的"大极"即太极。这是个"一分为二"的思想。《易》对太极有一系列的解释，如"一阴一阳之谓道"、"乾坤成列，而易立乎其中"、"刚柔相摩，八卦相荡"、"刚柔相推，变在其中"、"阖户谓之坤，辟户谓之乾，一阖一辟谓之变"、"阴阳不测之谓神"等。北宋周敦颐著《太极图说》，认为太极是最原初的、绝对的实体，它的一动一静产生阴阳五行和宇宙万事万物。南宋朱熹的《太极图说解》加以发挥，成为程朱理学的理论基础。太极学说的中心思想是"一物两体"。北宋张载说："一物两体，其太极之谓焉。"② 两体就是事物的一阴一阳两个状态，可理解为"太极之先，本为无极。鸿蒙一气，混然不分"、"二气分，天地判，始成太极"、"二气为阴阳，阴静阳动"等。太极拳，可以说是最充分地体现了太极学说。例如，太极拳的动静、开合、刚柔、虚实、背顺、进退等等，都体现"一物两体"。

②太极拳的技术准备阶段。

太极拳的技术准备时期很长，可以说，从春秋、战国到明代，都在做这样的准备。中国武术发展史是先发展了剑术和枪术，后发展了拳术，这是史料所表明的。剑术和枪术在发展中，先于拳术实现了太极阴阳学说的理论在技法创编层面的应用。

---

① （宋）杨万里：《诚斋易传·系辞上》，上海古籍出版社 1990 年版。
② 林乐昌：《正蒙合校集释》，中华书局 2012 年版。

在剑术方面，春秋、战国时期的《吴越春秋·勾践阴谋外传》就记载了当时的剑法理论："其道甚微而易，其意甚幽而深。道有门户，亦有阴阳，开门闭户，阴衰阳兴。"《庄子·说剑》载："夫为剑者，示之以虚，开之以利，后之以发，先之以至。"这些记载都说明了太极阴阳学说在剑术中的应用。

在枪术方面，明末清初吴殳的《手臂录·自序》载："然少林尚刚柔相济，不至以力降人。冲斗止学少林之法，去柔存刚，几同牛斗。"《枪法圆机说》中说："惟抢也然，收者发之，伏机也；发者收之，伏机也；进者退之，伏机也；退者进之，伏机也；左者右之，伏机也；右者左之，伏机也；上者下之，伏机也；下者上之，伏机也。而有元妙灵变，隐微难见，以神其用者，乃在于圆。"《石家枪法源流述》载："又问：'牌之去枪法，何以入枪法？'石师曰：'我身前三尺抢圈子中，蝇蚊不能入，非团牌而何。'"《六合枪法》说："石家抢之用在两腕，臂以助腕，身以助臂，足以助身，乃合而为一。"又说："少林虽以棍为枪，而如洪转者，犹知以柔制刚，以弱制强。"洪转是少林僧，大约是明嘉靖年间的人物。他的枪法著作《梦绿堂枪法》中，包含了"以柔克刚"、"以弱胜强"、"得机得势"、"引进落空"等思想。太极阴阳学说最先在剑术和枪术中被广泛应用。

后出现的太极拳，在原理上与文献中记载的剑术和枪术非常相似，如《太极拳论》说："太极者，无极而生，动静之机，阴阳之母也。动之则分，静之则合。"这段话来源于《易经》，是对"太极"的解释。又说："不偏不倚，忽隐忽现。左重则左虚，右重则右杳。仰之则弥高，俯之则弥深。进之则愈长，退之则愈促。"这一段文字，非常像枪法。又说："一羽不能加，蝇虫不能落。"这显然是受到枪法的影响。武禹襄《太极拳说略》："其根在脚，发于腿，主宰于腰，形于手指。由脚而腿而腰，总须完整一气。"这与《六家枪法》中记载的枪法理论非常相似。

通过史料分析，太极拳原理的全部内容，在明代的枪法中都已有了，并经过了实战考验。所以我们可以说：明代以前的剑术和枪法，为太极拳的创造提供了充分的技术准备。

③成拳阶段

太极拳的成拳阶段是比较靠近近现代的事，是在明代中叶到清代末叶这一时期。在1852年出现王宗岳的《太极拳论》之前，没有"太极拳"的名称。从拳势名称上看，内家拳、陈家沟长拳、陈氏炮锤、武氏太极拳、杨氏太极拳与通臂拳都有一定的渊源关系。① 太极拳属于内家拳的一个拳种。我们把陈家沟长拳谱的拳势与1988年人民体育出版社出版的《太极拳全书》中陈氏太极拳一、二路对比发现，陈氏太极拳一、二路，即是陈家沟长拳一百单八势。陈家沟长拳为炮锤，共有五路，今天只存一、二路。一路称太极拳，二路仍称炮锤。陈家沟长拳谱中所有拳势称"拳"而不称"捶"或"锤"，然而炮锤和太极拳中不少拳势称"捶"或"锤"，这是由于河南人地方音对拳称"锤"之故。长拳即通臂拳是从外部传入陈家沟的，而炮锤是长拳在陈家沟传习演变的产物。"太极拳"仅仅是炮锤的一部分，即头套锤的改称。改称的时间，大约在陈长兴时期。关于这一段历史，清咸丰三年（1853年）的李亦畲在其《太极拳小序》中有重要披露。《太极拳小序》载："太极拳不知始自何人？其精微巧妙，王宗岳论详且尽矣！后传至河南陈家沟陈姓，神而明者，代不数人。我郡南关杨某，爱而往学焉。专心致志十有余年，备极精巧。旋里后，市诸同好。母舅武禹襄见而好之，常与比较。伊不肯轻以授人，仅能得其大概。素闻豫省怀庆府赵堡镇有陈姓名清平者，精于是技。逾年，母舅因公赴豫省，过而访焉。研究月余，而精妙始得，神乎技矣！"小序提到了四个人的姓名，即陈长兴（陈家沟陈姓）、杨某（即杨露禅）、陈清平、武禹襄。这四个人是太极拳成拳的关键人物。

陈长兴（1771—1853年）是陈家沟陈氏第十四代裔孙，陈家沟著

---

① 于志钧：《中国传统武术史》，中国人民大学出版社2006年版，第295页。

名拳师，杨露禅的师父。有一种说法，说陈家沟陈氏世代传习炮锤，唯陈长兴传授太极拳。因为今天的杨氏太极拳与陈氏太极拳相比较，从拳理和拳法风格来看，都大相径庭。非常明显，从陈长兴到杨露禅，拳法风格出现了根本性的变化，即由刚硬变为柔软。顾留馨认为：杨露禅到京师，教授王公贝勒太极拳，那些王公贝勒太娇气，就降低了太极拳的难度和技击性，以适应那些王公贵族们。这个说法是错误的。因为杨氏第三代传人杨澄甫先生的太极拳大架子是一种柔和缓慢的架，却培养了一大批顶尖的太极拳高手，如天兆麟、董英杰、崔毅士、汪永泉、郑曼青等人。还有几种观点认为：陈家沟独陈长兴传授太极拳，陈氏其他人则仍传授祖传炮锤；陈长兴传授族人的仍是祖传炮锤，太极拳则传给外姓人；杨露禅从陈长兴处学的仍是陈氏炮锤。其实《太极拳小序》对这些问题已作了回答，凡是王宗岳《太极拳论》出现的地方，拳风就为之大变，都变为柔软的拳路。虽然文献中没有记载陈家沟出现《太极拳论》，但是我们从小序的记载看陈长兴一定是看到了这种拳法理论著作，并深受影响，改造了炮锤，杨露禅从陈长兴学的就是由炮锤改造的太极拳。小序记载杨露禅从陈家沟学回的已不是一般的拳，他不肯轻易授人，这不会是炮锤。然而，可以肯定陈长兴的"太极拳"按王宗岳的《太极拳论》这个标准看，还改造得不到家，甚至可能还没叫"太极拳"这个名称。有一点可以肯定，陈长兴改造炮锤，遭到陈氏族人反对和强烈不满。他们顽强地固守炮锤的刚硬风格至今，可以证明这一点。

陈清平，是陈家沟毗邻的赵堡镇人，小序说"精于是技"。武禹襄去河南，到他哥哥武澄清处，他哥哥武澄清把得自盐店的王宗岳《太极拳谱》给了武禹襄。武禹襄拿到《太极拳谱》到陈清平处，和陈清平一起"研究月余，而精妙始得，神乎技矣"。这是合乎逻辑的。首先，旧时的一位拳师，如陈清平，不可能对一个冒昧来访者，把自己的高超拳艺的精华倾心相授。武禹襄要想得到陈清平的看家本事，必须拿出有分量的东西打动陈清平。武禹襄是财主，光有钱是不行的，陈清平拿出一点高于武禹襄的武技就可以让他出钱。古代，一些嗜武的富家子弟学不到高超武技的原因，就在此。武禹襄从杨露禅处学不到真功夫，道理也在此。武禹襄能打动陈清平的就是拿出了王宗岳的《太极拳论》，这对陈清平来说是"无价之宝"。小序并未言武禹襄拜陈清平为师学拳，而是"研究月余"，就是这个道理；其次，陈清平是技艺高超的武学大师，他对王宗岳《太极拳谱》的理解，比当时的武禹襄要高明得多。这样才有"研究月余，而始得精妙，神乎技矣"的结果；最后，陈清平练的拳，本来和陈家沟是相同的，都是长拳或炮锤。得到王宗岳的《太极拳谱》之后，改造了他的拳法风格，成为赵堡太极拳，再也不是炮锤了。

武禹襄（1812—1880年），名河清，字禹襄，号廉泉，河北永年广府城人，为当地旺族。据其孙武莱绪《先王父廉泉府君行略》记载："兄弟三人，长澄清，咸丰壬子进士，河南舞阳县知县；次汝清，道光庚子进士，刑部员外郎……先王父其季也。先王父博览书史，有文炳然，晃晃浮伯仲，而独摈绝于有司，未能以科名显。然以才干志行，为当道所器重。……究心太极拳术为事。"从记载看，武禹襄是当时永年广府城的财主，兄皆为官，可说有钱有势。然而，他有学问，不入仕途，喜武术，研究太极拳终身。在武禹襄之前，陈长兴和陈清平都致力于改造他们所练习的拳法，他们的理论根据主要是形意拳的《九要论》。这从陈家沟和赵堡的太极拳械谱中都有《九要论》，得到明证。也正因为如此，陈长兴和陈清平对原有的长拳和炮锤的改造是不彻底的，也没有意识到这是太极拳。这可由杨露禅从陈长兴处学拳返回后并未宣称是太极拳得到证实。武禹襄从根本上改造拳法是按照王宗岳的《太极拳谱》，把先后从杨露禅和陈清平处学来的拳法彻底改造，并按照王宗岳《太极拳论》命名为"太极拳"。

杨露禅（1799—1872年），河北永年县广府镇人，出身寒微，酷喜拳技，赴河南温县陈家沟陈长兴处习拳十余载，艺成返里。杨露禅从陈长兴学成拳术返回广府镇，其拳技惊动了广府镇，显然有其独特之处。

虽然史料记载陈长兴的资料较少。然而杨露禅是陈长兴的影子。武禹襄曾向杨露禅学过拳，如此陈长兴的拳法在武禹襄的拳技里也有所表现。据推测，武禹襄返里后，拿着王宗岳的《太极拳谱》去找杨露禅研究，杨的功夫显然比武高得多，然而，杨的拳理水平显然不高，于是与武共同研究王宗岳《太极拳谱》，成了顺理成章的事。这种错综复杂的关系，我们通过比较他们的拳架、拳势，可以得出清晰明确的结构。

陈氏太极拳包含长拳谱中的拳势很多，如懒扎衣、单鞭、七星拳、探马拳、当头炮、跨虎势、拗步势、兽头势、抛（劈）架子、翻花舞袖、拗（腰）鸾肘、玉女穿梭、倒骑龙（麟）、连珠炮、猿猴看果（白猿献果）、斩手（炮）、顺鸾肘、窝底（里）炮、井栏（揽）直入、庇身捶（拳）、指裆（当）势（捶）、金鸡独立、护心捶（拳）、小禽打（小禽休走）、倒插（势）、抹眉红、伏虎、野马分鬃、雀地龙、白鹤（鹅）亮翅、前（左）冲、后（右）冲、青龙献爪（青龙出水）、六封四闭、金刚捣碓、掩手红拳、闪通背、窝里炮。陈式太极拳保存了长拳谱中主要的拳势。

陈清平拳架，有些拳势就没有了，如兽头势、护心捶、井拦直入、翻花舞袖、拗鸾肘、连珠炮、倒骑龙、顺鸾肘、窝里炮等。可见陈清平较之陈家沟拳势，又有很大改造，即"去长拳化"。

武禹襄进一步对陈清平拳架作了更彻底的改造，凡不合王宗岳《太极拳论》者，都改掉或去掉，如陈清平拳架中的金刚捣碓、跌岔（叉）、扫蹚腿、震脚等，都被去掉。武禹襄改造拳架，应该说是与杨露禅共同进行的。这可由杨氏太极拳拳架、拳势与武禹襄拳架、拳势完全一致证实。"懒扎衣"一势由"揽雀尾"代替，太极拳中不再有少林拳中的"懒扎衣"势存在。

太极拳经过改造后，最本质的特点是由刚硬变为松柔。太极拳的改造和成拳过程是由陈长兴、陈清平开始的，由武禹襄和杨露禅完成定型的。

第十二章
摔跤类

　　在敦煌莫高窟的壁画和藏经洞中发现的白描、幡画和遗书中，均有反映古代的一种现代学者们或称之为"角抵"或称之为"相扑"的摔跤运动。如莫高窟早期洞窟的佛龛下和四周壁画的下方绘有许多形象各异的力士和药叉的图像。其中西魏第288窟，中心塔柱下绘有药叉摔跤的图像（如图75所示）。北周第290窟窟顶人字披上，绘有一幅佛传故事连环画，其中有表达悉达太子向善觉王女儿裘夷求婚，应约试武，并以摔跤战胜了大魔力王。比赛时，两人均袒露上身，着短裤，头束发髻（如图76所示）。这形象和文献记载极相似，如在东汉《西京赋》中描述摔跤时说："朱鬒髽鬌，植发如竿，袒裼戟手，奎踽盘桓。"表明摔跤比赛时要求裸露上身，头发扎成髻。五代第61窟西壁佛传屏风画中，绘有一幅形象生动的摔跤图。图中两名选手正在一块席毯上进行交手（如图77所示）。北周第428窟、盛唐第175窟，榆林窟五代第36窟等均绘有摔跤比赛的场面（如图78所示）。另外，从藏经洞出土的幡绢画和白描画中，各绘有一幅形象生动的相扑图。比赛选手头饰发髻，赤身裸体、着兜裆，正在奋力相搏。还有俄藏敦煌遗书中有一《杂集时要用字》的文献，其中出现了"相扑"一词。敦煌壁画和藏经洞所发现的"角抵"、"摔跤"、"相扑"的图像和敦煌遗书充分反映出古代这种运动的着装、发式、比赛场地、角逐姿势与方法等（如图79、图80

所示)。关于这方面的研究,学者们有不同的说法,其实都是对同一运动从不同的角度进行研究得出不同的名称而已。从年代上说,最开始的时候,这种古老的运动是一种祭祀活动,在秦汉以前称之为"角抵",此项活动发展到唐宋时期称之为"相扑",后来称为"摔跤"。

图 75　西魏 莫高窟第 288 窟中心柱

图 76　北周 莫高窟第 290 窟窟顶人字披

图77 五代 莫高窟第61窟西壁

图78 北周 莫高窟第428窟中心柱西面龛下

图 79　盛唐 相扑 现藏于英国博物馆

图 80 盛唐 相扑 现藏于法国博物馆

第一节 角抵

一 角抵的名与实

在古代文献中较早出现这一名称的，当是司马迁的《史记》[①]，称之为"觳抵"或"大觳抵"，在《李斯列传》中记载："是时二世在甘泉，方作觳抵优徘之观。［集解］应劭曰：'战国之时，稍增讲武之礼，以为戏乐，用相夸示，而秦更名曰角抵，角者，角材也；抵者，相抵触也。'文颖曰：'案：秦名此乐为角抵，两两相当，角力，角伎艺射御，

故曰角抵也。'骃案：'般抵即角抵也。'"① 正文中将"毅抵"与优徘联称，且后文曰："李斯不得见"，大约规模有限，是一种离宫中帝王小圈子的娱乐。但由应劭集解可推想大型的演出必然存在，既然是由战国时延续下来的"讲武之礼"，是诸侯列强"用相夸示"的戏乐，则正式演出的场面当大有可观。唯应韵释"抵"为"相抵触也"，易生误解，以文颖之说较妥帖，"两两相当"，可以是两人、两组、两队，甚或两阵营，故"抵"字释为"抵敌"、抵当，或更好。《史记·大宛列传》中则记载了汉武帝时演出角抵戏的盛况："于是大毅抵，出奇戏诸怪物，多聚观者，行赏赐，酒池肉林，令外国客遍观各仓库府藏之积，见汉之广大，倾骇之。及加其眩者之工，而般抵奇戏岁增变，其盛益兴，自此始。"② 这段话还见于《汉书·张骞李广利传》，文字基本相同，唯"毅抵"二字以"角氏"代之。西汉时的角抵戏开始吸收外来艺术的养分，西域等国的魔术和幻术被融入，因此所谓的"大角氏"实质上又成为以宫廷武乐为主，汇集各地与西域各属国伎艺的大会演。《汉书·张骞李广利传》中有这样一段记载："而大宛诸国发使随汉使来，以大鸟卵及斧靳眩人献于汉，天子大说。师古曰：'……眩读与幻同，即今吞刀吐火、植树种瓜、屠人截马之术皆是也。本从西域来。'"③ 两汉角抵的演出场所多在平乐观④，观众又不光是皇室贵胄及域外之客，还有京师一带的民众。有时竟是主要为京师民众演出。《汉书·武帝纪》中载："三年春，作角抵戏，三百里内皆（来）观。……夏，京师民观角抵于上林平乐馆。"⑤ 可证角抵之盛及角抵的全民参与的特点。由是也证明其不太可能都是两两相搂抱的摔跤，而是富于变

---

① （西汉）司马迁：《史记·李斯列传》卷八十七，上海人民出版社 1973 年版，第 2559、2560 页。

② （西汉）司马迁：《史记·大宛列传》卷一百二十三，中华书局 1962 年版，第 3173 页。

③ （东汉）班固：《汉书·张骞李广利传》卷六十一，中华书局 1974 年版，第 2696 页。

④ 平乐观，亦作"平乐馆"、"平乐苑"。汉代宫观名。汉高祖始建，武帝时增修，在长安上林苑。东汉建都洛阳，明帝取长安飞廉、铜马移洛阳西门外，置平乐观。平乐，此处寓意有四：一谓和平安乐；二指在平坦广阔的场地上作乐。

⑤ 《汉书·武帝纪》卷六，第 198 页。

化，令人惊诧叹羡的多种大型表演。颜师古注："抵者，当也。非谓抵触。文说是也。"

毅抵，后来通称为角抵，但考索"毅"字本义，有"射具"一说①，是知亦与先秦的射礼相关，文颖所谓"角伎艺射御"中的"射御"，明确指此。角抵与《周礼》中的大射与乡射礼，本来也算一脉相承，只因增加了娱乐的成分，增加了淫巧奇戏，便为卫道士所不齿，感叹："先王之礼没于淫乐中矣！"② 两汉是角抵戏扩大增广、走向繁盛的时代。不独好大喜功的汉武帝，不少帝王如西汉宣帝、成帝，东汉明帝、顺帝等，都喜爱此类戏乐。中间虽经元帝、哀帝等罢遣，然散而复聚，声势不减，一直传衍到魏晋南北朝。其名目亦种种不一，曰：角艇、角抵、角氏、角戏、瓢角戏等，总不离武戏一途。或也正由于此，人们对角抵戏便有着一些形象化的揣测和解释，较早有南朝梁任昉的《述异记》载："今冀州有乐名蚩尤戏，其民两两三三，头戴牛角而相抵，汉造角抵戏，盖其遗制也。"

宋陈旸《乐书》中对这一传说复加征引，语意虽含混，却也扩大了蚩尤戏即角抵戏，即头戴牛角相抵的表演这种说法。宋吴自牧《梦粱录·角抵》明确称其为"相扑之异名也，又谓之争交"，将角抵等同于摔跤。明王折《三才图会·人事》卷十有《角艇图》，画两人头戴牛角相斗，亦显然是由蚩尤戏之说而来。这只能是狭义的角抵，是摔跤或相扑表演，与秦汉所谓角抵戏者不同。"目极角抵之观，耳穷郑卫之声。"③ 均是场面恢宏的大景观，与此类摔跤相扑者的单打独斗相去何止万里。

---

① 《说文解字注》曰："一曰射具，从角，般声，读若解。"（上海古籍出版社 1981 年版，188 页）徐中舒《甲骨文字典》录入两条引文，是知该字在甲骨文中已出现，解注同《说文》。

② （东汉）班固：《汉书·刑法志》，中华书局 1974 年版。

③ （南朝）范晔：《后汉书·仲长统传》，中华书局 1965 年版。

二 饮射与武戏

角抵与周朝的射礼、春秋战国时的武乐有着明显的承续演化之迹。

如前所述，角抵所指为"角力"与"角伎"，其核心内容或曰主要形式是射御。射，指射箭；御，指御马之术。在古代"六艺"中，都属于尚武的技艺。"仡仡勇夫，射御不违。"① 当是之时，射与御为军国争战中的基本手段，为治军乃至治国的上上大计，故《周礼》中记载射礼之重：天子择士有大射，诸侯来朝有宾射，宴饮有燕射，乡党有乡射。而田猎一途，更是将射与御完美结合。然不论刚断的帝王还是庸懦的君主，大都对射御中的表演更有兴味。"大阅"的表演色彩远高过实战需求，御林军和围子手也往往只是会些花架子。田猎也如此，其在年年月月的重复中渐渐弱化其练军的功用，张大其游乐的色彩，态纵牵缠着悍厉，血腥裹挟着嬉戏，为诸多君王乐此不疲。"春曰苗，秋曰冤，冬曰狩"②，其尚武常与尚乐混同杂糅，则武事也常与乐事难分难解。《诗经·秦风·驷序》称"田狩之事，园囿之乐焉"，径将二者视为一体。园囿之乐，即是武乐。

在马上杀伐、烽烟连绵的战国时期，射御在"六艺"中必然蹿红，武乐当也必然会成为主旋律。实则周之《大武》、汉之《大风》，这些叙创制之艰的史诗性乐章，都着重于百战功成的渲染。由是正如乡饮与乡射与赛社渐相会合，武乐也必会进入社乐，成为社乐最能铺张盛况、感染和激动人心的部分。《史记·鲁周公世家》中载："鲁庄公……二十三年，庄公如齐观社。〔集解〕韦昭曰：'齐因祀社，莞军实以示军容，公往观之。'"③ 观社，自然是观看社乐或曰社火的演出。而韦注中又指明这次社火的主要内容是武乐，是展示各类军械兵器（军实）以

---

① （唐）孔颖达：《尚书·秦誓》，中华书局 1998 年版。
② 段熙仲：《春秋公羊学讲疏》，南京师范大学出版社 2002 年版。
③ （西汉）司马迁：《史记·鲁周公世家》卷三十三，中华书局，第 1531 页。

及分列角伎的方阵（军容），类似周礼的大阅和后世的阅兵，其目的便是"用相夸示"。这正是后世角抵的先声。因记述过简，我们不能确知为鲁庄公所观看的齐社中有无摔跤，但可肯定摔跤在这次社事中无唱主角的可能。然则那位曾罢斥过角抵的元帝之孙汉哀帝，喜欢看的表演中似乎就有摔跤，《汉书·哀帝纪》载："雅性不好声色，时览卞射武戏"。① 卞射，韦昭注为"皮卞而射"，误。苏林释曰："手搏为卞，角力为武戏也"。注者以"卞"为"手搏"，"射"称"角力"，再一次证明了角力所指是射御方面的竞赛，这种竞赛的规模可大可小，但统称为"武戏"，亦即角抵。而手搏，应释为徒手相搏，其不仅仅是摔跤，而是指包括摔跤、相扑在内的各种武术表演。从文句上研判，"卞"是不宜单独称为武戏的。

自有社祭和社火，军中乐和武戏便是其最壮观最激动观众的组成部分。社火的"火"，较早便是一种兵制单位。"五人为列，二列为火，五火为队。"② 后世也将冲州撞府的流动戏班称为"火"或"黔"，元杂剧《蓝采和》："是一火村路歧"，便是例证。在先秦礼籍的记载中，后来一团和气的土地神之前身"社主"，则要威严得多，凡是大的战事，社主都会随军而行，那些失误军机的将士，那些被俘获的敌军将领，常被行刑或杀戮于社主（社的神位，载车上）之前。这时的社被称为"军社"，"若大师，则帅有司而立军社。〔郑玄注〕王出军，必先有事于社，及迁庙，而以其主行，社主曰军社。〔贾公彦疏〕社主曰军社者，以其载社在于军中，故以军社言之"。③ 祭与戎，是当时的国家大事，社主随军而行，被称为"军社"，亦是祭与戎的统一。这种统一在早期即体现于社祭与社火中，体现在角抵武戏中。

---

①　（东汉）班固：《汉书·哀帝纪》卷十一，第 345 页。
②　（唐）杜佑撰：《通典·兵一》，中华书局 1988 年版。
③　（汉）郑玄注：《周礼·春宫·小宗伯》，中华书局 1982 年版。

三 百戏与张衡《西京赋》

"百戏"一词，今知较早见之于《后汉书·孝安帝纪》："……乙酉，罢鱼龙曼延百戏。"① 这次罢遣发生在东汉殇帝延平元年（107 年）冬十二月，是时殇帝新丧，十三岁的刘祜刚自外藩入登大位，主政者仍是邓太后，罢斥之旨当由太后决定。何谓"鱼龙曼延百戏"？曼延应是似后来舞龙之类的巨兽表演，鱼龙即鱼龙变化，注引《汉官典职》对此释之甚详："作九宾乐。舍利之兽从西方来，戏于庭，入前殿，激水化成比目鱼。嗽水作雾，化成黄龙，长八丈，出水遨戏于庭，炫耀日光"。② 鱼龙曼延的描写已见于《汉书·西域传赞》，然其与"百戏"的连称则应重视。同类连称还有更重要的一处，《后汉书·南匈奴列传》载："诏太常、大鸿胪与诸国侍子于广阳城门外祖会，飨赐作乐，角抵百戏。顺帝幸胡桃宫临观之"。③ 此处与角抵相连称，语义上又从属于角抵，无非是要补说角抵戏中包含的演出门类之多，《史记·大宛列传》中"毅抵奇戏"所指为一物，都是在注解角抵戏，故而该处集注曰"角抵之戏则鱼龙爵马之属"，简述其品种，自然间又略去那个"百"字。

无论西汉抑或东汉，百戏就是角抵戏。东汉时虽出现了"百戏"一词，但还远不如"角抵戏"之称普遍，还要与"鱼龙曼延"、"角抵"等连称，而未见单独使用。在更多的时候，这种包容众伎的演出还是称之为角抵戏，曩来为曲学家重视的东汉张衡《西京赋》对此作了形象的描绘，其描写却常被误读和曲解，今将此节文字分段逻录如下："大驾幸乎平乐，张甲乙而袭翠被。攒珍宝之玩好，纷瑰丽以夸靡。临迥望之广场，程角抵之妙戏：乌获扛鼎，都卢寻橦；冲狭燕濯，胸突铦锋；

---

① （南朝）范晔：《后汉书》，中华书局 1965 年版，第 205 页。
② 同上书，第 206 页。
③ （南朝）范晔：《后汉书·南匈奴列传》卷八十九，中华书局 1965 年版，第 2963 页。

跳丸剑之挥霍，走索上而相逢"。① 张衡是以帝王为中心写西京盛景的。这时的帝王在众人拱卫下，经过上林禁苑的田猎、昆明之池的水嬉，来到了平乐观，供御览的大帐迅速搭成，花样翻新的角抵戏接连上场。首先出现的演出多类乎今日的杂技：举重、杆技、跳丸、走索，要求的都是力量、速度和惊险刺激，体现的仍是尚武精神。请注意，作者是以"角抵妙戏"总括众伎和以下的表演的。

扛鼎寻撞、冲狭燕濯等传统节目之后，是有着巨大布景造作的化妆演唱，似乎这才更符合于广场演出："华岳峨峨，冈峦参差，神木灵草，朱实离离，总会仙倡，戏豹舞黑，白虎鼓瑟，苍龙吹篪，女娥坐而长歌，声清畅而委蛇；洪涯立而指麾，被毛羽之襳襹。度曲未终，云起雪飞，初若飘飘，后遂霏霏。复陆重阁，转石成雷，磷砺激而增响，磅礚象乎天威"。"总会仙倡"是扮演为众仙人的大型歌舞，一个"总"字，点出其规模，也点出其变化：壮丽的机关布景、庞大的化妆乐队、清畅激越的长歌、出人意表的视听效果，这都证明了演出水准之高，诚然是在"角抵"旗帜下的"妙戏"。"巨兽百寻，是为曼延；神山崔巍，效从背见，熊虎升而拏攫，猿狖超而高援；怪兽陆梁，大雀踠踠；白象行孕，垂鼻磷囷；海鳞变而成龙，状蜿蜒以蝹蝹；含利贬贬，化为仙车，骊驾四鹿，芝盖九葩；蟾蜍与龟，水人弄蛇。奇幻倏忽，易貌分形，吞刀吐火，云雾杳冥，画地成川，流渭通径"。② 虽比《史记》、《汉书》中有关描写略有增饰，但仍是汉武帝时"角抵奇戏"的路数，"岁增其变"，历两百年后当会如此。而其尚奇尚幻、尚武尚险的艺术精神则未变。《西京赋》记述了在角抵总称下的杂技、歌舞、魔术幻术以及"东海黄公"之类有故事情节的演出，我们也从赋体的铺张渲染文字中拣读"角力"、"角伎"的内涵，更明白无误的描写则在这段记载的末尾："尔乃建戏车，树修旃，伥僮程材，上下翩翻，突倒投而跟絓，譬陨绝而复联，百马同辔，骋足并驰，撞末之伎，态不可弥；弯弓

---

① （东汉）张衡：《西京赋》。
② 同上。

射乎西羌，又顾发乎鲜卑"。射与御永远是角抵戏的主题，是广场演出的主题。在这里，马戏、战车、军乐总汇成激昂的时代旋律，抗击外族入侵、保家卫国的爱国热情与民族自豪感升腾于广场之上，"寓教于乐"其来也久矣！

排除赋所可能的文句夸张，张衡《西京赋》中对角抵戏演出盛况的记叙大体可信，是于史有证的。《汉书·西域传下》写汉武帝时演出角抵戏，本身就有炫耀武力和展示富强之意："于是广开上林，穿昆明池，营千门万户之宫，立神明通天之台，兴造甲乙之帐，落以随珠和璧，天子负黼依，袭翠被，凭玉几，而处其中，设酒池肉林以飨四夷之客，作巴俞都卢、海中扬极、漫衍鱼龙角抵之戏以观视之……"[①] 与张衡赋中所述极相吻合。传称之为"角抵之戏"，张赋中称之为"角抵之妙戏"，亦基本相同。张庚、郭汉城的《中国戏曲通史·戏曲的起源与形成》曰"张衡《西京赋》总称之为'百戏'"，似误，《西京赋》中未见这一总称。

同样的情况还有许多，如汉墓中一些汉画像砖、画像石或帛画中反映的杂技歌舞演出图，总被人标以"百戏"的名称，如"汉代百戏画像砖"、"汉代架舞百戏画像砖"，实则称角抵戏更准确。

通过以上考证我们得出以下几点结论。

一是角抵戏与商周社乐、春秋战国"讲武之礼"有着最直接的血缘关系，是一种主要由宫廷运作的祭祀活动，传递着先秦社祭、蜡祭、傩仪。

二是角抵逐渐扩展为民间艺人积极参与的表演活动，包括各项杂艺与歌舞。

三是百戏与角抵戏为一物之异名，然其概念较为晚出，两汉时仍以"角抵"为通称，魏晋以降"百戏"一名才渐渐流行，这大约也与各种技艺的积累增广有关。

---

① 《汉书·西域传下》卷九十六，第3928页。

第二节　相扑

在三国时期，角抵就开始用"相扑"之名。这一阶段还有其他的名称出现，例如相搏、争交等，但因未能流行而鲜为人知，人们把这种身体活动都归于"百戏"。三国时吴国出现了女子相扑。虞溥《江表传》云："（吴末帝孙皓）使尚方以金作不摇假友髻以千数，令宫人著以相扑；早成夕败，辄命更作。"这时的女子相扑只是以娱乐为目的的相扑，与宋代的女子相扑相比较而言，可谓相差甚远。南北朝时期角抵开始向体育、竞技方向重点发展，并开始承担重要的外事功能。王隐的《晋书》记载："襄城人王弘与颍川功曹刘子竺会与界上，子竺谓弘曰：'襄城人不知颍川人能扑。'弘对曰：'相扑下技，不足明优劣'"。[①]襄城即今湖北襄樊市，颍川即今河南许昌东。两郡之间以相扑论社会之优劣，可见相扑已较为普遍地开展了。同时像这种相扑的比赛与名族精神和尊严相挂钩，这种比赛开始代表一个地区、一个国家和民族的尊严。为了维护这种尊严常常是寸步不让，不挣回荣誉，绝不善罢甘休。《晋书·庾阐传》记载："有西成健胡，矫健无敌，晋人莫敢与之校"，司马炎为此事大为恼火，于是张贴榜文，"召募勇士"。后来，庾阐的父亲庾东应募，与胡人比赛，结果"遂扑杀之"。庾东因此名震殊俗，并被赏赐了官。[②]《续高僧传》也有类似的故事，隋代有一个叫法通的和尚精通相扑。当时"有西番贡一人云大壮，在北门试相扑无敌者"。这事同样让隋文帝杨坚很恼火，他说，难道"大隋无健者"？有人向隋高祖推荐法通。隋高祖马上派人"召通来，令相扑"。结果，法通赢了大壮，"举朝称庆"。[③]这件事充分反映了当时民族间相扑技艺交流，也表

---

① （唐）房玄龄：《晋书》，中华书局1974年版。
② （唐）房玄龄：《晋书·庾阐传》，中华书局1974年版。
③ （唐）释道宣：《续高僧传》，《中华大藏经》，中华书局1997年版。

现了代表民族的体育比赛是如何激动着民族情绪。隋朝享国较短，延续了南北朝的相扑发展，只是民间及少数民族向中原挑战的比赛多了起来，并且许多史料上都用了"扑杀"一词，可见当时对比赛的意义还认识不足，不是重在交流技艺，而是以生死定输赢。

到了唐代，角抵从角抵戏中逐步分化了出来，成为一项独立的体育项目。我们把这种从角抵戏中分离出来的唐代角抵称为相扑。唐代相扑的独立发展，是唐代开拓进取精神风貌的一个折射。在崇尚豪侠勇武的时代，从统治阶级到士兵百姓都不满足于"并四夷之乐，杂以奇幻，有若鬼神"的重在戏剧性表演的角抵戏，而注重于能展示勇气、考量技巧智慧、决出胜负、动作敏捷，使观看的人能远离怯懦成为勇士的相扑运动。

关于唐宋时期的相扑，我们从敦煌唐代壁画中就能看到。如敦煌莫高窟北周第 290 窟、初唐第 321 窟、盛唐第 176 窟的摔跤图和北周第 428 窟、五代第 61 窟的金刚力士图，以及藏经洞出土美术品中的一些画面。我们从中国古代文献中也可看到关于相扑的记载。据虞溥《江表传》中记载："（孙皓）使尚方以金作步摇假髻以千数，令宫人著以相扑，早成夕败，辄命更作。"① 《角力记》引《荆楚岁时记》云："荆楚之人，五月间相伴为相拂之戏，即相扑也。"② 《太平御览》卷 755 有详细的描述："王隐晋书曰：颍川襄城二郡班宣本会，累欲作乐，襄城太守责功曹刘子笃曰：'卿郡人不如颍川人相扑'。笃曰：'相扑下伎，不足以别两国优劣。请使二郡更对论经国大理、人物得失。'"③

相扑是唐代宫廷宴飨时的助兴内容之一。唐代相扑，气势磅礴。明人胡震亨把角抵归入散乐的"杂戏"之中，他说："角力戏，凡陈诸戏毕，左右两军擂大鼓，引壮士裸祖相搏教力，以分胜负。"④（见图 6—

---

① 翁士勋校注：《角力记》，人民体育出版社 1990 年版。
② （宋）李昉：《太平御览》第 4 卷，中华书局 1960 年版。
③ ［俄］鄂登堡：《俄藏敦煌文献》第 10 册，上海古籍出版社 1998 年版。
④ （明）胡震亨：《唐音癸签》（卷十四），中华书局 1955 年版，第 131 页。

2）唐代皇帝常在宴飨中观看角抵表演。如唐玄宗"每赐宴设酺会，则上御勤政楼。……府县教坊大陈山东、旱船、寻橦、走索、丸剑、角抵、戏马、斗鸡。……"① 唐宪宗李纯于元和十三年（818 年）二月乙亥，御麟德殿大宴群臣及公主、郡主等"观击鞠、角抵之战，大合乐，极欢而罢"②。除宴飨时观看角抵外，一些皇帝或"幸左神策单观角抵及杂戏，日昃而罢"或"御三殿，观两岸、教坊、内园分朋驴鞠，角抵……至一更二更方罢"或"幸勤政殿观角抵"。③

唐代有专门从事相扑的专业队伍。到了唐代，有了专供表演的"相扑朋"组织。晚唐角抵能手蒙万赢就是在唐懿宗咸通年前（860—873 年）选入相扑朋的。唐僖宗时，"内园恒排角抵之徒以备卒召"④。内园中的"角抵之徒"是有组织地从事角抵的专业人员。"文宗将有事南郊，祀前，本司进相扑人，上曰：'方清斋，岂合观此事？'左右曰：'旧例也，已在外祗候'。"⑤ 这说明唐代已有了专门管辖"相扑人"的组织结构。唐代相扑专业队伍的出现，推动了唐代相扑技术的发展，并涌现了一批角抵能手，蒙万赢就是一个在僖宗、昭宗二朝，累累供奉，受赐丰厚，并享有"万赢"称号的专业角抵名家。

军队以相扑练兵。经常从事相扑，可以培养人的力量与勇气，"使之斗敌，至敢死者"⑥。因此，受到历代兵家的重视，列为军队训练的内容之一。"李相绅督大梁曰，闻缜海军进健卒四人，一曰富仓龙，二曰沈万石，三曰冯五千，四曰钱子涛，悉能拔橛角抵之戏"。⑦ 这可看作军队有角抵训练的一个佐证。唐玄宗天宝（742—756 年）以后，由于府兵制的变废，六军宿卫中原有的军士，"官者贩缯彩、食粱肉，壮

---

① （唐）郑处海：《明皇杂录》第 8 页，载《丛书集成初编》第 3833 册 。

② （宋）王钦若：《册府元龟·帝王部·宴享第三》，中华书局 1960 年影印本，第 1316 页。

③ （五代）刘昫：《旧唐书·文宗本纪》，中华书局 2012 年版。

④ （北宋）调露子：《角力记·考古》，第 5 页。

⑤ （宋）王谠：《唐语林》卷三，上海古籍出版社 1928 年新一版，第 89 页。

⑥ 《角力记·述旨》，第 1 页。

⑦ （宋）王谠：《唐语林·卷四·豪爽》，北京燕山出版社 1998 年版，第 124 页。

者为角抵、拔河、翘木、扛铁之戏"。① 退伍士兵以"角抵"谋生，也说明相扑曾是军队中的一个训练项目。

相扑是唐代民间经常开展的体育项目之一。相扑高手蒙万赢在宫廷相扑朋供职期间，经常为慕名而来的民间相扑爱好者传授武艺。"五陵少年，幽燕任侠，相从诣教者数百。"② 这就充分反映了大江南北民间对相扑重视的概貌。据唐人张文规《吴兴杂录》说："七月中元节，俗好角力相扑。"③ 在吴兴附近建都的吴越国（907—975 年）也盛行角抵。《旧五代史·世袭列传·钱镠传》说，武肃王钱镠"少拳勇，喜任侠"。唐之后，蒙万赢投奔钱镠，"待之甚丰"，"年老，王令指教数人。"浙中人李青洲，扬州人王愚子、谢建，江南人姚结耳等，都是十国时期江南地区的角抵名手。

宋朝，相扑活动发展到了高潮，这时的相扑有了全国性的比赛，女子相扑有了一定的发展，并且出现了角力专著。宋朝的建国君主出身平民，起家军旅，非常喜欢娱乐相扑活动。宋朝建立后，便把相扑纳入了朝廷宴会和军礼的礼仪之中。"每春秋三大宴……第十九，角抵·宴华。"④ 同样与前代把相扑作为压台节目。除了朝廷的宴会有相扑表演外，在外交宴会上也有此节目。"金国聘使见辞仪，使人到阙筵宴，凡用乐人三百人……相扑十五人，于御前等子内差"。⑤ 等子又名内等子，宋代宫廷中的一种组织，它由膂力过人的强手组成，平时专为宫廷宴会和接待外宾时表演相扑及剑棒，皇帝外出时则由他们担任御前警卫。据《梦粱录》卷十三记载，南宋"内等子"的编制为 120 人，内有管押人员 2 人，"十将" 2 人。上中等相扑手各 10 名，下等相扑手 16 名，剑棒手 10 名。他们按等级各"支粮有差"。此外，还有大约 70 名的"准

---

① （宋）欧阳修、宋祁：《新唐书·兵志》，中华书局 2013 年版，第 1327 页。
② 《角力记·考古》，第 7 页。
③ （唐）张文规：《吴兴杂录》，转引自《角力记·考古》，第 4 页。
④ （元）脱脱：《宋史·乐志》卷 126，中华书局 2012 年版。
⑤ （元）脱脱：《宋史·礼志》卷 98，中华书局 2012 年版。

备抵应"。北宋时规定，"军头司每旬休按阅等子相扑手、剑棒手格斗"。① 南宋时，每三年对"内等子"成员进行一次大考核。要进行队伍调整，合格者留用或转正，不合格者被淘汰，并分发各地军营担任"管营军头"。

宋代随着商业手工业的发展，城市经济的繁荣，人口不断增加，城市中开始有了供市民娱乐的"瓦子"。这时的相扑比赛不再是一时一地的民俗活动，它也成了"瓦子"中的娱乐表演。在"瓦子"表演中相扑是最受欢迎的，相扑艺人也是最多的。受百姓的喜爱，渐渐地就出现了全国性的相扑比赛。《梦粱录·角抵》记载："若论护国寺南高峰露台争交，须择诸道州郡膂力高强，天下无对者，方可夺其赏。"这里说的争交也即相扑，"天下无对"也就是全国性的比赛，头赏者可得奖品旗帐、银杯、彩缎、锦袄、马匹等。南宋临安城的南高峰比赛时全国最高级的比赛，赢得头名所获得的奖品是很丰盛的。宋理宗景定年间，温州的韩福夺得冠军，不仅获得奖品，还被封了官"补军佐之职"。《水浒传》上描写的泰山庙会的相扑比赛，也具有全国大赛的性质。如任原所说："四座军州，七千余县治，好事香官恭敬圣帝，都助将利物上。"奖品是由全国各地赞助而来。在相扑比赛时，台下的观众有"数万香官，两边拍的似鱼鳞一般，廊庑屋背上都坐满了"。这些观众也均来自全国各地，这足以反映宋代相扑的开展具有广泛的群众性。

宋代的相扑在此时也有了较为正规的规则，称为"社条"。执行规则的裁判叫"部署"。在相扑比赛中。"不许暗算"是其重要规则之一，还因为当时的相扑可能会出手伤人，所以在比赛之前还要立生死文书交给裁判，而且一般的相扑的胜负都是以摔倒在地为标准。这些在《水浒传》第七十四回、第八十回有所提及。在此之外，宋代的相扑在继承唐代相扑以力取胜的特点之外，又有了新的发展，它向着快捷的巧劲发展。就像任原与燕青的相扑比赛，燕青以小个摔大个用的就是巧劲，这

---

① （宋）孟元老：《东京梦华录》卷四，上海古典文学出版社 1956 年版。

是相扑技巧的独特发展，由此也更能显示出相扑的可观性。

宋代女子相扑有了一定的发展。《梦粱录》上说："临安城女子相扑人手有"赛关索、嚣三娘、黑四姐及"乾淳教坊乐部、女斯扑手、张椿等十人"。宋代的女子相扑排在男子相扑之前，"先以女飐数对打套子，令人观，然后以齐力者争交"。这就是相扑表演的开场赛。宋代女子相扑也曾是朝廷的表演节目。宋仁宗嘉祐十年，正月二十八日，皇帝在宣德门观看"百戏"表演，其中就有女子相扑。女子相扑的装束和男子的差不多，也是肢体裸露的，这对当时的封建礼教是一种大胆的冲击。司马光因此特别写了《论上元会妇人相扑状》上奏皇上，指出"近月十八日圣驾御宣德门，召诸色艺人，令各进技艺，赐与银绢，内有妇人相扑亦被赏赉"，认为"今上有天子之尊，下有万民之众，后妃侍旁，命妇纵观，而使妇人裸戏于前，殆非所以隆礼法示四方也"。他要求"仍诏有司，严加禁约，今后妇人不得于街市以此聚众为戏"。①自此以后，关于女子相扑就很少有见文字记载了。

宋代已有相扑专著问世，流传至今的如署名为"调露子"的人所撰的《角力记》。书中写道："夫角力者，宣勇气，量巧智也。然以决胜负，聘矫捷，使观者远怯懦、成壮夫、己勇快也。使之能斗敌至敢死者，立教勇无勇不至，斯亦阵之权舆，争竞之萌渐。"此书对角力的功效作了很好的说明，书中还阐述了角力的沿革，它保留了五代以前的大量角力的史料，对于今天研究摔跤发展的历史有了很大的帮助。

在这一时期，辽的统治区中，相扑也很普遍。辽制，册封皇后时"呈百戏、角抵戏以为乐"。在皇帝诞辰和宴请外来使节时举行的宴会上，一般也有相扑或角抵表演。如辽太宗耶律德光于天显四年"宴群臣及诸国使，观俳优、角抵"。辽兴宗耶律宗真熙十年十月，"以皇太子库里葛里生，北宰相驸马音巴宁，迎帝至其第饮宴，帝命卫士与汉人角抵"。②

---

① （宋）司马光：《温国文正司马公集》卷21，《四部丛刊》影印宋绍兴刊本。
② （清）《续文献通考·乐考》。

《俄藏敦煌文献》第 10 册刊布的八 x02822 号文书，原名《蒙学字书》，参照张金泉、许建平《敦煌音义汇考》可知其名应为《杂集时要用字》，该文书可能出自莫高窟北区，时代为西夏。在这份残存长达 259 行、约 2400 字的写本中，详细地按义类分为 20 部（类），详细列出每一部（类）的常用词语，反映了当时社会生产、生活和交往活动中各个方面。虽然《杂集时要用字》中并没有专门的古代体育、竞技类词语，但穿插在有关部（类）别中的相关词语，如身体部、音乐部、器用物部、药物部等，却为我们提供了相当宝贵的古代体育词语，以及有关体育活动的历史证据。而"相扑"一词，即出自《杂集时要用字》"音乐部第九"。下面是相关的录文：

音乐部第九

龙笛	风管	纂筝	琵琶	弦管
声律	双韵	裕琴	单集	云箫
笙摸	七星	影戏	杂剧	傀儡
舞馆	拓枝	宫商	丈鼓	水盏
相扑	曲破	把色	笙簧	散唱
遏云	合格	角微	欣悦	和众
雅奏	八情	拍板	三弦	六弦
勒波	笛子			

《杂集时要用字》中之"相扑"，可能是一种乐舞表演形式的相扑。"相扑"被分在《杂集时要用字》的音乐部，而音乐部的词语大多是乐器，其次是影戏、杂剧，这说明"相扑"与乐舞有关，可能是乐舞的表现形式。通过这一史料，可以推测西夏王朝的"相扑"活动，可能是一种在击打乐器伴奏下相互扑击的身体运动形式。

第十三章
民俗类

　　民俗体育是民俗的一个重要组成部分，而民俗又是民间文化的重要组成部分，所以，民俗体育也是民间体育的一个重要组成部分。民间是相对于官方而言的，中国古代社会有严格的等级制度，宫廷贵族与民间的文化生活还是有很大区别的。民俗体育是由一定民众所创造，为一定民众所传承和享用，并融入和依附于民众日常生活的风俗习惯（如节日、礼仪等）之中的一种集体性、模式化、传统性、生活化的体育活动，它既是一种体育文化，也是一种生活文化。中国古代，在各种节日、节令、礼仪活动期间，举行各种各样的休闲娱乐活动是重要的内容。根据季节和节日性质的不同，形成各具特色的体育活动，如清明踏青、端午竞渡、七夕乞巧、重阳登高、荡秋千、放风筝、玩弹弓、抖空竹等民俗体育项目。下面就对几个有代表性的民俗类体育项目进行探讨。

第一节　秋千

一　秋千的起源

　　关于秋千的起源，其实已不可考。根据现存文献有几种说法。

《古今艺术图》载："秋千，北方山戎之戏，以习轻（敏捷）者⋯⋯齐桓公伐山戎还，始传中国。"① 说明秋千戏是春秋战国时期从北方少数民族地区传入中原的。因其设备简单，容易学习，故而深受人们的喜爱，很快在各地流行起来。

唐人高无际《汉武帝后庭秋千赋并序》中则说："秋千者，'千秋'也，汉武帝祈千秋之寿，故后宫多秋千之乐。"秋千最初是单用手抓着一根绳而荡的，后来逐步发展成于木架上悬挂两绳、下拴横板组成的设施。最早称为"千秋"。在汉武帝时，宫中以"千秋"为祝寿词，取其"千秋万寿"之意。及后为避讳，"千秋"两字倒转为"秋千"。由此则推断秋千始于汉武帝。古代的许多新事物的发生，古代文献的记载中都愿意把创造发明权归于圣贤帝王名下。但由此可知，秋千游戏到了汉代便流行于宫中，成为一种民俗活动。

另外，南朝梁宗懔《荆楚岁时记》援引《涅盘经》曰："斗轮骨轮索，其秋迁之戏乎？秋千亦施钩之类也。"隋人杜公瞻在《荆楚岁时记》中为"又为打球、秋千之戏"一句作注说："板节悬长绳于高木，士女服坐立其上，推引之，名秋千，今秋千亦施钩之类也。"说明在南方，秋千似乎与施钩有密切联系。

山戎的荡秋千从古至今在中国大地上广泛存在。尤其值得注意的是，北方少数民族和广大中原地区流传至今的基本上都是"荡秋千"，这和历史上一致。钟敬文先生在他主编的《民俗学概论》一书中也持此说。如果说秋千在隋唐以前的历史文献中几乎不见与秋千本身作为一种活动的流传有限有关，那么隋唐以后文献中大量记载的秋千的出现则恰恰可以说明：一方面，魏晋南北朝史无前例的南北民族交流和融合极大地促进了秋千的普及；另一方面，隋唐以后节日（寒食清明）的兴盛也为秋千活动的普及提供了契机。从时间的顺序上看，春秋战国时期从北方少数民族地区传入中原的观点有一定的道理。

---

① （清）翟灏：《通俗编》卷三一，中华书局 2013 年版。

中国古代的秋千运动的方式并不仅此一种，尤其在南方少数民族中，除了荡秋千，还有纺车秋千、磨秋千、磨担秋千等形式。从考古学的角度来看，目前我们所能见到的最早的秋千资料，是在云南江川县李家山出土的一面铜鼓上的四人秋千画，距今两千多年。这说明至少在两千年以前，当地就有了秋千这种活动。由此看来，即使山戎之说成立，这种"一元论"恐怕也是站不住脚的。而且，如果我们再追根究底，山戎和云南之秋千又是怎么来的呢？那恐怕还得归结到乌丙安教授的说法："古人在山野间行猎，揪藤条腾跃是常见的，似是古代秋千源远之一。"①

二 不同历史时期的秋千游戏

汉魏南北朝以来，秋千戏逐渐流行起来，并且成为寒食清明节进行的重要民间体育活动。

高无际《汉武帝后庭秋千赋并序》描写道："秋千者，'千秋'也，汉武帝祈千秋之寿，故后宫多秋千之乐。……当是时也，初度祺燕之辰，末届亲蚕之日。斗春服，竟新裳……并伍徐出，丛三连袂……丛娇乱立以推进，一态婵娟而上跻。乍龙伸而蠖屈，将欲上而复低。擢纤手以星曳，腾弱质而云齐。一去一来，斗舞空之花蝶；双上双下，乱晴野之虹霓。如轻风，捷如电。倏忽顾盼，万人皆见。香裙飒以牵空，珠汗集而光面。时进时退，以游以邀。类七纵而七舍，期必高而让高。第取其至乐，靡辞其体劳。"② 赋中将汉宫女们荡秋千的情景描绘得生动逼真，将她们荡秋千的技术表现得高妙娴熟，反映出中古时期秋千戏的发达。南朝宗懔著《荆楚岁时记》中说："立春之日，又为打球，秋千之戏。"这说明在南朝时期秋千戏已成为寒食节重要的民间游戏活动。

唐时期，秋千是广泛开展的民间活动。唐代诗人留下了大量吟咏秋

---

① 乌丙安：《中国民俗学》，辽林大学出版社1992年版。
② 《全唐文》卷九五〇，第9863页上。

千戏的诗篇，为我们更好地认识这种游戏提供了丰富的材料。杜甫《清明》诗："十年蹴鞠将雏远，万里秋千习俗间。"王维《寒食城东即事》诗："蹴鞠屡过飞鸟上，秋千竞出垂杨里。"陆游《春晚感事》诗："寒食梁州十万家，秋千蹴鞠尚豪华。"直至明代有些地区尚有此种民俗。李开先《寒食依岩亭宴客观蹴鞠秋千》诗："蹴鞠竞当场，秋千飞过墙。"从体育运动强度来说，作为节日郊游娱乐，蹴鞠可能大多是男子参加，秋千则大多是女子参加。唐人王建《秋千词》："长长丝绳紫复碧，搦搦横枝高百尺。少年儿女重秋千，盘巾结带分两边。身轻裙薄易生力，双手向空如鸟翼。……回回若与高树齐，头上宝钗从堕地。眼前争胜难为休，足踏平地看始愁。"虽说是少年儿女参加秋千游戏，但身穿的是裙，头上插的是钗。元稹《杂记》诗："花笼微月竹笼烟，百尺丝绳拂地悬。忆得双文人静后，潜教桃叶送秋千。"双文、桃叶都是闺中少女，她们的游戏是秋千。封建社会的皇宫是禁锢妇女最大的牢笼，她们在苦难的生活中也盼望能自由地"飞翔"，《开元天宝遗事》中说："天宝，宫中至寒食节，竟竖秋千，令宫嫔荡之。呼之半仙之戏。高无际的《秋千赋》中具体的描绘了宫女荡秋千'半仙之戏'的竞赛，""斗春服，竞新装。临镜台，耀殿堂。下珠楼，巡玉砌，并伍徐出，从三联袂。擢纤手以星曳，腾弱质而云齐，一去一来，斗舞空之花蝶；双上双下，乱睛野之虹霓。飞鸟不离于羽族，天仙不举而自上。汉皇由是辟昭阳、临未央"。寒食的秋千之戏是宫女一次充分展示自己的机会，穿上最好的衣服，精心地化妆打扮，约上同伴，一同去荡秋千，在秋千架上显示自己的美丽，与飞蝶比美，与彩虹争辉，其目的是得到皇帝的喜欢，能居住到昭阳宫里。

　　宋代贵族之家仿皇宫设置建立了秋千院，苏轼诗："歌管楼台声细细，秋千院落夜沉沉。"这秋千院落是什么样的呢？明人王圻在《三才图绘》中有一幅《秋千图》，画的是一个贵族家中的秋千院。一个妇女在荡秋千，其他人观看嬉笑。如图81所示。《金瓶梅》第二十五回，描写西门庆家花园中安了秋千架及妇女们荡秋千的情景。"话说灯节已

图81　明《三才图绘·秋千》

过，又早清明将至，先是吴月娘在花园中扎了一架秋千闲中率众姊妹游戏，以消春困。先是吴月娘与孟玉楼打了一回下来，敬李瓶儿和潘金莲打了一回。玉楼便叫：'六姐过来，我和你两个打立秋千。'两个打到半中腰里，都下来了。却是春梅和西门大姐两个打了一回。然后敬玉箫和蕙莲两个打立秋千，这蕙莲手挽彩绳，身子站的直屡屡的，脚呲定下边画板，也不用人推送，那秋千飞起在半天云里，然后忽的飞将下来，端的却是飞仙一般，甚是可爱"。十分生动地描写了富贵人家妇女清明日荡秋千的欢乐，与《金瓶梅》写作时代相近的李开先，是山东章丘人，章丘和《金瓶梅》背景地清河县也靠近。在他所著的《闲居集·观秋千作》诗中说："东接回军，北临大河，庄名大沟崖，清明日高竖秋千数架，近村妇女欢聚其中，予以他事偶过之，感而赋诗：彩架傍长河，女郎笑且歌。身轻如过鸟，手捷类飞梭。村落人烟少（意谓人多逃亡），秋千名目多（又转立、独脚等）从旁观者惧，仕途今如何。"山野民间，虽然没有专用的秋千院，在大河边竖起秋千架，便可以做欢乐的场所，虽然生活已很艰难，不少人外出逃亡了，但只要还能生活，仍然是乐观地面对，依旧笑且歌地荡起了秋千，这就是中古代妇女坚韧乐观性格的表现，而体育活动是最能表现人性的场所。

　　秋千的盛行则始自唐代。正如前所说，唐代以前的文献中，有关秋千的记载极为少见。隋唐以后，文献中则大量涌现，甚至出现一些直接以秋千为题材的作品。根据笔者的统计，《全唐诗》（扬州诗局本）中直接出现"秋千"一词的作品共有 40 首。《全宋词》中直接出现"秋千"一词的作品共有 144 首。这可以从侧面说明，秋千这种活动在宋代比唐代更为普遍。王仁裕《开元天宝遗事》载"天宝宫中至寒食节竟竖秋千，令宫嫔辈戏笑以为宴乐。帝呼为半仙之戏，都中士民因而呼之"。杜甫《清明》诗"十年蹴踘将雏远，万里秋千习俗同"[1]。说明唐代秋千无论是在宫廷还是民间都已盛行。

　　到了宋代则更有发展。北宋宰相文彦博《寒食日过龙门》诗中描写"桥边杨柳垂青线，林立秋千挂彩绳"。南宋周密《武林旧事记》卷三"放春"中提到"且立标竿射垛，及秋千、梭门、斗鸡、蹴鞠诸戏事以娱游客"。南宋吴自牧《梦粱录》中记载："一人上蹴秋千，将平架，筋斗掷身入水。"表演前先于水中置两艘雕画精美的大船，在船头竖起高高的秋千架，表演随着船上的鼓乐大作而开始。艺人在两船间奋力悠来荡去，欢快又惊险。最后借秋千回荡之力高高跃入空中，在空中翻个跟头然后投身入水。这种"水秋千"其实已不是纯粹的秋千，而已成为杂技项目，在宋代的杂技中是为盛行的保留节目，后来也成为中国杂技发展史上的传统代表作。

---

　　① 《全唐诗》二百三十三卷。

　　元杂剧散曲中同样有许多秋千活动的描写："画楼洗尽鸳鸯瓦，彩绳半湿秋千架"[1]；"则打的秋千画图，闲榻著鸳鸯绣谱"[2]；"宽绰绰翠亭边蹴踘场，笑呷呷粉墙外秋千架"[3]；"你看那王孙蹴踘，仕女秋千"[4]；"只见香车宝马，仕女王孙，蹴踘秋千，管弦鼓乐，好不富贵呵"[5]。这些杂剧中都写了"秋千架"，说明在那时人们进行秋千游戏非常普及，富贵家庭都有"秋千架"设备。绘画都以荡秋千为题材。

　　流行于清明节期间的秋千，由于本身的变化，后来出现了荡秋千、车轮秋和担子秋形式。其中荡秋千就是平常我们所常见的秋千，即"植术为架，上系两绳，下拴横板，人立于板上"作钟摆一样的来回摆荡；而车轮秋包括了"磨秋"、"观音秋"、"纺车秋"等，但都属于车轮秋。它是"植大木于地，上安车轮状圆轮，在呈辐射状横木上，系绳于下，以架坐板"。坐秋千的人用脚蹬地使车轮旋转，然后悬空转动；至于担子秋，也叫二人秋，"竖长柱，设横木于上，左右各坐一个，以互落互起而飞旋不停"，类似跷跷板的游戏。秋千运动形式流传较广，除了汉族地区，还普见于少数民族的节日活动中。

　　明清以降，秋千之戏在民间更为普及。清代富察敦崇《燕京岁时记》载：按《析津志》云："辽俗最重清明，上自内苑，下至士庶，俱立秋千架，日以嬉戏为乐。"明代刘若愚《明宫史》中直接将清明称作"秋千节"。此时，荡秋千习俗在各地县志中多有记载，说明秋千习俗到明清时已经普及全国。当今，秋千在少数民族中依然盛行。如朝鲜族就经常在节日期间玩秋千比赛，以荡起的高度来决定输赢胜负。他们常常以树梢或树花为目标，看谁能踢到，或于高处挂一铜铃，看谁能碰响。从1986年开始，秋千被列为全国民族云动会比赛项目，朝鲜族的这种比赛方法也被采用。

---

① （元）王元鼎：《醉太平·寒食》。
② （元）汤显祖：《牡丹亭》第二出。
③ （元）乔吉：《金钱记》第一折。
④ （元）石君宝：《曲江池》第一折。
⑤ （元）无名氏：《百花亭》第一折。

第二节　风筝

一　风筝的起源

风筝最早源于中国。关于风筝的起源有四个传说。一是斗笠、树叶说；二是帆船帐篷说；三是飞鸟说；四是李邺说。

斗笠是一种古老的防御防暑器具。当人类由渔猎转为耕作时开始使用，特别是在热带、亚热带是必不可少的。那时的斗笠制作很简单，系条绳也是就地取材，多用柔软的树皮纤维。据说有一农夫正在耕作时，忽然狂风大作，卷起了他的斗笠，农民赶紧去追，一下抓住绳子。恰巧这条绳子很长，斗笠像风筝一样在空中飞行。农夫觉得有趣，以后便经常给村民们放斗笠，后来逐步演变成了风筝。树叶说来自中国南方一带，据说古时候人们对风卷树叶满天飞的现象十分崇拜，便用麻丝等拴树叶放着玩，逐渐演变成放风筝活动。中国台湾的高山族、海南岛的黎族，早些时候就是用面包树的叶子做风筝。

人类使用木舟的历史已经很久了，早在公元前两千多年就用于生产。后来又有了帆船。传说禹时船上已有了风帆。帆是风力的机械，人们便仿照帆的原理，扎起风筝放飞。还有人说，风筝起源于北方人的帐篷，最早的风筝是人们模仿大风刮起帐篷在空中飘扬的现象制造出来的，之后逐步演变成了一种娱乐活动，这就是帐篷说。

无论是斗笠、树叶说还是帆船帐篷说，只是一个传说，并没有相传的文献资料记录。然而飞鸟说和李邺都是有文字记载的。

从历史记载和发现的古风筝看，其形状、结构、扎绘技术等，一个突出的标志就是以鸟的形状居多。故而得出结论：最初的风筝问世，是受飞鸟的启发，模仿飞鸟而制造并以飞鸟命名的。人们崇尚飞鸟，热爱飞鸟、模仿飞鸟而制造风筝，是人们对美好生活的追求。风筝因此而生，是天经地义的道理。风筝起源于中国，这是目前世界风筝界一致公认的结论。中国最早的风筝是由古代的科学家墨翟制造的。据中国的史料《韩非子·外储传》载：墨翟居鲁山（今山东青州带）"斫木为鹞，许威而成，飞一日而败"。是说墨子研究了三年，终于用材料制作了一只木鸟，但只飞了一天就坏了。墨子制造的这只"木鹞"就是中国最早的风筝了。

第四种说法是：风筝由五代时期的李邺发明，所见于著有明代陈沂在《洵刍录·风筝》中这样写道：五代李邺于宫中作纸鸢，引线乘风戏。后于鸢首，以竹为笛，使风入竹，如鸣筝，故名风筝。

现在民间关于风筝起源的传说是楚汉相争时张良创造出来的，他坐在大鹞子上飞，到项羽军队的上方，在鹞子里唱楚地思乡的民歌，唱得项羽军队"四面楚歌"，所谓"征人一夜尽望乡"，军无斗志，于是项羽大败。

二 风筝名称的由来

风筝原名木鸢、纸鸢。《事物纪原》："纸鸢俗谓之风筝。"在尚未发明造纸术的春秋时代便已创造了木鸢。"公输子削竹木以为鹊，成而飞之，三日不下，公输子自以为至巧"（《墨子·鲁问》）。公输子便是公输班，是春秋时代的巧匠，他制成的木鹊能飞在空中，三日不下。但在《韩非子·外储传说左上》中却说："墨子为木鸢，三年而成，飞一日而败。"墨子是一个多能的哲学家，是否也以创造了木鸢，不可知。但两书都说春秋时期已有了能飞在空中的木鸢，则是可信的。

风筝，在古代时被称为"鹞"，北方谓"鸢"，据《韩非子》记载最早产生于春秋时期，是东周哲人墨翟发明的，其后又将木鸢的技术传给了他的学生公输班（也称鲁班）。《墨子·鲁问篇》中说，鲁班根据鲁翟的理想和设计用竹子做风筝。鲁班把竹子劈开削光滑，用火烤弯曲，做成了喜鹊的样子，称为"木鹊"，在空中飞翔达三天之久。《鸿书》上说："公输班制木鸢以窥宋城。"

到了东汉期间，蔡伦发明了造纸术后，坊间开始以纸做风筝，称为"纸鸢"。因此可以推断，中国风筝已有两千年以上的历史了。

三　不同历史时期的风筝

最早的纸鸢是作为战争的工具使用的，杨万里在《城斋杂记》中说："汉朝初年韩王信与陈毅勾结谋反，信谋从中起，乃做纸鸢放之，以量未央宫远近，欲穿地遂入宫也。"这是说韩信曾利用纸鸢作为军事测量工具。风筝的产生不可避免地与古代军事和娱乐活动联系在了一起，像最早的木鸢就是公输班用以窥宋城的工具。除此之外，也有进行测距、越险、载人的历史记载。在南北朝时曾被作为通信求救的工具。《独异志》中记载南朝梁武帝萧衍被叛军侯景围困在台城，萧纲"缚纸鸢飞空，告急于外"。这是说萧纲曾利用纸鸢作为军事通信之用。《新唐书·田悦传》：田悦叛唐，派遣军队围攻临洛城，城内的守将张伾，"急以纸为风鸢，高百余丈，过悦营上（送信与援军），悦使射者射之，不能及"，也是利用纸鸢作为通信联络。这些故事说明，古代的体育项目在其发展演变中大多曾为军事战争服务过。

北齐时，文宣帝高洋将人绑上翅膀，令人从高塔跳下摔死，名为"生"。这应该是风筝在古代最早被用于娱乐。到了唐代，用于军事上的风筝也已渐渐转化为娱乐用途，并于宫廷中出现放风筝的娱兴项目。唐朝社会安定，文化经济的发展带来了节日的盛行。而节日的盛行促进了各种文化娱乐活动的发展。作为一直被用于军事的纸鸢，随着传统节日清明的兴起，用途上有了新的变化，开始向民间娱乐转化。唐代的清明节，朝野盛行禁火、扫墓、踏青、荡秋千、蹴鞠、打马球、插柳条等风俗。儿童放纸鸢开始在民间流行。

到了唐代，放纸鸢已经是人们的消闲娱乐活动了。唐人路德延《小儿诗五十韵》论说了唐代儿童的各种游戏娱乐，有竹马、藏钩、秋千、斗草，也有放纸鸢，"折竹装泥燕，添丝放纸鸢"。唐采在《纸鸢赋》也说："代有游童，乐事未工。饰素纸以成鸟，像飞鸢在戾空翻兮将度振沙之鹭。杳兮空光渐陆之鸿，抑之则有限，纵之则无穷，动喜忽丝轮之际，分藏乎掌挥之中……"放纸鸢不仅可以使放飞者欢乐，也能使观者指看欣赏娱乐。

到了宋代已经把放风筝作为锻炼身体的功能，百姓在清明节时，将风筝放得高而远，然后将线割断，让风筝带走所积之霉气。在宋朝风筝广为流传，成为重要的发展阶段，在这里有两个原因：一是宋代城市文化经济的繁荣和民间手工业的兴起。二是宋代提倡传统的节日风俗，这就为风筝的发展和进入节日的娱乐活动提供了良好的条件。这一时期民间放风筝已是一项群众喜闻乐见的活动，也是文人墨客艺术创作的一种题材。当时由于文化的加入，风筝在扎制和装饰上都有了很大的发展。同时由于社会对风筝的需求，制作风筝发展成一种专门的职业。

纸鸢在唐代末年放飞上已有了改变，在鸢首加竹笛使之发声，因此名称也随之更改了。最为一种消闲娱乐，风筝在宋代社会上得到更广泛的发展，上至皇宫贵族，下至普通百姓，多有以放风筝为娱乐的，王明清《挥麈后录》上记，宋徽宗赵佶初即位，好玩乐，禁中放纸鸢，落在人间。北宋宰相寇准作《纸鸢》诗："碧落秋方静，腾空力尚微。清风如何托，经共白云飞。"把自己的身世和风筝相比，寓意深远。宋高宗赵构偏安江南，享乐如旧，"时承平日久，乐于民同，凡游观买卖，皆无所禁，至于吹弹、舞拍、投壶、蹴鞠、水傀儡、风筝，不可胜数，总谓之赶趁人"①。放风筝已是各种游乐中的一种技艺，而且在当时还有了专业放风筝的艺人，《武林旧事·诸色伎艺人》中载："风筝：周三吕偏头"，说明放风筝已有许多技巧本领。而且当时不只是能放起各

---

① （宋）周密：《武林旧事·西湖游幸》。

种好看的风筝，还有赌赛输赢："输者顷折三二两钱，每日如此"①。放风筝用轮车，并有专用的药线，而且放飞比赛要赌输赢，所以有了以此为生活的专业艺人，据《武林旧事》记载，临安城还有以扎风筝、制药线为生活的小手工业者，"卖弹弓、风筝、药线店铺"。由此可见，宋代在放风筝、扎风筝技巧方面都有发展和提高。扎风筝不仅需要技术水平，也需要有艺术修养，清代著名文学家曹雪芹就是一个制作风筝的工艺专家，他写了《南鹞北鸢考工志》一书，对风筝的制作材料、设计、形状、方法、技术关键，都做了详细记述，他扎的美人风筝竟被人误看成真人。放风筝因为是在户外活动，要引绳奔跑，有利于健康，还能"引丝而上，令小儿张口望视，以泄内热"②。所以是极好的健身运动，俗传放风筝就是放跑了病根儿。《红楼梦》第70回写宝玉等人在潇湘馆中放风筝，一会儿七手八脚就拿出了美人、螃蟹、蝙蝠等七八个风筝来，放起来后，拿过一把剪子绞断了线，那风筝都飘飘摇摇随风而去。众人都说"林姑娘病根儿都放了去了"。这种风俗的产生当然是和放风筝的健身作用有关。

中国风筝的发展已有两千多年的历史。从传统的中国风筝上到处可见吉祥寓意和吉祥图案的影子。在漫长岁月中，祖先不仅创作出优美的凝聚着中华民族智慧的文字和绘画，还创造了许多反映人们对美好生活的向往和追求的风筝。风筝文化一直融入中国传统文化之中，受其熏陶，表现出了人们对美好生活的向往和憧憬。

---

①　作者自署"西湖老人"，其姓名事迹均无考，当为南宋临安（今浙江杭州）人。原书已逸，今本系从《永乐大典》中辑得，现存一卷。《西湖老人繁胜录》，南宋笔记。一卷。《西湖老人繁胜录》全书不分节次，记载南宋都城临安市民的文化生活和游艺活动。在记录民俗方面，侧重杭城诸艺。其中关于民间游艺活动的，有街市放灯、庆赏元宵、乔谢神、乔做亲、全场傀儡、阴山七骑、小儿竹马、蛮牌狮豹、胡女番婆、踏跷竹马、快乐三郎、扑蝴蝶、旱龙船等。并能注意到杭州与其他地方不同的风俗特点。如杭州多利用西湖水上开展民俗活动，内容详细充实，与灌圃耐得翁的《都城纪胜》、周密的《武林旧事》、吴自牧的《梦粱录》同为研究临安以及南宋社会和城市生活的重要资料。

②　《续博物志》共十卷（江苏巡抚采进本）。旧本题晋李石撰。然第二卷称今上于前朝作镇睢阳，泊开国，号大宋，是宋太祖时人矣。而又称曾公亮得龙之脊，王安石得龙之睛，全抚陆佃《埤雅》之说。

第三节 龙舟竞渡

一 龙舟竞渡的起源

我国在六千年前的新石器时代就有了舟车，就有了龙图腾。关于端午节龙舟竞渡的起源，有许多种说法，但其中流传最广、影响最大的是为了纪念伟大的爱国主义诗人屈原。东汉应劭《风俗通义》就说："五月五日，以五彩丝系臂者，辟兵及鬼，令人不病温。亦因屈原。"南朝梁吴均《续齐谐记》也载："屈原五月五日投汨罗水，楚人哀之，至此日，以竹筒子贮米投水以祭之。……今五月五日作粽，并带楝叶、五花丝，遗风也。"所以唐人文秀诗说："节分端午自谁信，万古传闻为屈原。"① 屈原是战国一位对祖国忠心耿耿的大夫，因为刚直不阿，不肯与朝廷昏官同流合污，而被放逐，报国无门，只能以诗歌抒发爱国情怀。公元前278年2月，秦国大将白起率兵攻入楚国都城郢都，屈原悲痛欲绝，于五月五日这一天投身汨罗江殉国。楚国人民敬其刚正不阿，爱其诗歌，哀其遭遇。于是就有了"拯溺之说"。南北朝时期，龙舟只盛行于南郡、襄阳、楚国等地，其后广为传播，全国各地都出现了龙舟竞渡的活动，文人墨客也都以为龙舟竞渡是拯屈。宋王珪《端午帖子词》："御风和暖水如鳞，争看兰舟竞渡人。应是君王好忠直，至今犹为吊孤臣。"宋朝的汴京是距离楚地甚远的地方，在开展龙舟竞渡时也都以屈原作为号召。历代统治者对爱国忠臣的敬重，就是对现在臣下的教育。

除了这个今天广为流传妇孺皆知的传说之外，关于龙舟竞渡的起源，还有多种说法。如有的说是为了纪念吴国的伍子胥，隋人杜公赡在

---

① 《全唐诗》卷八二三，第9284页。

《荆楚岁时记注》中引《曹娥碑》："五月五日，时迎伍君，逆涛而上，为水所淹。"之后说"斯又东吴之俗，事在于伍子胥，不关屈平也"。伍子胥为吴国谋臣，为吴国的振兴发展出了大力，但最终却被谗身死，国人哀之，因而吴地的人民有了迎伍子胥神为竞渡起源的说法。有的人认为龙舟竞渡是为了纪念越王勾践。宋人高承在《事物原始》中引《地越传》说"竞渡之事，起源于越王勾践，今龙船是也"。越王勾践卧薪尝胆，复仇兴国，以竞渡形式训练水兵，越人怀之，以龙舟竞渡作为纪念。云南白族的传说是为了纪念杀蟒英雄段赤诚；有的人说是纪念一个杀死青龙的老人；有的说是为了纪念傣族的英雄岩红富。吴越故地与楚地的传说又有所不同，而在云南贵州等地又有不同的本地起源的传说。

1976年，浙江鄞县云龙镇甲村石秃山出土了一件春秋战国时期的青铜钺（如图82所示）。金黄色，高9.8厘米，刃宽12厘米，厚1.5厘米，銎宽3.5厘米，背高10.1厘米，锋利如新。器身一面光洁没有纹饰，另一面沿器身四周铸刻了一个"风"字形边框，上方刻了两条竖立的龙，双龙昂首相对，前肢弯曲，尾向内卷；下方以弧形边框线为舟，舟上坐四人成一排，四人都戴高高的羽毛头冠，双手持桨奋力划船，头冠上的羽毛迎风飘扬。鄞县是春秋时期鄞国的旧地，后被越国吞并。青铜钺的图像和造型明显有越文化的风格，属于越族的铜器。铜钺上的"羽人"，反映了百越民族的"鸟神"崇拜。越民族崇拜鸟，自称"大越鸟语之人"。7000年前的河姆渡遗址出土的"陶鸟形盉"、"鸟形象牙匕"、"双鸟舁日"、象牙雕刻蝶形器、"鹰形陶豆"，均反映了越人对鸟的尊崇。越人因崇鸟、尊鸟而仿鸟。《史记·越王勾践世家》中，勾践被称为"长颈鸟喙"的模样；东汉赵晔撰的《吴越春秋》讲述继承越王事业者，作"鸟禽呼"；许多越王刀剑，都刻有"鸟篆文"。而那些头插羽毛、身披羽毛的仿鸟人，则被称为"羽人"。羽人竞渡纹铜钺，在"羽人"上方有两条龙，让人想起今天的民俗"赛龙舟"。越人地处水乡泽国，出行多驾舟，以舟代车。《吕氏春秋·贵因篇》载：

"如秦者,立而至,有车也。如越者,坐而至,有舟也。"有学者指出现今的龙舟演变自古越的独木舟,因为古越的独木舟是以蛟龙为图腾的。南朝时的《述异记》中叙述:"吴王夫差作天池,池中有龙舟,日与西施戏水。"说明龙舟在春秋时已出现于吴越之地。

图82 春秋战国时期青铜钺 图片选自鄞州区文管办

这种图纹形象在云南、广西等地方出土的铜鼓上也有,称为"羽人划船铜纹鼓"(如图83所示),相比之后可以看出许多相似之处。广西贵县出土的小铜鼓,鼓上有两条船纹,每只船上坐两人划船,船头有一鸟眼,船尾也似鸟尾,为龙和鸟的图腾。广西贵县出土的大铜鼓,鼓上有六条船纹,每只船上坐六人,均是头戴羽冠,五人划桨,一人在船头手执羽旗,船头船尾均有似龙形装饰。云南省广南县出土的大铜鼓,鼓上画有四条船纹,船首窄长,首尾高翘,船上坐有七人,头上束发似鸟尾,两人头戴羽冠,六人手执桨划船,船尾设祭坛手执羽旗做祭祀状。这些铜鼓上划船纹和铜铢羽人划船纹图形基本上是一致的,船体都是窄而长的,不似运输船,划船人或扎鸟尾或戴羽冠,也不是生活劳动时的装束,也没有捕鱼工具,划船者以坐姿划水,有竞进向前的意向。从这些动作中可以判断出《羽人划船纹》的图像便是早期竞渡船。船头的龙纹与鸟纹是图腾崇拜，各部落以竞渡形式来祭祀祖先。

图83　西汉　羽人划船铜纹鼓　广西博物馆藏

　　闻一多先生在他的《端午考》一文中认为可能是起源于史前的图腾祭祀，这一说法为不少学者所赞同。尽管各地的起源不同，但有一点是共同的，就是各地的起源都离不开一个龙字。这也说明，中华民族作为一个大的家庭，被世人称为龙的传人。龙是中国文化的一个重要象征，是人们顶礼膜拜的对象。从远古开始，龙代表着威严和力量，可以保佑人们度灾免难。人们把自己装扮成龙的模样，以防水神作祟。于是，竞渡祭祀的形式也随着推广，也就有了各地不同的起源传说。

二　不同历史时期的龙舟竞渡

　　龙舟竞渡自春秋之时起源于吴越水域地带，成为南方水域民族图腾祭祀的形式。在两汉时期，中原地区虽有龙舟娱乐但无竞渡形式。龙舟娱乐不是竞渡而是奏乐。船上的娱乐除了乐奏外还是歌唱，并不是竞渡。但是在《曹娥碑》中记载曹娥的父亲逆涛而上，有竞渡的意思，说明在吴越之地也有竞渡的形式祭神民俗并未北传。到了南北朝时期竞渡已经非常盛行，竞渡形式已经传到楚地，成为观者众多热闹的民俗活动了。据《荆楚岁时记》载："是日，竞渡，采杂药。按：五月五日竞渡，俗为屈原投汨罗日，伤其死，故并命舟楫以拯之。舸舟取其轻利，谓之飞凫，一自以为水军，一自以为水马。州将及士人悉临水而观之。"隋唐时期，竞渡活动得到更加广泛的开展。《隋书》卷三十一《地理志下》记载："屈原以五月望日赴汨罗，土人追至洞庭不见，湖大舡小，莫得济者。乃歌曰：'何由得渡湖？'因而鼓棹争归，竞会亭上。俗以相传，为竞渡之戏。诸郡率然，而南郡、襄阳为甚。"唐代继承并发扬了这种传统，据《隋唐嘉话》卷下曰："俗五月五日为竞渡戏，自襄州以南，所向相传云：屈原初沉江之时，其乡人乘舟求之，意急而争前，后因为此戏。"竞渡活动在社会各阶层都得到了广泛的开展。

西汉铜鼓"羽人划船纹"只是形象地表现粤人祭祀竞渡的形式，过程和结果都没有具体记载。到了唐代，文献中才有对龙舟的规则、方法以及竞渡时的热闹情景的详细记载，此时的竞渡已经成为有正式规则的竞技活动了。唐代的竞渡不仅广泛开展在吴越粤楚之地，而且流行于长安城，流传于皇宫朝廷。元稹的《竞渡》中有"其次有龙竞，竞渡龙之门，向来同辈竞，岂料由我存。壮哉龙竞渡，一竞身独尊"。由此可见，唐代社会对于竞赛有正确的认识，因而对龙舟竞渡抱有好感，龙舟竞渡得以提倡和广泛开展。

唐代的帝后宫人都非常喜欢观赏龙舟竞渡。王建《宫词》曰："竞渡船头掉彩旗，两边溅水湿罗衣。池东争向池西岸，先到先书上字归。"这首诗描写的是唐宫举行竞渡比赛的情景。唐中宗非常爱好竞渡，他曾于凝碧池和兴庆池设宴招待大臣一起观看竞渡，李怀远《凝碧池侍宴看竞渡应制》诗曰："上苑清銮路，高居重豫游。前对芙蓉沼，傍临杜若洲。地如玄扈望，波似洞庭秋。列筵飞翠斝，分曹戏鹢舟。湍高棹影没，岸近榜歌遒。舞曲依鸾殿，箫声下凤楼。"① 李适《帝幸兴

---

① 《全唐诗》卷四十六，第558页。

庆池戏竞渡应制》诗曰："拂露金舆丹旆转，凌晨黼帐碧池开。南山倒影从云落，北涧摇光写溜回。急桨争标排荇度，轻帆截浦触荷来。横汾宴镐欢无极，歌舞年年圣寿杯。"① 唐穆宗也好竞渡，据《新唐书》卷八（穆宗纪）载："观竞渡、角抵于鱼藻宫，用乐。"敬宗也是个竞渡迷，据《旧唐书》卷十七上（敬宗纪）载：宝历二年（826 年），他曾先后两次"幸鱼藻宫观竞渡"。唐昭宗也好竞渡，据《旧唐书》卷二十上（昭宗）载：光化元年（898 年），"帝幸西溪观竞渡"。大臣吴融曾作有《和集贤相公西溪侍宴观竞渡》诗曰："片水耸层桥，祥烟霭庆霄。昼花铺广宴，晴电闪飞桡。浪叠摇仙仗，风微定彩标。都人同盛观，不觉在行朝。"② 正是由于统治者们的喜好和提倡，赛龙舟活动在各地更为广泛地开展起来。

唐代扬州是著名的国际大都会，工商业非常发达。这里每年都要举行端午节赛龙舟活动。"初唐四杰"之一骆宾王曾在扬州观看龙舟竞赛，记录下了当时欢腾热闹的场面："夏日江干，驾言临眺，于时桂舟始泛，兰棹初游，鼓吹沸于江山，绮罗蔽于云日。婵娟舞袖，向绿水以频低；飘扬歌声，得清风而更远。是以临波笑脸，艳出浦之轻莲；映渚蛾眉，丽穿波之半月。靓妆旧饰，此日增奇；弦管相催，兹辰特妙。"每到竞渡之时，大江两岸早已是人头攒动，人声鼎沸，争丽斗艳的仕女们结伴云集，观赏竞渡。中唐以来，扬州的竞渡活动更加盛行，以至每年开销巨大，据《唐语林》卷五记载："杜亚在淮南，竞渡采莲，龙舟锦缆之戏，费金千万。"由于这里的赛龙舟活动异常发达，所以早在唐前期这里就成为朝廷指定的竞渡龙舟的生产地和进贡地。唐中宗时，朝廷曾命水衡监差使于扬州修造竞渡船十只，计划用于端午节在洛水赛龙舟，须钱五千贯③可见每年朝廷仅用于打造龙舟的费用也是一笔不少的

---

① 《全唐诗》卷七十，第 778 页。
② 《全唐诗》卷六八四，第 7847 页。
③ 《全唐文》卷一七三《五月五日洛水竞渡船十只请差使于扬州修造须钱五千贯请速分付》，第 1761 页。

开支。

唐人竞渡时一般分作两朋，前方设有锦标，以先到取得者为赢。张建封的《竞渡歌》就非常生动地描写了唐人竞渡时双方争相强夺锦标的激烈场面："五月五日天晴明，杨花绕江啼晓莺。使君未出郡斋外，江上早闻齐和声。使君出时皆有准，马前已被红旗引。两岸罗衣破晕香，银钗照日如霜刃。鼓声三下红旗开，两龙跃出浮水来。棹影斡波飞万剑，鼓声劈浪鸣千雷。鼓声渐急标将近，两龙望标目如瞬。坡上人呼霹雳惊，竿头彩挂虹霓晕。前船抢水已得标，后船失势空挥桡。疮眉血首争不定，输岸一朋心似烧。只将输赢分罚赏，两岸十舟五来往。须臾戏罢各东西，竟脱文身请书上。吾今细观竞渡儿，何殊当路权相持。不思得岸各休去，会到摧车折楫时。"① 只听三声鼓响之后，两队龙舟即刻跃出，棹影翻飞，激起水面层层波浪，鼓声如雷，引来岸上阵阵欢呼。两队龙舟都奔着锦标奋力划去，先到者眼看就要抢得锦标，后来这急得乱挥船桨，恨不得即刻飞奔前去，反败为胜，以致船体都失去了平衡。最后，胜负决出，赢者得到奖赏，自然是兴高采烈，欣喜若狂；输者虽身受创伤，但还要接受处罚，更加垂头丧气，心焦如焚。由此可见，唐代龙舟竞渡的气氛是多么紧张激烈！

唐代民间的龙舟竞渡活动一般是由水乡人民自发组织起来进行的。元稹的《竞舟》诗就描写了南方民间的竞渡风俗和竞渡之前的各种准备情况，诗中写道："楚俗不爱力，费力为竞舟。买舟俟一竞，竞敛贫者赇。年年四五月，茧实麦小秋。积水堰堤坏，拔秧蒲稗稠。此时集丁壮，习竞南亩头。朝饮村社酒，暮椎邻舍牛。祭船如祭祖，习竞如习雠。连延数十日，作业不复忧。君侯馈良吉，会客陈膳羞。画鹢四来合，大竞长江流。建标明取舍，胜负死生求。一时欢呼罢，三月农事休。岳阳贤刺史，念此为俗疣。习俗难尽去，聊用去其尤。百船不留一，一竞不滞留。自为里中戏，我亦不寓游。吾闻管仲教，沐树惩堕

---

① 《全唐诗》卷二七五，第3117页。

游。节此淫竞俗，得为良政不。我来歌此事，非独歌此州。此事数州有，亦欲闻数州。"① 为了参加竞渡，每年的四五月份就要开始着手准备，召集丁壮劳力操练。竞渡船是由各家各户共同出资购置的。竞渡操练开始之前，村社还要杀牛备酒，举行隆重的船神祭祀仪式。这样的活动会延续数十天，以致妨害到了农业生产。由此可见，竞渡风俗在荆楚湖湘一带有多么深厚的传统和影响。

宋代龙舟竞渡的发展并不顺利，宋太祖曾三下禁令，禁止江南民间进行竞渡活动，原因是宋太祖是继成后周国祚，在兼并过程中受到了水军的抵抗。这些水军大部分是竞渡的临时水手组成，水军的抵抗给宋军带来了麻烦。中国古代许多体育项目，起源和发展都是以军事训练为主，只有龙舟竞渡起源于祭祀，发展于村社娱乐，但在其形成一种运动项目之后，却与军事挂钩，受到了统治者的禁止。但北宋禁止竞渡的命令并未延续多少年，到天下全部统一安定之时，便废止了。在宋代的京城里也开展了龙舟竞渡，而且是皇帝亲临观赏颁奖，这是提倡开展龙舟竞渡了。皇帝亲临现场观看龙舟竞渡可能已成为一种惯例，直到北宋王朝覆灭前依然如此。这项制度到南宋仍在继续，南宋都城临安是吴越故地，风俗中就有竞渡活动，皇家的提倡使竞渡之风更为兴旺。

北宋的都城在汴梁，并非水域地区，宋代的皇帝修筑了金明池，并在金明池中进行龙舟竞渡。金明池坐落在北宋东京汴梁顺天门外（今河南开封城西），是当时著名的御苑之一。每年3月由皇帝赐令开放，并与士庶于此共观龙舟争标，郊游赏玩，成为京城一大盛事。靖康之变后，赵宋王朝南渡，"争标赐宴"则成为历史的陈迹，不复存在。因此传世近千年的北宋著名画家张择端所作《金明池争标图》成为我们领略当日繁华胜境的最直观物证。《金明池争标图》从整个构图来说（如图84所示），以水殿为中心，在水殿之前的大龙船周围有十只小龙船，殿上岸上水中有数千人在活动，盛大场面尽收纳于尺幅之中，不是大手

---

① 《元稹集》卷三，第29—30页。

笔难以完成，只此便是难得的珍品了。

图84　北宋　金明池争标图（局部）　天津艺术博物馆藏

蒙古族虽是北方民族，非水域之乡，无舟船之利，但他们进入中原之后对龙舟竞渡都是熟悉和喜爱的。"欧家桥下水如潮，东船夺得西船标。棹歌声静晚山绿，万镒黄金一日销。"说明元代的龙舟竞渡也是依照楚俗，在五月初五进行，而且花费奢侈。

明成祖朱棣自南京迁都北京，楚地的龙舟竞渡习俗便正式落户在北京了。《明史·马文升传》："文升为兵部十三年，国家事当言者，即非职守亦言无不尽。常以太子年及四龄，当早教谕，若内廷曲宴，钟鼓司承应，元宵鳌山，端午竞渡诸戏，皆勿令见。"明人刘若愚《酌中志·明宫史》说："五月初五日，圣驾幸西苑，斗龙舟划船。"都说明明代北京城的宫苑中有龙舟竞渡风俗。本来是起于吴越、盛行于楚地的江南民俗，却逐渐北移，由长安城的渭水流域至汴梁城的黄河流域，最终又扩展到了燕山平原的北京城了，可以说是皇帝推动了传统民俗的发展。历代皇帝都提倡龙舟竞渡，原因之一是自汉代以来，龙图腾便为皇室所垄断，到了明代，龙的图形已是皇室的象征、专用图案，普通人民是不可以随便使用的，各地的龙舟只在竞渡时使用，还要有祭祀仪式。其原因之二，龙舟竞渡富有纪念忠臣的意义。原因之三，龙舟竞渡是民俗节日活动，含有去灾祈福的意义。

明代的京城也开展了龙舟竞渡，在水乡地区的龙舟竞渡更是兴旺蓬勃。明人杨嗣昌的《武陵竞渡略》言之甚详。但杨嗣昌认为竞渡时的伤亡是可以避免的。"于竞渡时而禁斗船上藏有竹竿，鹅卵石，两岸禁掷砖瓦。一捕尉力，何难也。"这和现在防止球迷骚乱，设立警察检查的意思是一样的。可见古代体育比赛在热潮中也会产生一些弊端，关键是防止而不是禁止。

清代江南水乡龙舟竞渡发展繁盛。其竞赛方法和程度已经达到相当成熟的地步。清人顾禄在《清嘉录》中记述苏州龙舟表演的水嬉，反映了此时龙舟竞渡的发展多样化以及表演龙舟的面貌。乾隆皇帝的汉学水平甚高，一生共有六本诗集，是历代诗人中写竞渡诗最多的一位。青年时代的乾隆在夺嫡之争中获得胜利，登上了皇位，感觉到了竞赛的喜悦。北方地区的龙舟竞渡在乾隆的影响下，成了一项重要的活动，并向着奢侈化、表演化发展。与官方相比，民间的龙舟竞渡保持了淳朴的乡土气息和神秘的祭神色彩，如黔东南清水流域苗族的龙船节。由于赛龙舟是一种祭神竞技活动，因此有一系列庄严肃穆的祭祀仪式和各种为村民严格遵守的禁忌。